Binging Family

Jakob Kelsch

Binging Family

Die Konzeption von Familie in der Video-on-Demand-Serie

Jakob Kelsch
Passau, Deutschland

Dissertation, Universität Passau.

Die Publikation wurde durch die Universität Passau finanziell unterstützt (Open-Access-Publikationsfonds der Universitätsbibliothek).

ISBN 978-3-658-34765-9   ISBN 978-3-658-34766-6   (eBook)
https://doi.org/10.1007/978-3-658-34766-6

Die Deutsche Nationalbibliothek verzeichnet diese Publikation in der Deutschen Nationalbibliografie; detaillierte bibliografische Daten sind im Internet über http://dnb.d-nb.de abrufbar.

Planung/Lektorat: Stefanie Eggert
Springer VS ist ein Imprint der eingetragenen Gesellschaft Springer Fachmedien Wiesbaden GmbH und ist ein Teil von Springer Nature.
Die Anschrift der Gesellschaft ist: Abraham-Lincoln-Str. 46, 65189 Wiesbaden, Germany

Danksagung

Der Weg von der Idee zur fertigen Dissertationsschrift war kein leichter. Er brachte Unwägbarkeiten sowie ein gutes Maß an Zweifeln und Krisen mit sich. Einigen Menschen, die mir halfen, diesen Weg zu bewältigen, möchte ich meinen besonderen Dank aussprechen:

Meinen Eltern, die mir stets nach besten Kräften zur Seite stehen, ist diese Schrift gewidmet. Eure liebevolle Unterstützung und Ermutigung sind mit nichts aufzuwiegen.

Meinem Doktorvater Prof. Dr. Jan-Oliver Decker, der mich seit meinem Bachelorstudium begleitet. Ohne deine wertvollen und inspirierenden Ratschläge hätte ich wohl schon früh jede Orientierung verloren.

Anja Labandowsky für die Korrektur dieser Schrift (und vieler zuvor), vor allem aber für deine unschätzbare Freundschaft und dein offenes Ohr.

Miriam Frank, Martin Hennig und Sven Stephan für die Korrektur und die umfassenden Hinweise und Änderungsvorschläge. Auch wenn ich bei so manchem Änderungsvorschlag die Augen verdrehte, wusste ich, dass ihr – fast immer – Recht habt.

Dem DFG-Graduiertenkolleg *Privatheit & Digitalisierung* und all meinen Kolleginnen und Kollegen, ohne die ich mich allein auf weiter Flur gefühlt hätte.

Meinem großartigen Freundeskreis, der mir Ausgleich und Ablenkung schenkte.

Und schlussendlich, auch wenn Sie es wohl nie lesen werden, all jenen kreativen Köpfen hinter den großartigen Serien und ihren Charakteren, die meine Begeisterung für die Populärkultur – trotz aller Enttäuschungen – stets aufs Neue zu entfachen vermögen.

Ohne Sie und euch wäre diese Dissertationsschrift nie möglich gewesen – dafür vielen herzlichen Dank.

Inhaltsverzeichnis

Einleitung: Video-on-Demand – Quell der Innovation?

Durch Video-on-Demand-Anbieter wie Netflix, Prime Video oder Hulu erfreuen sich audiovisuelle Serien einer stetig wachsenden Beliebtheit.[1] Sukzessive verdrängen sie das traditionelle ‚Filmschauen‘ und Fernsehen – auch im Sinne eines kollektivierenden ‚modernen Lagerfeuers‘ – aus dem Bewusstsein zumindest der jüngeren Rezipierenden.[2] Diese Entwicklung trägt zu einem rasant wachsenden Angebot und demzufolge zu einer beständigen Steigerung der Relevanz dieser Formate[3] bei, gerade in Hinblick auf ihre Funktion als Reflexions- und Verarbeitungsfläche gesellschaftlicher Zustände und kultureller Vorstellungen. In ihnen

---

[1] Hans Krah zufolge handelt es sich bei „audiovisuelle[n] Formen seriellen Erzählens" um die „derzeit dominante mediale Erscheinungsform" (vgl. Krah 2010: 85).

[2] Im Folgenden werden geschlechtsneutrale Formulierungen verwendet. Sollte dies nicht möglich sein, wie z. B. im Falle von „Kund/inn/en" werden die männliche sowie die weibliche Form verwendet. Bei Formen wie „Anbieter", welche sich nicht auf konkrete Personen, sondern Körperschaften und Unternehmen beziehen, wird die allgemein übliche Form beibehalten. Dies dient dazu umständliche Formulierungen zu vermeiden, die den Lesefluss empfindlich stören würden, und soll keinesfalls ausgrenzend wirken.

[3] Unter Format bzw. Formaten verstehe ich im Folgenden eine Einzelserie bzw. eine Gruppe mehrerer Serien, besonders in Hinblick auf deren Bedeutung als Analysegegenstand im Video-on-Demand-Kontext.

Elektronisches Zusatzmaterial Die elektronische Version dieses Kapitels enthält Zusatzmaterial, das berechtigten Benutzern zur Verfügung steht
https://doi.org/10.1007/978-3-658-34766-6_1.

wird gegenwärtiges „kulturelles Wissen"[4] verhandelt, wodurch die Formate im Sinne eines mentalitätsgeschichtlich orientierten, kultursemiotischen Ansatzes ein Bild zeitgenössischer Diskurse und Werte liefern. Ein kontinuierlicher Zuwachs an Kund/inn/en ermöglicht es diesen Anbietern zunehmend, aus eigenen Mitteln Serien zu produzieren, die ausschließlich zur Rezeption auf den eigenen Online-plattformen (und zum späteren Verkauf auf DVD und Blu-ray) vorgesehen sind.[5] Die positive Aufnahme von Serien wie *Orange Is the New Black* (2013–2020; Netflix) oder *House of Cards* (2013–2018; Netflix) sowie ihr Potenzial, die Rezipierenden an die Plattformen zu binden, lassen ein dauerhaftes Fortbestehen und sogar einen weiteren Aufstieg der Streaming-Dienste vermuten.[6]

Der Neuheit dieses Phänomens ist es dabei geschuldet, dass die medienwissenschaftliche Forschung, die sich mit Video-on-Demand im Allgemeinen

---

[4] Das sogenannte „kulturelle Wissen" bezeichnet „die Gesamtmenge der Propositionen, die die Mitglieder der Kultur für wahr halten bzw. die eine hinreichende Anzahl von Texten der Kultur als wahr setzt" (vgl. Titzmann 1989: 48). Das kulturelle Wissen lässt sich u. a. aus den Diskursen einer Zeit erschließen, ein „Diskurs [ist] ein System des Denkens und Argumentierens, das von einer Textmenge abstrahiert ist". Dabei sind Diskurse „durch einen der Textklasse gemeinsamen Redegegenstand", „durch die Regularitäten der Rede über diesen Gegenstand" und „durch seine Relation zu anderen Diskursen" definiert. Innerhalb eines Diskurses können „konkurrierende Theorien" also „konkurrierende Mengen von Propositionen vertreten werden" (Titzmann 1989: 51 ff.).

[5] Amazon begann 2013 mit *Betas* (2013–2014) Serien für das Online-Streaming zu produzieren (vgl. Holland 2013). Netflix erste Koproduktion war *Lilyhammer* (2012–2014), die erste eigenständige Produktion *House of Cards* (2013–2018). *Netflix* besteht als Video-on-Demand-Anbieter seit 2007 in den USA (vgl. Anderson 2007) und seit September 2014 in Deutschland (vgl. dpa 2014). Alle Formate werden im Folgenden mit dem nicht übersetzten Originaltitel zitiert. Der Zeitraum der Produktion und originären Ausstrahlung wird nur bei der ersten Nennung der Serie angegeben. Ein Überblick über alle referenzierten Serien (mit Erscheinungszeitraum und -plattform) findet sich im Quellen- und Literaturverzeichnis.

[6] Hennig-Thurau et al. zeigen auf, dass der audiovisuelle Medienkonsum von deutschen Zuschauenden zwischen 16 und 29 Jahren heute bereits von Streaming-Anbietern unterschiedlicher Art dominiert wird. Bezüglich der Gesamtzuschauenden nehmen Streaming-Angebote knapp 50 % ein (der Rest entfällt auf das konventionelle Free-TV – vgl. Hennig-Thurau et al. 2019: 10). Bezüglich der Nutzung abonnementpflichtiger Streamingdienste entfallen 44 % der Nutzungszeit auf Netflix, 37 % auf Prime Video und der Rest auf unterschiedliche andere Anbieter, bei nicht-kostenpflichtigen Anbietern dominiert YouTube mit ca. 50 % die Nutzungszeiten (vgl. Hennig-Thurau et al. 2019: 11). Die zukünftige Entwicklung bleibt abzuwarten und kann in unterschiedlichen Szenarien verlaufen, die auch ein Gleichbleiben des aktuellen Status quo nicht ausschließen (vgl. Hennig-Thurau et al. 2019: 13).

und Video-on-Demand-Serien[7] im Besonderen auseinandersetzt, zum aktuellen Zeitpunkt wenig umfangreich ist, insbesondere was die deutsche bzw. deutschsprachige Forschung auf diesem Gebiet betrifft.[8] Viele Aspekte dieses Forschungsbereichs wurden also bisher kaum wissenschaftlich erfasst. Neben tendenziell mediensoziologischen und wirtschaftswissenschaftlichen Problematiken, wie der Erforschung von konkreter Konkurrenz zwischen Streaming und konventionellem TV, von gewandeltem Konsumverhalten etc., steht auf medienwissenschaftlichem Terrain die Frage im Vordergrund, ob sich die Narration[9] dieser Serien in besonderer Weise auszeichnet. Die vorliegende Untersuchung wird sich genau diesem Aspekt unter bestimmten Gesichtspunkten widmen und

---

[7] Im Folgenden werden alle Formate als ‚Video-on-Demand-Serien' bezeichnet, die exklusiv für Video-on-Demand-Anbieter produziert und von diesen ausgestrahlt wurden bzw. werden. Keinesfalls sind hier ursprünglich für das Fernsehen produzierte Serien eingeschlossen, die lediglich auf diesen Plattformen abrufbar sind. Der Begriff soll in bewusster Abgrenzung zu sogenannten ‚Web-Series' stehen, bei denen es sich eher um (frühere) Formen seriell narrativer Videoformate auf YouTube oder anderen Plattformen handelt.

[8] Seit der zunehmenden Popularisierung der Video-on-Demand-Dienste setzen sich Aufsätze der Serienforschung vor allem punktuell mit der Thematik auseinander (vgl. Milveski et al. 2018). In der Mehrzahl der Publikationen dominiert die Auseinandersetzung mit den Auswirkungen des Streamings auf die Medienwelt. Eine konkrete Analyse der Konzeption der Inhalte – wie sie Gegenstand dieser Untersuchung ist – steht hier am Rande. Als thematischer Vorreiter kann hier der von Kevin McDonald und Daniel Smith-Rowsey herausgegebene Sammelband *The Netflix Effect. Technology and Entertainment in the 21st Century* gelten (vgl. McDonald/Smith-Rowsey 2016). Weitere Publikationen sind u. a. *Streaming, Streaming, sharing, stealing. Big data and the future of entertainment* von Michael D. Smith und Rahul Telang (2017), *Netflix and the Re-invention of Television* von Mareike Jenner (2018), *From networks to Netflix. A guide to changing channels*, herausgegeben von Derek Johnson (2018), oder *Netflix at the Nexus. Content, Practice, and Production in the Age of Streaming Television*, herausgegeben von Theo Plothe und Amber M. Buck (2019). Deutschsprachige Publikationen, die sich gezielt und wissenschaftlich mit der Thematik auseinandersetzen, sind bis dato rar und fokussieren ebenso eher die Auswirkungen des Streamings auf das deutsche Fernsehen, z. B. *Filmdistribution in Deutschland. Die Zukunft des TV-Marktes im Zeitalter der Digitalisierung am Fallbeispiel Netflix* von Laura Glockeneisen (2018) und *Quo Vadis, Deutsche Medien? Zur Zukunft deutscher Fernsehanbieter in digitalen Streaming Zeiten* von Thorsten Hennig-Thurau et al. (2019). Bei *Die Netflix Revolution. Wie Streaming unser Leben verändert* von Oliver Schütte (2019) handelt es sich um eine narrative, populärwissenschaftliche Auseinandersetzung mit der Thematik. Hinzu kommen diverse journalistische Publikationen, die sich der ganzen Bandbreite von Video-on-Demand widmen.

[9] Narration verstehe ich nicht als den „produzierenden narrativen Akt" im engeren Sinne Gérard Genettes und dessen realer oder fiktiver Präsentationssituation, welcher in Abgrenzung zur „Geschichte" (dem „narrativen Inhalt") und der „Erzählung" (der „Aussage" des Textes) steht (Genette 1998: 12). Narration soll hier als „Oberbegriff alle Faktoren des Erzählens"

somit ein erster Schritt und eine Plattform für eine Erschließung des Phänomens
Video-on-Demand sein.

Die allgemeine mediale Entwicklung und insbesondere Video-on-Demand-
Serien sind Teil eines Digitalisierungsprozesses, der seinen Hervorbringungen
eine Aura des Innovativen und vom Vorhandenen Abweichenden verleiht. Dieser öffentlichkeitswirksame Anschein der Innovation, dem die Streaming-Anbieter
sicherlich einen Teil ihres Erfolges zu verdanken haben und der die Frage nahe-
legt, ob tatsächlich tiefgehende Entwicklungen stattgefunden haben, ist es, der
zu einer wissenschaftlich hinterfragenden Auseinandersetzung mit der Thematik anregt. Ebenso die Qualität der Produktion, wie die der Narration oder der
künstlerische Wert der Formate wurden in der Vergangenheit als besonders hoch
bewertet, so dass das Label „Netflix Original" lange Zeit als Qualitätssiegel galt
bzw. gilt.[10] Ein Blick auf Rezensionen zu Netflix Originals bezeugt dies: So
spricht Francesco Giammarco darüber, dass die Serie *Master of None* „mit allen
Serienklischees bricht" und lobt in seinem Artikel die experimentelle Erzählweise

---

subsummieren (Krah 2015: 180). Bezüglich der Narration lassen sich drei Ebenen differenzieren: Die Ebene des „Discours" bewegt sich auf der „Oberflächenstruktur" des Textes und
umfasst das ‚Wie' des Erzählens, d. h. die „verschiedenen *Erzähltechniken*, die auf dem fun-
damentalen Prinzip des Erzählens, der Sukzession, also der in der Zeit präsentierten Abfolge
von Zuständen, Vorgängen, Geschehnissen, basieren und dieses hinsichtlich verschiedener
Aspekte realisieren und modifizieren" (Krah 2015: 180). Dem Discours angelagert und Teil
der Oberflächenstruktur ist die Ebene des Erzählaktes bzw. im filmischen Sinne der „Point
of View", d. h. „die sich aus dem kommunikativen Akt des Erzählens ergebende textinterne
Kommunikationssituation" (Krah 2010: 89). Dies umfasst beispielsweise „Einstellungsgröße,
Kameraposition, Achsenverhältnisse etc." (Gräf et al. 2014: 289). Die Ebene der „Histoire"
bzw. die „Tiefenstruktur" bezieht sich auf „das Dargestellte", also auf den „Aspekt der Handlung, der erzählten Geschichte" (Krah 2015: 38, 180). Die „Handlung", also die von der
syntagmatischen Abfolge losgelösten Ereignisse und die räumliche Organisation der Texte,
wird – wie im Folgenden noch ausgeführt – mehr im Mittelpunkt meiner Analyse stehen als die
Techniken des Erzählens und deren filmisch-inszenatorische Vermittlungsebene (Weiteres zu
Raumstruktur und Handlung unter 1.1.). Beziehe ich mich auf die Art und Weise, wie sich die
Handlung eines Textes ergibt und wie diese angelegt ist, spreche ich von „Ereignisstruktur"
oder „narrativer Struktur", während sich „Erzählstruktur" auf die konkrete syntagmatische
Organisation eines Textes bezieht (vgl. Krah 2010: 180). Den Begriff Text verwende ich nicht
in seiner umgangssprachlichen Bedeutung in Bezug auf schriftliche Texte, sondern für jed-
wedes Medium, das der Informationsvermittlung und/oder Narration dient. Auch Filme und
Serien sind dementsprechend Texte.

[10] Mit einer steigenden Zahl an Netflix Originals wächst allerdings auch die Kritik an selbigen.
Zunehmend wird den Eigenproduktionen des Streaming-Anbieters durchschnittliche Qualität
bescheinigt, die nicht mehr mit den früheren Produktionen vergleichbar ist (vgl. Dodson 2018,
Makalintal 2019, Ströbele/Erdmann 2019).

und die Abweichungen von den Konventionen serieller Narration (vgl. Giammarco 2017). Julian Dörr spricht *Love*, ebenfalls ein Netflix Original, und *Master of None* (mit seiner „leichtfüßige[n] Narration") „Relevanz, Zeitgeist und eine ganz eigene Komik" zu und verweist auf die Tragikomik dieser „Sadcoms", die sie von bisherigen Sitcoms abgrenze. Dabei schließt er weitere Streaming-Originals wie *Girls*, *Transparent* oder *Fleabag* mit ein (vgl. Dörr 2017). Barbara Schweizerhof ist bezüglich der Prime Original-Serie *Transparent* nicht nur der Meinung, dass sich die Serie mit ihrer „offenen gender-fluiden Agenda" etwas „traute", sondern dass sie auch vom üblichen versöhnlichen Sitcom-Narrativ abweiche (vgl. Schweizerhof 2019). Jürgen Schmieder lobt den „sensible[n] und dennoch unsentimentale[n] Umgang mit Gendergrenzen und Sexualität", der *Transparent* von anderen Serien über dysfunktionale Familien abgrenze, und schreibt der Serie einen literarischen Charakter zu, der sie besonders zur Rezeption auf einem Streaming-Portal geeignet mache (vgl. Schmieder 2014). Ursula Scheer würdigt das Prime Original *The Romanoffs* aufgrund dessen detailreicher und langsamer Erzählweise und wegen der „messerscharfen Dialoge" (vgl. Scheer 2018).

Diese Entwicklung ist mit dem „Diskurs der Bewunderung" vergleichbar, mit der die Kritik bzw. das Feuilleton Anfang der 2000er neuen US-amerikanischen Serienformaten wie *The Sopranos* (1999–2007) oder *Six Feet Under* (2001–2005) begegnete. Diesen Formaten wurde – oft euphorisch – eine im Vergleich zu früheren Serien derart hohe Qualität bescheinigt, dass ihnen sogar ein medialer Zäsurcharakter zugeschrieben wurde (vgl. Kirchmann 2010: 61 f., vgl. Fröhlich 2015: 451 f.). In bewusster Abgrenzung zu vermeintlich profanen, weniger ‚komplexen' und visuell-stilistisch belangloseren Formaten wurden diese Serien als „Quality Television Series" (vgl. Köhler 2011: 15, vgl. Rothemund 2013: 24 f.) bzw. „Quality-TV" bezeichnet. Die Implikation dieses Begriffes, der bisherigen TV-Produktionen zwangsläufig einen Mangel an Qualität zuschreibt, ist dabei kritisch zu betrachten. Vielmehr als von einem tatsächlichen Wandel der Qualität zeugt er von bisherigen – wissenschaftlichen wie journalistischen – Ressentiments und einem „stärkeren Bewusstsein für das Potenzial der seriellen (TV-)Narration" (Fröhlich 2015: 454). Serien das Prädikat der Exklusivität sowie der hohen Qualität auszustellen und somit den Konsum bisher gemiedener oder verpönter Massenkultur zu legitimieren, dient zudem als eine Art ‚bürgerliche' Rechtfertigungsstrategie (vgl. Santo 2008: 20, 32 f., vgl. McCabe/Akass 2007: 85). Zuvor stand das Serielle – in Assoziation mit wenig origineller Fließbandproduktion – im Gegensatz zu einer „Genieästhetik" und einem „bildungsbürgerlichen [Begriff] vom autonomen und werthaften Kunstwerk" (Krah 2010: 85 f.). Serien entzogen sich also durch eine feuilletonistische Aufwertung dem Vorwurf der trivialen Unterhaltung. Der Enthusiasmus, mit dem Video-on-Demand-Serien begegnet wird, ist Teil einer äquivalenten Argumentationsstrategie bzw. die Fortsetzung des Quality-TV-Narrativs. Anstatt dieser Rechtfertigungs-struktur zu verfallen und zu behaupten, es handle sich um eine Geschichte massiver Einschnitte und plötzlicher Umbrüche, liegt es bei einer Betrachtung der medialen Entwicklung, insbesondere der Entwicklung der audiovisuellen Serie, näher von einem kontinuierlichen Prozess mit zahlreichen interdependenten Faktoren zu sprechen.[11]

Obgleich es sich um einen kontinuierlichen Entwicklungsprozess handelt, steht fest, dass die Video-on-Demand-Serie in mehrfacher Hinsicht von der kon-ventionellen TV-Serie abweicht, vor allem in ihrer Produktions-, Distributions- und Rezeptionssituation[12]. Diese spezifische Situation bietet das Potenzial für Entwicklung und Innovation in der Narration dieser Serien, wie es sich medien-historisch bereits vorher finden lässt: Mitte der 1980er Jahre profitierte das US-amerikanische Fernsehen von einer Deregulierung der Fernsehrichtlinien und einer damit einhergehenden Lockerung der Zensurbestimmungen (vgl. Mor-reale 2003: 209). Insbesondere Pay-TV-Sender wie HBO, AMC oder Show-time mussten ihr Programm nicht mehr den Vorgaben der FCC (Federal Communications Comission, die US-amerikanische Rundfunkbehörde) anpassen (vgl. Schleich/Nesselhauf 2016: 44). Das Angebot wurde durch spezifische, weni-ger massentaugliche Formate erweitert, die mit bisher tabuisierten Themen wie Nacktheit und Gewalt wesentlich offener und expliziter umgingen (vgl. Morreale 2003: 209, vgl. Schleich/Nesselhauf 2016: 44). Dieser neuen Freiheit entspran-gen Serien wie etwa *The Simpsons*, welche die Popkultur nachhaltig prägten und den Aufstieg der Kabelsender ermöglichten. Die Video-on-Demand-Serie befindet sich in einer vergleichbaren Situation, wobei ihre Möglichkeiten und Potenziale weit größer erscheinen. Wohlgemerkt sei hier von Potenzialen gesprochen, denn inwiefern die Streaming-Anbieter diese im Folgenden skizzierten Möglichkeiten nutzen, bedarf einer genauen Untersuchung. Durch eine veritable weltweite Ver-fügbarkeit (in 190 Ländern – vgl. Netflix.com 2019) befindet sich der Produzent Netflix in einer einzigartigen Produktionssituation: Das extrem breite, multikul-turelle Publikum, das alle Gesellschaftsschichten durchdringt, ermöglicht es dem Anbieter, in Inhalt und Darstellungsweise abweichende, weniger massentaugli-chere, d. h. ‚speziellere' Formate zu produzieren, die dann trotz oder gerade

---

[11] Dieser Entwicklungsprozess wird in 2. ausführlich nachvollzogen.

[12] Rothemund führt auf, dass ein Wandel entsprechender Faktoren im Rahmen der Entwick-lung des „Quality TV" als „symptomatisch für einen Paradigmenwechsel" betrachtet wurde (Rothemund 2013: 26). Mehr zur Entwicklung von Quality-TV zu Video-on-Demand und den Spezifika der Video-on-Demand-Serie unter 2.8.

wegen bestimmter Eigenheiten einen Rezipierendenstamm finden. Zudem sind die Unternehmen in geringerem Maße an senderspezifische Einschränkungen gebunden. ‚Jugendgefährdende' Formate können etwa durch die Eingabe eines Codes geschützt werden. Somit ist es möglich, von Produzierendenseite bisher tabuisierte Thematiken zu verhandeln (z. B. der Suizid einer Teenagerin, der in der Netflix-Serie *13 Reasons Why* explizit dargestellt wird – vgl. *13 Reasons Why* I/13: 36:00)[13]. Video-on-Demand-Serien stellen dementsprechend einen Schritt in Richtung einer ungemeinen Erweiterung und Diversifizierung des Serienangebots dar und ermöglichen einen kreativ-experimentellen Umgang mit (neuen) Inhalten. Dabei können sie auf der Basis aufbauen, die durch das sogenannte Quality-TV gelegt wurde. Obgleich der Blick auf die Wirtschaftlichkeit der Produktionen ein entscheidender Faktor bleibt, kann ‚ausgetestet' werden, ob ein unkonventioneller Umgang mit bestimmten Normen ein Publikum findet.

Auf Seiten der Rezeptionssituation begünstigt der nahtlose Übergang einer Episode in die nächste ohne Zutun der Rezipierenden – oft mit der Möglichkeit den Vorspann zu überspringen – das sogenannte ‚Binge-Watching', d. h. den ‚orgiastischen' Serienkonsum ganzer Staffeln einer Serie am Stück, das als Rezeptionsform „immer üblicher" wird (Milevski et al. 2018: 14, vgl. Schleich/Nesselhauf 2016: 209 f.). Es ist plausibel, dass Binge-Watching Auswirkungen auf die Entwicklung und Darstellung der Charaktere und Handlungsstränge hat, z. B. eine sich über mehrere Folgen erstreckende, kontinuierliche Charakterentwicklung[14], deren besonderer Reiz sich erst durch den raschen Konsum vieler Folgen hintereinander ergibt.[15] Zudem besteht für die Rezipierenden die Möglichkeit einer zeitlich ‚freien Wahl' im Gegensatz zum programmgebundenen Fernsehen. Sie können die Serie zu einem beliebigen Zeitpunkt rezipieren

---

[13] Die römische Ziffer steht im Folgenden für die Staffel, die arabische Zahl für die Nummer der Episode innerhalb der Staffel. Zeitangaben in der Form von 0:00:00 bezeichnen wie folgt: Stunden: Minuten: Sekunden. Aufgrund der ungenauen Navigation im Online-Player von Netflix (es wird stets die verbleibende Zeit, nicht die aktuelle Zeit angezeigt) werden bei Netflix-Serien stets die Stunden und vollen Minuten angegeben.

[14] Eine genauere Ausführung der Begriffe „Charakter" und „Charakterentwicklung" folgt unter 1.1.

[15] Zwar ist diese Form der Rezeption keine absolute Neuheit und fand bereits durch die Einführung von VHS, DVD und dem Abruf von Serien im Internet ihre Verbreitung (vgl. McCormick 2016: 102). Das Binge-Watching wird aber durch die Rezeption auf Video-on-Demand-Plattformen in zunehmendem Maße erleichtert und wurde erst durch diese als besonderes Rezeptionsphänomen wahrgenommen. Auch der Begriff des Binge-Watching entspringt dem Video-on-Demand-Diskurs. Ebenso wie die Frage nach dem tatsächlichen Umfang des Angebots der Streaming-Dienste und den Personalisierungsstrategien wird das Binge-Watching unter 2.8 vertieft behandelt.

und beliebig unterbrechen. Es liegt also keine Bindung an Fernsehprogramme vor, lediglich an das beständig wachsende Angebot der Video-on-Demand-Plattformen, das zwar ebenfalls nicht unbegrenzt ist, aber doch umfangreicher als das Angebot des durchschnittlichen TV-Senders. Somit wächst die Nachfrage der Nutzenden danach, möglichst problemlos und komfortabel auf Serien zugreifen zu können, die im weitesten Sinne mit ihren persönlichen Vorlieben übereinstimmen. Die „Zuschauer_innen übernehmen also verstärkt die Rolle der Programmdirektoren" (Milevski et al. 2018: 15), nach deren Nachfrage sich die Zusammensetzung des Angebotes ausrichtet – gewissermaßen ein Element der digitalen Personalisierungswelle. Betrachtet man die Video-on-Demand-Serie also in ihrem Dispositivcharakter[16], im Spannungsfeld ihrer Rezeptions- und ihrer Produktionssituation, so liegt ein Wandel der Formate in vielerlei Hinsicht nahe und es ergeben sich Fragen von hohem medienwissenschaftlichem Interesse, die sich folgendermaßen zusammenfassen lassen: Zeichnet sich die Video-on-Demand-Serie in besonderer Weise aus, bestätigt sie hergebrachte Formate oder divergiert sie von selbigen?

Im Zuge dieser Untersuchung werde ich diese grundlegende Fragestellung weiter einschränken und spezifizieren: Die Qualitätszuschreibungen, welche die Video-on-Demand-Serie erfährt, kreisen häufig um stilistische Innovation, eine spezifische Ästhetik, die Originalität der Erzählstruktur oder die Tatsache, dass besonders ‚relevante' Themenfelder verarbeitet werden (man vergleiche die bereits genannten Pressestimmen). Es handelt sich also um Zuschreibungen, die sich besonders auf der Ebene der Oberflächenstruktur, des Discours bewegen. Der eigentliche inhaltliche Kern der Serien, die Frage, ob neben der Darstellung das Weltmodell und die darin reflektierten Norm- und Wertvorstellungen in besonderer Weise innovativ oder neu sind, bleibt dabei in der Regel unangetastet. Genau hier liegt aber die eigentliche Antwort auf die Frage nach Innovation verborgen, wenn man diese nicht nur auf oberflächenstrukturelle Darstellungsweisen beschränkt, sondern auf einen tiefergehenden Wandel im kulturellen Wissen und den darin enthaltenen Ideal- und Normvorstellungen bezieht: Um aufzuzeigen,

---

[16] Unter Dispositiv soll in diesem Fall die Gesamtheit aller Zusammenhänge verstanden werden, in welche die Video-on-Demand-Serie eingebettet ist, d. h. alle medialen und technischen Bereiche, alle Wissensmengen etc., mit denen sie direkt oder indirekt in Verbindung steht. Es handelt sich um eine „semantische Struktur […], die kulturelles Wissen und kulturelle Praxen im Artefaktgebrauch miteinander verbindet" (Decker 2017: 431). Dabei werden im Rahmen dieser Untersuchung selbstverständlich nicht alle Aspekte des Dispositivs untersucht, sondern nur inhaltliche Teilbereiche. Durch die Verwendung des durch Michel Foucault geprägten Begriffs soll an dieser Stelle verdeutlicht werden, dass es sich nicht um ein singuläres, sondern um ein vieldimensionales Untersuchungsobjekt handelt (zu einer Definition von Dispositiv vgl. Neumeyer 2013: 144).

inwiefern sich das Bild von Gesellschaft, das Video-on-Demand-Serien vermitteln, von bisherigen Weltmodellen unterscheidet und ob dieses Bild tatsächlich
innovativ ist, d. h., ob es neue – bisher nicht oder kaum verwendete – Aspekte
einbringt, soll im Rahmen dieser Untersuchung eine konkrete Analyse der Oberflächenstruktur zugunsten einer vertieften inhaltlichen Auseinandersetzung mit
der Thematik in den Hintergrund treten. Zwar handelt es sich bei Discours und
Histoire nicht um separate Sphären, vielmehr muss die Tiefenstruktur „aus der
Textoberfläche und mit dieser" abstrahiert werden (Krah 2015: 38). Allerdings
ist die Histoire unabhängig vom Trägermedium, während die Art und Weise, wie
etwas dargestellt wird, „gattungs- und medienspezifisch" ist (Krah 2015: 180).
Während inszenatorische Strategien also selbst innerhalb der Video-on-Demand
Serie (je nach konkreter Gattung z. B. Sitcom, Soap-Opera oder Zeichentrickse-
rie) variieren können und ein filmästhetischer Vergleich der analysierten Serien
nicht im Interesse meiner Analyse ist, lassen sich aus einer vertieften Untersuchung der Histoire umfassende inhaltliche Modellierungen ableiten und in einen
serienhistorischen Kontext einordnen. Um eine möglichst große Vergleichbarkeit
zwischen den, in ihrer Ästhetik teils sehr diversen Serien, herstellen zu können,
treten Aspekte des Discours, also der der Erzählstruktur und der filmischen Mittel, weitgehend in den Hintergrund. Die Wahl der Video-on-Demand-Serie als
Forschungsgegenstand ergibt sich dabei einerseits aus dem – zuvor dargelegten
– medienwissenschaftlichen Interesse und andererseits aus der Tatsache, dass es
sich bei Video-on-Demand-Serien derzeit um die prominentesten Vertreter und
Vorreiter der Serienlandschaft handelt. Aus einer Analyse von Video-on-Demand
– so die These – lassen sich Schlüsse über aktuell dominante Modellierungen
serieller Weltmodelle ziehen.

Ohne weitere Einschränkung eine inhaltliche Analyse sowie eine Abstraktion der Weltmodelle von Video-on-Demand-Serien vornehmen zu wollen, wäre
ein ebenso umfassendes wie vages und zielloses Forschungsvorhaben. Dementsprechend möchte ich einen gesellschaftlichen und kulturellen Aspekt in den
Mittelpunkt meiner Untersuchung stellen, der nach wie vor von vielen (Video-
on-Demand-)Serien zentral verarbeitet wird und das Zentrum der dortigen Weltmodelle darstellt: das Zusammenleben in der Familie oder in familienähnlichen
Strukturen. Familie möchte ich dabei nicht in einem weiteren Sinne als Kreis
von Personen verstehen, der – unabhängig von tatsächlicher Blutsverwandtschaft
oder ehelichen Beziehungen – aufeinander achtgibt und in einer langfristigen
engen Beziehung zueinander steht (vgl. Young 1997: 196), sondern im engeren,
allgemeinsprachlichen Sinn als durch Verwandtschafts- und Verschwägerungs-
beziehungen verbundene Gruppe. Freundschaftsbeziehungen, die insbesondere

in Sitcoms seit den späten 1980er Jahren eine zur Familie äquivalente Rolle
einnehmen stellen eine eigenständige Thematik dar.

Der hohe Stellenwert, den die Familie als zentrale Personenkonstellation
seit dem Ursprung der audiovisuellen Serie einnimmt, ist dabei nachvollziehbar: Familie ist nicht nur ein gesellschaftlicher und politischer Wert von großer
Relevanz, sie ist auch eine Keimzelle, an der komplexe gesellschaftliche Orga-
nisationsformen wie Stadt und Staat ansetzen (vgl. Bobbio 2006: 4).[17] Familien
bzw. das gemeinsame Heim, das Zuhause, sind Brennpunkte, an denen geltende
Normen und Werte in besonders konzentrierter Weise verhandelt werden. Wie
ein Mensch sich innerhalb der Familie verhält, welche Werte im Rahmen einer
Erziehung vermittelt werden, welche Geschlechter- und Rollenbilder dominieren
und welche Diskurse das familiäre Leben bestimmen, lässt folglich Rückschlüsse
auf gesamtgesellschaftliche Entwicklungen zu. Modelle von Familie stellen daher
stets eine Verhandlung bedeutsamer gesellschaftlicher Paradigmen dar. In Hinblick auf die räumliche Organisation serieller Weltmodelle können Familien
als „Extremräume" verstanden werden, also als „Teilräume, in denen sich die
zentralen und konstitutiven Merkmale des Raumes quasi kondensieren und die
so den Gesamtraum mise-en-abyme, als pars pro toto abbilden" (Krah 2015:
195 ff.).[18] Somit sind entsprechende Formate Sammelbecken des zentralen kulturellen Wissens einer Zeit, das von den Charakteren spezifisch wiedergegeben
und zwischen ihnen verhandelt wird. Eine Analyse von Familienmodellen gibt
folglich in besonderer Weise Aufschluss über das Weltmodell der Serien und
bietet wie kaum eine andere Kernthematik den Ansatzpunkt für eine übergeordnete Untersuchung der dargestellten Gesellschaftsentwürfe, nicht nur in Bezug
auf Familienserien, sondern bezüglich der allgemeinen Weltmodellierung einer
Gattung – hier Video-on-Demand-Serien.

Mein Hauptinteresse besteht darin festzustellen, auf welche Art und Weise
Video-on-Demand-Serien gesellschaftliche Strukturen und die Familie als deren
Kern abbilden. Welchen Stellenwert, so frage ich, nehmen die Familie und das
private/intime Leben diesen Formaten zufolge für den heutigen Menschen ein?
Inwiefern stellen Video-on-Demand-Serien die Familie als etwas Positives oder
Negatives dar? Wird Familie als ein einengendes Gefängnis, das zwischen den
Charakteren und ihren individuellen Zielen steht, wahrgenommen (vgl. Baker

---

[17] Dies stellen auch Jan-Oliver Decker, Hans Krah und Marianne Wünsch bezüglich deutscher
und US-amerikanischer Familienserien fest: Serien, die Familien fokussieren, neigen dazu,
diese als „Keimzelle von Staat und Gesellschaft" zu postulieren (vgl. Decker et al. 1996: 116).
Eine Abbildung von Familie ist hier also auch eine Abbildung von Gesellschaft und vice versa
(vgl. Decker et al. 1996: 96).

[18] Ausführlicher zu Extremräumen und Extrempunktregel unter 1.1.

2003: 46) oder als Schutzraum vor äußeren Bedrohungen (vgl. Sofsky 2007: 76, vgl. Rössler 2001: 42)? Welche Modelle von Familie und welche Rollenbilder werden konstruiert und welche positiv, neutral oder negativ bewerteten Alternativen existieren dazu? Neben der Frage nach einem gesellschaftlichen Wandel ist für mich von Interesse, welche Paradigmen Video-on-Demand-Serien anhand der dargestellten Familienverbände besonders thematisieren, d. h., welche gesellschaftlichen Problematiken/Themenfelder allgemein über ein Einzelbeispiel hinaus als dominant gesetzt und mit der Familienthematik verknüpft werden. Zusammengefasst lautet meine Forschungsfrage: Welche Modelle und Ideale von Familie dominieren die Video-on-Demand-Serie in einem Zeitraum von 2014 bis Ende 2018 und welche gesellschaftlichen und kulturellen Paradigmen werden als zentral gesetzt?

Die Untersuchung setzt sich dabei aus folgenden Bestandteilen zusammen: Der Einleitungsteil umfasst neben einer Darlegung der zugrunde liegenden Methodik (1.1) eine Beschreibung der Charakteristika des (audiovisuellen) seriellen Erzählens (1.2) und eine einführende Darlegung des Analysekorpus und der entsprechenden Auswahlkriterien (1.3). Im zweiten Kapitel gebe ich einen Überblick über die Entwicklung der Familie in der (US-amerikanischen) TV-Serie von ihren Anfängen bis heute. Das dritte Kapitel umfasst meine Analyse und die Klärung der Frage, wie die Familie in der Video-on-Demand-Serie bzw. im Analysekorpus dargestellt wird. Dieser Analyse liegen dabei elf US-amerikanische Serien aus dem Angebot von Netflix und Prime Video zugrunde.[19] Der Schwerpunkt USA wurde dabei aufgrund der deutlichen Dominanz dieser Produktionen auf dem Video-on-Demand-Markt gelegt: Die bedeutendsten Streaming-Dienste stammen aus den USA, ebenso wie die populärsten und international primär konsumierten Video-on-Demand-Serien. Sie bilden somit die Funktions- und Gestaltungsweisen sowie die narrativen Strategien in der Video-on-Demand-Serie sehr gut ab. Die Wahl von US-Serien gewährleistet demnach den höchstmöglichen Grad an Repräsentativität für die Gattung Video-on-Demand-Serie bei gleichzeitiger optimaler Vergleichbarkeit innerhalb des Korpus. Im vierten Kapitel werden die Analyseergebnisse wiederum in den unter 2. erörterten historischen Rahmen eingebettet. Im fünften Kapitel gebe ich einen Ausblick auf Anknüpfungspunkte der Studie, auch über den medienwissenschaftlichen Kontext hinaus, und gehe auf mögliche weitere Entwicklungen ein.

---

[19] Mehr zu Korpus und Auswahlkriterien unter 1.3.

1.1   Darlegung der Methodik

Meine Analyse orientiert sich an Mitteln der Mediensemiotik, wie sie u. a. in Hans Krahs *Einführung in die Literaturwissenschaft* (Krah 2015) und in *Filmsemiotik. Eine Einführung in die Analyse audiovisueller Formate* (Gräf et al. 2014) dargelegt sind.

Die Analyse der Handlungsstruktur der jeweiligen Formate erfolgt mit Hilfe von Raumtopologiemodellen im Sinne einer erweiterten Theorie des Literaturwissenschaftlers Jurij Michailowitsch Lotman (dargelegt u. a. in Krah 2015: 186 ff.), deren Grundbegriffe im Folgenden geklärt werden. Nach Lotmans Verständnis sind Texte auf Ebene der Histoire in eine „sujethafte" und eine „sujetlose" Textschicht unterteilbar (vgl. Krah 2010: 89). Dabei ist das „Sujet" als „modellhaftes Handlungssubstrat oder Kompositionsschema eines Textes" (Schulz 2007: 544) zu verstehen, ergo als die Handlung, das Geschehen eines Textes. Wenn Handlung stattfindet, ist der Text dementsprechend „sujethaft". Texte, die keine Handlung aufweisen, z. B. Kalender, Telefonbücher, deskriptive Naturlyrik oder Weltbeschreibungen eines Romans (man denke an den häufig umfangreichen Anhang von Fantasy-Romanen wie J.R.R. Tolkiens *Herr der Ringe*) sind „sujetlos" (vgl. Schulz 2007: 545, vgl. auch Lotman 1972: 329–340, Krah 2015: 180, Martínez/Scheffel 2012: 156, 214). Wird in einer Serie beispielsweise einführend der Alltag der Figuren gezeigt oder durch Establishing Shots die Szenerie einer Handlung (z. B. das Haus, die Landschaft, die Stadt) gezeigt, handelt es sich dabei um sujetlose Inhalte. Die sujetlose Textschicht, „die dargestellte Welt in ihrer Gesamtheit", bildet die filmische Diegese: „Zur Diegese gehören die Figuren bzw. Akteure und der von ihnen auditiv und visuell wahrgenommene Raum" (Krah 2010: 90). „Der sujethaltige Text wird auf Basis des sujetlosen errichtet als dessen Negation" (Lotman 1972: 338), d. h., Handlung kommt dann zustande, wenn die bestehende Ordnung gestört wird, beispielsweise wenn eine Figur „die Grenze zwischen zwei ,semantischen Feldern' überschreitet" (Schulz 2007: 545, vgl. auch Krah 2015: 205). Dabei muss die Topographie eines Textes, die konkrete örtliche Gegebenheit, nicht unbedingt Träger der Topologie, der „Merkmalsmengen", sein, „auch wenn die Topographie eines Textes [...] zumeist semantisch funktionalisiert ist" (Krah 2015: 191). Es ist zwischen „semantisierten Räumen", also raumgebundenen Bedeutungszuweisungen, und „abstrakt semantischen Räumen" zu unterscheiden, „die nur über ihr spezifisches Merkmalsbündel gegeben sind" (Krah 2015: 191, vgl. Martínez/Scheffel 2012: 156 f.), wie der Übergang vom Leben zum Tod, der Wechsel von Sicherheit zu Bedrohung etc. Wenn in der Serie *13 Reasons Why* die Protagonistin Hannah Baker Suizid begeht, liegt eine Grenzüberschreitung vom Leben zum Tod vor. Der Text ist sujethaft. Dabei zieht eine einzelne Grenzüberschreitung in ihrer Auswirkung auf andere Charaktere oft weitere Konsequenzen nach sich, kann also im mehrfachen Sinne zustandsverändernd sein. Im obigen Beispiel ist dies für den Protagonisten Clay Jensen der Fall, der mit Hannah Baker sein Love-Interest verliert, ebenso wie für die Freunde der Protagonistin und für deren Eltern. Es existieren dabei diverse Typen von Grenzverletzungen und -verschiebungen (vgl. Krah 2015: 205 ff.).

„Handlungsverläufe zeichnen sich durch die theoretische Gültigkeit des *Konsistenzprinzips* aus" (Krah 2015: 211). Handlung endet, wenn der ereignishafte Zustand beendet ist und die Grenzüberschreitung getilgt wurde. Der Endzustand kann, aber muss nicht zwangsweise mit dem Ausgangszustand übereinstimmen, vielmehr sind verschiedene Arten der „Ereignistilgung" möglich (vgl. Krah 2015: 211 f.): Die „Rückkehr in den Ausgangsraum", bei der „die Größe, deren Situierung das Ereignis bedingt, […] wieder in den früheren Zustand zurückversetzt" (Krah 2015: 212) wird, wenn beispielsweise in einem fiktiven mittelalterlichen Szenario ein Kreuzfahrer aus Jerusalem in die Heimat zurückkehrt und dort sein ‚normales' Leben wieder antritt. Zweitens das „Aufgehen im Gegenraum", bei dem die grenzüberschreitende Größe eigene Merkmale verliert, die im Raum störend sind, in den sie eingetreten ist, und sie daher die „konstitutiven" Merkmale des Gegenraumes annimmt (vgl. Krah 2015: 213). Dies liegt beispielsweise vor, wenn obiger Kreuzfahrer Teil der muslimischen Kultur wurde, gegen die er ursprünglich in den Krieg zog, und nun unter Muslimen weiterlebt. Und drittens die „Metatilgung", bei der sich die dargestellte Welt dergestalt ändert, dass sich Grenzen auf eine Weise verschieben, sodass der ursprünglich ereignishafte Zustand kein Ereignis mehr darstellt (vgl. Krah 2015: 214). Dies wäre, unter Verwendung des bisherigen Beispiels, der Fall, wenn die Anführer der Kreuzfahrer und die Muslime Frieden schließen und fortan ohne Gebietsansprüche in Harmonie zusammenleben.

Bezüglich der räumlichen Organisation und des Handlungsverlaufs eines Textes ist die sogenannte „Extrempunktregel" relevant: Häufig sind semantische Räume in sich weiter gegliedert und weisen sogenannte „Extremräume" oder „Extrempunkte" auf, in denen sich die Merkmale des Raumes verdichten. Diese Extremräume stehen „synekdochisch für den Gesamtraum": „Sie sind Teilräume, in denen sich die zentralen und konstitutiven Merkmale des Raumes quasi kondensieren und die so den Gesamtraum mise-en-abyme, als pars pro toto abbilden" (Krah 2015: 195 ff., vgl. auch Renner 1987: 117). Solche Extremräume „sind zumeist narrativ relevant" und „fungieren als *Brennpunkte des Geschehens*" (Krah 2015: 224). Das bedeutet, dass jede/r Held/in, hat er/sie einen semantischen Raum betreten, auch den Extremraum aufsuchen wird, bevor er/sie den Raum potenziell verlassen und ein Abschluss der Handlung bzw. eine Rückkehr zur Konsistenz stattfinden kann (vgl. Krah 2015: 224), oder wie Karl Renner es formuliert:

Überschreitet ein Held die Grenze eines semantischen Feldes, dann führt ihn der Weg innerhalb dieses Feldes zu dessen *Extrempunkt*. Kehrt er in seinen Ausgangsraum zurück, dann ändert sich dort seine Bewegungsrichtung: Der Extrempunkt ist ein *Wendepunkt*. Ansonsten endet hier der Weg des Helden: Der Extrempunkt ist der *Endpunkt*. (Renner 1987: 128).

Dementsprechend ist die Extrempunktregel eng mit dem Konsistenzprinzip verknüpft (vgl. Renner 1987: 128). Greifbare Beispiele für konkrete, topographisch verortbare Extremräume finden sich oft in fantastischen Geschichten oder Märchen: die Höhle des Drachen, der Turm des bösen Zauberers, das verbotene Zimmer, der Schicksalsberg in Tolkiens *Herr der Ringe* oder der Todesstern in *Star Wars*. Es kann sich jedoch auch um abstrakt-semantische Räume handeln, wie z. B. der Moment tiefster Depression oder ein Ereignis, welches durchlebt werden muss. Aus der Art und Weise, wie Texte räumlich strukturiert sind, aufgrund welcher Grenzverletzungen oder Verschiebungen diese Ordnung gestört und wie Konsistenz wiederhergestellt wird, ergibt sich die „spezifische Ereignisstruktur" bzw. „narrative Struktur" eines Textes (vgl. Krah 2010: 89 f.).

Die narrative Struktur der analysierten Formate wird stets anhand einer abstrahierten Abbildung des Handlungsverlaufes dargestellt. Im Rahmen meiner Schematisierung der Handlung handelt es sich in der Regel um stark abstrahierte, nicht konkret topographisch verankerte Räume, die dazu geeignet sind, eine Aussage in Bezug auf die Familiendarstellung abzuleiten und bezüglich des Gesamtkorpus zu verallgemeinern. Ebenso wird ein Schema zur Figurenkonstellation (angelehnt an Krah 2015: 199 ff.) erstellt, um die Beziehungen und Verstrickungen der Charaktere klar und abstrakt darzustellen. Die Analyse der Formate erfolgt mithilfe eigens angelegter Raster (vgl. Abb. 1.1 und Abb. 1.2). Zunächst analysiere ich die Serien anhand der jeweiligen Charaktere unter Ausschluss nicht wiederkehrender bzw. handlungsmäßig weitgehend irrelevanter Figuren. Zu jeder analysierten Episode liegt dementsprechend eine Tabelle vor, in der unter Angabe des Zeitpunktes in der Episode besonders charakteristische Handlungen und Eigenschaften der Figuren genannt werden (vgl. Abb. 1.1), ob ein Charakter sich beispielsweise durch konservative oder progressive politische Standpunkte auszeichnet[20], ob er/sie zu Gewalt

---

[20] Die Begriffe ‚konservativ' und ‚progressiv' werden im weiteren Verlauf des Textes – insbesondere in Bezug auf die Modellierung von Familie – wiederholt verwendet. Sie sollen dabei ausdrücklich nicht in einem normativen bzw. wertenden Sinne verstanden werden. Konservativ wird im Sinne dieser Untersuchung stets meinen, dass ein Modell oder Standpunkt sich dominant auf bisherige und als traditionell wahrgenommene Strukturen beruft, diese stützt und auf deren Erhaltung und Fortführung fokussiert ist. Progressiv meint gegenläufige Tendenzen, die darauf ausgerichtet sind, neue Modelle zu schaffen, Traditionelles zu reformieren und zu überholen – in welchem Sinne auch immer. Die Gegenüberstellung von Tradition bzw.

Charakter	Folge	1/5 Ruling Days	Zusammenfassende Bewertung
Familie Byrde (Martin/"Marty", Wendy, Charlotte, Jonah)		21:00 – Aufeinandertreffen des Sohns von Wendys verstorbenem Geliebten mit Wendy, Marty geht Ständige Konfrontation mit dem Zerbrechen ihrer Ehe, jedoch nie sinnvolle Aussprache 13:00 – Faszination des Sohnes für Waffen / Gewalt ➤ Involvierung des Sohnes in Kriminalität/ Abstumpfung: Sucht sich harten Gegenraum zum öffentlich defekten Raum einer pseudo-funktionalen Familie ➤ Schießen auf Wassermelonen, wie auf menschliche Köpfe: Verrohung 41:00 – Charlotte spricht ihrer Mutter, wg. der Geldwäsche ihre moralischen Qualitäten ab ➤ Verlust der elterlichen, pädagogischen und erzieherischen Autorität	Selbst das direkte, personifizierte Eindringen von Wendys Betrug in den Familienraum der Byrdes, kann keine tatsächliche Aussprache zwischen den Ehepartnern herbeiführen. Zu verhärtet scheinen die Fronten, zu groß ist die Angst vor einem absoluten Bruch. Die anfängliche Todesfixierung des Sohnes, die aber als eine Angst vor dem Ende der Familie und vor äußerer Bedrohung zu deuten war, schlägt nun um, in den Willen, die Familie, um jeden Preis vor äußeren Bedrohungen zu schützen. Da Marty in den Augen seines Sohnes das Potential zur direkten Verteidigung seiner Familie fehlt bzw. Jonah das Taktieren seines Vaters nicht durchschaut, greift Jonah nun in kindlicher Naivität zur Waffe. Der Sohn ist es nun der – im Gegensatz zu seiner Schwester, die eher Distanz sucht – die Verteidigung übernimmt. Selbst in der Kindlichkeit Jonahs ist also schon der „männliche" Drang zur Verteidigung der Liebsten mit allen Mitteln verankert. Charlotte scheint kaum mehr Grundlage für den familiären Zusammenhalt zu sehen: Berechtigterweise stellt sie die moralische Autorität ihrer Mutter in Frage, ist diese doch – wie ihr Vater – in die kriminellen Geschäfte verstrickt.
Familie Langmore (Ruth, Cade, Russ, Boyd, Wyatt, Three)		25:00 – Ruth Langmore verteidigt die Ehre ihres inhaftierten Vaters mit Gewalt: ➤ Festhalten an einem längst absenten Ideal	Obgleich ihr Vater – wie sich im weiteren Verlauf des Formats zeigt – ein gewalttätiger und despotischer Charakter ist, idealisiert Ruth ihn, umgibt ihn mit einer Aura der Unangreifbarkeit. Da nicht einmal zunächst ungewisse ein tatsächliches Familienideal vorhanden ist, muss sie eines konstruieren.
Familie Snell (Jacob, Darlene)		/	/
Familie Young (Mason, Grace)		/	/
Familie Dermody (Sam, Eugenia)		/	/
Das FBI (Roy Petty, Trevor Evans)		40:00 – Beginn der Beziehung zwischen Russ und Petty: Eine Art Familien–/ Liebesraum ➤ Unkonventionelles Gegenmodell zur Standardfamilie	Das nüchterne Kalkül mit dem Petty die verletzliche Emotionalität Russ Langmores ausnutzt, unterstreicht seinen soziopathischen Charakter.
Camino Del Rio		/	/
Sonstige Charaktere		23:00 „Blue Cat Lodge" schon länger in Familienhand: Rachel redet von ihrer Großmutter; Ein weiteres Unternehmen in Familienhand.	Nahezu jedes Unternehmen in Ozark scheint in einem familiären Rahmen eingebettet zu sein. Der Unterschied im Falle Rachels ist nur, dass sie scheinbar das letzte verbliebene Familienmitglied ist. Ohne familiäre Bindung ist sie offensichtlich allein und angreifbar.

Abb. 1.1 Figurenschema zu Ruling Days (Ozark I/5)

oder Drogenkonsum neigt, von welcher Bedeutung Familie für ihn/sie ist oder ob Religiosität eine besondere Rolle spielt.

Aus der Analyse der Figuren als Handlungs- und Merkmalsträger ergibt sich im zweiten Schritt das Paradigmenraster, in dem ich obige Ergebnisse nach Kategorien bündle (vgl. Abb. 1.2). Hier stellt sich heraus, welche Paradigmen ein Format als zentral setzt. Die somit gesammelten und geordneten Textbelege werden im Rahmen der Analyse abstrahiert und auf die übergeordnete Familienthematik zurückbezogen.[21]

An dieser Stelle eine Anmerkung zur Verwendung der Begriffe ‚Charakter' und ‚Figur'. Obgleich der etwas neutralere Begriff ‚Figur' darauf verweist, dass es sich bei den Auftretenden um Textkonstrukte handelt, ziehe ich aus mehreren Gründen den Begriff Charakter vor:

a) Einerseits liegt meiner Untersuchung umfassende englischsprachige Forschungsliteratur zu Grunde. „Charakter" habe ich hier als eingedeutschte Fassung des englischen „character" verwendet.

b) Andererseits ist „Charakter" ein deutlich psychologisierender Begriff, der mehr auf Charaktertiefe und Denk- und Gefühlswelt der Seriengestalten verweist. Video-on-Demand-Serien stehen in der differenzierten und ambivalenten Konstruktion ihrer Gestalten in der Nachfolge des Quality-TV. Die Charaktere zeichnen sich nicht mehr – wie in früheren Serien – durch ein einziges zentrales Merkmal oder ein Bündel ähnlicher Verhaltensweisen aus, sondern werden als vielschichtiger und in sich widersprüchlich dargestellt. Diese Serien neigen also dazu, die Charaktere zu psychologisieren und deren Abgründe auszuloten. Dementsprechend ist „Charakter" der passendere Begriff.

c) Der Begriff Charakter verweist zudem auf die Entwicklung, die die Gestalten in den Serien durchlaufen. In vielen Serien des Korpus verharren Charaktere nicht statisch auf ihren Merkmalen, wie für ältere Serien typisch. Durch das Ausheben bestehender Persönlichkeitspotentiale und daraus resultierenden Konflikten wird auf eine Tiefenstruktur der Charaktere verwiesen. Dabei

---

Konservativismus dient dabei allein dazu, klare Thesen und Aussagen formulieren zu können, und nicht zu einer Kategorisierung in positiv oder negativ.

[21] Figuren- und Paradigmenraster beruhen auf einer vorangegangenen eingehenden Untersuchung der analysierten Serien, auch im Hinblick auf ihre oberflächenstrukturelle Gestaltung. Im Mittelpunkt der Analyse stehen indes – wie eingangs dargelegt – tiefenstrukturelle Aspekte. Dementsprechend wird auf ausführliche oberflächenstrukturelle Auswertung und Gegenüberstellung des umfangreichen Analysekorpus verzichtet, die zusätzlichen Umfang ohne besonderen Mehrwert bedeuten würden.

Paradigmen / Folge	I/5 Ruling Days
Familie/ Geschlechterrollen	21:00 – Aufeinandertreffen des Sohns von Wendys verstorbenem Geliebten mit Wendy. Marty geht ➤ Ständige Konfrontation mit dem Zerbrechen ihrer Ehe, jedoch nie sinnvolle Aussprache 25:00 – Ruth Langmore verteidigt die Ehre ihres absenten Vaters mit Gewalt. ➤ Festhalten an einem längst absenten Ideal 40:00 – Beginn der Beziehung zwischen Russ und Petty: Eine Art Familien-/ Liebesraum ➤ Unkonventionelles Gegenmodell zur Standardfamilie 41:00 – Charlotte spricht ihrer Mutter, vgl. der Geldwäsche ihre moralischen Qualitäten ab ➤ Verlust der elterlichen, pädagogischen und erzieherischen Autorität
Geld	
Gewalt	13:00 – Faszination des Sohns für Waffen / Gewalt ➤ Involvierung des Sohnes in Kriminalität / Abhärtung/ Abstumpfung: Sucht sich harten Gegenraum zum offensichtlich defekten raum einer pseudofunktionalen Familie ➤ Schießen auf Wassermelonen, wie auf menschliche Köpfe: Verrohung
Sexualität	21:00 – Aufeinandertreffen des Sohns von Wendys verstorbenem geliebten mit Wendy. Marty geht ➤ Ständige Konfrontation mit dem Zerbrechen ihrer Ehe, jedoch nie sinnvolle Aussprache 40:00 – Beginn der Beziehung zwischen Russ und Petty: Eine Art Familien-/ Liebesraum ➤ Homosexuelle Sexualität
Sonstiges	40:00 – Beginn der Beziehung zwischen Russ und Petty: Eine Art Familien-/ Liebesraum ➤ Unkonventionelles Gegenmodell zur Standardfamilie

➜ In Nachahmung Martys, jedoch vor allem in Nachahmung tradierter Rollenklischees, versucht Jonah die Beschützerrolle für die Familie zu übernehmen. Im Gegensatz zu seinem Vater greift er dabei jedoch auf gewaltsame Mittel zurück, die für das Kind unmittelbarer und direkter erscheinen, als Martys diplomatische Versuche. Somit wird Jonah faktisch – zusammen mit Marty – zum effektiveren Beschützer der Familie als Wendy, die eher an sich selbst und der Ehe zweifelt, als tatsächliche Anstrengungen zu unternehmen Dies geht jedoch auch mit einer Verrohung und somit einem weiteren Eindringen der Gewalt in die Familie Byrde einher. Tatsächlich wird Wendy (Marty nur implizit) die moralische Qualität abgesprochen, die Voraussetzung des „Eltern-Seins" ist. Auch die Aussprache zwischen Marty und Wendy bleibt weiterhin aus, selbst als in unmittelbar mit Wendys Ehebruch konfrontiert werden. Die „Liebesbeziehung" zwischen Roy Petty und Russ Langmore zeigt im Folgenden einen weiteren interessanten Aspekt, der sich ins Gesamtbild des Formats fügt: Durch die Motivation Roys hat Russ tatsächliche Ambitionen, ein Geschäft zu eröffnen und somit dem ewigen Kreislauf aus niederen Arbeiten und Kriminalität zu unterbrechen. Erst in einer Partnerschaft – auch wenn es sich hier nur um die Anbahnung einer Art Ersatzfamilie handelt – ist Menschen die Selbstverwirklichung also möglich, so der Tenor der Serie.

Abb. 1.2 Paradigmenraster zu *Ruling Days* (*Ozark* I/5)

kommt es durchaus auch zu Rückschritten, so dass die Charaktere sich nicht stets grundlegend ändern, aber ebenso kommt es auch zu Fortentwicklungen, beispielsweise der Emanzipation von Jugendlichen von ihrem Elternhaus oder die Individualisierung eines Charakters und eine damit einhergehende Lösung von Rollenzwängen. Der Begriff ‚Charakterentwicklung' verweist im Kontext dieser Untersuchung vor allem darauf, dass die Charaktere aktueller Serien eher das Potential haben eine Merkmalsveränderung zu durchlaufen, als Charaktere älterer Serien.

d) Zudem nimmt meine Untersuchung die abgebildeten emotionalen Dynamiken zwischen den Charakteren zentral in den Blick. Ich betrachte diese als essenziell für eine Untersuchung der Familiendarstellung.

Als ‚Plattform', auf der die weitere Analyse beruht, bzw. als Anknüpfungs-, Vergleichs- und Bezugspunkt dient die Serie *Ozark* (USA, 2017)[22], deren Analyse als einzige in umfassender Form in dieser Untersuchung vorliegt. Weitere Formate werden zwar nach dem gleichen Schema analysiert, allerdings im Hinblick auf Rollenmuster, Charakterbeziehungen, Konstellationen und Konzeptionen von Familie sowie dominante Paradigmen, die sich aus den Rastern ergeben, gemeinsam untersucht. *Ozark* hat dabei die Funktion, mein analytisches Vorgehen zu demonstrieren und festzuhalten. Dieses exemplarische Vorgehen soll ebenso dazu dienen, der Analyse einen verbindenden Rahmen zu geben.

Zur gemeinsamen Analyse der Formate werden dabei die obigen Analysetabellen weiter vereinfacht und zu jeweils adäquaten Tabellen und Rastern zusammengefasst. Insbesondere bezüglich der Charakterisierung außerfamiliärer Personen greife ich dabei auf die Begrifflichkeiten des Aktantenmodells des französischen Semiotikers Algirdas Julien Greimas zurück, dargelegt 1971 in *Strukturale Semantik. Methodologische Untersuchungen* (vgl. Greimas 1971: 157–172). Greimas unterscheidet zwischen „Aktanten" und „Akteuren" (vgl. Greimas 1971: 159). Aktanten oder „aktantielle Kategorien" (Greimas 1971: 159) bezeichnen einen engen Katalog an Funktionen, die ein „Akteur" auf der Ebene des Textes verkörpern kann. Die aktantiellen Rollen lassen sich unter folgenden Begriffen zusammenfassen: Das „Subjekt" ist der Handelnde, das „Objekt" das Desiderat, nach dem das Subjekt strebt, der „Sender" ist der „Auftraggeber des Helden" und der „Empfänger" derjenige, der von der Handlung profitiert. Dabei steht dem Subjekt als Helfer der „Adjuvant" zur Seite. Behindert in seinem Streben wird er vom „Opponenten", einem Gegner (vgl. Greimas 1971: 163 ff., vgl.

---

[22] Zur Wahl dieser Serie unter 1.3

auch Mecke/Winter 2009: 61.).). Aktantielle Rollen sind wandelbar: Ein Adjuvant kann durch Verrat zum Opponenten werden. Ebenso muss ein Akteur keine
konkrete Person sein, so kann etwa ein heftiger Sturm den Opponenten des
Subjekts darstellen. Im Falle meiner Analyse handelt es sich aber stets um konkrete, menschliche Figuren, die ich im Sinne der Vereinfachung auf ihre zentrale
aktantielle Rolle – Adjuvant oder Opponent – reduziere.

Um den Wandel in der Darstellung der Familienthematik nachzuvollziehen,
wird Lotmans Modell der Semiosphäre herangezogen, welches ich unter 1.3
genauer darlege. Insbesondere lassen sich durch dieses Modell die Familiendarstellung der Video-on-Demand-Serie in einem umfassenderen medialen Kontext
verorten und die entsprechenden Zusammenhänge anschaulich visuell darstellen.

Des Weiteren liegt der Untersuchung umfangreiche Sekundärliteratur zur Serienforschung aus narratologischer und sozio-kultureller Perspektive zugrunde.
Dabei dominieren – aufgrund der Konzentration auf den US-amerikanischen
Kulturkreis – Werke US-amerikanischer Autor/inn/en. Diese Werke legen zwar
mehrheitlich großen Wert auf einfache Zugänglichkeit und Verständlichkeit, bisweilen kann indes eine gewisse Oberflächlichkeit und insbesondere eine zu
lapidare Verzahnung sozialer Faktoren und medialer Darstellungsweisen nicht
geleugnet werden.[23] Dies reflektiere ich im Rahmen der Untersuchung.

Zur Orientierung der Lesenden befinden sich in Anhang 2 inhaltliche Zusammenfassungen aller analysierten Episoden. Dieser ist im elektronischen Zusatzmaterial der Arbeit einsehbar.

---

[23] So enthält sich die US-amerikanische Forschungsliteratur weitgehend einer tiefergehenden
und detaillierten medienwissenschaftlichen Analyse der Figurenkonstellation, Charaktereigenschaften und Geschlechterbilder in Familienserien und legt größeres Augenmerk auf die
Interdependenzen sozialer Realität und medialer Weltmodelle (vgl. die im weiteren zitierten
Aufsätze Bodroghkozy 2012, Bryant 2001, Donaldson 2015, Kutulas 1998 und 2016, LeVay
2019 sowie Robinson/Skill 2001). Sind diese Zusammenhänge zwar durchaus von großem
Interesse und großer Relevanz, so machen sie eine intensive und serienhistorisch vergleichende Analyse jedoch nicht sekundär. Erst aus dieser kann erschlossen werden inwieweit
tatsächlich Entwicklungen stattfinden, inwieweit beispielsweise vordergründig progressive
Familiendarstellungen tatsächlich progressiv sind. Zudem darf nicht ignoriert werden, dass
Serien als mediale Erzeugnisse nicht unbedingt der Motivation folgen einer sozialen Realität
gerecht zu werden bzw. sich aktuellen Entwicklungen anzupassen. Sie sind Produkt der spezifischen Ideen und Normvorstellungen der Medienschaffenden, sowie marktwirtschaftlicher
Interessen. Mediale Weltmodelle und reale Umstände stehen in einer komplexen Beziehung,
nicht in einem Verhältnis von Realität und Abbildung. Dies mag in der amerikanischen
Forschung bisweilen in den Hintergrund geraten.

1.2 Charakteristika audiovisuellen seriellen Erzählens

Für Umberto Eco liegt der große Erfolg des seriellen Erzählens in der Befriedigung eines kindlichen menschlichen Bedürfnisses:

> Bei den Serien glaubt man, sich an der Neuheit der Geschichte (die immer die gleiche ist) zu erfreuen, tatsächlich erfreut man sich aber an der Wiederkehr des immer konstanten narrativen Schemas. Die Serie erfüllt in diesem Sinne unser infantiles Bedürfnis, die gleiche Geschichte immer wieder zu hören, getröstet zu werden durch die ‚Wiederkehr des Identischen‘, das nur oberflächlich verkleidet ist. (Eco 1987: 52)

Diese repetitive Struktur, das Appellieren an das primitive Bedürfnis ‚einfach nur unterhalten zu werden‘, ist es, die der TV-Serie ihren langanhaltenden schlechten Ruf (vgl. Blanchet 2011: 38) und den Vorwurf mangelnder kultureller Qualität und Originalität (vgl. Krah 2010: 85 f.) einbrachten. Dennoch dominiert sie nicht seit Kurzem das TV-Programm. Schon 1991 sprach Knut Hickethier von einer „Serienschwemme" (vgl. Hickethier 1991: 7). Spätestens durch das Quality-TV hat sich die Serie vom Vorwurf der kulturellen Unzulänglichkeit gelöst und sich vollends zu einem bedeutenden kulturellen Element entwickelt.

Nach Prisca Prugger besteht die „Hauptfunktion der realistischen Sozialserie […] für den Zuschauer in dem Angebot, an ihr die ‚Gültigkeit (eigner) Erfahrungen von der Welt' zu überprüfen und seine ‚Unsicherheit in Bezug auf soziales Verhalten zu reduzieren'" (vgl. Prugger 1994: 99 f.). Serien stellen sich, wenn auch implizit, als ‚Handlungsanleitung' dar, die anhand der Figuren Beispiele für – im dargestellten Weltbild – moralisch richtiges und falsches Verhalten geben (vgl. Decker et al. 1996: 23 f.). Sei es auch unbewusst, so verinnerlichen Zuschauende diese Weltmodelle und Vorstellungen davon, was als ‚normal' und ‚anormal' gilt. Serien haben somit ein nicht zu unterschätzendes kultur- und gesellschaftsprägendes Wirkungspotenzial, vor allem – wie sich im späteren Verlauf zeigen wird – in Bezug auf gesellschaftlich essenzielle Bereiche wie die Familie bzw. verbreitete Vorstellungen davon.

Der ökonomische Reiz der Serialität besteht im Potenzial, die Konsumierenden nach dem Scheherazade-Prinzip über längere Zeit an ein ‚Franchise' zu binden (vgl. Fröhlich 2015: 130). Aufgrund der breiteren Ausgestaltung über mehrere Episoden bieten Serien die Möglichkeit von Narrationen mit einem wesentlich höheren Detailgrad (bezüglich Handlung, Charakteren und deren Entwicklung etc.). Charaktere können daher intensiv entwickelt und ‚ausgeschmückt' werden, auch wenn allgemein nicht geleugnet werden soll, dass Serien oft aus ökonomischen Interessen fortgesetzt werden und weniger, weil dies inhaltlich besonders

reizvoll wäre. Zum besseren Verständnis der weiteren Ausführungen und zur Einführung einiger Begrifflichkeiten wird an dieser Stelle ein Überblick über das
Spektrum der seriellen Narration gegeben.[24]

Bei der Kategorisierung von Serien orientiere ich mich an einem simplen
Unterscheidungskriterium, das von der Sekundärliteratur wiederholt angelegt
wird: die Trennung zwischen Fortsetzungsserien, im Englischen „series", und Episodenserien, im Englischen „serials" (vgl. Ruchatz 2012: 81). Im Folgenden soll
hier die deutsche Terminologie verwendet werden.[25]

---

[24] Eine erschöpfende Wiedergabe der umfangreichen Literatur zur seriellen Narration ist dabei
nicht mein Anliegen. Für breitere Ausführungen zur Thematik möchte ich auf Umberto Ecos
Serialität im Universum der Kunst und der Massenmedien (1987) und Knut Hickethiers *Die
Fernsehserie und das Serielle des Fernsehens* (1991) verweisen. Zwar handelt es sich um
Aufsätze älteren Datums, diese bilden jedoch die bzw. eine Grundlage zahlreicher weiterer
Forschung. In jüngerer Zeit sind u. a. Fabian Kuppers *Serielle Narration. Die Evolution narrativer Komplexität in der US-Crime-Show von 1950–2000* (2016), Kathrin Rothemunds
Komplexe Welten. Narrative Strategien in US-amerikanischen Fernsehserien (2013) und
– wenn auch mit Konzentration auf eine bestimmte Thematik – Vincent Fröhlichs *Der Cliffhanger und die serielle Narration. Analyse einer transmedialen Erzähltechnik* (2015) zur
weiterführenden Lektüre zu empfehlen.

[25] Zu einer weiteren knappen und gebündelten Zusammenfassung von Formen der Fernsehserie möchte ich verweisen auf Hickethiers Beitrag *Die Fernsehserie und ihre Formen*
im Abschnitt „Serie" im *Handbuch Populäre Kultur* (vgl. Hickethier 2003: 400 ff.). Hans
Krah stellt in seinem Aufsatz Erzählen in Folge. Eine Systematisierung narrativer Fortsetzungszusammenhänge einen komplexeren, typologischen Ansatz zur Kategorisierung von
Serien vor. Dieser soll hier als Beispiel für eine andere Herangehensweise kurz vorgestellt
werden: Anhand vierer Kategorien lassen sich laut Krah benachbarte „Formen von Seria-
litätsformaten und Fortsetzungszusammenhängen bestimmen und voneinander abgrenzen".
Aus den Kriterien „Weltmodell", „Sukzession", „Ereignishaftigkeit" und „spezifische Formen der narrativen Struktur" (Krah 2010: 93) leitet Krah fünf dominante Serientypen ab: Die
„Reihe" (vgl. Krah 2010: 95 ff.) besteht aus „autonomen Einheiten", denen kein „gemeinsames Weltmodell" zugrunde liegt und die „narrativ abgeschlossen" und deshalb unabhängig
von einer Sukzession verständlich sind (z. B. *Tatort*). Die „traditionelle Serie" (vgl. Krah
2010: 97 f.) hat autonome Einzelfolgen in einem gemeinsamen Weltmodell (z. B. *The Simpsons, South Park*). Die „Endlosserie" (vgl. Krah 2010: 98 ff.) weist wie die „traditionelle
Serie" ein durchgehendes Weltmodell auf, ist aber chronologisch organisiert. Sie ist arm an
tatsächlicher, ordnungsverletzender Handlung und nicht auf Problemlösung ausgelegt, sondern dokumentiert die Struktur der Welt mit den ihr inhärenten unlösbaren Problematiken
(z. B. *Lindenstraße*). Beim „Mehrteiler" (vgl. Krah 2010: 100 f.) sind „die einzelnen Folgen
in einer einzigen Welt situiert". Im Gegensatz zur Endlosserie ist er allerdings auf ein Ende
der Narration durch eine Tilgung einer Ordnungsabweichung ausgelegt, auch wenn dieses
stark verzögert wird. Dies ist z. B. bei Telenovelas der Fall, gilt aber auch für die aktuell
prominentesten Vertreter dessen, was heute gemeinhin als „Serie" bezeichnet wird, z. B.

Bei beiden Ansätzen definiert sich das Serielle über unterschiedliche Merkmale. Im Falle von Fortsetzungsserien handelt es sich um serielle Narration im klassischen Sinne:

Serien wie *Game of Thrones* (USA, 2011–2019), *Breaking Bad* (USA, 2008–2013), die im Rahmen dieser Arbeit analysierte Serie *Ozark* (USA, seit 2017) oder die meisten Soaps erzählen eine Handlung, die sich über mehrere Episoden und Staffeln erstreckt (vgl. Abb. 1.3). Dabei ist es möglich, dass am Ende jeder Folge ein Zwischenschritt erreicht wird bzw. Handlungsstränge innerhalb einer

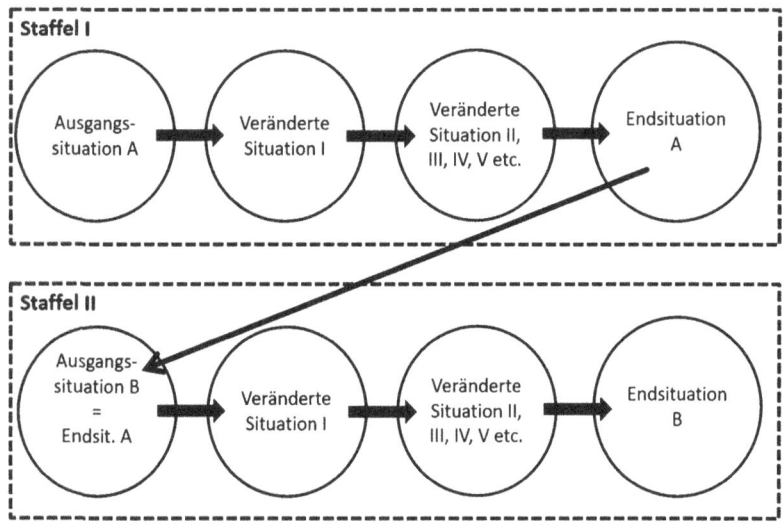

Abb. 1.3 Handlungsmodell Fortsetzungsserie

Breaking Bad oder *House of Cards.* Der „narrative Zyklus" (vgl. Krah 2010: 101 f.) zeichnet sich im Gegensatz zum Mehrteiler, mit dem er die anderen Merkmale teilt, durch „narrative Geschlossenheit" aus. Beispiele sind Filmzyklen wie *The Lord of the Rings* (USA, 2001–2003) oder *Star Wars* (USA, u. a. 1977–2019). Die – hier nur knapp wiedergegebene – von Krah aufgestellte Typologie bietet einen Ansatzpunkt für eine tiefgehende Unterscheidung serieller Formen in Bezug auf ihre spezifische Modellierung von Narration, auch über die Video-on-Demand- und TV-Serie hinaus. Aufgrund der motivgeschichtlichen Fokussierung meiner Untersuchung erscheint dieser Ansatz allerdings zu differenziert.

Episode begonnen und beendet werden, grundsätzlich liegt jedoch ein durchgehender Handlungsstrang vor.[26] Eine beliebte Strategie der Zuschauerbindung ist dabei der sogenannte ‚Cliffhanger', ein dramatischer Höhepunkt mit ungeklärtem Ausgang am Ende jeder Folge und/oder Staffel.[27] Es handelt sich um Formate mit chronologisch strukturierter Narration, die ein gemeinsames Weltmodell abbilden und deren Einzelfolgen nicht abgeschlossen sind.

Episodenserien weisen obigem Modell ein gemeinsames Weltmodell mit abgeschlossenen Einzelfolgen vor. Diese Formate erzählen in jeder Folge eine

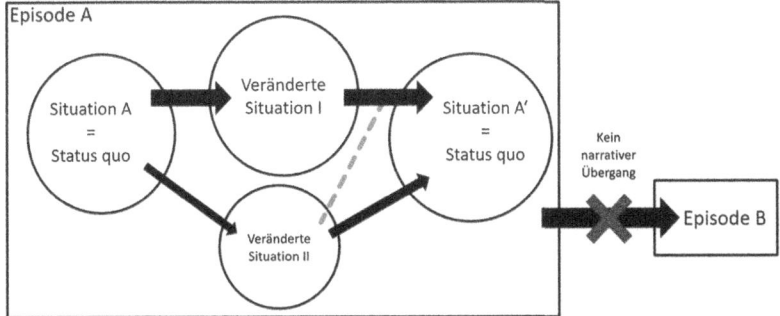

Abb. 1.4 Handlungsmodell Episodenserie

---

[26] Ein Beispiel aus der Serie *Ozark*: Die erste Staffel der Serie vollzieht in ihrer Gesamtheit den Versuch des Familienvaters Marty Byrde nach, sich durch Geldwäsche aus der Schuld eines Drogenbarons zu befreien, was schwerwiegende familiäre Konflikte und weitere Verstrickungen nach sich zieht. Jede Einzelepisode beinhaltet dabei lediglich Teilhandlungen. In der siebten Episode „Nest Box" versucht beispielsweise die Tochter Charlotte Byrde von der Familie in ihre ehemalige Heimatstadt Chicago zu fliehen, wird aber von ihrer Mutter zurückgeholt. Ebenso lehnt sich der Sohn Jonah gegen die Unterzeichnung einer Anti-Drogen-Erklärung an seiner Schule auf. Beide Handlungen sind Bausteine der Gesamthandlungen, werden aber – für sich genommen – mit dem Ende der Episode abgeschlossen.

[27] Bei einem Cliffhanger „handelt [es] sich um den abrupten Handlungsabbruch an einer besonders spannenden Stelle, der der Markierung des Endes einzelner Erzählsegmente und -einheiten dient und den (temporären) Endpunkt eines klimatischen Handlungsverlaufes bildet. […] Es [der Cliffhanger als Stilmittel, Anm. des Verfassers] hat spezifische Funktionen innerhalb serieller Texte und dient der Aufrechterhaltung der Zuschauer-Text-Beziehung, die – das wäre der Idealfall – sich zu einer Gesamtrezeption der Serie verfestigt (bzw. habitualisiert)" (Jurga 1998: 472). Ausführlicher zu Definition und Wirkung des Cliffhangers vgl. Fröhlich 2015: 36 ff.

abgeschlossene Handlung, die zum Ende der Episode zumeist wieder dem anfänglichen Status quo zugeführt wird und somit in der folgenden Episode narrativ
redundant ist (vgl. Krah 2010: 98; vgl. Abb. 1.4). Bestes und prominentestes
Beispiel für diese Strategie ist die Sitcom[28]. Das Serielle entsteht hier durch
andere verbindende Elemente. Dies können ein ähnliches Figureninventar oder
sich wiederholende Schauplätze der Handlung, also ein gemeinsames, konsis-
tentes „Weltmodell" sein (vgl. Krah 2010: 97). So sind die Protagonist/inn/en
der Zeichentricksitcom *The Simpsons*, die Mitglieder der gleichnamigen Familie
und die Bewohner des fiktiven Ortes Springfield, dem vornehmlichen Schauplatz
des Formats. Während Fortsetzungsserien – nach Büker und Vermeer – also auf
syntagmatischer Ebene Kohärenz bilden, gehört die „Äquivalenz- und Paradig-
menbildung zu den zentralen Prinzipien der Episodenserie" (vgl. Büker/Vermeer
2018: 148 f.). Auch Reihen zählen in den Bereich der Episodenserie, bilden aber
nicht unbedingt ein gemeinsames Weltmodell aus.

Ein Sonderfall hinsichtlich der Serialität liegt bei Formaten vor, die weniger durch eine Kontinuität der Narration als durch inhaltliche und stilistische
Similarität oder vielmehr Kontiguität zusammengehalten werden, d. h. durch
eine semantische Ähnlichkeit bzw. einen gemeinsamen Bezugsrahmen (vgl. Krah
2015: 95 f.). Dies ist insbesondere bei sogenannten ‚Anthologie-Serien' der Fall.[29]
Es kann sich hierbei um Serien handeln, die – wie *American Horror Story* (USA,

---

[28] Bei Sitcoms – von „Situation Comedy" – handelt es sich um komisch-unterhaltende Formate mit kurzer Episodenlänge (ca. 25 bis 30 Minuten), deren Humor sich aus bestimmten
Situationen des Handlungsverlaufs ergibt, die meist durch die Figuren selbst verursacht werden (vgl. Bobineau 2016: 245, vgl. Nilsen/Nilsen 2000: 278). Beispiele für diese Gattung sind
The Simpsons (USA, seit 1989 – eine Zeichentricksitcom bzw. ‚animated sitcom'), *Friends*
(USA, 1994–2004), *Malcolm in the Middle* (USA, 2000–2006), *Scrubs* (USA, 2001–2010)
oder auch *The Big Bang Theory* (USA, 2007–2019).

[29] Dies ist z. B. bei den Serien *The Twilight Zone* (USA, zunächst 1959–1964), *Black Mirror*
(GB, seit 2011) oder *American Horror Story* (USA, seit 2011) der Fall. Die beiden ersteren
erzählen in jeder Folge, die letztere in jeder Staffel stets neue Geschichten, werden jedoch
durch ähnliche Thematiken ‚zusammengehalten': *The Twilight Zone* erzählt mysteriöse und
befremdliche Geschichten; *Black Mirror* gibt mögliche Zukunftsvisionen, die meist auf der
Weiterentwicklung bereits bestehender technischer Möglichkeiten fußen; *American Horror
Story* setzt sich von Staffel zu Staffel mit typischen Horrorszenarien wie dem Geisterhaus
(Staffel I, *Murder House*) oder dem Hexenzirkel (Staffel III, *Coven*) auseinander. Bei *American Horror Story* ergibt sich die Serialität zusätzlich zur inhaltlichen Grundausrichtung auch
aus einer Kontinuität bezüglich des Casts, d. h. bestimmte Schauspieler tauchen in jeder Staffel, jedoch in unterschiedlichen Rollen auf. Bei der Benennung als Anthologie-Serie handelt
es sich um eine Selbstbezeichnung der genannten Formate. Diese Bezeichnung kann dabei
durchaus im Widerspruch zum Begriff der literarischen Anthologie gesehen werden, der eine
„Sammlung von Texten – meist Gedichten – oder Textauszügen in Buchform" (Häntzschel

seit 2011) – pro Staffel eine Geschichte erzählen, also Fortsetzungsserien im eingeschränkten Sinne oder Episodenserien wie *The Twilight Zone* (USA, zunächst 1959–1964 – weitere Neuauflagen in den späteren Jahren).

In allen hier besprochenen Formen der Serie wird – unabhängig von einer Gewichtung auf die Einzelepisode oder die Fortsetzung – häufig in mehreren Handlungssträngen erzählt, die ineinander verflochten sind. Diese sogenannte ‚Zopfdramaturgie' ermöglicht multiperspektivisches Erzählen bzw. die Darstellung des Geschehens um verschiedene Charaktere (vgl. Prugger 1994: 106), insbesondere wird in Soaps und Sitcoms auf diese Strategie zurückgegriffen (vgl. Klein/Hißnauer 2014: 22; vgl. Abb. 1.4).

Kennzeichnend für zahlreiche Episodenserien, insbesondere Sitcoms, die sich über mehrere Episoden hinweg des gleichen Figureninventars bedienen, ist die Statik und Stereotypisierung der Figuren, d. h. ein mangelndes Potenzial zur Weiterentwicklung sowie deren archetypische Konzeption. Die Charaktere bleiben in ihren Ansichten und Handlungsschemata verhaftet, die bereits von ähnlichen Figuren aus anderen Formaten bekannt sind.[30] Der spezifische Reiz dieser Formate ergibt sich weniger aus einer Charakterentwicklung, sondern durch die Konfrontation der Figuren mit immer neuen Situationen bei einem konstanten Weltmodell. Repetitive Rollenschemata erleichtern den Zuschauenden die Orientierung innerhalb eines Formats und somit den Einstieg und das Weiterverfolgen der Serie (vgl. Chow 2004: 108). Eine Entwicklung dieser Figuren liegt nur im Sinne einer Kumulation von Merkmalen vor, d. h. einer immer deutlicheren Ausprägung bestimmter Eigenschaften eines Charakters ohne tatsächliche Änderung (vgl. Tetzlaff 2018: 256 f.). Figuren werden immer extremer, auch um den Zuschauenden nach mehreren Staffeln neue ‚Höhepunkte' bieten zu können. Episodenserien (bzw. traditionelle Serien und Reihen) verlangen also typischerweise

---

2007: 98) bezeichnet. So umfassen diese Serien keinesfalls bereits zuvor ausgestrahlte Einzelepisoden verschiedener Serien und verschiedener Regisseure, wie es dieser Begriff nahelegen würde. Die Ähnlichkeit zur literarischen Anthologie, die Texte „zu unterschiedlichen Zwecken und nach unterschiedlichen Kriterien" (Häntzschel 2007: 98) zusammenstellt, besteht vor allem in einem festgelegten, gemeinsamen thematischen Bezugsrahmen der einzelnen Serienfolgen oder Staffeln, ist darüber hinaus jedoch dünn und spiegelt das Bestreben wider, audiovisuelle Serien mit literarischen Werken gleichzusetzen.

[30] Besonders Sitcoms bedienen sich dabei eines Fundus von ‚standardisierten' Charakteren, z. B. der chronische Womanizer/der Partylöwe wie Charlie Harper aus *Two and a Half Men* (USA, 2003–2015) oder Barney Stinson aus *How I Met Your Mother* (USA, 2005–2014), der Loser/Nerd wie die männlichen Protagonisten aus *The Big Bang Theory* (USA, 2007–2019) und JD aus *Scrubs* (USA, 2001–2010) oder der überforderte Vater wie Hal aus *Malcolm in the Middle* (USA, 2000–2006) und nahezu sämtliche Väter aus Zeichentricksitcoms (vgl. Kelsch 2019: 24).

kein Vorwissen und können achronologisch ausgestrahlt und rezipiert werden. Zusammen mit repetitiven bzw. homologen Erzählstrukturen erleichtert dies den Einstieg der Rezipierenden in das Format. Erfahrene Mediennutzende können Handlung und Figuren dabei problemlos einordnen, diejenigen, die mit dem Format vertraut sind, werden häufig durch intratextuelle Verweise zwischen den Episoden belohnt (vgl. Ganz-Blättler 2011: 81). Im Gegensatz dazu stellen Fortsetzungsserien oft eine Entwicklung der Charaktere, Schauplätze etc. in den Vordergrund. Ein Beispiel dafür ist die Serie *Breaking Bad*, in der sich ein tendenziell pazifistischer Chemie-Lehrer zum skrupellosen Drogenkoch und -händler entwickelt.

Auf die Analyse der Figuren ist bei der Serienanalyse ein besonderes Augenmerk zu legen:

> Aus den Regeln der Rede, die primär die Werte der Figuren kodieren, lassen sich ideologische Regulationen und dadurch die Position der Figurenwerte im Wertesystem der Familienserien bestimmen. Serienanalyse, speziell von daily-soaps, ist primär Analyse der Figurenrede. (Decker et al. 1996: 17)

Auch jenseits der bei Decker et al. fokussierten Familienserie und der „dailysoap"[31] fungieren die Figuren einer Serie als Träger/innen bestimmter Eigenschaften bzw. Paradigmen, die in der Interaktion mit anderen Paradigmentragenden verhandelt und überprüft werden. Trotz der besonderen Bedeutung der Figurenrede, in der diese Paradigmen wortwörtlich geäußert werden, ist selbstverständlich das allgemeine Verhalten und Handeln der Charaktere von großer Bedeutung. Hickethier zufolge ist es eher das Verhalten der Figuren, das in der Erinnerung der Rezipierenden verhaftet bleibt, als die eigentliche Handlung einer Einzelfolge oder der Serie (vgl. Hickethier 1994: 69 f.). Die Exposition der Figuren erfolgt oft über bestimmte Handlungsräume, die mit bestimmten Merkmalen aufgeladen sind und die Zuschauenden auf das Geschehen einstimmen (vgl. Hickethier 1994: 63).[32]

---

[31] Ausführlich zur Soap-Opera vgl. Mielke 2006: 493 ff.

[32] So wird der Vater des Charakters Ruth Langmore in *Ozark* in einem düsteren Raum eines Gefängnisses eingeführt. Mehr noch als das Gefängnis, das ihn als Kriminellen ausweist, charakterisiert ihn die düstere Atmosphäre und der Mangel an Licht als negative Figur (vgl. *Ozark* I/6: 10:00). Der Rest der Familie Langmore, ein wenig gebildeter, armer Familienclan, lebt in zwei Trailern auf einem verwahrlosten Grundstück im Wald (vgl. *Ozark* I/3: 4:00), während die gebildete und wohlhabende Familie Byrde ein Einfamilienhaus mit großem Grundstück am See erwirbt (vgl. *Ozark* I/3: 53:00). Hier findet nicht nur eine Charakterisierung der Figuren, sondern eine deutliche soziale Gegenüberstellung der Figurengruppen statt.

Zu betonen ist, dass sowohl Fortsetzungs- als auch Episodenserien nur Extrempole darstellen (vgl. Fröhlich 2015: 63 f., vgl. Kupper 2016: 51 f., vgl. Büker/Vermeer 2018: 144 f.). Es ist möglich, dass Serien dominant episodisch arbeiten, allerdings wiederholt auf Doppelfolgen oder ähnliche Zusammensetzungen zurückgreifen bzw. einen Handlungsstrang über die Episoden hinweg etablieren, der diese zwar nicht dominiert, aber zum Ende der Staffel in einem Finale kulminiert.

> Moderne Fernsehserien setzen aufgrund einer vielsträngigen Erzählweise meist auf beides: episodische Handlung für einen Erzählstrang (Anreiz und Einstiegsmöglichkeit für gelegentliches Publikum) und fortgesetzte Narration (Anreiz für ein kontinuierliches Publikum) für einen anderen. […] Die ‚doppelte Formstruktur' ist die Wesensform und damit Ursache dafür, dass der seriellen Narration generell beide Erzählprinzipien innewohnen: Sie besteht aus Fortsetzung und episodischer Wiederholung, ihr Wesen setzt sich aus Erneuerung und Repetition zusammen. (Fröhlich 2015: 64)

Beispielhaft ist hierfür die Neuauflage der britischen Serie *Doctor Who* (GB, seit 2005 – zuvor 1963–1989), deren Episoden zwar klar in sich abgeschlossen sind, die aber dennoch episodenübergreifende Handlungsstränge aufweisen, welche sich vor allem um Hintergründe und Schicksal des Protagonisten sowie seiner wechselnden Begleitcharaktere drehen. Aufgrund der Abgeschlossenheit der Erzählstränge der Episoden ist es den Rezipierenden möglich, an einem beliebigen Punkt in die Serie einzusteigen, wenn es sich nicht gerade um eine zusammenhängende Doppelfolge handelt. Generell lässt sich in aktuellen Serien ein Trend in Richtung der episodenübergreifenden Erzählung erkennen (vgl. Sarkosh 2018: 231). Somit verweisen auch die Handlungen neuerer Sitcoms, eigentlich die exemplarische Form der episodisch getrennten und in ihrem Weltmodell konsistenten Episodenserie, wiederholt über Einzelepisoden hinaus, bauen eine durchgehende Narration auf und lassen eine – wenn auch eingeschränkte – Entwicklung der Figuren zu.[33] Diese Weiterentwicklung steht unter Umständen mit dem Trend zum Binge-Watching bzw. der „Marathonrezeption" (Schleich/Nesselhauf 2016: 210) in Verbindung.[34]

---

[33] So beispielsweise die Zeichentrick-Sitcoms *BoJack Horseman* oder *Rick and Morty* (vgl. Kelsch 2019: 111 f.)

[34] Zu potenziellen Auswirkungen des Binge-Watching auf die Narration unter 2.8.3.

1.3   „Familienserie" – Klärung des Genrebegriffes

Der Begriff „Familienserie" ist bereits in der vorangehenden Einleitung wiederholt gefallen und wird auch in der weiteren Untersuchung oft Verwendung finden. An dieser Stelle soll geklärt werden, was unter „Familienserie" zu verstehen ist.

„Familienserie" im engeren Sinne bezeichnet diejenigen Serien, die Familie und von der Familie ausgehenden Problematiken offenkundig als zentrale Thematik setzen. In diesen Bereich fallen rückblickend zahlreiche populäre Sitcoms wie *The Cosby Show, Roseanne, Malcolm in the Middle* oder auch *Modern Family*, ebenso aber auch andere Formate mit familiärem Fokus wie *Dallas* oder *Dynasty* (in Deutschland besser bekannt als *Der Denver Clan*). Im weiteren Sinne könnte man auch Serien wie *Friends, Scrubs* oder *How I Met Your Mother* darunter verstehen, die Gruppen von Freunden oder Vertrauten in den Mittelpunkt stellen und als Wahlfamilie äquivalent zur Blutsfamilie setzen. Im Rahmen meiner Untersuchung verstehe ich Familie allerdings im engeren Sinne als durch Blutsverwandtschaft, Heirat, Verschwägerung etc. entstandener Verband. Wie bereits einleitend ausgeführt, stellen Alternativmodelle von Familie, auch Wahlfamilien und Freundschaftsverbände eine eigenständige Thematik dar und werden dementsprechend nur dann in die Analyse miteinbezogen, wenn sie Teil der Serien sind.

Bei der Betrachtung der Video-on-Demand-Serie wurde recht schnell offensichtlich, dass diese traditionelle Definition von Familienserie kein zielführender Ansatzpunkt mehr sein kann, wird sie doch der Komplexität der Charaktere und Handlungen nicht mehr gerecht. Die absolute Konzentration auf die Familienthematik wich bereits mit dem Quality-TV der frühen 2000er und den darauffolgenden Serien einer anderen thematischen Herangehensweise. Serien wie *The Sopranos* oder *Breaking Bad* stellen zunächst andere Thematiken in den Vordergrund, hier eine Mafiaorganisation (die man nur im weiteren Sinne als „Familie" versehen kann) oder kriminelle Verstrickungen in der Drogenszene. De facto steht bei diesen Serien allerdings wiederum eine Familie im engeren Sinne im Zentrum und die Auswirkungen des jeweiligen Umfelds auf die familiäre Dynamik. Ebenso verhält es sich mit dem Netflix-Original *Ozark*, das Bestandteil meines Analysekorpus ist. Mit Blick auf andere Netflix-Originals, die ausgeprägte Vertreter anderer Genres[35] wie z. B. Science-Fiction[36] oder Horror und Mystery[37] sind, wird deutlich, dass diese Serien einer ähnlichen Strategie folgen: Horror-Serien wie *Stranger Things* (USA, seit 2016)[38], ebenso wie die Science-Fiction-Serie *Another Life*[39] stellen zwar eine genrespezifische Thematik in den Vordergrund, fokussieren aber familiäre Konflikte und äquivalente emotionale Bindungen. Dabei gibt es stets eine bzw. mehre Familien, die als Mittelpunkt der Handlung fungieren.

Um diese Entwicklung nachzuvollziehen und den Begriff ‚Familienserie' in einer für diese Untersuchung adäquaten Weise zu definieren, bietet sich eine Anwendung des Modells der Semiosphäre nach Lotman an:

---

[35] Ich verstehe den durchaus diskussionswürdigen Begriff ‚Genre' wie folgt: „Genre […] bezeichnet in der populären Kultur Gruppen von Artefakten mit relativ ähnlichen Merkmalen, die im kulturellen Bewußtsein wie eine Familie als von gleicher Art, Gattung oder Abstammung betrachtet werden. […] Während Genres für Rezipienten spezifische Erwartungen und Erlebnisversprechen generieren, sind Genrekonzepte für Produzenten Muster, die als Vorbild und Leitfaden im kreativen Prozeß fungieren;" (Müller 2003: 212).

[36] Bei Science-Fiction handelt es sich um Formate, die sich mit möglichen Zukunftsvisionen auseinandersetzen sowie mit futuristischer und weiterentwickelter Technik, interplanetarer Raumfahrt etc. Zu einer ausführlicheren Definition von „Horror" vgl. Baumann 1989: 29 ff.

[37] Horror und Mystery verstehe ich in einem weiten Sinne als die Darstellung des Düsteren, Schauderhaften, Erschreckenden, Ekelerregenden und Unbekannten und deswegen Furchterregenden (vgl. Vossen 2004: 10).

[38] *Stranger Things* spielt in der fiktiven US-amerikanischen Kleinstadt Hawkins in den 1980er Jahren. Dort stellt eine streng geheime und skrupellose Regierungsorganisation im „Hawkins National Laboratory" Experiment im Bereich des Paranormalen an. In dem Ort hat sich ein Tor zu einer düsteren Paralleldimension geöffnet, die von einer monströsen Kreatur bewohnt wird. Die Stadtbevölkerung ist ahnungslos. Der Schüler Will Byers verschwindet in dieser Dimension und wird nun von dem Monster bedroht. Seine Mutter, seine Freunde und der Polizeichef des Ortes machen sich auf die Suche nach ihm. Wills Freunde stoßen dabei auf ein fast stummes Mädchen, das sie – aufgrund einer Zahlentätowierung – „Eleven" oder „El" nennen. Sie wurde wegen ihrer übersinnlichen Fähigkeiten über Jahre von der Forschungseinrichtung für Spionagezwecke untersucht und missbraucht. Nicht nur verschwindet bald eine weitere Schülerin, auch häufen sich sukzessive paranormale Phänomene und alle Beteiligten werden zunehmend in die Ereignisse und die Experimente des „Hawkins Lab" verwickelt.

[39] In *Another Life* landet in einer näheren Zukunft mit weit entwickelter Raumfahrt ein außerirdisches Raumschiff auf der Erde und gibt zunächst keine erkennbaren Lebenszeichen von sich. Eine menschliche Crew macht sich in einem Raumschiff auf, um die fremde Zivilisation aufzuspüren. Bald stößt die Crew auf eine außerirdische Bedrohung, die sich zunehmend verschärft. Hinzu kommen ständige Konflikte zwischen den äußerst heterogenen Mitgliedern der Crew. Vor allem die Protagonistin Niko Breckinridge, Kommandantin des Schiffes, leidet darunter, dass sie ihren Ehemann und ihre Tochter zurücklassen musste.

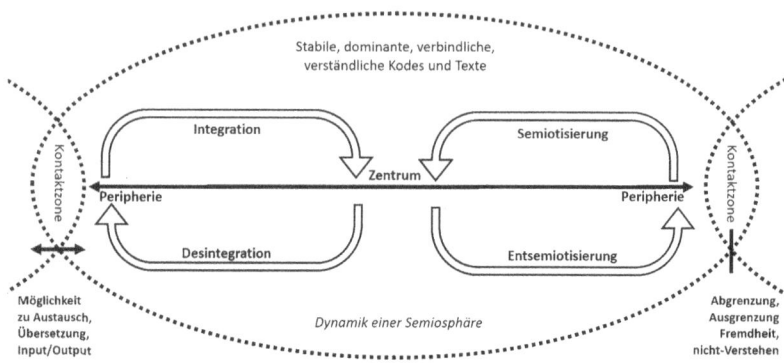

Abb. 1.5 Semiosphäre (nach Decker 2017: 439)

Die „Semiosphäre" (vgl. Abb. 1.5) beschreibt zunächst den gesamten Raum der kulturellen Kommunikation mittels Zeichen. Allerdings lassen sich damit auch Teilräume bzw. „Teilkulturen" (Decker 2017: 437) dieser Kommunikation und somit auch einzelne Medien begreifen. Durch beständige Integrations- und Semiotisierungsprozesse bildet die Semiosphäre ein semantisches Zentrum aus, in dem die zentralen Werte, Normen und Konventionen gebündelt vorliegen, „die die Vorstellung einer Kultur von sich nachhaltig prägen und verfestigen" (Decker 2017: 438). Diese fransen bis zur Grenze der Semiosphäre sukzessive aus, es treten Variablen, Durchlässigkeiten und Vermischungen auf. Gleichzeitig zur Semiotisierung finden eine beständige „Desintegration" und „Entsemiotisierung" statt, die bisherige normgebende Elemente an den Rand drängen (vgl. Decker 2017: 438). Was zu einem Zeitpunkt Norm war, kann im Zuge des kulturellen Wandels diesen Status verlieren. „An der Peripherie einer Semiosphäre kann es […] zu Kontaktphänomenen mit anderen Semiosphären kommen." (Decker 2017: 438). Aus diesem Kontakt kann entweder ein Austausch zwischen den Semiosphären folgen oder aber eine strikte Abschottung der Semiosphären voneinander.

Das Modell der Semiosphäre erweitert dabei traditionelle Zeichenmodelle, die meistens isoliert vom Begriff des Einzelzeichens, vom einzelnen Zeichenbenutzer oder dem einzelnen Kode ausgehen. Das Konzept der Semiosphäre versucht die Gesamtheit aller gleichzeitig gegebenen Texte, die diesen Texten zu Grunde liegenden Kodes und die Benutzer dieser Kodes in einem systematischen Zusammenhang miteinander zu verbinden. Dieser systematische Zusammenhang ist Kultur im allgemeinen Sinne und sind Teilkulturen im Besonderen, die mit Hilfe des Konzepts von der Semiosphäre als semiotischer Raum beschrieben und erklärt werden. (Decker 2017: 437).

Gerade durch diesen umfassenden Charakter und den beständigen Wandel der Semiosphäre, lässt sich dieses Modell auf hochdynamische und interdependente mediale Prozesse, wie die audiovisuelle Serie und deren Unterkategorien anwenden. Dementsprechend soll die „Familienserie" hier als Semiosphäre verstanden werden. Dabei ist sie Teil der Semiosphäre Serie und keinesfalls disjunkt von dieser getrennt, sondern Organ eines größeren Organismus (vgl. Lotman 1990: 296).

Versteht man nun also die Familienserie als Semiosphäre, so hat – nicht bedingt durch die Video-on-Demand-Serie, sondern bereits in den frühen 2000ern – ein Wandel dessen stattgefunden was sich in deren Zentrum als zentral und normgebend verorten lässt. Zunächst fanden sich hier Serien, die Familie als solche in einem mittelständischen familiären Umfeld verorteten bzw. auf einem alltäglichen und nachvollziehbaren Terrain. Neuere Serien zeigen zwar nach wie vor Familie, in vergleichbarer Strukturierung, variieren aber den Rahmen der Handlung, indem Konventionen anderer Genres wie des Crime, des Horror oder des Science-Fiction adaptiert werden. Hier liegt eine Überschneidung mit anderen Semiosphären (also anderen Seriengenres) vor und ein damit einhergehender Austausch, bei dem Elemente der jeweiligen Genres in den Bereich der Familienserie vordringen und zunehmend in das Zentrum der Semiosphäre integriert werden. Somit stehen heute auch Serien wie *Breaking Bad* oder *Stranger Things* eher im Zentrum als in der Peripherie der Familienserie. Wie ist nun aber Familienserie heute zu definieren?

Ich möchte im Sinne des obigen Modells Familienserie als dynamische Semiosphäre verstehen, die eine große Offenheit für Einflüsse anderer Semiosphären aufweist. Was ist nun die Differenz zwischen einer Familienserie mit Horror-Elementen und einer Horror-Serie, in der auch Familien auftauchen? Gerade durch die Überschneidungen in der Peripherie ist oft keine absolute Trennung möglich. Auch eine Science-Fiction-Serie kann Elemente der Fantasy und des Horrors aufweisen. So kann der Film *Alien* (GB/USA, 1979) sowohl als Horror-Film, wie auch als Science-Fiction-Film betrachtet werden. Er befindet sich im Überschneidungsbereich beider Semiosphären die sich gegenseitig weit überlappen. Ebenso weist auch die Familien-Serie Überlappungen mit Serien anderer Genres auf (vgl. Abb. 1.6), wobei in obiger Abbildung nur einige Genres beispielhaft herausgegriffen wurden. Die Video-on-Demand-Serie überschneidet sich innerhalb der Semiosphäre ‚Serie' wiederum mit allen möglichen weiteren Semiosphären und integriert deren Elemente in ihr Zentrum. Je mehr eine Serie Familie fokussiert, desto näher steht sie dem Zentrum der Semiosphäre Familienserie. Je rudimentärer Familie thematisiert wird weniger desto mehr befindet sie sich an deren Peripherie. Abgeleitet von diesen Beobachtungen verstehe ich unter Familienserien, all diejenigen Serien, in denen Familie eine zentrale, handlungstragende

Rolle spielt. Im Zentrum der Familienserie befinden sich Serien, deren absoluter Dreh- und Angelpunkt die Familie ist, ohne dass hier maßgebliche Einflüsse anderer Genres zu erkennen wären.

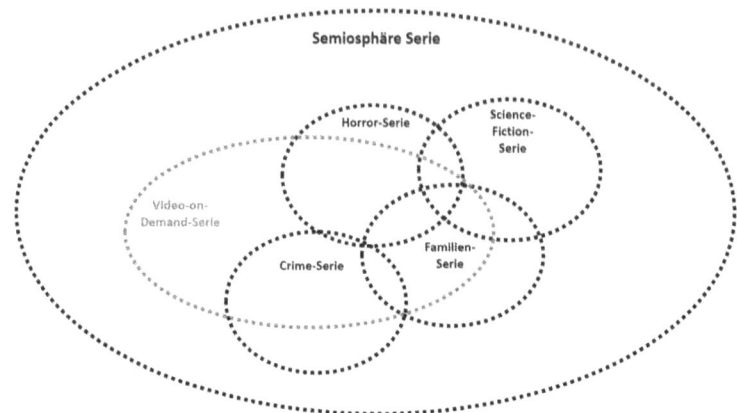

Abb. 1.6 Semiosphäre (Familien-)Serie (nach Decker 2017: 439)

Die Überschneidung der Familienserie mit anderen Genres ist Produkt des Bedürfnisses der Rezipierenden nach Variation. Stets die gleiche Art Serie zu sehen, verliert für Teile des Publikums auf längere Sicht an Reiz. Um bekannte Themen zu variieren und den gestalterischen Handlungsspielraum zu erweitern, werden Motive diverser Genres miteinander verknüpft. Wie hier schematisch aufgezeigt wurde, ist Lotmans Semiosphäre geeignet eben diese aktuelle Hybridisierung von Genres modellhaft abzubilden und nachvollziehbar zu machen.

1.4   Darlegung des Analysekorpus

Nach einer Sichtung des Angebots der Streaming-Dienste Netflix, Prime Video und Maxdome sowie weiterer Serien auf diversen Plattformen wurde das Analysekorpus anhand folgender Kriterien eingegrenzt:[40]

---

[40] Der Streaming-Anbieter Hulu, der in den USA eine gewisse Popularität besitzt, ist in Deutschland zum Zeitpunkt der Untersuchung nicht verfügbar. Serien aus dessen Angebot

1. Es handelt sich um Video-on-Demand-Serien, d. h. Serien, die allein zur Ausstrahlung auf Online-Plattformen produziert wurden. Ich meine Serien aus
dem Angebot der Marktführer Netflix und Prime Video. Dabei ist teilweise
Vorsicht geboten, denn nur ein Bruchteil der sogenannten ‚Netflix Originals‘
sind tatsächlich für Netflix produziert. Häufig handelt es sich um Serien,
die ursprünglich für einen Fernsehsender produziert wurden, für die Netflix
jedoch über die exklusiven Ausstrahlungsrechte in einem Land verfügt. Der
Recherche bezüglich Netflix Originals liegt die auf media.netflix.com veröf-
fentlichte Liste der Netflix Originals zugrunde.[41] Alle von Amazon bzw. Prime
Video produzierten Serien werden auf der Webseite selbst als „Prime Original" gekennzeichnet, während Serien, die exklusiv von Amazon ausgestrahlt
werden, das Label „Prime Exclusive" tragen.

2. Es handelt sich um ‚Familienserien‘, die eher Richtung Zentrum der Semiosphäre tendieren (vgl. 1.3).

3. Primär ziehe ich US-amerikanische Serien zur Analyse heran. Neben prak-
tischen Überlegungen zur Beschränkung des Korpusumfangs und der Vergleichbarkeit der Formate untereinander, ergibt sich dieser Umstand aus dem
repräsentativen Charakter der US-amerikanischen Medienproduktion: Sind die
Entwicklungen im Bereich des Privaten und der Familie sicherlich nicht in
allen Teilen der westlichen Gesellschaft identisch, so bestehen doch Äquivalenzen. Vor allem sind es US-amerikanische Filme und Serien, ist es die

---

mussten dementsprechend ausgeschlossen werden. Ebenso möchte ich weitgehend Serien im
Sinne der Nachfolgeformate früherer ‚Web-Series‘ ausschließen, die vor allem mit der 2005
online gegangenen Plattform YouTube aufkamen und auf die sich unter anderem Glenn Creeber in seinem Aufsatz *Online Serien. Intime Begegnungen der dritten Art* bezieht (vgl. Creeber
2011). Es gestaltet sich nahezu unmöglich, einen zumindest halbwegs überschaubaren Überblick über die fluktuierende Landschaft der Web-Series zu erlangen. Nicht nur werden Videos
unvorhersehbar gelöscht und sind teils kostenpflichtig, die Zahl der Web-Series ist zudem
unüberschaubar groß, insbesondere wenn man jegliche von Laien erstellte Videos mit einer
narrativen Fortsetzungsstruktur in diesen Bereich zählen möchte. Allein die Zusammenstellung eines repräsentativen Korpus und dessen Analyse wäre Stoff für eine selbstständige
Untersuchung. Eine Fußnote oder kursorische Miteinbeziehung würde der Vielfalt dieser
medialen Formen schwerlich Rechnung tragen. Zudem zeichnen sich zahlreiche dieser Videos
durch eine „Anti-Ästhetik" und eine starke Intimität des Gezeigten aus, besonders wenn sie
– z. B. aufgrund eines geringen finanziellen Potenzials zahlreicher Produzierenden – mit
einfachen Mitteln wie Webcams erstellt wurden (vgl. Creeber 2011: 393 f.). Mir geht es
dahingehend gerade darum, die Serie in ihrer Stellung als populäres Mainstream-Medium zu
untersuchen und ganz allgemein einen Blick auf den medialen Mainstream zu werfen.

[41] Vgl. https://media.netflix.com/de/only-on-netflix#/all?page=1 (zuletzt abgerufen am:
21.04.2020)

amerikanische Populärkultur,[42] die in besonderem Maße prägend für die Gesamtheit der westlichen Kultur – insbesondere für eine jüngere Generation – ist, nicht nur, aber auch aufgrund der zahlenmäßigen Dominanz dieser Produkte und ihrer medialen Omnipräsenz. Gelten die Aussagen dieser Arbeit vornehmlich für die US-amerikanische Gesellschaft, so ist doch in gewissem Maße eine interkulturelle Verallgemeinerbarkeit gegeben.

4. Ich schließe jegliche Serien aus, die in dieser Form nicht originär und zuerst für die Anbieter produziert wurden. Das bedeutet den Ausschluss von Pre und Sequels (Vorgeschichten und Fortführungen bereits bestehender Formate), Reboots (Neuauflagen bestehender Serien), von Verfilmungen jeglicher Art (Buch-, Computerspiel-, Franchise-Verfilmungen etc.), von Adaptionen von Filmen und ebenso von Serien, welche zuerst für das Fernsehen produziert und auf Streaming-Plattformen fortgeführt werden.

5. Zudem beziehe ich Serien, die explizit an ein Publikum bis zwölf Jahren gerichtet sind, nur kursorisch mit ein. Hier steht in der Regel weniger die Familie per se im Mittelpunkt als Freundschaftsverbände und die Vermittlung grundlegender Normen und Werte. In der Art und Weise ihrer Wertevermittlung fügen sich (Klein-)Kinderserien obendrein nicht in das Korpus ein, vielmehr bieten sie sich zur eigenständigen Analyse an.

6. Diegetisch werden alle Serien meines Korpus nach 1950 verortet sein, also in der Zeit, in der sich das für die heutige Serie prägende Familienbild entwickelte.

7. Aus pragmatischen Gründen wurden nur Formate gesichtet, die bis Ende 2018 erschienen sind.

Diese Auswahlkriterien sind zunächst sehr allgemein und bergen die Gefahr, dass die Spezifika der Serien angesichts der Konzentration auf die Familienthematik verloren gehen. Diese Auswahl war indes aufgrund zweier Faktoren notwendig: Da die Streaming-Anbieter keine Zuschauerzahlen oder ähnliche Indikatoren veröffentlichen, die einen Schluss auf die Popularität der Formate erlauben, war

---

[42] Bei „Populärkultur" handelt es sich um eine „unscharfe Begrifflichkeit" (Maase 2019: 23), deren Diskussion hier nicht erfolgen soll. Der Einfachheit halber lege ich dieser Untersuchung eine lexikalischen Definition von Populärkultur zugrunde: „P.K. bezeichnet [...] das Feld der Beschäftigung mit jenen massenhaft produzierten, medial vermittelten Unterhaltungs-, Gebrauchs- und Kulturgütern, die den Alltag und die Freizeit, die Lebenswelt, in bestimmter Weise aber auch die Symbolwelt und die Sinnorientierung der überwiegenden Zahl der Menschen ansprechen bzw. repräsentieren, die unter den Rahmenbedingungen der westl. Industriegesellschaften und ihrer weltweiten Ausstrahlung leben." (Ohne Hg. 2006: 750 f.). Serien sind dementsprechend ein Bestandteil der Populärkultur.

es nicht möglich die „Spitzenreiter" auszuwählen. Um dennoch einen möglichst breiten Schnitt und somit weitgehende Repräsentativität zu ermöglichen, wurden allgemeine Kriterien angelegt. Aus diesem Grund wähle ich Serien, die sowohl dem Bereich der Fortsetzungsserien als auch der Episodenserien angehören, ebenso wie Serien des Realfilm- und des Zeichentrickbereichs. Mein Korpus setzt sich dementsprechend aus Fortsetzungsserien, Sitcoms und Zeichentricksitcoms zusammen. Unter diesen durchaus diversen Formaten wird, durch eine Aussparung der spezifischen Ästhetik und eine Konzentration auf die Ebene der Histoire, Vergleichbarkeit hergestellt. Im Fokus steht dabei gerade nicht das Spezifische der Einzelserie, sondern die Abstraktion eines gemeinsamen Familienmodells.

Der Umstand, dass sich ein Erzählstrang über mehrere Folgen erstreckt, verkompliziert die Zusammenstellung eines Analysekorpus. Es stellt sich die Frage, ab welcher Zahl analysierter Episoden eine Analyse als repräsentativ für das gesamte Format gelten kann. Aufgrund der übergreifenden Narration ist die Analyse von Einzelepisoden im Falle von Fortsetzungsserien nur eingeschränkt sinnvoll. Vermeintliche Schlüsse, welche sich aus dem Handlungsstrang einer Episode ergeben, können in der folgenden Episode negiert werden. Ebenso ist die Darstellung einer Thematik erst mit Abschluss eines Handlungsstrangs umfassend erfassbar bzw. einschätzbar. Da innerhalb einer Staffel in der Regel dominante Handlungsstränge abgeschlossen und die grundlegenden Paradigmen, die etwaige weitere Staffeln dominieren, zu Beginn eines Formats etabliert werden, umfasst meine Analyse stets die erste Staffel einer Fortsetzungsserie – weitere Entwicklungen werden nicht einbezogen. Dies beugt einer überbordenden Menge an Analysematerial vor und ermöglicht somit eine eingehende Analyse der Einzelepisoden bzw. der Charaktere. Da auch im Falle von Episodenserien grundlegende thematische Schwerpunkte in der ersten Staffel bereits etabliert werden, verfahre ich hier ebenso. Die einzige Ausnahme stellt die Serie *F is for Family* dar. Hier umfasst die erste Staffel lediglich 6 Episoden mit maximal 28 Minuten Länge. Dementsprechend wurden jeweils die erste und die letzte Folge der weiteren Staffeln (II und III) herangezogen.

Da die Analyse von Serien einigen Umfang in Anspruch nimmt, habe ich ein Korpus von elf Serien festgelegt. Das Zentrum der Analyse bilden dabei – wie bereits zuvor dargelegt – die zehn Folgen der ersten Staffel der Serie *Ozark* (USA, seit 2017). Diese Serie widmet sich der Familie in herausragender Weise und dient als zentraler Anknüpfungs- und Vergleichspunkt. Weitere Serien, die ich im Rahmen meiner Untersuchung schwerpunktmäßig analysieren möchte, sind:

- Die Fortsetzungsserie *The Marvelous Mrs. Maisel* (seit 2017; Prime Video)
- Die Zeichentricksitcom/Episodenserie *F is for Family* (seit 2015; Netflix)

- Die Fortsetzungsserie *The Get Down* (2016–2017; Netflix)
- Die Fortsetzungsserie *Red Oaks* (2014–2017; Prime Video)
- Die Fortsetzungsserie *Everything sucks!* (2018; Netflix)
- Die Fortsetzungsserie *Transparent* (2014–2019; Prime Video)
- Die Fortsetzungsserie *Grace and Frankie* (seit 2015; Netflix)
- Die Episodenserie *The Ranch* (seit 2016; Netflix)
- Die Fortsetzungsserie *Atypical* (seit 2017; Netflix)
- Die Anthologie- und Episodenserie *The Romanoffs* (2018; Prime Video)

Die Auswahl dieser konkreten Serien ergibt sich, nach sorgfältiger Durchsicht des Programms beider Anbieter, aufgrund bestimmter Umstände. Zunächst stehen alle Formate im Einklang mit den oben genannten Kriterien. Zum anderen weist jede der Serien einige Faktoren auf, die eine Analyse in diesem Rahmen nahelegen.

Die bereits erwähnte Serie *Ozark* behandelt das Schicksal des Familienvaters Marty Byrde, der in die Geldwäschegeschäfte eines mexikanischen Drogenbosses gerät. Da dieser seine Familie bedroht, stimmt er zu, für ihn zu arbeiten. Innerhalb der Familie, die in der Serie stark fokussiert wird, werden die Zustände, neben der äußeren Gefahr, von einem massiven Konflikt zwischen Marty Byrde und seiner Ehefrau bestimmt: Sie hat ihn mit einem anderen Mann betrogen. Diese Serie dient deswegen als Ausgangspunkt der Analyse, da hier die Familienthematik das absolut zentrale Paradigma ist. *Ozark* verhandelt diverse Modelle von Familie bezüglich sozialer Herkunft, aber auch bezüglich deren Zusammensetzung: Neben der traditionell-konservativ strukturierten Familie Byrde stehen ‚defiziente' Familienverbände, also Familien ohne Mutter, ohne Vater oder ohne Kinder, die vom traditionellen Bild der Kernfamilie abweichen, ebenso wie komplett alleinstehende Charaktere. Dementsprechend eignet sich die Serie in besonderer Weise zu einer exemplarischen Analyse – im Gegensatz zu anderen Serien, die sich meist nur auf eine Familie – die Familie der Protagonist/inn/en – fokussieren.

Die Serien *The Marvelous Mrs. Maisel*, *F is for Family*, *The Get Down*, *Red Oaks* und *Everything sucks!* reihen sich wiederum in ein gewissermaßen zusammenhängendes Korpus ein. *The Marvelous Mrs. Maisel* spielt in den USA der 1950er Jahre und behandelt das Schicksal von Miriam Maisel, die von ihrem Ehemann verlassen wird und daraufhin – gegen die Konventionen einer patriarchalisch geprägten und stark sexistischen Gesellschaft – ihren Traum von einer Karriere als Stand-Up-Comedienne verwirklicht. *F is for Family*, eine Zeichentricksitcom (und charakteristisch für diese Gattung), die in den 1970er Jahren spielt, setzt sich mit dem Leben eines Mannes auseinander, der die alltäglichen Tücken des Familienlebens und des Arbeitsalltags bewältigen muss. Auch das Leben der anderen Familienmitglieder wird dabei in den Blick genommen. Da *F is for Family* den

Schwerpunkt eher auf eine Familiendarstellung legt, die repräsentativ für die Zeichentricksitcom ist, und weniger auf eine Darstellung der 1970er Jahre, wurde
ergänzend *The Get Down* in das Korpus aufgenommen. Diese Serie verfolgt die
Bemühungen einiger afroamerikanischer Jugendlicher aus dem New Yorker Stadtteil Bronx, eine Musikkarriere (vor allem im Bereich des Hiphop) aufzubauen,
ebenso wie deren Familien- und Beziehungsproblematiken. Der Protagonist in
Red Oaks steht im New Jersey der 1980er Jahre vor der Wahl entweder dem
Berufswunsch seines Vaters oder seinen eigenen Vorstellungen zu folgen. *Eve-*
rything sucks! schließlich ist an einer High-School der 1990er Jahre verortet
und setzt sich mit dem Adoleszenz- und Selbstfindungsprozess der jugendlichen
bzw. pubertären Protagonist/inn/en auseinander. Auch die familiären Verhältnisse
spielen dabei eine Rolle. Zum einen eignen sich diese Serien durch ihre Thematisierung diverser familiärer Situationen bereits zur Analyse. Darüber hinaus
verhandeln sie – aus heutiger Perspektive – Familien- und Geschlechterrollen
vergangener Jahrzehnte. Aufgrund der kontemporären Perspektivierung der dargestellten Weltmodelle ist es zwar anhand dieser Beispiele nicht möglich, ein
akkurates Bild der familiären Zusammenhänge bzw. der Normvorstellungen der
jeweiligen Epoche zu konstruieren. Allerdings ist es analytisch wertvoll nachzuvollziehen, welche Perspektive aktuelle Serien gegenüber den Familienmodellen
vergangener Jahrzehnte einnehmen und wie sich dies zu der von mir in 2.
nachvollzogenen historischen Entwicklung des medialen Familienbilds verhält.[43]

Protagonist der Serie *Transparent* ist ein emeritierter Hochschulprofessor, der
sich vor seiner Familie (die Kinder sind erwachsen) als transsexuell outet und
beschließt, fortan ein Leben als Trans-Frau zu führen. In *Grace and Frankie* lassen
sich die Ehemänner der namensgebenden Hauptcharaktere von ihren Ehefrauen
scheiden, um einander zu heiraten. Beide Formate wurden ausgewählt, da sie sich
zentral mit nicht heteronormativen Familienformen und den Auswirkungen nicht
heterosexueller Geschlechterrollen auf familiäre Verbände auseinandersetzen.

Die verbleibenden Serien stehen ohne verbindende Elemente für sich. In *The*
Ranch kehrt ein erfolgloser Footballer zur Familienranch zurück und muss dort
einen Prozess der ‚Mannwerdung‘ durchlaufen, d. h., seine Rolle in einem gefestigten Leben finden. Diese Serie wurde einerseits ausgewählt, da es sich um eine
Sitcom im klassischen Sinne handelt, andererseits bildet die Analyse einer medialen Auseinandersetzung mit einem stark konservativen Umfeld – dem ländlichen

---

[43] Bedauerlicherweise besteht zum Zeitpunkt dieser Untersuchung weder ein Netflix- noch
ein Prime Original, das den Auswahlkriterien entspricht und gezielt in den 1960er Jahren
verortet ist.

Colorado – einen Gegenpol zu den eher städtischen Diegesen der anderen Serien im Untersuchungskorpus und ist damit analytisch lohnenswert.

Atypical setzt sich mit dem alltäglichen Leben einer Familie auseinander, zu deren Kern ein autistischer Sohn gehört. Diese Serie fokussiert nicht nur familiäre Abläufe, sondern stellt vor allem das familiäre Leben eines Menschen mit psychischer Behinderung dar.

Bei *The Romanoffs* handelt es sich um die einzige Anthologie-Serie des Korpus, die u. a. aufgrund ihrer Zugehörigkeit zu dieser Gattung ausgewählt wurde. Jede der acht Folgen erzählt eine andere Geschichte. Vordergründig verbindendes Element ist, dass in jeder Episode – wenn auch nur peripher – die Abstammung einer Person von der russischen Zarenfamilie thematisiert wird. Tatsächlich stehen vor allem familiäre Zusammenhänge im Fokus des Formats. Durch diese Art der Narration ist es der Serie möglich, in jeder Episode andere Modelle von Familie sowie den Umgang mit Geschlechterrollen zu reflektieren. Anhand dieser ausgewählten Serien möchte ich ein Bild der Familienthematik in Video-on-Demand-Serien ableiten.

Die Familienthematik in der (TV-)Serie: Historische Entwicklung, Bedeutung und Ausblick

2

Die Geschichte der US-amerikanischen Fernsehserie ist eng mit der Familienthematik verknüpft.[1] Vor allem die sogenannten „Family-Sitcoms", aber auch Familienserien anderer Art bilden das zentrale Element der Serienlandschaft.[2] Dementsprechend werde ich wiederholt exemplarisch auf Sitcoms Bezug nehmen. Der immerwährende Erfolg von Familiendarstellungen beruht darauf, dass Familien ebenso ein großes „Identifikationspotenzial wie eine große Bandbreite an Möglichkeiten zur Handlungsvariation" bieten (Kelsch 2019: 25, vgl. auch Kutulas 2016: 17). Wie in Literatur und Film gibt es also auch in der Serie eine große Varianz bei der Darstellung von Familien. Dies bedeutet allerdings nicht,

---

[1] Aufgrund der großen inhaltlichen und thematischen Nähe ist das folgende Kapitel 2. eng an meine Masterarbeit „Familien-Modelle in der populärkulturellen US-amerikanischen Zeichentricksitcom" angelehnt (vgl. Kelsch 2019: 26–35), wurde aber erweitert und überarbeitet. Alle direkten und indirekten Zitate sind als solche gekennzeichnet. Die Kapitelüberschriften sind an den Überschriften eines entsprechenden Überblicks in der Masterarbeit orientiert.

[2] Vor allem bezüglich der Entwicklung der Familiendarstellung kann die Sitcom, die als Format der Massen- und Populärkultur lange Zeit die dominante Gattung im Bereich der Serie war, über einen gewissen Zeitraum als beispielhaft für die Gesamtentwicklung gelten. Sitcoms lassen sich in die zwei dominanten Genres der „Workplace-Sitcom" und der „Family-/Domestic-Sitcom" (vgl. Baker 2003: 27 ff., vgl. auch Nilsen/Nilsen 2000: 278) unterteilen. Über die Genrekonzeption der Sitcom werden hier also die zwei zentralen Lebensbereiche der meisten Menschen, Arbeit und Familie, und damit auch Öffentlichkeit und Privatheit in Opposition gestellt (vgl. Kelsch 2019: 24). Aufgrund der politischen und gesellschaftlichen Dogmatisierung der Familie in den USA ist es dabei nicht verwunderlich, dass Family-Sitcoms generell vorherrschen (vgl. Baker 2003: 47). Zwischen 1950 und 1995 wurden insgesamt 630 Serien auf den großen kommerziellen US-amerikanischen Fernsehsendern (ABC, CBS, FOX, NBC) ausgestrahlt, die eine Familie fokussierten. Davon waren 72 % Sitcoms und ca. 28 % Drama-Serien (vgl. Robinson/Skill 2001: 146). Dies zeigt nicht nur eine starke Dominanz der Sitcom, sondern die Bedeutung der Familie in der Serie insgesamt.

© Der/die Autor(en) 2021
J. Kelsch, *Binging Family*,
https://doi.org/10.1007/978-3-658-34766-6_2

dass bestimmte Rollen- und Handlungsmuster ebenso wie bestimmte Kategorien von Normen und Werten nicht wiederholt wiederkehren.

Zwar handelt es sich bei der Entwicklung der Familiendarstellung in der Serie um einen kontinuierlichen Prozess, dessen Verlauf nicht absolut klar zu unterteilen ist, dennoch lassen sich anhand der Jahrzehnte bestimmte Tendenzen feststellen, die meist in Interdependenz mit den jeweiligen politischen und gesell-schaftlichen Gegebenheiten stehen und eine ungefähre Einteilung in bestimmte Abschnitte ermöglichen. Diese Einteilung gilt nicht absolut, sondern soll helfen, die dominanten Entwicklungen innerhalb eines gewissen Zeitraums zu beschrei-ben. Einhergehend mit der Auswahl meines späteren Analysekorpus, beschränke ich mich darauf, Entwicklungen in US-amerikanischen Serien nachzuvollzie-hen. Dem Überblick über die historische Entwicklung geht eine Reflexion der gesellschaftlichen Rolle der Familienserie sowie der Familienthematik in Serien voraus.[3] Nach einem Resümee dieser Entwicklungen bildet eine eingehende Untersuchung der Potenziale der Video-on-Demand-Anbieter im Vergleich zum konventionellen Fernsehen, auch abseits der Familienthematik, den Abschluss.

2.1 Die Familienthematik in der Serie: Gesellschaftliche Relevanz und Modellierung

The fictional family on television, in its many forms, has become one of our most enduring benchmarks for making both metric and qualitative assessments of how the American family is doing in the real world. For many in the arena of public policy, the debate frequently points to television as primary source for what is good or bad about the family institution. (Robinson/Skill 2001: 139)

Die integrale gesellschaftliche Bedeutung der Familie wird stets aufs Neue von US-amerikanischen Politikern betont. Sie gilt als „cornerstone of society" (Lyn-don B. Johnson) oder wird „at the center of our society" (Ronald Reagan) verortet (vgl. Heinemann 2012: 7). Ein beliebter Indikator für die realen Familienver-hältnisse und den Zustand familiärer Werte in den USA ist dabei das Leben fiktionaler Fernseh-Familien (vgl. Bryant et al. 2001: 247). Gesamtgesellschaftlich wird – wie Andre Dechert in Bezug auf Sitcoms feststellt – den Formaten „eine potenzielle Wirkmächtigkeit" zugeschrieben (Dechert 2018: 203) und mediale

---

[3] Zu einer umfassenden Untersuchung zur Familienserie der späten 1970er bis frühen 1990er Jahre und dem zugrunde liegenden Wertemodell möchte ich auf *Das Wertesystem der Fami-lienserien im Fernsehen* von Jan-Oliver Decker, Hans Krah und Marianne Wünsch verweisen (vgl. Decker et al. 1996). Die Ergebnisse der Autoren sind auch heute weiterhin gültig und werden von mir im Folgenden wiederholt herangezogen werden.

Debatten um Familien in Sitcoms als „bedeutende Aushandlungsprozesse von Familienwerten" verstanden (vgl. Dechert 2018: 205). Hinter eher progressiven oder kritischen Formaten wird dabei von konservativer Seite nicht selten ein Werteverfall vermutet, wie etwa im Falle des Präsidenten George Bush Sr., der 1992 „a nation closer to The Waltons than The Simpsons" forderte (vgl. Henry 2012: 6, vgl. auch Bryant et al. 2001: 247).

Wissenschaftliche Untersuchungen bezüglich der Frage, inwieweit fiktionale Weltmodelle bzw. mediale Familienmodelle Aussagekraft über reale Zustände besitzen, gehen allgemein davon aus, dass Fiktion und Wirklichkeit alles andere als deckungsgleich sind. Dies tut der Popularität dieser Vergleiche in öffentlichen Debatten indes keinen Abbruch (vgl. Robinson/Skill 2001: 152). Einer Untersuchung von James D. Robinson und Thomas Skill zufolge ist das Fernsehen höchstens ein „close follower" realer Entwicklungen. „Over all, the data suggest that television is far more likely to reinforce traditional models of family than to promote nonconventional configurations" (Robinson/Skill 2001: 140).[4] Eher spiegelt das Fernsehen bereits Geschehenes wieder, als selbst „Trendsetter" zu sein (vgl. Heintz-Knowles 2001: 198). Ebenso wenig lässt sich belegen, dass Familienserien dazu tendieren, psychologisch besonders ‚ungesunde' Familien darzustellen und diese Darstellungen, durch Nachahmung negativer Rollenmuster, in dysfunktionalen Familien in der Realität Wurzeln schlagen (vgl. Bryant et al. 2001: 248). Hickethier stellt fest, dass sich die Weltmodelle von Serien allgemein der Realität anpassen, gesellschaftliche Entwicklungen, durch deren mediale Verbreitung, gefestigt werden und diese nicht anstoßen:

> Die Geschichte der Serien kann unter diesem Aspekt einer immer wieder neuen Diskussion über Verhaltensweisen gesehen werden, wobei sich die in den Serien

---

[4] In ihrem Aufsatz *Five Decades of Families on Television: From the 1950 s Through the 1990 s* gleichen Robinson und Skill die Familienverhältnisse im Fernsehen mit realen US-Familienverhältnissen von den 1950ern bis in die 1990er Jahre ab. Die Ergebnisse zeigen deutliche Unterschiede. Als Beispiel zu den 1950er Jahren: Während in 57,8 % der Serien ein Elternpaar „head of house" war, 17,2 % der Serien alleinerziehende Väter und 14,1 % alleinerziehende Mütter zeigten, waren – laut der Volkszählung von 1960 – nur 1,1 % der Väter und 8,0 % der Mütter alleinerziehend. 87,8 % der Familienoberhäupter waren indes Elternpaare. Die Entwicklung der kommenden Jahrzehnte zeigt, dass Fernsehfamilien der Realität eher folgen als sie vorwegnehmen: Nimmt also beispielsweise die Zahl alleinerziehender Mütter in der Realität zu, nimmt auch die Zahl alleinerziehender Mütter in Serien zu (zu allen Angaben vgl. Robinson/Skill 2001: 154). Diese Aussage ist jedoch mit Vorsicht zu genießen, da sie nur partiell durch die Datenlage bestätigt wird. Vor allem lässt sich feststellen, dass die Entwicklung der Fernsehfamilie eher lose an die Realität gekoppelt ist. Obwohl sich die fiktionale Familie ebenfalls wandelt, scheinen Serien mehr darauf bedacht, mit diversen Familienmodellen zu experimentieren (vgl. Robinson/Skill 2001: 161).

thematisierten Handlungen im Laufe der Jahrzehnte verändern, der Zeit ‚anpassen‘, d.h. die jeweils im gesellschaftlichen Kontext notwendige Anpassung von Verhaltensweisen an gesellschaftliche veränderte Lebensverhältnisse, Normen und Werte über das Seriengeschehen zur Diskussion stellen. Die Serien können deshalb – wie das Fernsehen insgesamt – als Teil der gesellschaftlichen Modernisierungsprozesse verstanden werden: das Fernsehen als Ort, an dem die für die Modernisierung notwendigen Verhaltensmodellierungen angeboten und verbreitet werden. (Hickethier 1994: 70)

Ungeachtet der Diskrepanz zwischen medialer Darstellung und Realität lässt sich indes nicht leugnen, dass mediale Modelle von Wirklichkeit die Wahrnehmung der Realität beeinflussen (vgl. Bryant et al. 2001: 248). Was Rezipierende in Serien sehen, mag ihr Bild der Realität ebenso formen wie die realen Umstände.

Inspired by Michel Foulcault, who saw government as dispersed through-out culture and everyday life, I look at sitcoms as a cultural technology, part of a broader governing rationality where the conduct of families is shaped in part through their engagement with media. (Leppert 2019: 4)

Family-Sitcoms und – so kann man ergänzen – mediale Abbilder von Familien im Allgemeinen bilden Schablonen, mit denen die Rezipierenden ihre Lebensrealität abgleichen. Wird ein bestimmtes Ideal von Familie medial geprägt und werden bestimmte Verhaltensweisen als optimal bzw. ideal gesetzt, kann dies beispielsweise zu einer Wahrnehmung der eigenen Realität als defizient führen, falls sie diesen Modellen nicht entspricht.[5]

Ist dies wohl nicht in jedem Fall die direkte Intention der Medienschaffenden, vermitteln Familienserien stets einen bestimmten Kanon an Werten, häufig implizit:

Das Wertesystem der Familienserien läßt sich in den einzelnen Serien häufig nur ex negativo aus den dargestellten Abweichungen und deren Sanktionen erstellen. Sanktionen reichen dabei auf der Ebene der Figuren von nicht erfüllten und als sinnlos bewerteten Lebensläufen bis zur Eliminierung bestimmter Figuren, sei es durch Unfall, Wahnsinn, Gefängnis oder Tod. Familienserien führen deshalb in ihrer jeweiligen

---

[5] Thomas Skill schreibt dem Selbstvergleich mit Serien wie *The Waltons* sogar destruktive Auswirkungen zu: „My sense is that the idealized family image is potentially the most destructive and that, for example, the expectations of viewers for their own families to be like *The Waltons* is an unattainable goal. The ideal is never real, and the failure of one's own family to measure up to the ideal television family may compound the problems and pressures felt by the average family" (vgl. Skill 1983: 146). Diese ‚Gefahr‘ ist vergleichbar mit dem gesellschaftlichen Druck, der z. B. durch medial verbreitete Ideale von Schönheit bzw. von ‚angebrachtem‘ männlichen und weiblichen Verhalten erzeugt wird.

Erzählgegenwart Reaktionen auf Normverstöße vor, die in der nahen und entfernten Vergangenheit der erzählten Zeit der Serien liegen. (Decker et al. 1996: 21)

Anhand des Handelns der Figuren und den Konsequenzen, die sich für die Figuren aus diesem Handeln ergeben, lässt sich auf bestimmte Wertungen innerhalb des Weltmodells schließen. ‚Böse' oder in der Logik des Weltentwurfes abzulehnende Charaktere werden somit in der Regel nicht als Familienmenschen dargestellt (vgl. Skill 1983: 141). So wird in der Serie *Grace and Frankie* Brianna, die Tochter der Protagonistin Grace, allgemein als erfolgreiche und emanzipierte Frau gezeigt, die ein Unternehmen leitet. Darin ähnelt sie zwar ihrer Mutter, doch im Gegensatz zu dieser ist sie weder verheiratet noch befindet sie sich in einer Partnerschaft. Prinzipiell gibt sie sich kühl und distanziert von der Familie.[6] Letztlich wird sie aber immer wieder von ihrer persönlichen Einsamkeit und den Schuldgefühlen gegenüber ihrer Familie geplagt, so dass sie einen Teil ihrer Selbstständigkeit opfert, um eine Paarbeziehung einzugehen.[7] Durch diese Paarbeziehung wird sie emotional zugänglich und ‚berührbar' und somit ihrem Status als tendenziell unsympathischer Charakter enthoben. In diesem Falle wird durch das Handeln der Figur Brianna und dessen (hier vor allem psychische) Konsequenzen die Bedeutung von Familie und Paarbindung als Raum positiver emotionaler Bestätigung und Geborgenheit demonstriert.[8]

Die Handlungsverläufe einer Serie ermöglichen einen Schluss auf bestimmte Wertemodelle, auch da die zentralen Handlungselemente einer Serie meist Verstöße gegen eine bestimmte Norm bzw. Ordnung darstellen, die sich vom Alltag der Figuren abheben. Dieser Alltag „wird von den Rezipienten als *nicht erzählenswert* bewertet, woraus folgt, daß überwiegend die Abweichungen als das ‚für die Rezipienten Interessante' in den Serien fokussiert werden" (Decker et al. 1996: 45). Ganz im Sinne des Konsistenzprinzips (vgl. 1.1) ist die Handlung eine Abweichung von einer bestehenden Ordnung bzw. wird durch diese bedingt und muss getilgt werden.

---

[6] So kommuniziert sie mit ihrer Mutter nur über Textnachrichten (vgl. *Grace and Frankie* I/2: 13:00), vernachlässigt also die Familie und entrümpelt – ohne besondere Sentimentalität – ihr altes Kinderzimmer (vgl. *Grace and Frankie* I/8: 14:00).

[7] Beispielsweise wird sie beim Ausmisten der Wohnung sentimental, als sie ein altes Kuscheltier wiederfindet (vgl. *Grace and Frankie* I/8: 21:00). Auch versucht sie eine Beziehung zu einem Mann aufzubauen, der darin nur einen One-Night-Stand sah. Ihre Enttäuschung verdeutlicht, dass sie sich eine emotionale Bindung wünscht (vgl. *Grace and Frankie* I/7: 28:00). Letztlich geht sie eine Beziehung zu einem Kollegen ein (vgl. *Grace and Frankie* I/11: 19:00).

[8] Die Vernachlässigung der Familie über Beruf und Karriere und deren Sanktionierung ist ein in Familienserien häufig wiederkehrender Topos (vgl. Decker et al. 1996: 28).

Die Verfolgung dieses Konsistenzprinzip ist integraler Bestandteil der Familienserien. Decker et al. zufolge liegt diesen Formaten stets „eine Art der Teleologisierung" zugrunde, gemeint ist eine „zielhafte Ausrichtung des Lebens auf Erreichen bestimmter Zustände" (vgl. Decker et al. 1996: 81). Dieses Ziel ist – wenig verwunderlich, wenn man eine Serie als Familienserie versteht – die Gründung einer eigenen Familie oder die Harmonisierung der familiären Zustände (vgl. Decker et al. 1996: 74, 82). Das Leben von Charakteren, die dieses Ziel (noch) nicht erreicht haben, ist defizient. Streben sie nicht nach dem Erreichen dieses Ziels, handelt es sich meist um Negativcharaktere (vgl. Decker et al. 1996: 74).

Dieses familiäre Leben wird dabei scharf vom Außenraum abgegrenzt, d. h. von der umgebenden Gesellschaft, aus der Gefahr droht (vgl. Decker et al. 1996: 35). Dementsprechend stehen der Staat und sozialstaatliche Eingriffe der Familie gegenüber (vgl. Decker et al. 1996: 118). In *Ozark* ist der Staat gar Antagonist der Familie, wenn FBI-Ermittler die Geldwäschegeschäfte des Familienvaters Marty Byrde verfolgen und der Vater einer anderen handlungsrelevanten Familie im Gefängnis sitzt. Selbst in US-Serien der 1950er und 1960er Jahre – einer Zeit, die per se von relativ rigiden staatlichen und gesellschaftlichen Strukturen gekennzeichnet war – wurde ‚Einmischung' von außen als unnötig inszeniert: „The family is a self-contained entity that can solve all crises on its own" (Leibman 1995: 153). Die Familie ist in den entsprechenden Formaten der dominante Raum, der alle anderen Räume weitgehend als irrelevant setzt oder von sich abhängig macht. Hier können Probleme gelöst und Konflikte geschlichtet werden.

Bei genauerer Untersuchung familiärer Systeme in Serien fällt auf, dass es sich bei dem, was als Alltag, als Normalität und Idealzustand gilt, dem Zustand also, dem die Charaktere durch Sanktionen zugeführt werden, keinesfalls um etwas handelt, das serienintern begründet wird. Vielmehr lässt sich „das Wertesystem der Familienserie als Setzung entlarven" (vgl. Decker et al. 1996: 48). Was als Idealzustand gilt, beispielsweise die ‚traditionelle', patriarchal strukturierte Familie der Serien der 1950er und 1960er Jahre, welche als Referenzpunkt, als Mythos der Perfektion für die folgenden Jahrzehnte diente, ist ein Postulat. Wie sich im weiteren Verlauf der Untersuchung und im folgenden historischen Überblick zeigen wird, ist dies insofern problematisch, da es sich bei diesen Postulaten um Ideale handelt, welche nicht mit der serienexternen Realität und ihren Gegebenheiten übereinstimmen – und in dieser Form nicht oder selten erreichbar sind. Zudem bieten die postulierten, stark emotionalisierten Wertesysteme wenig Raum zur verstandesgemäßen und/oder individuellen Lösung von Problemen. Die Norm, beispielsweise die Paarbindung, gilt im Weltmodell der Serien als unabdingbar und lässt keine Abweichung zu (vgl. Decker et al. 1996: 118). Darüber hinaus werden schwerwiegende gesellschaftliche Probleme nicht tatsächlich verhandelt oder gelöst, sondern in den emotionalisierten und geschlossenen, d. h. privaten Raum der Familie verlagert und hier einer Lösung zugeführt, die de facto keine ist (vgl. Decker et al. 1996: 119).[9]

Hier bestätigt sich die obige These: Familienserien errichten weniger selbst Weltmodell, sondern verarbeiten bereits bestehende Sichtweisen auf Familie. Dementsprechend erweisen sie sich als genuin konservativ, verweisen eher auf das Bestehende oder Bestandene als auf die Zukunft. Gerade in Serien und bestimmten Genres „verfestigen sich mythische Strukturen [wie zum Beispiel das Ideal der Familie, Anm. des Verfassers], gerinnen zu immer wieder reproduzierbaren Formbestandteilen, wobei die Anschauungen von der Welt gerade nicht als Ideologie erscheinen, sondern als Natur" (Hickethier 1994: 61). Bestimmte Vorstellungen von Familie verhärten sich also auf eine Art, die einen Wandel und das Eindringen neuer Modelle erschwert. Durch das starre Wertemodell, einen Mangel an individuellen oder flexiblen Lösungen oder einen vorwärts gerichteten Blick fördern Familienserien – so Decker, Krah und Wünsch – „Ignoranz und Intoleranz" (vgl. Decker et al. 1996: 119). Die Suche nach einer Idealfamilie und die damit einhergehende Verklärung einer ‚guten alten Zeit‘ lenken einerseits davon ab, dass es niemals ein ‚goldenes Zeitalter‘ der Familie gab, und versperren andererseits den Blick auf die reale Diversität des familiären Lebens, für die generalisierende Lösungsansätze wenig sinnvoll erscheinen (vgl. Coontz 1992: 9). Zwar sind die Ergebnisse von Decker et al., welche hier meinen zentralen Referenzpunkt bilden, mittlerweile über 20 Jahre alt, sind aber insofern nach wie vor plausibel, da sie sich – bereits vor eingehender Analyse – mit den Inhalten der von mir untersuchten Serien decken. In Verbindung mit den oben vorgestellten Ergebnissen Robinsons, Skills, Jennings, Bryants et al. bestätigen sie den konservativen und gleichzeitig reduzierten Blickwinkel von Familienserien.

Es gilt, diese Thesen im weiteren Verlauf der Untersuchung zu bestätigen oder zu widerlegen. Unzweifelhaft ist, dass Familie nach wie vor eine zentrale Thematik in Serien darstellt und als Spiegel der Realität betrachtet wird, ohne zu berücksichtigen, dass fiktionale Weltmodelle zwar das Denken einer Gesellschaft abbilden, keinesfalls aber die Realität selbst. Es handelt sich um aus Texten

---

[9] So wird in der Serie *Transparent* die Transsexualität der Protagonistin Maura (zuerst Mort) zwar durchaus in einen gesellschaftlichen Rahmen eingebettet, der eigentliche Raum einer Lösungsfindung, in dem die dominante Verhandlung stattfindet, ist aber die Familie. Kinder und Verwandte müssen lernen mit der Transsexualität Mauras umzugehen, so wie Maura sich in dieser Rolle zurechtfinden muss. Alles andere ist sekundär und die gesamtgesellschaftliche Rolle transsexueller Menschen wird kaum thematisiert.

erschließbares kulturelles Wissen. Fernsehfamilien und ihre allgemeine Modellierung bzw. Zusammensetzung sind daher nicht als Abbilder realer Familien
zu betrachten – ebenso wenig, wie fiktionale Abbilder von Gesellschaft tatsächlich Gesellschaft wiedergeben. Vielmehr handelt es sich um die Darstellung von
als wünschenswert oder nicht wünschenswert betrachteten Verhaltensweisen und
Zuständen bzw. von als realitätsnah gedachten Modellen von Wirklichkeit. Was
von Seite der Medienschaffenden als wünschenswert, realitätsnah oder – wichtiger
noch – mit einem dominanten gesellschaftlichen Konsens vereinbar und insofern
gut vermarktbar betrachtet wird, ist ebenso aufschlussreich über die Verhältnisse
in einer Gesellschaft wie die – anhand von Zahlen und ‚Fakten' – abstrahierbaren
Wissensmengen, die diesen Wünschen möglicherweise sogar entgegenlaufen.

2.2   Die 1950er und 1960er Jahre: Ursprünge und Mythisierung der Idealfamilie

Die Vorläufer von US-TV-Serien bildeten Radioprogramme der 1920er Jahre in
Form von Episodenerzählungen (vgl. Hickethier 2003: 399) und sketchartigen
Unterhaltungsformaten, beispielsweise *Amos 'n' Andy-Show* (1928–1960)[10], in
Radio und Fernsehen; vgl. Baker 2003: 17 f.).[11] Mehr noch als die Fernsehserie
per se wurde zunächst die Sitcom prototypisiert, welche gewissermaßen als Basis
für spätere Entwicklungen diente. Neben diesen Vorläufern der Sitcom gewannen rasch von Unternehmen zu Werbezwecken finanzierte Formate, die Vorläufer
der späteren Soap-Operas, an Popularität (vgl. Fröhlich 2015: 382 f.).[12] Mit dem
Ausbau des Fernsehnetzes in den USA Anfang der 1950er Jahre (vgl. Hickethier

---

[10] Die *Amos 'n' Andy-Show*, in der die weißen Komiker Freeman Gosden and Charles Correll
zwei afroamerikanische Charaktere verkörperten, bis sie im Fernsehen durch afroamerikanische Schauspieler ersetzt wurden, ist aus heutiger Sicht als hochproblematisch zu beurteilen:
Das Leben und die Kultur von Personen afroamerikanischer Abstammung wurde weniger
repräsentiert als vielmehr zur Basis rassistischer Karikaturen von schwarzen Stereotypen
(vgl. Leonard/Guerrero 2013: 3). Diese Art der Darstellung, die an negative Abziehbil-
der der vergangenen Jahrzehnte gemahnte, rief Empörung in Teilen der afroamerikanischen
Bevölkerung hervor (vgl. Douglas 2003: 140).
[11] Zur frühen Entwicklung der Radiounterhaltung in den USA vgl. Fröhlich 2015: 378 ff.
Das serielle Erzählen per se ist selbstverständlich wesentlich älter und seit Jahrtausenden Teil
der menschlichen Erzähltradition. Scheinbar kommt das „Erzählen in Fortsetzungen oder
auch in wiederkehrenden Episoden" – so Hickethier – „einem Grundbedürfnis menschlicher
Unterhaltung nach und hat in der Fernsehserie nur ihre [sic] TV-bezogene massenmediale
Form gefunden" (Hickethier 1991: 17 f.).
[12] Zu Merkmalen der Seifenoper vgl. Fröhlich 2015: 385 ff.

2003: 399) und dem massiven Anstieg der Popularität des Mediums – zwischen 1948 und 1960 stieg die Anzahl von Haushalten in den USA mit zumindest einem Fernsehen von 1 % auf knapp 90 % (vgl. La Rossa 2004: 57) – fanden ehemalige Radioprogramme wie *Amos 'n' Andy* oder *I love Lucy* (1951–1957, zuvor im Radio als *My Favorite Husband*) ihren Weg auf den Bildschirm.[13] Insbesondere für das Familienbild der folgenden Jahrzehnte, aber auch allgemein für die populäre Fernsehunterhaltung waren die 1950er Jahre prägend.

Große Auswirkungen auf die Darstellungsweisen der 1950er und der 1960er Jahre hatte die strenge Kopplung an den „Motion Picture Production Code" bzw. „Hays Code", der 1929 entstanden war und sich sukzessive über die Jahrzehnte lockerte. Dieser regelte die Darstellung zahlreicher ‚sensibler' Themen wie Religion, Verbrechen und Gewalt, Sexualität oder Nationalgefühl. Auch die „‚sanctity of the institution of marriage' musste unangetastet bleiben" (Schleich/Nesselhauf 2016: 58, vgl. auch Leibman 1995: 95). Der „Televison Code of Good Practices", den die TV-Industrie 1951 erstellte, war weit umfassender und legte zudem diverse Pflichten Medienschaffender bezüglich der Verbesserung von Erziehung und Kultur („advancement of education and culture") fest (vgl. Leibman 1995: 105). Formate dieser Zeit waren bereits aufgrund der Zensur zu einer unkritischen und idealisierten Darstellung verpflichtet – auch wenn es sich nicht selten um eine durch Vorsicht bedingte Selbstzensur der Autoren handelte (vgl. Leibman 1995: 105).[14] Zudem hatten der Zweite Weltkrieg ebenso wie die Große Depression der 1930er Jahre die Erinnerungen der US-Amerikaner an ein ‚normales' Familienleben getrübt und ein besonderes Bedürfnis nach Stabilität geschaffen. Der Kalte Krieg stärkte die Bedeutung der konformistischen und konsumierenden Familie weiter. Darstellungen von Familien, die im Kapitalismus aufgingen, dienten als Bollwerk gegen den Kommunismus (vgl. Kutulas 2016: 17 f.).[15]

---

[13] Mit Beginn der 1960er Jahre wurden auch in der Bundesrepublik US-Serien „gezielt eingekauft und entwickelten sich zu wesentlichen Bestandteilen der populären Fernsehkultur" (Hickethier 2003: 399). Zu einem Überblick über die Entwicklung der Serie in der BRD verweise ich auf Hickethier 2003: 399 f.

[14] Um den Sponsoren ebenso wie den moralischen Ansprüchen der Zuschauenden gerecht zu werden, fand zusätzlich eine senderinterne Regulierung statt und die Sponsoren der Formate nahmen direkten Einfluss auf deren Gestaltung (vgl. Leibman 1995: 107). Zudem – dies ist nicht im eigentlichen Sinne als Zensur zu verstehen – wurden Serienschaffende dazu angehalten, beworbene Produkte offensiv in den Serien zu platzieren (vgl. Leibman 1995: 110 f.). Zur Entwicklung und sukzessiven Lockerung der Zensurbestimmungen in den USA möchte ich verweisen auf Leibman 1995: 94 ff.

[15] Auch für die deutsche Serie der 1950er und 1960er Jahre konstatiert Hickethier eine „Versöhnungssehnsucht" in Opposition zum Zweiten Weltkrieg und zum Kalten Krieg (vgl. Hickethier 1994: 60).

> In the 1950's the networks were determined to reach as many consumers as possible – large family groups who would be interested in furnishing and feeding a household. One of the best ways to encourage consumer families to watch a program and buy the product was by example, presenting television consumer families as "typical" visions of American family life that the viewer would want to emulate. (Leibman 1995: 252)

Im Interesse der Medienschaffenden lag es demzufolge eben nicht, das realistische Bild einer von den Nachwehen des Krieges und der Depression gebeutelten Gesellschaft zu zeigen, sondern ein Idealbild zu konstruieren, an dem sich die US-amerikanischen Familien orientieren, dem sie nacheifern konnten.

Aus diesen Faktoren ergab sich eine klar hierarchisierte und geordnete Familiendarstellung mit deutlich patriarchaler Ausrichtung. Interessanterweise waren den Serien, welche genau diese Struktur festigten und auch bis heute im Gedächtnis blieben, wenig referenzierte Formate wie *Mama* (1949–1957) oder *The Goldbergs* (1949–1956, die erste TV-Family-Sitcom, vgl. Neuwirth 2006: 2) vorausgegangen. Beide Serien zeigten das Leben von Einwanderer- und Arbeiterklassefamilien, im Falle von *Mama* norwegische Einwanderer im San Francisco der Jahrhundertwende und in *The Goldbergs* eine jüdische Familie in der Bronx.[16] In beiden Serien war die Mutterrolle deutlich prominenter und mit größerer Autorität ausgestattet als die Vaterrolle (vgl. Brooks 2005: 13, 19). Im Gegensatz zu den späteren Patriarchen wurden diese Väter der Arbeiterklasse als ungeschickt und unbeholfen dargestellt, während die Mutter Probleme löste (vgl. Brooks 2005: 2).[17] Auch die populäre Sitcom *I love Lucy* (1951–1957) zeigte eine eher subversive Protagonistin, die immer wieder versuchte, aus ihrer Rolle als Hausfrau auszubrechen, diese Ambitionen aber dann aufgrund ihrer Schwangerschaft

---

[16] Schwerwiegendere gesellschaftliche Probleme sparten diese Serien, wie auch die späteren Formate, weitgehend aus – so wurde z. B. in *The Goldbergs* nie der US-amerikanische Antisemitismus verhandelt (vgl. Brooks 2005: 20).

[17] In den 1950er Jahren lässt sich eine generelle Diskrepanz zwischen der Darstellung von Arbeiterklasse- und Mittelklasse-Vätern feststellen: Väter der Arbeiterklasse waren eher Ziel von Scherzen und wurden als unzulängliche und komische Figuren dargestellt (vgl. LaRossa 2004: 60, vgl. Butsch 2015: 115), wohingegen TV-Väter der Mittelklasse erfolgreicher als ihre weniger wohlhabenden Gegenstücke waren (vgl. Butsch 2005: 117). Dies lässt sich mit dem idealisierten Bild der Mittelklasse als gesellschaftlichem Leitstern in den Sitcoms der 1950er und 1960er Jahre in Einklang bringen.

weitgehend aufgeben musste (vgl. Kutulas 1998: 15).[18] Die Dominanz der Protagonistin ergab sich auch daraus, dass die Schauspielerin Lucille Ball – die namensgebende Lucy – der Star der Serie war.

Populäre Serien wie *Leave It To Beaver* (1957–1963), *The Adventures of Ozzie and Harriet* (1952–1966) oder – mit kennzeichnendem Namen – *Father Knows Best* (1954–1960) lösten sich vom Milieu der Arbeiterklasse und wandten sich der Mittelklasse zu, die eher dazu geeignet war, die gewünschte Idealstruktur zu präsentieren. Tendenzen weiblicher Dominanz wurden in eine Familienstruktur überführt, die Matthew Henry folgendermaßen charakterisiert:

> Atop the nuclear family was posited a patriarchy in which the father was portrayed as knowing, correct, and superior to his wife and children, a structure that worked to prevalent sexual stereotypes. (Henry 2003: 265)

Der Ehemann fungierte demnach als alleiniger Brotverdiener und „zentrale Autoritätsinstanz" (Dechert 2018: 30), der die Regeln der Familie vorgab und Konflikte schlichtete. Die Mutter war „attractive, witty, sociable, and supportive of her husband's authority" – sie und die weitgehend braven Kinder erkannten die Autorität des Vaters stets an (vgl. Tueth 2003: 136 in Bezug auf *Father Knows Best*). Ozzie Nelson, der Familienvater in *The Adventures of Ozzie and Harriet* war ein typischer „alpha male", dessen Wort respektiert wurde und der seinen drei jungen Söhnen den rechten Weg wies (vgl. Brooks 2005: 28).[19] Seine Ehefrau Harriet war eine adrette Hausfrau und Mutter, die 1952 zur „Hollywood Mother of the Year" gewählt wurde (vgl. Brooks 2005: 29). Damit ähnelte sie June Cleaver, Mutter in *Leave It to Beaver*, einer Serie, die ebenfalls eine hingebungsvolle Mutter und einen strengen, aber geduldigen Vater bei der Erziehung ihrer beiden Söhne zeigte, wobei der Vater immer das letzte Wort hatte. Die Söhne, insbesondere der jüngere Beaver, waren – wenngleich sie gelegentlich Fehler machten – wohlmeinend und gut erzogen (vgl. Brooks 2005: 37 f.). Die Andersons in *Father Knows*

---

[18] Die Serie *The Honeymooners* (1955–1956) zeigt ebenfalls eine schlagfertige Ehefrau, die sich gegen einen autoritären Ehemann behaupten konnte. Die konstanten Gewaltandrohungen des Ehemannes Ralph Kramden gegenüber seiner Ehefrau – „One of these days, Alice, one of these days – Pow! Right in the kisser!" (vgl. Neuwirth 2006: 1) – können aus heutiger Sicht nur befremdlich erscheinen, auch wenn Kramden seine Drohungen nie umsetzte und abschließend stets die Liebe zu seiner Frau beteuerte (vgl. Brooks/Marsh 2007: 632).

[19] Die starke Einbeziehung des Vaters in die Erziehung der Söhne wurde auch außerhalb des TV allgemeingesellschaftlich gewünscht, da durch die „Abwesenheit männlicher Rollenmodelle eine Zunahme von Homosexualität unter männlichen Jugendlichen sowie ein Anstieg jugendlicher Straftaten" befürchtet wurde (Dechert 2018: 31). Ein zu großer Einfluss der Mutter galt als Grund für eine eventuelle Verweichlichung der Söhne.

Best waren das Musterbeispiel einer US-amerikanischen Familie, in der die strengen, traditionellen Eltern von ihren Kindern das Verhalten kleiner Erwachsener
erwarteten und Spaß und Vergnügen weitgehend ausgespart wurde (vgl. Leibman
1995: 124 f.). Jedwede Grenzüberschreitung, etwa die Berufsambitionen der
Tochter (vgl. Leibman 1995: 180) oder die Vernachlässigung der häuslichen
Pflichten durch Mutter Margaret (vgl. Leibman 1995: 194), wurden immerzu
sanktioniert und in gewohnte Wege zurückgeführt. Die Väter dieser Familien
waren deren moralisches Zentrum und die Mütter gaben ihre Identität selbstlos für die Familie hin (vgl. Kutulas 1998: 16). Die familiäre Machtstruktur, zu
der auch die Autorität von männlichen gegenüber weiblichen Kindern zählte –
schließlich handelte es sich hierbei um die zukünftigen Väter –, wurde durch
narrative Strategien gefestigt. Dazu zählten beispielsweise die Zentrierung des
Vaters in familiären Konversationen und seine visuelle wie narrative Omnipräsenz
(vgl. Leibman 1995: 118).

Es ist an dieser Stelle beinahe redundant zu erwähnen, dass nicht weiße Familien kaum dargestellt wurden. Selbst einzelne nicht US-amerikanische Figuren
traten selten auf oder wurden – wie Frank Smith, der mexikanische Gärtner der
Familie Anderson in *Father Knows Best* – als den weißen Protagonist/inn/en allgemein unterlegen dargestellt (vgl. Leibman 1995: 166). Allgemein herrschten
im TV der 1950er und 1960er Jahre negative Stereotypen von nicht weißen US-
Amerikanern, insbesondere von Personen afroamerikanischer Abstammung, vor
(vgl. Leonard/Guerrero 2013: 10). Afroamerikanische Familien wurden gesellschaftlich „stigmatisiert und pathologisiert" und als das „Gegenstück" zur idealen
weißen Kernfamilie betrachtet (vgl. Dechert 2018: 35). Im Zuge der Bürgerrechtsbewegung lehnten afroamerikanische Darstellende diese Rollen zunehmend ab
und schufen somit ein Vakuum an entsprechenden Charakteren (vgl. Cutts 2013:
191).

Ebenso wenig fanden gesellschaftliche Probleme wie der extreme Rassismus, der Vietnamkrieg oder die aufkeimende Bürgerrechtsbewegung Erwähnung
(vgl. Oswald 2003: 316, vgl. Butsch 2005: 115). Vielmehr handelte es sich bei
den dargestellten Familien fast ausschließlich um Angehörige der weißen Mittelschicht, die in „Suburbs", Vororten außerhalb der Stadt, wohnten und somit
scheinbar fern von allen gesellschaftlichen Problemen lebten (vgl. Morreale 2003:
4). Familien waren quasi autarke Systeme, die ihre wenig schwerwiegenden
Probleme intern lösen konnten und in denen die weitgehend stereotypen und konsistenten Charaktere zufrieden mit ihrem Platz in Familie und Gesellschaft waren
(vgl. Butsch 2005: 115).

Die Aussparung der sozialen Realität – damit einhergehend die Diskriminierung der nicht weißen Bevölkerung – sowie die bewusste Trennung der

Schauplätze von Orten des öffentlichen oder beruflichen Lebens verdeutlichen die bereits erwähnte Intention der Formate, Stabilität und Ordnung zu repräsentieren. Die Diskrepanz zur tatsächlichen Familienrealität war enorm. Die auf die Vormachtstellung des Patriarchats ausgerichteten Bestrebungen, die auch in der Gesellschaft stattfanden, stellten „zum damaligen Zeitpunkt einen Rückschritt im Vergleich zur bisherigen Liberalisierungs- und Gleichstellungstendenz der Familienstrukturen und der Geschlechterrollen dar" (vgl. Kelsch 2019: 28). Die alternativlose Bindung an Heim und Herd war nicht die freie Entscheidung der Frauen, welche sich während des Zweiten Weltkrieges eine gewisse berufliche Unabhängigkeit erworben hatten. Nach Ende des Krieges wurden zahlreiche Versuche unternommen, diese Entwicklung zu revidieren und Frauen aus der Arbeitswelt oder in schlechter bezahlte Jobs zu drängen (vgl. Coontz 1991: 33 f.). Die (sexuelle) Misshandlung von Kindern und Ehefrauen wurde entproblematisiert bzw. ignoriert (vgl. Coontz 1991: 31 f.). Alkohol und Beruhigungsmittel boten einen Ausweg aus den gefängnisartigen Zwangsstrukturen der Familie und dem gesellschaftlichen Erwartungsdruck (vgl. Coontz 1992: 40, vgl. Dechert 2018: 32 f.).[20] Diese Problematiken wurden indes in den medialen Idealfamilien vollkommen ausgeklammert. Das Resultat war ein übersteigertes Ideal der Hausfrau und der Mutterschaft, das zu einer Stigmatisierung jeder Abweichung bzw. jeden Mangels an Erfüllung in dieser Rolle als unnatürlich und anormal führte.

Aufgrund der Makellosigkeit und der Abwesenheit jeglicher Dysfunktionalität in der Sitcom der 1950er Jahre sind es gerade die Family-Sitcoms der 1950er Jahre, die bis heute das Verständnis von traditioneller Familie bzw. Idealfamilie prägen (vgl. Coontz 1992: 21 f.). Aus dieser Art der Darstellung, die sich in den 1960er Jahren weitgehend fortsetzte, entwickelte sich ein Modell der Fernseh-Familie, das nach wie vor normativ ist. Es sind die in dieser Zeit aufgestellten Modelle, welche – zumindest in der US-amerikanischen Medienlandschaft – den Prototyp dessen darstellen, wie die ideale Familie zu sein habe, obgleich es sich um eine Mischung von Strukturen, Werten und Verhaltensweisen handelt, die so nie gemeinsam existierten (vgl. Coontz 1992: 2).[21]

---

[20] Andre Dechert weist zudem darauf hin, dass der „ökonomische Wohlstand, wie ihn die Andersons, Cleavers und Nelsons lebten" für viele Familien der US-amerikanischen Mittelschicht „in weiter Ferne" lag (Dechert 2018: 34). Zahlreiche Frauen mussten einen Beruf ergreifen, „um das finanzielle Überleben ihrer Familien sicherzustellen" (Dechert 2018: 34). Dieser Widerspruch von medialer Idealdarstellung und Realität zeigt den eskapistischen Charakter der Serienfamilien und der inszenierten Geschlechterrollen deutlich auf.

[21] Stephanie Coontz beschreibt die traditionelle Familie als Mischprodukt von Vorstellungen und Charakteristika des mittleren 19. Jahrhunderts sowie der 1920er Jahre, zu dem gewisse Ideen der 1950er Jahre addiert wurden (vgl. Coontz 1992: 2 f.). Gerade als Basis eines

Betrachtet man Robinsons und Skills Ergebnisse zur Familienzusammenset-
zung in Serien, so fällt auf, dass sich selbst in den 1950er Jahren lediglich etwa
38 % der TV-Familien aus Eltern und Kindern zusammensetzten, die gemeinsam als Kernfamilie unter einem Dach wohnten, in den 1960ern 24,5 % – ein
Wert, der sich bis 1995 (Endpunkt der Untersuchung von Robinson und Skill)
nicht bedeutend verändert hat. Addiert man die ca. 18 % Darstellungen einer
erweiterten Familie in den 1950ern und die knapp 30 % in den 1960ern zu obigen Zahlen hinzu, übersteigt das Ergebnis jeweils deutlich die 50 % und lässt
durchaus auf eine Dominanz geschlossener familiärer Verbände im TV schließen.
Dieser Wert unterliegt bis 1995 nur geringen Schwankungen (zu allen Angaben
vgl. Robinson/Skill 2001: 151). Ebenso relevant wie die ‚realen' Zahlen ist aber,
dass vor allem die TV-Familien der 1950er Jahre im Gedächtnis blieben, die
dem geschilderten Ideal entsprachen und abweichende Familien, z. B. alleinerziehende Elternteile oder Großfamilien, in den Hintergrund traten. Dies zeigt den
normativen Einfluss des Familienmodells der 1950er Jahre.

Die in den 1950er Jahren gelegten Strukturen wurden zunächst fortgeführt,
wenn auch – einhergehend mit der Zunahme der Scheidungsraten – die Anzahl
alleinerziehender Eltern in Serien zunahm (vgl. Brooks 2005: 52, vgl. Dechert
2018: 2). Weiterhin dominierte das „white, suburban, married, two-parent couple with children" die Fernsehbildschirme. Es wurden keine abweichenden
Modelle präsentiert: „Families that were different because of race, sexual pre-
ference, divorce, or some other factor were simply not represented; they were
outside the dominant ideal of family" (Oswald 2003: 312). Aniko Bodroghkozy charakterisiert das Fernsehen der 1960er Jahre als „vast wasteland" in
Anlehnung an eine Aussage von Newton Minow, einem ehemaligen Vorsitzen-
den der US-Kommunikations-Behörde FCC. Das Programm dieser Jahre sei
auf die Vermeidung jeglicher Kontroversen und Konflikte ausgerichtet gewesen,
die in direktem Gegensatz zu den massiven gesellschaftlichen Umbrüchen wie
dem Kennedy-Attentat, dem Vietnamkrieg und der Bürgerrechtsbewegung stand
(vgl. Bodroghkozy 2003: 81). Dies spiegelte sich in Serien wie *The Andy Griffith Show* (1960–1968) wider. Hier erzog ein verwitweter Kleinstadtsheriff seinen
Sohn mit altmodischer Weisheit, während beide von einer älteren Haushälterin
aufopferungsvoll und liebevoll versorgt wurden (vgl. Brooks 2005: 56 f.). Ebenso
wie in der Western-Serie *Bonanza* (1959–1973), in der ein verwitweter Rancher
als Vorbild für seine drei – bereits erwachsenen – Söhne fungierte (vgl. Brooks

---

Vergleichs idealisierter Wunschvorstellungen von Familie mit der Realität ist Coontz' *The way
we never were. American families in the nostalgia trap* (Coontz 1992) zur weiterführenden
Lektüre zu empfehlen.

2005: 48), wichen hier die ‚realitätsfernen' Suburbs ländlichen Gegenden und wurden – im Falle von *Bonanza* oder *The Flintstones* (1960–1966) – sogar zeitlich in die Vergangenheit verlagert. Ähnlich eskapistische Tendenzen, die der angespannten politischen Lage zuwiderliefen oder wohl eher aus dieser geboren wurden, zeigten die Serien *My favorite Martian* (1963–1966), *Bewitched* (1964–1972), *The Addams Family* (1964–1966) oder *The Munsters* (1964–1966), welche fantastische Elemente wie Außerirdische, Monster und Hexerei enthielten (vgl. Morreale 2003: 88 f.).[22] Obwohl sich die Charaktere der letzteren beiden Beispiele aus einer Mischung aus Monstern, Werwölfen, Vampiren und ähnlichen Kreaturen zusammensetzten, die an morbiden Orten lebten und exzentrische Sitten pflegten, galt familiärer Zusammenhalt und elterliche Fürsorge weiterhin sehr viel, traditionelle Familienwerte wurden nicht in Frage gestellt (vgl. Brooks 2005: 71, 72). Unter der Oberfläche von *Bewitched*, einer Serie, in der eine Hexe versuchte, ihre Zauberkräfte zum Wohle ihres Ehemannes aufzugeben, war nach Judy Kutulas bereits die Furcht vor einer ‚Entmännlichung' des Mannes durch moderne Frauen deutlich angelegt – eine Thematik, die mit den fortschreitenden 1960er Jahren bedeutsamer werden sollte (vgl. Kutuals 1998: 16). Laut Dechert stellten die zahlreichen übernatürlichen Sitcoms der 1960er Jahre die Frage: Was ist Normalität? (vgl. Dechert 2018: 40). Griffen sie zwar nicht direkt die konservativen familiären Normen an, so trafen sie doch in gewissem Sinne den Zeitgeist. Der Befürchtung jugendliches Publikum zu verlieren begegneten die Sender in den 1960er Jahren mit zahmen und auf Konformität bedachten Shows, die vor allem Musik und Musik-Stars in den Mittelpunkt stellten (vgl. Bodroghkozy 2003: 81 f.).

Mit dem Ende der 1960er Jahre geriet das Dogma der absoluten Stabilität ins Wanken:

> By the late 1960s and the Johnson era, an emerging critique of the status quo is observable in popular satires such as *How to Succeed in Business Without Really Trying* (1967). In that Broadway hit, songs such as "A Secretary is not a Toy" and "Happy to Keep His Dinner Warm" suggest an emerging unrest in suburbia. Unrest turned into rebellion when the civil rights movement and the Vietnam War raised the consciousness of a booming generation of young people who had both the voice and the buying power to be heard. (Oswald 2003: 317)

---

[22] Eine weitere signifikante Entwicklung jenseits der Inhalte war, dass seit Mitte der 1960er zunehmend Programme in Farbe ausgestrahlt wurden (vgl. Morreale 2003: 89).

Zunehmend schwand die Autorität der Fernseh-Eltern und den älteren Kindern wurde mehr Unabhängigkeit zugestanden (vgl. Kutulas 2016: 20). Das Interesse des jungen Publikums, der Baby-Boomer-Generation für die eskapistischen Serien des vorangegangenen Jahrzehnts, war gering. Krieg und sozialer Wandel traten in den Mittelpunkt des Interesses (vgl. Kutulas 1998: 18). Zu den ersten Formaten, die versuchten, dem Mentalitätswandel gerecht zu werden und die US-amerikanische Gegenkultur abzubilden, gehörten Shows und Serien wie *The Smothers Brothers Comedy Hour* (1967–1969), *The Mod Squad* (1968–1973) und *Rowan and Martin's Laugh-in* (1968–1973). In Teilen hatten diese Formate, beispielsweise *The Smothers Brothers*, ein Comedy-Duo, das tendenziell gegen Krieg und für eine Gegenkultur einstand, mit den rigiden Zensurbestimmungen und dem allgemeinen Druck von Seiten der Sendeanstalten und der politischen Netzwerke zu kämpfen (vgl. Bodroghkozy 2003: 83, vgl. Neuwirth 2006: ix).

Auch in Bezug auf die Familienserie fanden Veränderungen statt: Hatte ethnische Diversität bis zu diesem Zeitpunkt keinerlei Rolle gespielt – 97 % der TV-Familien waren weiß –, stand 1968 in *Julia* (1968–1971) die erste afroamerikanische Familie im Zentrum der Handlung. Schauspielerin Diahann Carroll verkörperte hier Julia Baker, eine verwitwete, alleinerziehende Krankenpflegerin (vgl. Robinson/Skill 2001: 147). *Julia* wurde aufgrund diverser Faktoren kritisiert. Die afroamerikanische Zuschauerschaft bemängelte vor allem die Abwesenheit einer Vaterfigur – Julias Ehemann war vor Beginn der Handlung im Vietnamkrieg gefallen (vgl. Dechert 2018: 55, vgl. Bodroghkozy 2012: 181). Die erste afroamerikanische TV-Familie, seit den offen rassistischen Serien der frühen 1950er Jahre, war somit eine – im Vergleich zu den weißen Familien – defiziente Familie. Die Darstellung der kritischen Rolle des männlichen Afroamerikaners und seiner gesellschaftlichen Position wurde somit ausgespart (vgl. Bodroghkozy 2012: 200). Zwar wurde diese Serie oft kritisiert, da sich die Protagonistin in einer Zeit voller Unruhen in der afroamerikanischen Bevölkerung wegen des präsenten Rassismus scheinbar mühelos in die überwiegend weiße Mittelklasse-Welt einfügte, dennoch stellt sie durch die zentrale Repräsentation eines afroamerikanischen Charakters eine wichtige Verbindung zwischen den trivialen Sitcoms der 1960er und den folgenden sozialrelevanten Formaten der 1970er Jahre dar (vgl. Morreale 2003: 89).

2.3　Die 1970er Jahre: Experiment, Abweichung und soziale Problematiken

In den 1970er Jahren wuchs die journalistische Kritik an den verklärten Idealfamilien des Fernsehens der vorangegangenen zwei Jahrzehnte, die als Widerspruch zur tatsächlichen Lebensrealität dieser Zeit wahrgenommen wurden. Bürgerrechtsbewegung und erstarkender Feminismus trugen zu einem Umdenken hinsichtlich gesellschaftlicher und politischer Faktoren, u. a. der Familie, bei (vgl. Dechert 2018: 43 f.). Eine Abweichung von der bisher medial präferierten Familienstruktur, die den Vater als alleinigen Brotverdiener und die Mutter als Hausfrau zeigte, war auch deswegen notwendig, da diese aufgrund gestiegener Lebenshaltungskosten und einer problematischen Lohnentwicklung nicht mehr der Realität entsprach – oft mussten beide Eltern arbeiten gehen (vgl. Dechert 2018: 46).

,Sozialrelevante' Serien, die sich mit zeitgenössischen Problemen auseinandersetzten, traten an die Stelle der ruralen TV-Ideale und Fantasiewelten des vorherigen Jahrzehnts. In den Serien der 1970er Jahre wurden Themen aufgebracht, welche zuvor nicht verhandelt worden waren: Abtreibung, Vergewaltigung, interreligiöse Heiraten, Armut und Antikriegsstimmung (vgl. Brooks 2005: 87). Zudem wurden offen Problematiken wie Tod, Alkoholismus, Scheidung, Geschlechterrollen und die Konflikte zwischen den Ethnien angesprochen (vgl. Morreale 2003: 151 f., vgl. Levine 2003: 90).[23] Charaktere und Charakterbeziehungen gewannen an Komplexität und Tiefe.[24]

---

[23] Serien wie *Charlie's Angels* (1976 bis 1981) hatten einen deutlich sexuellen Unterton, was zuvor nicht möglich gewesen wäre, auch wenn dieser – im Vergleich zu späteren Formaten und aus heutiger Perspektive – eher harmlos ausfiel. Ebenso nahmen Gewaltdarstellungen zu, etwa in Actionserien (vgl. Levine 2003: 93).

[24] Da der Begriff „komplex" an sich unpräzise ist, möchte ich ihn für einen bestimmten Verwendungskontext im Rahmen dieser Untersuchung definieren: Spreche ich von ,komplexen Charakteren', so meine ich nicht stereotype Charaktere mit ambivalenten Charaktereigenschaften und einer Motivation, die im Weltmodell weder eindeutig positiv noch negativ konnotiert ist. Komplexe Charakterbeziehungen zeichnen sich durch ambivalente Verhältnisse der Figuren zueinander und einem daraus resultierenden Konfliktpotenzial aus. Ein komplexes Weltmodell nimmt keine klar ersichtliche Trennung in „gut" und „böse", „richtig" oder „falsch" vor, sondern umfasst einen Graubereich und macht eine genaue Abstraktion notwendig – dies heißt indes nicht, dass im Kern kein klares Normgerüst besteht. Eine komplexe Erzählstruktur muss, z. B. aufgrund achronologischen Erzählens, erst entschlüsselt werden etc. Als „komplex" sollen hier also uneindeutige und mehrdimensionale Darstellungsformen verstanden werden, die sich einer einfachen Beschreibung entziehen und zum vollständigen Verständnis eine genaue Untersuchung voraussetzen. Damit möchte ich mich von einer wertenden Komplexitätsbezeichnung abgrenzen, die „komplex" mit „von höherer textueller Qualität" gleichsetzt.

The Mary Tyler Moore Show (1970–1977), deren Protagonistin eine werktätige, alleinstehende Frau war, die nicht heiratete und keine Kinder bekam, war eine der ersten Sitcoms, die ein veränderte Perspektive auf gesellschaftliche Möglichkeiten abbildete (vgl. Morreale 2003: 151, vgl. Brooks 2005: 2). Durch eine drastische Abweichung vom bisherigen Familienideal erregte vor allem die Sitcom *All in the Family* (1971–1979) großes Aufsehen:

> In January 1971, *All in the Family* premiered, sending shock waves through the culture because of its rendering of a family decidedly unlike the Cleavers [die Familie aus *Leave it to Beaver*, Anm. des Verfassers]. Its main characters are Archie and Edith Bunker, their daughter Gloria, and Gloria's husband, Michael. Gloria and Michael are baby boomers, open to the new political, social, and cultural possibilities of the 1960s. Archie and Edith represent the older generation, raised on the deprivation and sacrifice of the Depression and the unabashed patriotism of World War II. These two generations fight all the time about the war in Vietnam, sexual attitudes, race, religion and women's roles, but the subtext is nearly always the same. Archie expects to be patriarch of his family with all the attendant status and power of this position. Gloria and Michael reject both his authority and his model of family, actions privileged by the show's presentation of Archie as ignorant and bigoted […]. Even though his wife is subservient […], Archie is not the lord and master of his castle. (Kutulas 2016: 21)

Der Erfolg der Serie, welche zwar zunächst schlechte Einschaltquoten verzeichnete, sich aber rasch ein großes Publikum aufbaute (vgl. Morreale 2003: 151), trug dem Zeitgeist Rechnung.

All in the Family, beispielhaft für die Kritik der jüngeren Generation an familiären Dynamiken der 1950er Jahre und den Konflikt zwischen den Generationen, zeigt ein Zerbrechen autoritärer Strukturen (vgl. Kutulas 2016: 21 f., vgl. Dechert 2018: 64). Elterliche Autorität wurde ebenso abgelehnt wie Materialismus (vgl. Kutulas 2016: 20). Um dem jüngeren Publikum zu entsprechen, wandelten nun auch Fernseh-Familien ihre Form. Die Autorität der Fernseh-Väter schwand ebenso wie ihre Stellung als zentrale Familienmitglieder (vgl. Kutulas 2016: 22 f.). TV-Mütter waren die eigentlichen Autoritätspersonen, wurden allerdings ebenso zur Angriffsfläche für Spott. Mit dem konservativen Modell der Mutterschaft aus den 1950er und 1960er Jahren standen sie in Opposition zu den von der Frauenbewegung beeinflussten Töchtern. Diese waren eher an ihrer Freiheit und ihrer Arbeit interessiert als an Heirat und einem Leben in der Vorstadt. Ein Leben als Hausfrau und Mutter verlor somit an Attraktivität (vgl. Kutulas 2016: 23). Dementsprechend traten vermehrt Frauen auf, die – wie etwa in den Serien *Rhoda* (1974–1984), *Phyllis* (1975–1977) oder *One Day at a Time* (1975–1984) – ihr Leben ohne die omnipotenten Väter der 1950er und 1960er bestritten (vgl. Levine 2003: 91). Maude, ein Charakter des gleichnamigen Sitcom-Ablegers von *All in the Family* (1972–1978), war nicht nur mehrfach geschieden, sondern sorgte mit ihrer Entscheidung für eine Abtreibung für eine mediale Kontroverse – mehrere Sender verweigerten eine Ausstrahlung der entsprechenden Episoden (vgl. Morreale 2003: 152, vgl. Dechert 2018: 65).

Eine zunehmende Auswahl an alternativen Modellen zur aus Notwendigkeit zusammengehaltenen Familie der vorangegangenen Jahrzehnte, z. B. das Single-Leben, führte zu einer weiteren Destabilisierung des Modells der Kernfamilie (vgl. Kutlas 2003: 23 f.). Wie sich an Formaten wie *Three's Company* (1977–1984), *M*A*S*H* (1972–1983) oder *WKRP in Cincinnati* (1978–1982) zeigt, gewannen ‚Wahlfamilien' aus Freundschaften, Mitarbeitenden etc. an Attraktivität gegenüber einer instabilen biologischen Familie (vgl. Kutlas 2003: 24). Diese Serien zeigten auch junge, berufstätige Frauen, die sich gegen männliche Avancen zur Wehr setzen konnten (vgl. Kutulas 1998: 19).

Familien wie in *All in the Family* hatten zudem die Vororte der Mittelklasse verlassen und zeigten das Leben von Arbeiterfamilien. Bezüglich ethnischer Diversität übertrafen die Serien der 1970er Jahre die vorherigen und auch die folgenden Jahrzehnte. 14 % der dargestellten Familien waren afroamerikanisch, andere Ethnien waren weiterhin wenig vertreten (vgl. Robinson/Skill 2001: 148). Sogenannte „ethnic sitcoms" wie *Sanford and Son* (1972–1977) und *Diff'rent Strokes* (1978–1986), die das Leben von afroamerikanischen Familien darstellten, konnten ihre Position behaupten. Zwar wurden hier weiterhin negative Stereotype, z. B. in Hinblick auf afroamerikanische Männer und Väter, gefestigt und die Familien oft als defizient oder dysfunktional dargestellt (vgl. Dechert 2018: 56 f.), doch konnten zugleich gesellschaftlich vielfältigere Formate ihren Weg ins Fernsehen finden (vgl. Morreale 2003: 153). *The Jeffersons* (1975–1985) – ebenfalls ein Spin-Off von *All in the Family* – war beispielsweise die erste Serie, die ein Ehepaar mit unterschiedlicher ethnischer Herkunft zeigte (vgl. Brooks 2005: 109). Homosexuelle Charaktere wurden „nicht länger wie in den 1950er und 1960er Jahren ausgeblendet", sondern „angesichts der Bemühungen homosexueller Lobbygruppierungen zumindest in TV-Serien zunehmend ‚positiver' dargestellt" (Dechert 2018: 48 f.).

Trotz des deutlichen Konfliktpotenzials der Serien muss zweierlei betont werden. Erstens wurde der Versuch unternommen, dem jüngeren Publikum zu entsprechen, wobei weiterhin darauf geachtet wurde, die älteren Zuschauenden nicht zu verärgern. Ein deutlich komischer Unterton entschärfte Konflikte und Extreme (vgl. Levine 2003: 91). Überdies existierten zwar TV-Frauen, die ein ‚freies' Leben, fern von häuslichen Zwängen führten, offener Feminismus wurde jedoch nach wie vor negativ dargestellt. Ebenso wie die Lesben- und Schwulenrechtsbewegung, die als zu ‚gefährlich' für die Primetime wahrgenommen

wurde (vgl. Dalton/Linder 2016: 105). Als Reaktion auf Kritik wegen gewalttätiger und sexueller Inhalte begannen die Sendeanstalten Mitte der 1970er Jahre
Serien auszustrahlen, die als ‚Gegenbewegung' zu den zuvor genannten Serien zu
verstehen sind (vgl. Lichter et al. 1994: 154). Die Mittelklasse-Familie Cunning-
ham aus *Happy Days* (1974–1984), einer Serie, die sogar von Mitte der 1950er
bis Mitte der 1960er Jahre spielte, repräsentierte wieder die Familienwerte der
1950er Jahre. Familienvater Howard war ein Alleinverdiener, der nach der Arbeit
zu seiner liebenden Familie heimkehren konnte. Mutter Marion war eine etwas
zerstreute Hausfrau, die ausgesprochen fürsorglich gegenüber ihrer Familie auftrat
(vgl. Brooks 2005: 100). Die Serie verfolgte den Lebensweg der Familienmitglieder über ein Jahrzehnt hinweg (vgl. Brooks 2005: 101). Besonders hervorzuheben
sind ebenso *The Waltons* (1972–1981), eine Großfamilie in den 1930er Jahren,
die in gewisser Hinsicht dem ruralen Eskapismus der 1960er Jahre entsprach. Die
Familie Walton – Großeltern, deren Sohn, dessen Frau und deren sieben Kinder – lebten in engem Zusammenhalt im ländlichen Virginia. Was aufgrund der
Nachwehen der großen Depression an Geld fehlte, wurde durch Liebe kompensiert (vgl. Brooks 2005: 94). Familienvater John war ein hartarbeitender Mann,
seine Frau Olivia sehr religiös und alle Kinder schlossen im Verlauf der Serie die
Schule ab, wurden produktive Mitglieder der Gesellschaft, heirateten und beka-
men selbst Kinder (vgl. Brooks 2005: 95). Essenzielle Botschaft der Serie war
„family unity, and the respect and reverence for the elders" (Brooks 2005: 95),
also gerade das, was in *All in the Family* definitiv nicht zu finden war.

Gegen Ende der 1970er Jahre erstarkte eine antiliberale und religiöse Bewegung in den USA, die u. a. eine Rückkehr zur Kernfamilie forderte und feministi-
sche Tendenzen als Bedrohung ansah (vgl. Dechert 2018: 59 f.). Dies zusammen
mit der Präsidentschaft Ronald Reagans beendete die liberalen Tendenzen der
1970er Jahre.

2.4   Die 1980er Jahre: Renormierung und normgerechte Diversifizierung

Während die 1950er Jahre, die dem Fernsehen zu seinem Aufstieg verhalfen,
gemeinhin als das „golden age of television" bezeichnet werden, gelten die 1980er
und 1990er als das „second golden age" (vgl. Mittel 2003: 44). Mitte der 1980er
Jahre wurde das Oligopol der drei großen Sender CBS, ABC und NBC, welches die zentralisierte Struktur des Fernsehens zuvor beherrscht hatte, durch den
Aufstieg des Kabelfernsehens beendet (vgl. Rothemund 2013: 27). Kabelsender
wie FOX produzierten zunehmend eigene Shows und vergrößerten somit massiv

das Angebot auch an spezifischeren, weniger massentauglichen Formaten. Zusätzlich wurden die Richtlinien für Fernsehsender dereguliert, um mehr Werbung in den Programmen zu ermöglichen, womit eine Lockerung der Zensurbestimmungen einherging (vgl. Morreale 2003: 209). All diese Faktoren waren maßgeblich für die spätere Entwicklung des Fernsehens in eine zunehmend gesellschaftskritische Richtung.[25] Vor der sukzessiven Lockerung der inhaltlichen Strukturen gegen Ende des Jahrzehnts kehrte das TV-Programm zu Beginn der 1980er dem experimentellen Realismus der 1970er Jahre den Rücken. War die Zahl der Family-Sitcoms während des vorherigen Jahrzehnts zurückgegangen, nahm die Zahl entsprechender Serien in den 1980er Jahren explosionsartig zu, eine Konsequenz der ‚Rückbesinnung' auf konservative Werte bzw. des Versuchs, Familie als Brennpunkt dieses Konservatismus wieder zu reinstallieren (vgl. Leppert 2019: 5).

Zumindest augenscheinlich hatten bezüglich der familiären Strukturen sowie der Werte und Normen, für die die Charaktere einstanden, in den TV-Familien der 1980er Jahre deutliche Veränderungen im Vergleich zu den 1950er Jahren stattgefunden: Die Huxtable-Eltern in *The Cosby Show*, beide afroamerikanisch, waren Teil der Bürgerrechtsbewegung gewesen und die Eltern der Serie *Family Ties* (1982–1989) gehörten in ihrer Jugend der Hippiebewegung an. Die Vergangenheit wirkte sich auf die familiären Strukturen aus. Während die Eltern der 1950er Jahre ‚wussten', was gut für ihre Kinder war, und die Hierarchien innerhalb der Familie eindeutig feststanden, wurden die Kinder nun zu größerer Unabhängigkeit erzogen. Das Familienleben war nicht mehr autoritär, sondern demokratisch strukturiert und vor allem die Eltern – Angehörige einer konservativ erzogenen Generation – lebten eine Toleranz, die sie in ihrer Jugend selbst vermissten und schließlich erkämpfen mussten (vgl. Kutulas 2016: 24 f.). Das Leben dieser Familien war indes keinesfalls unharmonisch. Zwar war die Interaktion von TV-Familien in den 1980er Jahren mehr auf offenen Konflikt ausgelegt, z. B. zwischen Kindern und Eltern, als in den 1960er Jahren – eine notwendige Konsequenz der innerfamiliären Liberalisierung –, vor allem aber äußerten die Familienmitglieder ihre Besorgnis umeinander, ihre Fürsorge und ihre Liebe wesentlich offener als zuvor (vgl. Robinson/Skill 2001: 142).

Daran wird deutlich, dass diese Serien den Veränderungen und Entwicklungen der 1970er Jahre zwar Rechnung trugen, generell aber eine Rückorientierung zu

---

[25] So wurden beispielsweise „sexuelle Themen bis weit in 1980er Jahre hinein von Familienserien quasi vollständig ausgeklammert, obwohl damit verbundene Probleme und Konflikte (etwa in der Pubertät oder im Eheleben), aber etwa auch Aspekte wie Unfruchtbarkeit, Schwangerschaft oder Verhütung eigentlich ja zum familiären Alltag gehören" (Schleich/Nesselhauf 2016: 58 f.).

harmonischeren Weltbildern stattfand, welche auf dominante konservative Gesellschafsströmungen der Reagan-Ära zurückzuführen ist. Nimmt man *The Cosby Show*, eine der populärsten Serien der 1980er Jahre als Beispiel, wichen Dysfunktionalität, Familiendramen und problematische Themen der 1970er Jahre traditionellen amerikanischen Werten und leichter lösbaren familiären Konflikten.[26] In einer Zeit, in der fast die Hälfte aller Ehen in Scheidung endeten, war das Leben der Familie Huxtable eine Reminiszenz an eine ‚einfachere' Zeit (vgl. Morreale 2003: 210). Ähnlich verhielt es sich in *Family Ties*, die von Ronald Reagan als seine Lieblingsserie bezeichnet wurde. Hier erzogen liberale Eltern ihre Kinder, welche sich – im Gegensatz zu ihren Eltern – aber wieder konservativeren Werten und Verhaltensweisen zuwandten, also eine Umkehrung des Generationenkonflikts der 1970er Jahre (vgl. Brooks 2005: 138). Im Kern waren diese Serien somit identisch mit den Idealbildern der 1950er[27]:

> These texts are nearly identical to their 1950's predecessors, stressing the omnipotence of the father, the strength of the family unit, and the importance granted holidays, birthdays, and even simple family suppers. On television, Mother has been given a job and a more defined position in her children's emotional lives, but close analysis reveals that there is still consistently more structural and emotional power granted to the father (he has the right answer, he gets the funniest lines). (Leibman 1995: 263)

Die Zahl der berufstätigen Frauen im TV der 1980er (und 1990er) Jahre nahm, einhergehend mit realen Entwicklungen, weiter zu. Generell traten vielfältigere Frauenrollen auf. Um zugleich den konservativen Werten gerecht zu werden und werktätigen Frauen Identifikationspotenzial zu bieten, mussten die Serien der Zeit einen Spagat wagen (vgl. Leppert 2019: 1, 26). Bei der Darstellung alleinerziehender Frauen wurde stets darauf geachtet, die Vereinbarkeit von Beruf und Familie im Leben der dargestellten Mütter zu zeigen, auch um diese als Gegenmodell zu

---

[26] Einschränkend muss hervorgehoben werden, dass Cosby bereits zuvor als Komiker aktiv gewesen war und sich eine gewisse Popularität aufgebaut hatte, von der die Serie profitierte. Die späteren Skandale um den Hauptdarsteller Bill Cosby kontrastieren das Image Heathcliff Huxtables als liebenden Familienvater auf radikale Weise: 2018 musste Cosby eine Haftstrafe wegen der sexuellen Nötigung dreier Frauen antreten. 60 Frauen hatten ihn zuvor ähnlicher Vergehen beschuldigt (vgl. Kurier.at 2018). u. a. wurde er beschuldigt, seine Opfer unter Drogen gesetzt und vergewaltigt zu haben. Die Vorwürfe reichen dabei bis in die 1960er Jahre zurück (vgl. Pitzke 2014, vgl. Malone 2015).

[27] Interessant ist auch die Serie *ALF* (1986–1990), in der ein Außerirdischer Teil einer Familie wird. Die Familie ist mit dem Vater als Familienoberhaupt und alleinigem Geldverdiener, einem Haus in den Suburbs und zwei (später drei) Kindern traditionell strukturiert. Das Format verweist durch den Außerirdischen als fantastischem Charakter auf die eskapistischen Formate der 1960er Jahre.

negativ besetzten Karrierefrauen zu etablieren (vgl. Leppert 2019: 8, 16). Um das Gesamtbild zu vervollständigen, wurden Väter ‚domestiziert' und vermehrt in den Haushalt miteinbezogen. Eine gemeinsame, gleichberechtigte Haushaltsführung war Teil eines romantisierten Gesamtbildes (vgl. Leppert 2019: 29, 58). Die erzieherische Rolle der Frau in der Familie wurde dabei weiterhin hervorgehoben. So wurde Claire Huxtable nur selten in ihrer beruflichen Position gezeigt und schien viel Zeit zu haben, sich um den Haushalt zu kümmern (vgl. Heintz-Knowles 2001: 178).

> Die Darstellung geschiedener alleinerziehender Mütter nahm zwar sukzessive weiter zu, wurde jedoch zumindest bis in die mittleren 1980er Jahre vorwiegend relativiert, indem männliche Verwandte oder Freunde in der Handlung neben den Protagonistinnen in den Vordergrund gerückt und als „symbolische Patriarchen" präsentiert wurden. (Dechert 2018: 65)

Indes betteten Serien wie *Full House* (1987[28]–1995) alleinerziehende Väter zwar sozial ein, heroisierten aber deren alleinige Fürsorge um die Familie auf eine Art und Weise, die eine mütterliche Beteiligung redundant erscheinen ließ (vgl. Dechert 2018: 65 f.). Auch auf zuvor als integral weiblich gedachtem Territorium wurde also männliche Überlegenheit inszeniert. Obgleich alternative Modelle zur traditionellen Kernfamilie gezeigt wurden, blieben familiäre und Geschlechter-Hierarchien letztlich ‚intakt' bzw. orientierten sich an traditionell gedachten Strukturen. Im Weltmodell dieser Formate war es für eine Frau legitim zu arbeiten, solange sie ihre integral weibliche häusliche Rolle ausfüllte (vgl. Kutulas 1998: 25).

Neben der Huxtable-Familie als Ideal der Kernfamilie tauchten durchaus andere Familienmodelle auf: Die Familie Loudon in *Newhart* (1982–1990) hatte keine Kinder und in *Webster* (1983–1989) wurde ein schwarzer Junge von Weißen adoptiert. Vor allem gegen Ende der 1980er wurde die Definition von Familie zunehmend weiter gefasst (vgl. Morreale 2003: 210). Während Prime-Time-Serien weiter konservative Familienmodelle stärkten, waren experimentelle und diverse Interpretationen zwar vorhanden, verloren allerdings durch eine Kopplung an konservative Werte und eine tendenziell komische Darstellung den potenziell bedrohlichen Charakter (vgl. Robinson/Skill 2001: 142).

---

[28] Im selben Jahr erschien auch der Film *Three Men and a Baby*, in dem sich drei erwachsene Männer um ein Baby kümmern mussten. Der alleinerziehende Vater wurde also zur wiederkehrenden Figur.

Yet, even the ‚aberrant' families were still defined by the norm of the middle-class nuclear family. All of these shows promoted the idea that family cohesion and unity would help individuals overcome obstacles, an idea that has permeated sitcoms throughout their history. (Morreale 2003: 210f.)

Seifenopern bzw. Soap-Operas, die mit *Dallas* (USA, 1978–1991) als „erste große Prime-Time-Soap-Opera" (Blanchet 2011: 39) einen großen Aufschwung erlebten, entziehen sich dem direkten Vergleich mit Sitcoms. Gemäß der dramatischen Prämisse, die der Bezeichnung „Opera" inhärent ist, war die Handlung hier nicht von einer heilen Welt, sondern von dramatischen Konflikten gekennzeichnet. Ebenso wie die Familie Carrington in *Dynasty* (USA, 1981–1989) entsprach die Familie Ewing (*Dallas*) keinesfalls der mittelständischen Harmonie der Huxtables, sondern war von Untreue, Inzest, Vergewaltigung, Alkoholismus und ähnlichen Problematiken geprägt, die sie klar als dysfunktional kennzeichneten. Das Leben der Charaktere, die als Beispiele für menschliche Makel und Schwächen gelten konnten, war von Intrigen und komplexen Handlungslinien gekennzeichnet (vgl. Lichter et al. 1994: 156). Aufgrund ihrer Verortung in der Oberschicht und einer damit deutlichen Distanz zur Mehrzahl der Zuschauenden kommunizierte die Serie keinen Anspruch auf Darstellung eines allgemeingültigen US-amerikanischen Familienlebens (vgl. Books 2005: 5). Diese Soaps waren nur insofern vergleichbar mit Serien wie *The Cosby Show*, da sie keine nennenswerte Welt außerhalb der familiären Verbände zeigten (vgl. Lichter et al. 1994: 156) und Handlung sowie Probleme sich auf die Familie selbst und assoziierte Charaktere beschränkten.

Der große Erfolg von Serien wie *The Cosby Show* trug trotzdem nicht dazu bei, dass in den 1980ern vermehrt Serien mit afroamerikanischen Protagonist/inn/en ausgestrahlt wurden (vgl. Dates/Stroman 2001: 209). Mit Ronald Reagan und dem simplifizierenden „race doesn't matter narrative" endete David Leonard und Lisa Guerrero zufolge das „golden age of black television" (Leonard/Guerrero 2013: 3). Kennzeichnenderweise wurde der erste Entwurf, der die Familie Huxtable in *The Cosby Show* als Familie der Arbeiterklasse zeigen sollte, abgelehnt (vgl. Brooks 2005: 144). Erst mit den Eltern in den Berufen des Arztes und der Anwältin – als Teil der gehobenen Mittelklasse – wurden sie schließlich in das Programm von ABC aufgenommen. Zwar war „ethnic pride" ein Teil des Lebens der Familie, er wurde aber nicht aggressiv verbreitet (vgl. Brooks 2005: 144). „[The] Huxtables are initially constructed as little more than an average suburban family, who just happen to be African Americans" (Leonard 2013: 115). Die afroamerikanische Abstammung ist also eher Zufall und nicht kennzeichnender Bestandteil des Lebens der Familie. Wie *The Cosby Show* marginalisierten

die meisten Familiendarstellungen Ethnien- und Klassenunterschiede oder igno-
rierten diese, während es sich bei der Mehrheit um weiße Mittelklassefamilien
handelte (vgl. Leppert 2019: 3). Zwar wurden so mit Klischees der afroamerikanischen Familie gebrochen, demgegenüber aber auch der „Blick auf die sozialen
Missstände" (Dechert 2018: 110 f.) im realen Leben verstellt.

Zu Beginn des Jahrzehnts wurden von konservativ-religiöser Seite heftige Ressentiments gegen Homosexualität und deren positive Darstellung in den Medien
geschürt (vgl. Dechert 2018: 63 f.). *Love Sydney* (1981–1983) war im TV-
Programm eine Ausnahme: Die Serie drehte sich um einen homosexuellen Mann,
der „eine alleinerziehende Mutter bei sich aufnahm und für deren Tochter zu
einer Vaterfigur wurde" (Dechert 2018: 66), womit sie gemeinsam eine Familie
bildeten. Obgleich betont wurde, dass die Homosexualität des Protagonisten keine
zentrale Rolle spielen würde, ging der Serie eine rege Diskussion voraus, in der
von religiöser Seite scharfe Kritik und die Forderung nach Nicht-Ausstrahlung
laut wurden (vgl. Dechert 2018: 68). Trotz ihrer relativ kurzen Laufzeit und
heute geringen Bekanntheit war die Serie insofern bedeutsam, da sie „das Kern-
familienideal […] für homosexuelle US-Amerikaner" öffnete, während zuvor
„Homosexualität und Familie in weiten Teilen der US-amerikanischen Gesellschaft als unvereinbare Konzepte gedacht worden" waren (vgl. Dechert 2018:
106). *Love Sydney* war ein früher Vorläufer der vermehrten Repräsentation von
Familien mit homosexuellen Elternteilen nach der Jahrtausendwende.

Die 1980er Jahre festigten also gewisse Entwicklungen der 1970er Jahre,
wie die Demokratisierung der Familie und die zunehmende Gleichberechtigung
der Geschlechter. Die Integration dieser Werte in die Mittelklasse ebenso wie
die Integration schwarzer Charaktere lassen sich durchaus als Fortschritt verstehen. Bezüglich des Konfliktpotenzials fand allerdings eine Rückwendung zu den
moralischen Idealen und der Konfliktvermeidung der 1950er Jahre statt.

2.5 Die 1990er Jahre: Satire und Dekonstruktion

Angesichts der „zunehmenden Vielfältigkeit der Familienformen" verlor das
„Ideal der Kernfamilie" in den 1990er Jahren an Absolutheit (vgl. Dechert 2018:
5) und sah sich auf medialem Terrain der Kritik und der Parodie ausgesetzt.
Bereits 1989 hatte mit *Roseanne* die Ausstrahlung einer Sitcom begonnen, die
im Unterschied zur vorher dominanten weißen Mittelklasse-Familie das Leben
der Arbeiterklasse-Familie Conner nachvollzog. Dieses war gezeichnet von „con-
flict, struggle and pain" (Morreale 2003: 247). Alle Rückschläge wurden indes
mit Humor überwunden. Die Show widersetzte sich vielen Stereotypen der

Sitcom-Mutter und dem langjährigen Trend konfliktarmer Unterhaltung. Wiederholt wurden kontroverse Themen angesprochen (vgl. Morreale 2003: 247). Bei der
Protagonistin *Roseanne* handelte es sich um einen starken weiblichen Charakter,
der sich patriarchalen Strukturen erwehren konnte, damit anderen Charakteren in
der Serie ein Vorbild war und dem es zudem noch gelang, die Rolle als Ehefrau
und Mutter einzunehmen (vgl. Leppert 2019: 140).

Ebenso wie die Conners war die Familie Bundy in der FOX-Sitcom *Married...with Children* (1987–1997) eine Familie der Arbeiterklasse. Im Gegensatz
zu den Conners handelte es sich allerdings nicht um eine funktionale oder gar
liebende Familie, sondern um eine Familie, die gerade durch ihre Dysfunktionalität definiert wurde (vgl. Morreale 2003: 247). Die Serie war explizit als
Parodie auf die vorangegangenen Idealdarstellungen von Familien konzipiert[29]
und trug den Arbeitstitel *Not the Cosbys*. Familienvater Al war ein Chauvinist,
der zahlreiche negative männliche Klischees erfüllte. Seine Ehefrau Peggy war
eine unbeholfene, faule Hausfrau und die Tochter Kelly war dümmlich, attraktiv
und stark auf ihre Sexualität bezogen. Der Sohn Bud, das intelligenteste Mitglied
der Familie, befand sich im ständigen Streit mit seiner Schwester. Die Familie
empfand keine besondere Zuneigung füreinander, sondern erfreute sich eher an
den Missgeschicken der anderen (vgl. Brooks 2005:166).

Married...with Children ebnete den Weg für eine Serie, die 1989 zum ersten
Mal ausgestrahlt wurde und die das Familienbild der kommenden Jahre massiv
beeinflussen sollte: Matt Groenings Zeichentricksitcom *The Simpsons*, eine der
erfolgreichsten Serien aller Zeiten, brachte einen „heftigen Umschwung – hin zu
einer Kritik, ja sogar einer Dekonstruktion der idealisierten Sitcom-Familie" mit
sich (Kelsch 2019: 32). Die unbeschönigte Dysfunktionalität der Familie Simpsons stand im Kontrast zu den funktionalen Familien der 1980er (und 1950er)
Jahre: Der Vater Homer ist ein fauler, beschränkter und narzisstischer Alkoholiker (vgl. Kelsch 2019: 32), die Mutter Marge muss unter der Unfähigkeit ihres
Mannes leiden und keines der Kinder ist mustergültig (vgl. Kelsch 2019: 118).
Der größte Unterschied zu der Konfliktscheue der vorangegangenen 1980er Jahre
ist aber die umfassende Kritik der Serie, die alle Bereiche des Lebens, sowohl
familiär und gesellschaftlich als auch politisch, miteinschließt. Weder Sexismus,
Rassismus, Konsumwut, religiöser Fundamentalismus noch Homophobie bleiben
von den satirischen Angriffen der Serie verschont (vgl. Kelsch 2019: 32, vgl.

---

[29] Diese parodistische Tendenz wird bereits durch das Intro der Serie deutlich, in dem Szenen
aus dem desolaten Familienleben der Bundys mit dem Song „Love and Marriage" (1955)
von Frank Sinatra unterlegt werden, der „Liebe und Ehe" als unverzichtbare Einheit darstellt.
Damit nimmt *Married...with Children* direkt Bezug auf das Familienideal der 1950er Jahre.

Henry 2012: 38). Vor allem zeichneten sich *The Simpsons* durch ihre starke popu-lärkulturelle Einbettung durch intertextuelle Anspielungen aus, die auch andere Serien aufgriffen (vgl. Morreale 2019: 249). Trotz aller Kritik, so muss betont werden, sind *The Simpsons* weniger subversiv oder ‚gefährlich' in Bezug auf die Familie als gesellschaftlichem Grundwert, als es den Anschein hat. Letztlich wird die Bedeutung der Familie stets aufs Neue betont und gefestigt (vgl. Kelsch 2019: 144, vgl. Henry 2012: 207).

The Simpsons waren vor allem prägend für die Zeichentricksitcom, die seit-her eine sehr eigene und überspitzt-satirische Form des Umgangs mit Familie und gesellschaftlichen Werten gefunden hat (vgl. Kelsch 2019: 147 ff.). Den-noch standen sie exemplarisch für den Kurs, den Kabelsender wie FOX Ende der 1980er/Anfang der 1990er Jahre einschlugen. Die größere Auswahl an Sendern und somit an Serien führte zunehmend zu einer Dezentralisierung des Publikums. Sender wie FOX versuchten mit Spartenprogrammen junge, zynische Zuschau-ende für sich zu gewinnen (vgl. Morreale 2003: 247) – auch die Intertextualität dieser Formate stärkte sicherlich die Attraktivität für diese Gruppe.

Die populärsten Family-Sitcoms des Jahrzehnts – wie *Roseanne*, *Family Mat-ters* (1989–1997) und *Home Improvement* (1991–1999) – wurden nach wie vor vom großen Sender ABC produziert. NBC versuchte mit Serien wie *Sein-feld* (1990–1998), *Frasier* (1993–2004) und *Friends* (1994–2004), welche junge, weiße, unverheiratete und urbane Charaktere zeigte, ebenfalls ein jüngeres Publi-kum anzusprechen. Kennzeichnend für *Seinfeld* und vor allem – hier bereits im Titel deutlich – *Friends* ist, dass der Freundeskreis die Position der Familie einnahm.

Bei zahlreichen TV-Familien der 1990er Jahre handelte es sich entweder um Wahlverbände wie in *Friends* oder um konfliktreiche oder gar dysfunktionale Kernfamilien. Alternative, zuvor problematische Familienmodelle oder Charak-tere waren nun keine Seltenheit mehr. Vermehrt traten geschiedene Eltern im Fernsehen auf (vgl. Robinson/Skill 2001: 158). Der Sitcom-Charakter Ellen in der gleichnamigen Sitcom (1994–1998) war sogar der erste Charakter einer populären Serie, der sich offen als homosexuell outete (vgl. Morreale 2003: 248 f.).

Auch traditionelle Familienmodelle waren mit Serien wie *Home Improvement*, eine Rückkehr zur Kernfamilie der 1950er Jahre (vgl. Brooks 2005: 189), nach wie vor vorhanden. Obwohl der Glaube des Familienvaters Tim Taylor an masku-line Selbstfindung Grundlage für Gags war, bemühte er sich doch – im Gegensatz zu seinen Gegenstücken der Arbeiterklasse – ein guter Vater zu sein. Vor allem sorgte sich die Familie in ihrer Gesamtheit um ein funktionierendes Familienleben (vgl. Dechert 2012: 287).

Trotz starker weiblicher Charaktere sorgten Frauenrollen besonders zu Beginn der 1990er Jahre weiter für Gesprächsstoff. Der republikanische Vizepräsident Dan Quayle kritisierte den TV-Charakter Murphy Brown, eine Anwältin aus der gleichnamigen Sitcom (1988–1997, 2018), für ihre Entscheidung, ihr Kind ohne Vater aufzuziehen (vgl. Dechert 2012: 160).

> Mit der Darstellung einer weißen, beruflich erfolgreichen Frau, deren Rolle als zumindest nominell alleinerziehende Mutter weder mit der Zugehörigkeit zu einer pathologisierten Minderheit noch mit mangelnder Bildung und Intelligenz ‚erklärt‘ werden konnte, hatte die Sitcom vor allem in den Augen konservativer US-AmerikanerInnen einen Tabubruch begangen. (Dechert 2012: 158)

Alleinerziehende Mütter in Serien waren zu Beginn der 1990er Jahre absolut keine Seltenheit mehr, hatten aber „wenn überhaupt – nur bedingt ihr Stigma verloren" (Dechert 2012: 198). Obwohl der Vater des Kindes sich in der Serie bewusst gegen die Übernahme der Vaterschaft entschieden hatte, galt Murphy Brown für konservative Kritiker/inne/n als „Verkörperung einer selbstsüchtigen Frau, die ihren Wunsch nach einem Kind ungeachtet von dessen Bedürfnissen zu verwirklichen suchte" (Dechert 2012: 198). Noch 1998 schreibt Kutulas:

> Television both echoes and contributes to a female experience where pervasive social guilt about never being good enough turns liberation back onto women and makes its limitations their fault. (Kutulas 1998: 30)

Während durchaus starke weibliche Charaktere auftraten, waren viele Aspekte emanzipierter Weiblichkeit, in Hinblick auf Vorstellungen von Mütterlichkeit und Häuslichkeit, noch weit bis in die 1990er Jahre hinein mit Schuld beladen. Auch *Sex and the City* (1998–2004) fokussierte sich auf weibliche Charaktere, zeigte aber ein stark idealisiertes, feminisiertes und heteronormatives Bild von Weiblichkeit (vgl. Guerrero 2013: 179).

Hinsichtlich der Darstellung afroamerikanischer Charaktere im TV brachten die 1990er Jahre ebenfalls Veränderungen mit sich. Anfang der 1990er Jahre versuchte insbesondere FOX das stiefmütterlich behandelte afroamerikanische Publikum mit Serien wie *In Living Color* (1990–1994), *Martin* (1992–1997) und *The Sinbad Show* (1993–1994) anzusprechen (vgl. Perren 2003: 109). Auch die großen Sender begannen populäre Programme mit afroamerikanischer Besetzung wie *The Fresh Prince of Bel-Air* (1990–1996) oder das bereits erwähnte *Family Matters* zu produzieren. Beide Serien sparten dabei Fragen der Ethnie und afroamerikanischer Identität nicht mehr aus wie zuvor, sondern setzten sich mit entsprechenden Problematiken auseinander (vgl. Patterson 2013: 166). Die Stellung von Personen afroamerikanischer Abstammung im Fernsehen blieb jedoch allgemein problematisch, sicherlich auch deswegen, weil Ende der 1990er noch über 90 % der Entscheidungstragenden der Medien-Industrie weiß (und männlich) waren.[30] Vor allem aber wurden Personen afroamerikanischer Abstammung, in den 1990ern wie zuvor auch, meist in komischen Formaten gezeigt, die unterhalten und nicht zum Nachdenken anregen sollten (vgl. Dates/Stroman 2001: 211). Die Darstellung von Personen afroamerikanischer Abstammung als Karikaturen, welche ebenso in den 1990er Jahren kein Ende fand, trug zu einer problematischen (Selbst-)Wahrnehmung der Bevölkerungsgruppe bei (vgl. Dates/Stroman 2001: 215). Andere US-amerikanische Minderheiten blieben weiterhin vollkommen vernachlässigt: Lateinamerikanische Menschen traten in vornehmlich stereotypen Rollen auf und wurden – deutlich häufiger als Weiße – als kriminell dargestellt (vgl. Dates/Stroman 2001: 219). In geringem Maße und ebenso wenig vorteilhaft wurde die nordamerikanische, indigene Bevölkerung, d. h. ‚native americans‘, repräsentiert. Meist wurden sie als alkoholkrank, arm, familienorientiert, aber mit dysfunktionalen Familien abgebildet. Genauso wenig umfangreich, dafür umso stärker stereotypenbelastet war die Darstellung anderer Minderheiten wie Personen asiatischer Herkunft (vgl. Dates/Stroman 2001: 220).[31] Dates und Stroman charakterisieren die Darstellung von Minderheiten in den 1990er Jahren wie folgt:

The social realities of African Americans, Asian Americans, Native Americans and Latinos families are still not portrayed accurately; rather, their portrayals reflect the myopic lens through which people of color are viewed by decision makers in the television industry. (Dates/Stroman 2001: 220)

Obwohl die 1990er Jahre eine Umbruchphase darstellten und zu einer deutlichen Diversifizierung des dargestellten Gesellschaftsbildes beitrugen, blieben Stereotype und Benachteiligungen in Quantität und Qualität der Repräsentation nicht weißer Charaktere erhalten und setzen sich bis heute fort. Über einen verstärkt satirischen Umgang mit dem Konzept der traditionellen Kernfamilie übten Serien

---

[30] Janette Dates und Carolyn Stroman verweisen auf eine Beobachtung des *Los Angeles Times*-Kritikers Greg Braxton aus dem Jahre 1997, nachdem Formate, die von Weißen am positivsten bewertet wurden, einen ausschließlich weißen „core cast" hatten, die von Personen afroamerikanischer Abstammung am positiv bewerteten Formate indes einen afroamerikanischen. Es fand also eine Art Ghettoisierung innerhalb der Fernsehlandschaft statt (vgl. Dates/Stroman 2001: 210).

[31] Die Sitcom *All-American Girl* (ABC, 1994–1995) war die erste US-amerikanische Serie, die eine koreanisch-amerikanische Familie abbildete (vgl. Brooks 2005: 6).

– implizit oder explizit – Kritik an gesellschaftlichen Strukturen. Allerdings blieb die Familie weiterhin ein positiv besetzter Raum und gewisse konservative Vorstellungen bezüglich familiärer Rollenverteilung und insbesondere bezüglich ‚weiblicher Aufgaben‘ wurden zwar kritisiert, blieben aber bestehen.

2.6 Die 2000er und Tendenzen des 21. Jahrhunderts: Restabilisierung, Dekonstruktion und gestiegene Komplexität

Über die Entwicklungen und Familiendarstellung der 2000er zu sprechen, ist aufgrund der geringen zeitlichen Distanz nicht unproblematisch. Eine umfassende Einordnung wie die der vorangegangenen Jahrzehnte ist nicht ohne Weiteres möglich. Dennoch lassen sich bereits gewisse Schlüsse ziehen.

Die 2000er weisen gegenläufige Strömungen auf. Einerseits – ähnlich wie in den 1980er Jahren – lassen sich restabilisierende Tendenzen feststellen, vermutlich auch als Reaktion auf die Anschläge vom 11. September 2001 und aus einem daraus folgenden Bedürfnis nach Sicherheit unter der Regierung George Bushs (vgl. Morreale 2003: 250). Das ist bei einem Blick auf die Entwicklung der Serie nachvollziehbar. Diese fand ihren Anfang mit einer Normsetzung und Strukturfindung in den 1950er Jahren und weist, stark abhängig von der politischen, sozialen und gesellschaftlichen Lage, sowohl progressive (die 1970er und 1990er Jahre) als auch rückwärtsgerichtete Phasen (die 1960er und 1980er Jahre) auf.[32] Stabilisierende und konservative Tendenzen, wie sie während den von Krieg und wirtschaftlicher Depression bestimmten 1950er Jahren und dem Konservatismus der Ära Reagan/Bush sen. in den 1980er Jahren stattfanden, legen während der Ära Bush jun. – Afghanistankrieg, Irakkrieg und aufkeimende Terrorangst – eine Rückbesinnung auf als Tradition gedachte Werte nahe. Dennoch ist zu beobachten, dass Entwicklungen nie ohne Spuren bleiben, also niemals vollkommen revidiert werden. Ändern sich also auch gewisse Norm- und Wertsetzungen nicht,

---

[32] Wie bereits erwähnt sind die aufgezeigten Charakteristika der Jahrzehnte nicht als absolut zu verstehen, sondern verweisen auf dominante bzw. markante Entwicklungen innerhalb eines bestimmten Zeitraums. Stets gab es auch Serien, die den beschriebenen Entwicklungen entgegenliefen, wie das eher konservative *Bonanza*, das bis 1973 im Fernsehen lief, oder die traditionelle Familienvision der *Waltons*, die sich in den Jahren 1972 bis 1981 großer Beliebtheit erfreute. In keinem Fall soll der Eindruck erweckt werden, die mediale Entwicklung sei ein einsträngiger Prozess. Vielmehr handelt es sich um eine Entwicklung, die zahlreiche, teils gegenläufige Strömungen umfasst und die sich mit dem Wechsel eines Jahrzehnts zum anderen nicht schlagartig ändert.

so bleiben bestimmte ‚Fortschritte' doch erhalten. Dies lässt sich am Beispiel der
1980er Jahre belegen, während denen zwar eine Rückkehr zu einer möglichst
konfliktarmen medialen Repräsentation der Familie stattfand, die Familien und
Geschlechterrollen aber deutlich egalitärer konzipiert waren. Trotz stabilisierender
Tendenzen wurden die bekannten Stereotypen der harmonischen „all-American
television family" umfassend dekonstruiert (vgl. Brooks 2005: 213), eine vollständige Rückkehr zum Bild der 1950er oder der 1980er Jahre ist unter den gegebenen
Bedingungen unwahrscheinlich.

Auffällig ist, dass einige der populärsten Sitcoms der 2000er und 2010er Jahre
wie *How I Met Your Mother* (2005–2014), *Scrubs* (2001–2009) oder *The Big Bang
Theory* (2007–2019) einen Trend der 1990er Jahre fortsetzen und keine genetischen, sondern Wahlfamilien, also Gruppen aus befreundeten Menschen oder
Kolleg/inn/en, welche sich anfreunden, zeigen. All diesen Serien ist indes gemein,
dass die Charaktere, ebenso wie in *Friends*, die anfangs noch ein ungebunde-
nes jugendliches Leben führen, letztlich Familien gründen, d. h. heiraten, Kinder
bekommen, einen gefestigten Job haben und sich räumlich – eine eigene Wohnung
oder ein Haus – aus dem Freundschaftsverband lösen. Diese Loslösung von der
Wahlfamilie und die Hinwendung zu einer endgültigen und dauerhaften Familie
bestätigt die konservative Norm der Kernfamilie. Sie stellt für die Charaktere den
Endpunkt der in der Serie gezeigten Entwicklung dar. Sie symbolisiert das Ende
der Jugend und – unabhängig vom Alter der Charaktere – den Beginn des Erwach-
senenalters und damit des ‚ernsthaften Lebens'. Anderen Serien, die weiterhin die
Familie in den Mittelpunkt stellten, z. B. *Malcolm in the Middle* (2000–2006) oder
Two and a Half Men (2003–2015), zeigen einerseits dysfunktionale Verhältnisse
und betonen andererseits die Bedeutung familiären Zusammenhalts.[33] Auch in
Serien wie *The Sopranos* (1999–2007), in der ein Mafiaboss ein Doppelleben als

---

[33] 2003 stellt William Douglas fest, dass die US-amerikanische Kernfamilie weiterhin isoliert von der Gesellschaft in Suburbs dargestellt werde (vgl. Douglas 2003: 111 f.). Diese
Verlagerung in eine Vorstadt bleibt auch in Darstellungen von dysfunktionalen Familien der
2000er Jahre wie z. B. *Malcolm in the Middle* (2000–2006) oder einer Vielzahl von kritischen Zeichentricksitcoms erhalten. Wenn in diesen Serien auch häufig ‚Ausflüge' an andere
Schauplätze unternommen werden, ist das wiederkehrende Zentrum bzw. der Start- und Endpunkt des Geschehens doch meist das gemeinsame vorstädtische Haus. Probleme werden
nach wie vor in der Familie und größtenteils ohne gesellschaftliche oder institutionelle Intervention ‚gelöst'. Es ist fraglich, inwieweit diese Bindung an die Vorstädte als ideologisch zu
bewerten ist, wenn explizit keine funktionalen Familien mehr gezeigt werden. Vielmehr ist
der wiederkehrende Handlungsort der Narration geschuldet. Ein wiederkehrender Ort sowie
eine Konfliktlösung innerhalb des familiären Gefüges erlauben eine engere Bindung an die
Protagonist/inn/en. Zudem entspricht ein Leben in den Vorstädten der Lebensrealität vieler
Menschen in den USA und bietet somit Identifikationspotenzial.

Familienvater und Mafioso führt, die eindeutig problematische Familiendynami-
ken aufzeigt und zudem noch explizite Darstellungen von Gewalt und Nacktheit
enthält, wird Familie nach wie vor zentral thematisiert und steht im Mittelpunkt
des Handelns des Protagonisten (vgl. Brooks 2005: 210). Inhalt und Darstellungsweisen der Serie können dem zentralen Ideal wenig anhaben. Gewissermaßen
stellt sie sich mit dem Titel, der an zahlreiche Serien erinnert, welche nach einer
Familie benannt sind, deutlich in die Tradition der Familienserie.

Zu Beginn der 2000er Jahre stellt Erica Scharrer eine signifikant gestiegene
Zahl von Scherzen fest, die Sitcom-Mütter auf Kosten ihrer Ehemänner machen.
Gleichzeitig übersteigt deren Anzahl die gegenläufigen Scherze (von Vätern auf
Kosten der Mütter). Hieraus leitet Scharrer eine erhöhte Machtposition der Frauen
ab (vgl. Scharrer 2001: 36). Allgemein fällt bezüglich der Rolle der Frau auf, dass
die konservative politische Agenda für eine tendenzielle Rückwendung gesorgt
hat (vgl. Henry 2012: 106), während zeitgleich progressive Darstellungsformen
existieren:

> [T]raditional and progressive ideologies of 'femininity' and 'womanhood' exist simul-
> taneously, in both the mass media and the culture itself, and at this particular moment
> in American history, they remain in conflict. (Henry 2012: 107)

Selbst konservative Darstellungen von Weiblichkeit gleichen sich nicht der Darstellung der 1950er Jahre an. Allgemein, so Douglas, seien Ehen im Fernsehen
zwar konfliktreicher geworden und die Eheleute weniger im Stande mit dem familiären Leben zurechtzukommen als ihre Vorgänger, es werde jedoch auch mehr
Zuneigung und Unterstützung gezeigt als zuvor, dies lasse auf einen komplexeren
emotionalen Kontext schließen (vgl. Douglas 2003: 112).

Trotz einer beobachtbaren Rückwendung – und dies begründet meine These
einer Dekonstruktion – brachten die 2000er Jahre eine Vielzahl aggressiv kritischer Formate mit sich, wie sie zuvor in dieser Form niemals entsprechend
prominent existierten. Vor allem Zeichentricksitcoms wie *American Dad!* (seit
2005), *Family Guy* (seit 1999) oder *South Park* (seit 1997) bauen auf dem
Erfolg von *The Simpsons* auf, üben systematische Gesellschaftskritik (vgl. Kelsch
2019: 144) und nehmen eine Dekonstruktion überhöhter Familienmythen vor
(vgl. Kelsch 2019: 142).[34] Die hier dargestellten Familien sind von unfähigen

---

[34] Bereits vor den populären Zeichentricksitcoms, die im Kielwasser von *The Simpsons* entstanden, existierten ähnliche Programme, also Zeichentrickserien für Erwachsene wie *Wait
Till Your Father Gets Home* (1972–1974), *The Barkleys* (1972–1973) oder *Where's Huddles?*
(1970), die mit überzeichneten Charakteren gesellschaftliche Gegebenheiten karikierten. Das
Genre der ‚adult animated sitcom' wurde also nicht durch *The Simpsons* erfunden. Allerdings

Tyrannen regierte Zwangsstrukturen, unter deren Ausweglosigkeit die an Heim und Herd geketteten Ehefrauen ebenso wie die Kinder leiden müssen (vgl. Kelsch 2019: 143). Hemmungsloser Narzissmus und Egoismus und das unreflektierte Festhalten an Überzeugungen, die fast allen Figuren zu eigen sind, machen ein ‚Ideal' von Familie, das enge soziale Beziehungen, persönliche und emotionale Bindungen als bedeutsam setzt, von Vornherein unmöglich (vgl. Kelsch 2019: 145). Das ‚Gefängnis' Familie wird nur aus dem Grund nicht verlassen, da es Schutz vor einem chaotischen Außenraum bietet, in dem jeder seine Interessen ohne jede Rücksicht verfolgt: Es handelt sich um das „kleinste Übel in einer Welt großer Übel" (Kelsch 2019: 125, 145). Obgleich der Mythos der Idealfamilie und die damit einhergehenden Rollenmodelle in den Weltmodellen der Zeichentricksitcom offensichtlich nicht umsetzbar sind bzw. bei Anwendung destruktive Auswirkungen auf die Mitglieder der Gesellschaft haben, werden sie – ebenso wie bestimmte problematische Verhaltensweisen – von Generation zu Generation weitergegeben und sind somit vor Auflösung geschützt (vgl. Kelsch 2019: 143 f.).

Es ist zu betonen, dass es sich bei Zeichentricksitcoms um satirische Formate handelt, deren Inhalte und Darstellungsweisen sicherlich nicht für die Gesamtheit aller Serien verallgemeinerbar sind. Sie weisen eigene Spezifika und Tendenzen auf. Dennoch liegt in Zeiten großer medialer Interdependenzen eine wechselseitige Beeinflussung bzw. eine Beeinflussung jüngerer Medienschaffender durch mittlerweile ‚Kult' gewordene Serien nahe.

Die Darstellung von Personen afroamerikanischer Abstammung seit den 2000ern wird von Seiten der Forschung kritisch betrachtet. Hier liegt eine Ähnlichkeit zu den 1990er Jahren vor: Seit den Huxtables aus *The Cosby Show* gab es keine vergleichbar populäre Serie mit einer afroamerikanischen Familie (vgl. Douglas 2003: 154). Weiterhin ist der Einfluss von Personen afroamerikanischer Abstammung in Sendern und Produktionsfirmen recht gering, was zu einer fortgesetzten Darstellung entsprechender Charaktere als Stereotypen beiträgt (vgl. Cutts 2013: 204). Wenn das Publikum entsprechende Darstellungen weiterhin unterstütze, so Paula Groves Price, würden diese weiterhin Teil des Programms bleiben (vgl. Groves Price 2013: 440).[35]

---

war den vorangehenden Formaten weder entsprechender Erfolg oder Langlebigkeit beschieden, noch können sie aus heutiger Perspektive als entsprechend wirkmächtig gelten. In den 1990er Jahren nahm die Anzahl dieser Serien zudem sprunghaft zu.

[35] Groves Price beklagt zudem die negative Darstellung von Personen afroamerikanischer Abstammung in Reality-Formaten: „Undoubtedly, the images found in the (black) reality genre today are dominated by classed images of black women as Sapphires or bitches and of black men as players and criminals. Portrayed as loud, aggressive, rude, confrontational, and lacking moral character, the controlling image of the bitch becomes a central feature

Bezüglich alternativer Familienmodelle fand in den 2000er Jahren eine deutliche Entwicklung statt. Mit Serien wie *Six Feet Under* (2001–2005), *Modern Family*, *Glee* (2009–2015), *Brothers and Sisters* (2006–2011), *The New Normal* (2012–2013) und *Orange Is the New Black* (2013–2019) wurden vermehrt LGBTQ-Charaktere, vor allem gleichgeschlechtliche Paare und queere Familien, gezeigt (vgl. Young/McCrady 2018: 118, vgl. LeVay 2019: 105 f.). Auch Themen wie Leihmutterschaft fanden, z. B. in *The New Normal*, ihren Eingang in TV-Serien (vgl. LeVay: 2019). Bei Familien liegt eine Zentrierung auf homosexuelle Vaterschaft vor, mehr als auf homosexuelle Mutterschaft (vgl. Young/McCrady 2018: 118). Auch nehmen unter den LGBTQ-Charakteren weiße homosexuelle Männer eine Mehrheit ein (vgl. LeVay 2019: 106). *The Fosters* (2013–2018) ist insofern ein herausstechendes Beispiel, da sich die Serie, welche ein lesbisches Ehepaar unterschiedlicher Ethnie mit ihren leiblichen und ihren Adoptivkindern zeigt, gezielt an ein Publikum im Teenager-Alter richtet (vgl. Young/McCrady 2018: 118). Die Tatsache, dass die Darstellung von LGBTQ-Charakteren das Erwachsenen-Fernsehen somit verlassen hat, zeigt, dass entsprechende Familien- und Lebensmodelle langsam in den kulturellen Mainstream vordringen. Es sticht jedoch heraus, dass es sich bei den dargestellten alternativen Familien in der Regel um Modelle handelt, die heteronormativen Strukturen folgen (vgl. LeVay 2019: 105). Das heißt, dass gelungene Partnerschaften – egal ob homo- oder heterosexuell – letztlich einer klassischen monogamen Struktur folgen (vgl. LeVay 2019: xi). Auch streben die Charaktere meist nach einer „queer straightness", also einer Angleichung an heterosexuelle Verhaltensweisen und Normen, sicherlich mit dem Ziel, Charaktere zu schaffen, die „less threatening to mainstream culture" sind, also konservativere Rezipierende nicht ‚überfordern' (vgl. LeVay 2019: 128). Ebenso wird gleichgeschlechtliche Sexualität bzw. die sexuelle Verbundenheit der Pärchen nicht oder kaum dargestellt (vgl. LeVay 2019: 104). Mit dieser Angleichung und Normalisierung werden – ähnlich wie im Falle der Angleichung afroamerikanischer Familien, z. B. den Huxtables – reale Konflikte und Problematiken des homosexuellen Lebens ausgeblendet (vgl. Young/McCrady: 121, 133).

---

of understanding the breakdown and drama endemic to black relationships and families. Coupled with the dominant image of the black man as the player and criminal, unable to resist temptations of additional women, fast money, and playing, the raced and classed portrayals of black men and women become the opposite of white gender ideology" (vgl. Groves Price 2013: 440). Es liegt also weiterhin eine starke Negativinszenierung der afroamerikanischen Bevölkerungsgruppe vor, die wiederum durch ihre starke mediale Verbreitung zu einem negativen Selbstbild der afroamerikanischen Gesellschaft beiträgt.

Der Schlüssel für die Entwicklung der 2000er Jahre und vielleicht auch des folgenden Jahrzehnts sind die Stichworte Komplexität und Ambivalenz. Die Serien des vergangenen Jahrzehnts folgen weniger stereotypen oder eingefahrenen Strukturen, sondern orientieren sich an einem schattierungsreichen Weltbild. Diese erhöhte Komplexität ist sicherlich auch Produkt der Digitalisierung, die den Informationszugang erweitert und allgemein zugänglicher gemacht hat. Damit steigt die Zahl kritischerer Formate, die traditionelle Weltbilder parodieren oder in Frage stellen oder Alternativen zu diesen Weltbildern aufzeigen. Nichtsdestotrotz zeigt die Ausrichtung alternativer Modelle an hergebrachten Strukturen, dass über Jahrzehnte gefestigte Vorstellungen sich nicht plötzlich in Luft auflösen, sondern einem sukzessiven Erosions– oder Umformungsprozess unterliegen.

2.7   Zwischen Harmonie und Dysfunktionalität: Die Linien der Familiendarstellung in Serien seit 1950

Die Darstellung der Familie in US-amerikanischen Fernsehserien war seit 1950 deutlichen Veränderungen unterworfen. Diese Entwicklungen nachzuvollziehen, so wird bei einem Blick auf die vorangegangene Zeitlinie deutlich, heißt primär einen Wandel der Geschlechterrollen nachzuvollziehen. Diese erfuhren – einhergehend mit der gesellschaftlichen Entwicklung – eine deutliche Liberalisierung seit der extremen Einengung und Reduzierung weiblicher Charaktere auf ihre Hausfrauen- und Mutterrolle in den 1950er Jahren, die nicht nur auf die Mütter, sondern auch auf deren Töchter angewendet wurde. Die zunehmende Gleichstellung von Mann und Frau über die Jahrzehnte hinweg kann allerdings nicht darüber hinwegtäuschen, dass selbst in Serien mit emanzipierten und weitgehend eigenständigen Charakteren nach wie vor eine Identifikation mit der Mutter- und Hausfrauenrolle vorliegt. Ist ein Ehemann bzw. Vater vorhanden, übernimmt er häufig weiterhin die Position als Oberhaupt der Familie. Noch 1996 konstatieren Decker et al.:

> Die Hierarchie dieses Modells ist das der *patriarchalischen Führung*, in dem der Vater als Autorität der Richter und Repräsentant des Wertesystems ist. Die Mutter ist ihm untergeordnet, was die Vertretung der Familie im außerfamiliären Raum betrifft. Sie übernimmt aber in der Rolle der Vermittlung des Wertesystems durch die Erziehung der Kinder eine zentrale Funktion im innerfamiliären Raum und ist dem Vater hier als Autorität beigeordnet. Die Kinder qualifizieren sich über das Erlernen des Modells durch *Gehorsam* und *Vertrauen* in die Führung der Eltern als wertvolle Menschen. Sie müssen sich der normsetzenden Instanz der Eltern unterordnen. (Decker et al. 1996: 76)

Die Mutter bleibt also nach wie vor in den emotionalen Lebensbereichen und im innerfamiliären Raum verhaftet, welche sie als Schutzzone gegen das Äußere von innen pflegt und aufrechterhält. Der Vater versorgt die Familie auf materieller Ebene und vertritt und verteidigt diese im Außenbereich. Zudem gibt er grundlegende Werte der ‚Männlichkeit' an potenzielle Söhne weiter, damit diese die Familie im ‚Mannesstamm' fortsetzen können (vgl. Decker et al. 1996: 79 f.). Diese Struktur wird selbst bei den genuin kritischen Zeichentricksitcoms aufrechterhalten, wenn auch nur um hier dekonstruiert zu werden.

Die berufliche und intellektuelle Verwirklichung, die weiblichen Charakteren lange Zeit verwehrt blieb, ist heute Normalität: Frauen sind in den vorliegenden Wertemodellen dazu legitimiert, sich zu bilden und einen Beruf auszuüben, wie sich vor allem in Serien der vergangenen 20 Jahre wie *Scrubs*, *How I Met Your Mother* oder *The Big Bang Theory* zeigt, in denen es zahlreiche weibliche Charaktere mit abgeschlossenem Studium und/oder gefestigtem Arbeitsplatz gibt. Dennoch wird die Bindung an Emotionalität und Fürsorglichkeit aufrechterhalten. Allein daran, dass die Initiative zur Paarbindung meist von den männlichen Charakteren ergriffen wird, zeigt sich weiterhin eine Dominanz des männlichen Parts.

Ein Aspekt, der bisher nicht angesprochen wurde, ist die Rolle der geschwisterlichen Beziehung in Serien. Mary Strom Larson vollzieht – in Bezug auf die Sitcom – die Entwicklung geschwisterlicher Bande bis in die (einschließlich) 1990er Jahre nach (vgl. Strom Larson 2001: 163 ff.). Während die Interaktion von Geschwistern in Sitcoms der 1950er Jahre deutlich positiv war und beispielsweise auf einer Vorbildfunktion älterer Geschwister für die jüngeren basierte (vgl. Strom Larson 2001: 165), nahm diese geschwisterliche Unterstützung in den 1960er Jahren ab und das Verhältnis wurde konfliktreicher. Zu den 1970er Jahren liegen Strom Larson nicht ausreichend Daten vor. Die 1980er Jahre stellen einen Höhepunkt negativen geschwisterlichen Verhaltens dar, auch wenn die Beziehungen weiterhin weitgehend positiv bleiben (vgl. Strom Larson 2001: 172). Die 1990er Jahre zeigen negative geschwisterliche Beziehungen ebenso wie positives, unterstützendes Verhalten (vgl. Strom Larson 2001: 174). Allgemein, so fasst Strom Larson zusammen, sei das Verhalten unter Geschwistern über die Jahrzehnte eher positiv dargestellt worden (vgl. Strom Larson 2001: 174). Die Ursache zunehmend kritischerer Darstellungen geschwisterlichen Verhaltens lässt sich in einer sukzessiven Deharmonisierung der Fernsehfamilien vermuten, welche Konfliktdarstellung zulässt. Wenige Beispiele liegen für eine Wertevermittlung unter Geschwistern bzw. eine gegenseitige Prägung des Verhaltens vor (vgl. Strom Larson 2001: 175). Dies erlaubt den Schluss, dass die Beziehungen zwischen Eltern und Kindern allgemein relevanter ist als die Beziehungen zwischen den Kindern.

Die Eltern haben stets die Autorität in der Wertevermittlung und der zentralen Prägung ihrer Kinder inne. Dabei ist die „Mutter-Kind-Dyade [...] von höherem Wert als die Vater-Kind-Dyade und beides ist weniger wert als die Vater-Mutter-Kind-Triade" (Decker et al. 1996: 77). Die Rolle der Frau als Mutter ist also auch hier als dominant gesetzt.[36]

Betrachtet man die Entwicklung der Familie in ihrer Gesamtheit über die Jahrzehnte hinweg, so bleibt sie in ihrer zentralen Funktion konstant. Familie ist stets Schutzraum bzw. Zufluchtsraum gegenüber der ‚realen' Welt, also dem öffentlichen, nicht privaten Raum. Hier können die Kinder unter Anleitung der Eltern gefahrlos Verhaltensweisen einüben, während die Eltern Ruhe und Erholung von der Außenwelt finden. Dabei bleibt die Familie eine abgeschlossene Größe, also in ihrer letztlichen Problemlösungs- und Erziehungsfunktion unbeeinflusst von Staat und Gesellschaft. Das Eingreifen staatlicher Institutionen wird meist mehr als Störung denn als Hilfe wahrgenommen. Die scheinbare Lösung von persönlichen Problemen und potenzielle intergenerationelle Konflikte erlauben es, in der Familienserie in besonderem Maße relevante gesellschaftliche Paradigmen zu verhandeln.

Die genetische Familie wird dabei eindeutig höher bewertet als die Wahlfamilie. Das Leben im Freundschaftsverband ist stets nur eine Phase und wird einer ‚wirklichen' Familie zugeführt. Da das Leben in der Wahlfamilie bereits zu Beginn, durch die familiäre Selbstverwirklichung der Charaktere, auf ein Ende abzielt, kann es – in der Logik der Weltentwürfe – als defizient verstanden werden. Ein optimaler Zustand würde schließlich nicht beendet werden – entsprechend ist die Trennung von Fernseh-Kernfamilien nach wie vor selten. Alternative Familienmodelle, die nicht mit der traditionellen Kernfamilie übereinstimmen, tauchen zwar wiederholt auf, konnten aber weder medial noch gesellschaftlich einen ansatzweise vergleichbaren Status entwickeln wie die traditionelle Kernfamilie. Dies hat beispielsweise auch das Streben homosexueller Paare nach einer heteronormativen Norm zur Folge (vgl. Douglas 2003: 4).[37] Dass die Familie als Schutzraum dient, ist dabei allerdings nicht Garant für deren Funktionalität oder

---

[36] Katharine Heintz-Knowles stellt 2001 fest, dass sich Arbeit und Familie in Serien selten überschneiden. Wenn dies der Fall ist, sind Probleme im Leben männlicher Charaktere meist familieninduziert, während die Probleme weiblicher Charaktere meist mit der Arbeit zusammenhängen. Dies weist auf die klassische Rollenverteilung hin, welche Frauen der Familie und Männer der Arbeitswelt zuordnet (vgl. Heintz-Knowles 2001: 197 f.).

[37] Dafna Lemish zeigt auf, dass Kinderserien nach wie vor die traditionelle Kernfamilie als Norm präsentieren sowie kaum alternative Modelle zeigen, und verweist darauf, dass dies eine negative Wirkung auf Kinder in abweichenden Familien habe, da diese sich nicht repräsentiert sehen (vgl. Lemish 2012: 153, 166). Zudem würden vorrangig Familien der Mittelschicht ohne finanzielle Probleme gezeigt (vgl. Lemish 2012: 155). Eine Vermittlung entsprechender

Stabilität. Vielmehr zeigt sich durchaus eine Tendenz, neben weiterhin bestehenden funktionalen Familien – wie sie z. B. den Endpunkt der bereits genannten Freundschaftsverbände bilden – vermehrt dysfunktionale Familien, wie z. B. in Zeichentricksitcoms, darzustellen.[38] Diese Verbände werden dabei einerseits durch den Mythos der Bedeutung bzw. Alternativlosigkeit von Familie aufrechterhalten, andererseits durch ihre Opposition zu einem noch dysfunktionaleren Außenraum.

Immer wieder wurde die Darstellung nicht weißer, insbesondere afroamerikanischer Familien hervorgehoben. Diese waren über die Jahrzehnte hinweg problematisch. Während Minderheiten neben Personen afroamerikanischer Abstammung kaum und dann oft in negativen Stereotypen repräsentiert werden, unterlag auch die Darstellung der afroamerikanischen Bevölkerungsgruppe stets negativen Klischees.[39] Dies gilt auch für Bevölkerungsgruppen wie Homosexuelle und stellt eine Entwicklung dar, die sich vielleicht abgeflacht, aber sicherlich noch kein Ende gefunden hat.

Um diese Beobachtungen zu bündeln, liegt erneut eine Anwendung des Semiosphärenmodells nahe (vgl. 1.1.3).

Die mediale Familiendarstellung kann als Semiosphäre und die serielle Familiendarstellung als einer ihrer Teilbereiche verstanden werden. Als Zentrum der Semiosphäre bildete sich das mythisierte Ideal der patriarchalen Kernfamilie heraus (vgl. Abb. 2.1). Eine Auflösung dieses Mythos bzw. Umbildung des Zentrums fand nur scheinbar statt. Tatsächlich werden bestimmte Werte, die den Erhalt der (genetischen Kern-)Familie zum Dogma erheben, bereits seit Längerem nur mehr perpetuiert und durch die Ereignisfolge, d. h. die Konsequenzen des Figurenhandelns, vermittelt und nicht intradiegetisch diskutiert und ergründet: „Diskussion ist ebenso wie theoretische Didaktik der Vermittlung von Werten nicht möglich. In Familienserien ‚lernt' man durch das Leben" (vgl. Decker et al. 1996: 80 f.). Eine tatsächliche Veränderung im innersten Kern der Semiosphäre fand also nicht statt, es wurde weiterhin viel des Gleichen in das Zentrum integriert,

---

Modelle im frühen Alter zeigt, dass diese – werden sie auch im Erwachsenen-Programm zunehmend aufgelöst – weiterhin als das gelten, was Kindern als Norm vermittelt werden soll. Alles andere gilt dementsprechend weiterhin als abweichend, als nicht normal und nicht ideal.

[38] Die HBO-Serie *The Divorce* (2016–2019) fokussiert beispielsweise die Scheidung eines Ehepaares und die anschließende Suche nach neuen Strukturen.

[39] Dies ist besonders problematisch, wenn man in Betracht zieht, dass im Jahr 2018 fast 40 % der Menschen mit US-amerikanischer Staatsbürgerschaft einer Minderheit angehörten. Dabei lag der Anteil von Menschen hispanischer Abstammung bei 18,3 % und der von Menschen afroamerikanischer Abstammung bei 13,39 % (vgl. Statista 2018).

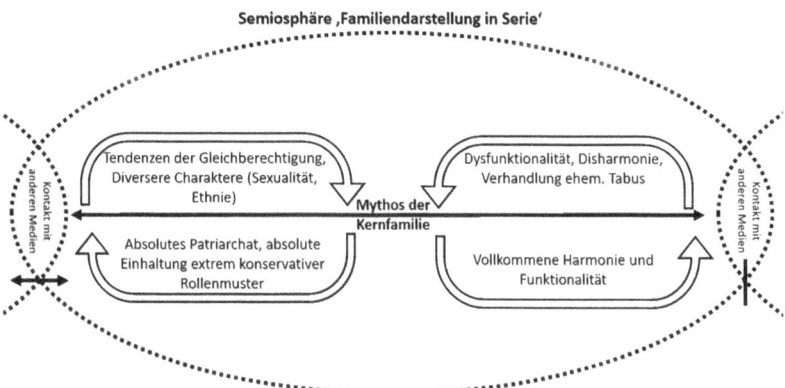

Abb. 2.1 Semiosphäre ‚Familiendarstellung in Serie'

das sich damit festigte. Die scheinbare Änderung des Zentrums besteht in der Integration bestimmter Elemente z. B. vermehrter Gleichberechtigung, Darstellung homosexueller Figuren und Figuren diverser Ethnien. Ebenso wurden familiäre Disharmonie, Dysfunktionalität und die offene Verhandlung ehedem tabuisierter Thematiken ins Zentrum integriert. Eine Desintegration fand bezüglich absolut patriarchaler Strukturen, der unbedingten Bindung an extrem konservative Rollenmuster (z. B. „Frauen dürfen nicht Arbeiten und sind an Heim und Herd gekettet") und vollkommener Harmonie statt.

Aus diesen Integrationsprozessen und der gleichzeitigen Stabilität des Kerns, der in seiner inneren Struktur nicht angetastet wurde, ergibt sich ein Widerspruch, der spätestens seit der neueren Zeichentricksitcom deutlich hervortritt. Die Mythen des Kerns erscheinen durch die sie umgebende Dysfunktionalität und Disharmonie und die Präsenz alternativer Lebensmodelle als hohles Dogma (vgl. Kelsch 2019: 151 f.). Das Zentrum der Semiosphäre ‚Familiendarstellung in Serie' steht also im Konflikt mit der äußeren und inneren Peripherie, gleich – bildlich gesprochen – des harten Kernes einer weichen Frucht. Inwieweit sich dieses Zentrum der Semiosphäre in neuesten Medienprodukten einer Veränderung unterzieht, soll am Beispiel der Video-on-Demand-Serie überprüft werden. Um die entsprechende Entwicklung nachvollziehen zu können, wird das Modell unter 4. erneut aufgegriffen.

2.8   „It's not TV – It's *Netflix*": Antizipation der Rolle der Video-on-Demand-Anbieter

Knüpfen die Video-on-Demand-Serien als repräsentative Beispiele für die aktuelle Serienlandschaft an die dekonstruktiven Tendenzen der Zeichentricksitcom an oder greifen sie auf vorherige Strukturen zurück? Dies wird die zentrale Frage meiner späteren Analyse sein. In diesem Abschnitt soll es, weitgehend unabhängig von der Familienthematik, darum gehen, die generellen Möglichkeiten der Streaming-Dienste bezüglich der narrativen Gestaltung der Formate zu diskutieren und dementsprechend potenzielle künftige Entwicklungen zu skizzieren.

Um den Aufstieg der Streaming-Dienste mit Beginn der 2010er Jahre nachvollziehen zu können, ist ein Blick auf den Anfang dieses Jahrtausends notwendig: Mit dem Jahr 1999 wurde, nach der Etablierung des Fernsehens in den 1950er Jahren und der Diversifizierung des Programms durch den Aufstieg der Kabelsender in den 1980er Jahren, das „third golden age of television" eingeleitet.[40] Vor allem der Bezahlfernsehsender HBO kann mit Serien wie *The Sopranos* oder *The Wire* (2002–2008) als Wegbereiter dieses ‚Zeitalters' gelten (vgl. Fröhlich 2015: 457, vgl. Schleich/Nesselhauf 2016: 45, vgl. Kupper 2016: 18 f.).[41] Mit dem Aufkommen der DVDs waren die Abonnementzahlen des Senders zunehmend gesunken, da das zentrale Verkaufsargument die Ausstrahlung von Kinofilmen vor ihrem Erscheinen im „basic cable", also dem nicht gesondert kostenpflichtigen Kabelfernsehen, gewesen war. Als Reaktion begann der Sender exklusive, hochwertige Inhalte zu generieren, die zu einem erfolgreichen Alleinstellungsmerkmal und Abonnementgrund wurden (vgl. Schleich/Nesselhauf 2016: 44 f., vgl. Fröhlich 2015: 457 f.).

Serien von Sendern wie HBO haben dabei eine Vielzahl an Besonderheiten gegenüber dem restlichen US-Fernsehen: Durch das Abonnementmodell

---

[40] Angesichts der Tatsache, dass es somit innerhalb von 50 bis 60 Jahren drei ‚goldene Zeitalter' des Fernsehens gegeben haben soll, ist diese Betitelung etwas fragwürdig und irreführend. Durch die Betitelung als Zeitalter wird zum einen der Eindruck einer disjunkten Trennung zwischen den Jahrzehnten erweckt, zum anderen scheint es, als ob in den Jahrzehnten zwischen den ‚goldenen Zeitaltern' das Fernsehen bedeutend an Popularität oder Inhalt verloren hätte. Aus aktueller Perspektive wäre es sinnvoller, den Aufstieg des Fernsehens seit den 1950er Jahren bis zur erwachenden Konkurrenz durch Video-on-Demand-Anbieter als das „golden age of television" bzw. den Siegeszug des Fernsehens und die herausstechenden Aspekte nur als Wegmarken zu betrachten.

[41] In Deutschland bildeten die Bezahl-Fernsehsender Premiere und seit 2009 dessen Nachfolger Sky den Vorläufer des Video-on-Demand. Sky nimmt u. a. durch die Ausstrahlung von Inhalten von Warner Media, darunter populäre HBO-Serien wie *Game of Thrones*, einen relevanten Platz im deutschen Streaming-Markt ein.

unterliegen sie nicht der Zensur bzw. den Einschränkungen, denen das restliche US-Fernsehen unterliegt. Dementsprechend können die Eigenproduktionen Gewalt, Nacktheit und Schimpfwörter beinhalten, ohne Sanktionen befürchten zu müssen (vgl. Fröhlich 2015: 458, vgl. Schleich/Nesselhauf 2016: 44.).[42]

Ein weiterer Faktor ist, dass verpasste Folgen häufig nachgeholt werden können, sei es auf Online-Portalen oder im Zuge von häufigen Wiederholungen. Zudem ist das Programm frei von Werbung, wodurch keine Ausrichtung der Erzählstruktur an Unterbrechungen mehr notwendig ist (vgl. Fröhlich 2015: 458 f., vgl. Schleich/Nesselhauf 2016: 45). Vor allem aber sind Pay-TV-Sender nicht von kurzfristigen Einschaltquoten, sondern von den Abonnementgebühren und den Verkaufszahlen der Datenträger abhängig. Die Zuschauenden sind bereit, für das „Gesamtpaket HBO" (Fröhlich 2015: 460) zu zahlen, somit ist für den Sender das Image als Produzent hochwertiger und anspruchsvoller Unterhaltung von Bedeutung (vgl. Fröhlich 2015: 460). Im Vergleich zu früheren TV-Produktionen verändert sich obendrein die Art und Weise, wie erzählt wird: „Ein längerer Erzählatmen kann eingeplant werden, da sie nicht sofort zu einem *plot point* oder einer Klimax kommen müssen" (Fröhlich 2015: 459, vgl. Schleich/Nesselhauf 2016: 45).[43]

Durch die genannten Faktoren und indem sie bewusst den Eindruck eines filmischen Charakters stärken, vermitteln diese Serien den Eindruck der Andersartigkeit und der Hochwertigkeit gegenüber dem ‚normalen' Programm. Es soll vermittelt werden, dass es sich nicht um bloße Massenproduktion, sondern um eine Art „Autorenserie" handelt, die – wie ein Roman – in den Händen einer Regisseurin bzw. eines Regisseurs oder „creators" zusammenläuft (vgl. Fröhlich 2015: 460 f., vgl. Kupper 2016: 20 f.). Dem Pay-TV gelang es somit erfolgreich, Maßstäbe zu setzen, was die folgende Serienproduktion anging:

> Nur bei Bezahlfernsehsendern – so lautet die Werbebotschaft – bekommen die Kunden werbefrei, ungeschnittene, an Erwachsene gerichtete, exklusive, qualitätsvoll- ‚filmische' Produkte, die es nirgendwo im ‚kostenlosen' *network*-Fernsehen zu sehen

---

[42] Dies zeigt sich beispielhaft in überaus populären Formaten wie *Game of Thrones* (2011– 2019; HBO), *Breaking Bad* (2008–2013; AMC), *The Walking Dead* (seit 2010; AMC) oder *Preacher* (2016–2019; AMC). Besonders *The Walking Dead* und *Preacher* neigen zu einer hyperbolischen Darstellung von Gewalt.

[43] Eine Entwicklung hin zu komplexeren Narrationen wurde durch die erhöhte Popularität bzw. Verfügbarkeit von DVDs seit Beginn der 2000er begünstigt – man konnte erstmals gesamte Staffeln in einem kompakten Format erwerben – ebenso wie durch die Möglichkeit zum Download von Inhalten (vgl. Blanchet 2011: 40 f., vgl. auch Schleich/Nesselhauf 2016: 209).

gibt. Der viel zitierte Slogan HBOs von 1996 bis 2009 „It's not TV. It's HBO" brachte
diesen Anspruch und die Corporate Identity auf den Punkt. (Fröhlich 2015: 462)

So bezeichnete auch der Medienwissenschaftler Al Auster HBO 2005 als „the
standard of quality in contemporary American television" (Auster 2005: 227).
Entsprechend prägte sich für die Serien der – wie unter 1 schon angemerkt –
problematische Begriff der „Quality Television Series" (vgl. Köhler 2011: 15,
vgl. Rothemund 2013: 24 f.), der die darunter gefassten Formate auf- und den
Rest des Fernsehens sowie alle vorangehenden Formate abwertet. Der langjährige
HBO-Slogan „It's not TV. It's HBO" unterstützte diesen Exklusivitätseindruck
der pejorativen Abhebung vom Fernsehen. Auch die journalistische Kritik tat
ihr Übriges, um den Eindruck einer nie gekannten Qualität der TV-Serien
hervorzuheben:

> Der Tenor ist, dass innovatives, anspruchsvolles Erzählen mit gesellschaftlicher und
> gesellschaftspolitischer Relevanz heute weniger in der Literatur und im abendfüllenden
> Film, sondern im Gewand filmischer Serialität zu finden ist. (Milevski et al. 2018: 14)

Trotz der Problematik des Begriffs „Quality-TV" ist der besondere Stellenwert,
den die Serie durch diese ‚Aufwertung' erhalten hat, nicht zu unterschätzen, da
sie die enorme Popularität der Eigenproduktionen der Streaming-Anbieter überhaupt erst ermöglichte. Hatte die Serie, wie Hickethier schreibt, in den 1990er
Jahren ihre Legitimation „durch die massenmediale Praxis erhalten" (vgl. Hickethier 1991: 7), so hat sie mit Hilfe der Pay-TV-Sender die Stufen zum Thron
medialer Darstellungsformen erklommen und sich – durch die Streaming-Dienste
– scheinbar unverrückbar auf diesem niedergelassen.
    Die Streaming-Dienste, für die der Anbieter Netflix exemplarisch steht, folg-
ten einer ähnlichen Strategie wie das Pay-TV. Der 1997 als rasch erfolgreicher
DVD-Verleih bzw. -Versand gegründete Konzern (vgl. McDonald/Smith-Rowsey
2016: 1) eröffnete 2007 sein Online-Angebot, dessen Abonnementzahl die des
DVD-Verleihs bereits 2012 überstieg (vgl. McDonald/Smith-Rowsey 2016: 7).
Mit *Lilyhammer* produzierte der Anbieter 2012, in Kooperation mit dem norwe-
gischen Sender *NRK1*, schließlich das erste „Original", dem bald eine Vielzahl
weiterer Serien und Filme folgte.[44] Seit der Etablierung des Video-on-Demand-
Dienstes konnte Netflix enorme Erfolge verzeichnen: Der Dienst ist – laut eigenen
Angaben – in über 190 Ländern der Erde zugänglich (vgl. Netflix.com 2019) und

---

[44] Mehr zur Geschichte und Entwicklung *Netflix'* in der Einleitung zu *The Netflix Effect* herausgegeben von Kevin McDonald und Daniel Smith-Rowsey (vgl. McDonald/Smith-Rowsey
2016: 1–11).

die Zahl der Abonnierenden erreichte im zweiten Quartal 2019 über 157 Millionen (vgl. Statista 2019 I). Aufgrund der verbreiteten Praxis des Teilens von Zugangsdaten liegt die tatsächliche Zahl der Nutzenden wohl deutlich höher.[45] Zudem ist in Zukunft ein deutlicher Anstieg an Streaming-Diensten zu erwarten, wie unter anderem Disney + (vgl. Sorrentino/Solsman 2019) oder das geplante Streaming-Angebot von Warner Bros. (vgl. Sarsky 2019), während das herkömmliche Fernsehen sich vermehrt an Taktiken der Anbieter orientiert und beispielsweise Serien in Online-Mediatheken – teilweise vor der Ausstrahlung im TV – zur Verfügung stellt (vgl. Schleich/Nesselhauf 2016: 212).

2.8.1 Auswahl und Genrezuweisung

Worin begründet sich nun der Erfolg des sogenannten „nicht-linearen Fernsehens" (vgl. Schleich/Nesselhauf 2016: 208)? Dieser ist auf verschiedene Faktoren zurückzuführen. Zwar müssen Nutzende auf alle Arten von Formaten verzichten, die auf eine Live- oder zeitnahe Ausstrahlung angewiesen sind, dahingegen profitieren sie von einem Katalog mit nutzungsfreundlicher Oberfläche, den sie anhand personalisierter Empfehlungen und ohne Werbeunterbrechungen erforschen können (vgl. Arnold 2016: 51). Obwohl die Auswahl groß ist, ist der Katalog natürlich endlich und enthält nicht ansatzweise alle populären Serien oder Filme. Das User Interface von Netflix etwa ist darauf ausgelegt, einen gegenteiligen Eindruck der unendlichen Auswahl zu erwecken, und lenkt dabei davon ab, dass sich die Auswahl – aufgrund abgelaufener und neuer Lizenzen – im stetigen Wandel befindet (vgl. Alexander 2016: 86). Die vorhandenen Inhalte sind zudem in eine Vielzahl von Genres und Subgenres gegliedert. So finden sich beispielsweise im Juli 2019 unter dem Film-Genre „Romantisch" auf der deutschen Netflix-Webseite die Subgenres „Romantische Komödien", „Alberne Komödien", „Independent-Komödien" und unter dem Serien-Genre „Horror" die Subgenres „Düstere Thrillerserien", „Übernatürliche Thrillerserien" sowie „Internationale Thriller- und Mysteryserien". Die indische Serie *Ghul* (2018) findet sich dabei in allen drei der letztgenannten Kategorien wieder. Die zahlreichen Zuschreibungen und Unterteilungen unterliegen nicht der Kontrolle der Nutzenden, weisen zahlreiche Doppelzuweisungen und Überschneidungen auf und sind

---

[45] Die Zahl der Nutzenden des größten Netflix-Konkurrenten Prime Video des Online-Versandhändlers Amazon ist durch die Kopplung des Angebots an das „Amazon Prime"-Modell schwer zu ermitteln.

dementsprechend undurchschaubar (vgl. Smith-Rowsey 2016: 67).[46] Gerade aus diesem Grund tragen sie dazu bei, das Angebot als extrem umfassend darzustellen. Dies in Verbindung mit der Wandlung des Kataloges (Formate verschwinden und kommen hinzu) führt dazu, dass die Nutzenden stets das Gefühl haben, Neues entdecken zu können, und somit dem Anbieter verhaftet bleiben.

2.8.2 Personalisierung?

Tatsächlich entzieht sich auch die Anordnung und Organisation der persönlichen Bibliothek weitestgehend der Kontrolle der Nutzenden. Beim Öffnen der Webseite wird man zunächst mit prominent platzierten Vorschlägen konfrontiert, die sofort – ohne Zutun der Nutzerin oder des Nutzers – als Trailer abgespielt werden; hat man die App auf dem Handy installiert, erhält man zudem regelmäßig Benachrichtigungen wie „Suggestion for Jakob – We think you'll like Dracula". Der Eindruck, das Konto sei in höchstem Maße personalisiert, wird offensiv vermittelt, wodurch der Eindruck eines allgemein personalisierten Angebots entsteht. Die vermeintliche Rolle der Nutzenden als „Programmdirektoren" (Milevski et al. 2018: 15) ist kritisch zu betrachten. Natürlich hat Netflix Zugriff auf einen umfangreichen Datenschatz, der Aufschluss über die Vorlieben der Nutzenden gibt, und kann diesen bei der Entscheidung, ob Formate produziert werden sollen oder nicht, heranziehen (vgl. Madrigal 2014). Dennoch steht die Frage im Raum, inwiefern die Nutzenden hier prägend sind oder Netflix deren Vorlieben prägt. Der Personalisierungsprozess unterliegt – abgesehen von einer sehr vagen Angabe der Vorlieben bei Generierung eines Profils – nicht der Kontrolle der Nutzenden, sondern verläuft automatisiert auf Basis der Rezeptionsgewohnheiten (vgl. Arnold 2016: 56). Je mehr nun rezipiert, je größer die Datenmenge wird, die Netflix zur Verfügung steht, desto kleiner wird – scheinbar paradoxerweise – die Varianz der Empfehlungen, desto geringer ist die Chance, mit einem Film oder einer Serie

---

[46] Ein weiteres Beispiel für die Undurchschaubarkeit der Kategorisierung: Die Webseite der britischen Tageszeitung „The Mirror" listet in einem Beitrag vom 07.10.2019 die Links zu 199 Kategorien auf (vgl. Knight 2019). Diese sind dann auf Netflix erneut in verschiedene Kategorien unterteilt. Sucht man beispielsweise nach „Crime TV Shows", ist die Liste unterteilt in „Netflix Originals", „Trending Now", „TV Comedies", „Popular on Netflix", „New Releases", „Critically Acclaimed Bingeworthy TV Shows", „Bingeworthy TV Thrillers", „Dark Suspenseful TV Shows", „US TV Shows", „TV Dramas", „Get In On Action", „European Movies & TV", „Crime TV Dramas", „Documentaries", „Relentless Crime Dramas", „German TV Shows", „Slow Burn", „TV Shows" sowie 15 weitere Kategorien, einer Top-Auswahl der Filme für das jeweilige Konto sowie diverse Empfehlungen, weil bestimmte andere Serien und Filme der Kategorie gesehen wurden (Stand 31.03.2020).

außerhalb der persönlichen Komfortzone konfrontiert zu werden (vgl. Alexander 2016: 89).[47] Es findet also, wie Sarah Arnold es benennt, eine „Ghettoisierung" der Nutzenden statt (vgl. Arnold 2016: 56). Eine – für das Phänomen der Personalisierung charakteristische – „Filterblase" bildet sich (vgl. Pariser 2012: 16).[48] Sollte der Nutzer nicht bewusst die Bequemlichkeit der Empfehlungen verlassen, wird sich diese Blase nicht mehr entwickeln, sondern lediglich – auf Basis einer in sich konstanten Datenmenge – stagnieren (vgl. Grunwald 2018: 43). Durch diesen Prozess kann es sein, dass man nicht mehr mit Formaten konfrontiert wird, die dem eigenen Geschmack zwar algorithmisch entgegenlaufen, ihm aber in der Realität entsprechen oder ihn bereichern könnten (vgl. Alexander 2016: 94). Diese ‚Wand aus Empfehlungen' zu durchbrechen, verlangt den Aufwand eines bewussten Stöberns und Suchens – ein Prozess, der mit einem gewissen Aufwand verbunden ist. Sollte man sich normalerweise nicht für ostasiatische Filme und Serie interessieren, wird man kaum auf das durchaus große Angebot an z. B. koreanischen Formaten auf Netflix stoßen.

Der Eindruck, Netflix würde die absolut freie Wahl begünstigen, ist also ein Trugschluss:

> Although Netflix's brand identity centers on notions of user choice, its algorithms work to actively negate choice. Human agency is infringed on through the discreet operations of the PRS [personalization and recommendations system, Anm. des Verfassers], which masks its own operations. The user's ability to act, to determine among the totality of the Netflix service and without reference to their profile, is impeded. The PRS commandeers choice so that the user will not experience the burden of self-definition and autonomy. Netflix acts so that the user does not have to. Human agency,

---

[47] Für eine ausführliche Darlegung der (mathematischen) Funktionsweisen des Netflix-Algorithmus vgl. Alexander 2016: 88 ff.

[48] Filterblasen entstehen nach Seth Flaxman u. a. durch die Personalisierung, welche beispielsweise Suchmaschinen und soziale Netzwerke anhand des Verhaltens der Nutzenden vornehmen. Somit werden Räume aufgebaut, „in which algorithms inadvertently amplify ideological segregation by automatically recommending content an individual is likely to agree with" (Flaxman u. a. 2016: 299). Scheint ein solches Phänomen zwar nahezuliegen, bestehen doch gerechtfertigte Einwände: Zum einen wird auf die komplexe wissenschaftliche Fassbarkeit des Phänomens hingewiesen, zum anderen darauf, dass Menschen unter anderem durch die digitale Vernetzung mit Andersdenkenden, durchaus im Internet Diskursen ausgesetzt sind, die ihren eigenen Überzeugungen entgegenlaufen und dementsprechend eine Änderung ihrer Einstellung bewirken könnten. Soziale Netzwerke, so wird des Weiteren argumentiert, könnten zwar auf der Basis ihrer technisch-apparativen Grundlagen durchaus eine Segregation begünstigen, letztlich sei es jedoch Sache des Individuums, sich für den Konsum nur einer Art von Nachrichten zu entscheiden bzw. sich mit Standpunkten auseinanderzusetzen, die von den eigenen abweichen (vgl. Bakshy et al. 2015: 1132, vgl. auch Flaxman et al. 2016: 317).

here, is posited as an encumbrance, something best surrendered so that the user is
not overwhelmed with uncertainty and, in the worst case, indecision. In exchange for
the convenient service offered by Netflix through its PRS, the user forgoes the labor
required by autonomous action and independent choice and unwittingly submits to
another form of less burdensome labor: that of being subjected to an ongoing process
of data monitoring. (Arnold 2016: 59)

Entsprechend stellt sich die Frage, ob sich die Programme von Streaming-
Anbietern den tatsächlichen Präferenzen der Nutzenden anpassen oder ob vielmehr eine – intendierte oder nicht intendierte – Manipulation in Richtung
bestimmter Kategorien vorliegt. In Bezug auf Personalisierung liegt spontan die
Vermutung nahe, Streaming-Dienste würden zu einer Ausweitung und Diversifizierung des Serienangebotes beitragen, zu einer wachsenden Zahl des Serienangebotes jenseits des Mainstreams. In Anbetracht obiger Argumentation ist hierbei
allerdings die Frage in Betracht zu ziehen, ob sich nicht eher die Vorlieben der
Rezipierenden dem Angebot anpassen und somit ein neuer Mainstream etabliert
wird. Dies kann hier zwar nicht abschließend beantwortet werden, liegt aber angesichts der wirtschaftlichen Orientierung der Anbieter nahe: „If they are moving
toward neoliberalism, under the very regime that nurtures the digital era's trajec-
tories, it would be ironic to understand Netflix or it's users as ‚gamechangers'"
(Sim 2016: 197).

2.8.3 Binge-Watching und dessen Auswirkungen auf die Narration

Im Bereich der Rezeptionsgewohnheiten ergeben sich durch die Streaming-
Anbieter tatsächliche Änderungen. Laut Casey McCormick wurde das „Binge-
Watching" – von „to binge" nach pons.com zu Deutsch „heißhungrig essen", „sich
mit etwas vollstopfen" –, das mit der Verfügbarkeit von Serien auf VHS und DVD
aufkam (vgl. McCormick 2016: 102), durch Video-on-Demand-Angebote zum
dominanten Modus des Fernsehkonsums (vgl. McCormick 2016: 101). Der Konsum vieler Serienfolgen am Stück wird durch die Ausstrahlungskultur der Dienste
ermöglicht bzw. begünstigt. Serien werden nur noch selten mit einer Folge pro
Woche veröffentlicht, sondern erscheinen als gesamte Staffel, die dann sofort und
ohne Pause rezipiert werden kann.

Aufgrund des Binge-Watching kann zudem auf Zusammenfassungen des bisherigen Inhalts und erzwungene Cliffhanger verzichtet werden (vgl. McCormick
2016: 102). Am Beispiel von *House of Cards*, einem Politdrama um den Aufstieg des Abgeordneten Frank Underwood zum Präsidenten der USA, vollzieht

McCormick die Eigenheiten des Binge-Watching nach. Zunächst sei die Serie, in Ermangelung von Rückblenden und Wiederholungen, stark vorwärtsgewandt (vgl. McCormick 2016: 104) und nicht in Folgen, sondern in über die Staffeln fortlaufende Kapitel (1 bis 73) aufgeteilt. Damit wird der Eindruck eines zusammenhängenden Werkes mit Buchcharakter betont und die Serie somit auf eine literarische Ebene gehoben. Es entsteht das Gefühl, eher einen zusammenhängenden Film als ein serielles Format rezipiert zu haben (vgl. McCormick 2016: 105). Die bewusste Abgrenzung zu ‚gewöhnlichen' Serien ist identisch mit der Abgrenzungsstrategie des Quality-TV.

Bereits durch die Serien des Quality-TV zeichnete sich eine zunehmende Tendenz zu längeren Handlungsverläufen ab, weg von der Episoden hin zur Fortsetzungsserie ab (vgl. Kupper 2016: 25). Durch das Binge-Watching verlieren Einzelfolgen und somit gewissermaßen die serielle Narration insgesamt – im Sinne einer episodischen Erzählung – an Eigenwert. Die Episodenstruktur, d. h. klar erkennbare Einheiten, nannte Hickethier 1991 noch als grundlegendes Merkmal der Serie (vgl. Hickethier 1991: 9). Auch die (zeitliche) „Einbindung in einen Programmzusammenhang", wie sie lange Zeit als konstitutiv für die audiovisuelle Serie galt (vgl. Hickethier 1994: 58), hat – zugunsten programmunabhängiger Rezeption – heute nahezu vollkommen an Bedeutung verloren. Im Unterschied zur TV-Ausstrahlung, bei der die Serie nicht jederzeit in vollem Umfang abrufbar ist, muss auch nicht jede Episode einen einfachen Einstieg in die Handlung ermöglichen (vgl. Blanchet 2011: 40 f.). Theoretisch könnten somit repetitive und erklärende Momente ausgespart werden.[49]

McCormick argumentiert, die neue Form der Rezeption trüge entscheidend dazu bei, narrativ komplexe Serien nachvollziehen und genießen zu können (vgl. McCormick 2016: 101). Letztendlich bleibt zu diskutieren, ob dies der Fall ist. Gegenläufig ließe sich anbringen, dass die Zeit zwischen den Episoden bei einer konventionellen Ausstrahlung die Möglichkeit lässt, das Gesehene zu reflektieren und zu überdenken, und somit sogar eine tiefergehende gedankliche Einbindung zulässt. Zudem setzt man sich durch den sukzessiven Konsum über einen längeren Zeitraum mit der Serie auseinander, das Rezipieren einer

---

[49] Zudem können die Episoden der Serien – da sie nicht mehr fest in das TV-Programm eingebunden sind – in ihrer Länge variieren. Theoretisch kann sich somit die Länge der Episode am Inhalt ausrichten und muss nicht – wie zuvor – exakt 30 oder 45 Minuten lang sein. Dies ist bereits der Fall: So sind die Episoden der ersten Staffel des Netflix Originals *Ozark* zwischen ca. 52 und 80 Minuten (Staffelfinale) lang. Allgemein bleiben die Schwankungen allerdings im Bereich einiger Minuten und Serienfolgen orientieren sich – wie zuvor – an einer Länge von tendenziell einer vollen oder einer halben Stunde, mit Ausnahme weniger Episoden mit Überlänge.

Serie wird mehr ‚zelebriert'. Dahingehend lässt das Bild vom ‚Verschlingen'
an unreflektierten Konsum denken und widerspricht der ohnehin vagen Komple-
xitätsbehauptung. Dass auf Handlungszusammenfassungen verzichtet wird, eine
Narration langsamer erfolgt und den Einzelcharakteren mehr Erzählzeit zugestanden wird, bedeutet nicht unbedingt, dass die Serie komplexer in dem Sinne ist,
dass sie schwerer zugänglich oder verständlich ist. Es handelt sich lediglich um
eine – an die Art der Distribution angepasste – Veränderung der Erzählstruktur.
Bei genauerer Betrachtung erscheint der vage Komplexitätsbegriff ebenso pejora-
tiv wie der des Quality-TV. Ist es nicht gerade das Binge-Watching, das Serien
zu einem austauschbaren Massengut macht? Schließlich geht es mit einer nie
gekannten Popularität der Formate einher und kann durchaus auch als wirtschaftliche Strategie betrachtet werden, durch die der Serienkonsum für Rezipierende so
alltäglich wird, dass sie den Streaming-Anbietern – allein aus Gewohnheit – als
zahlende Kunden treu bleiben. Welche Entwicklungen diesbezüglich stattfinden,
bleibt weiter zu beobachten.

Ungeachtet dieser Debatte lässt sich feststellen, dass beispielsweise im Bereich
der Zeichentricksitcom eine klare Entwicklung hin zu folgenübergreifenden
Handlungssträngen nachzuvollziehen ist (vgl. Kelsch 2019: 112 ff.). Dies ist umso
bemerkenswerter, da es sich hier um eine Art von Serie handelt, bei der über
lange Zeit die Handlungen einer Episode in der folgenden vollkommen redundant
waren. Auch im Falle sämtlicher im Rahmen dieser Untersuchung analysierten
Serien liegt – selbst bei starken episodischen Tendenzen in manchen Fällen –
stets eine klare übergeordnete Handlung vor. Dies ist ebenso bei Serien wie *Red
Oaks*, *Grace and Frankie* oder *The Ranch* der Fall, welche man im herkömm-
lichen Sinne als Sitcom verstehen könnte. Obwohl an dieser Stelle noch kein
finales Urteil gefällt werden kann, findet augenscheinlich eine Entwicklung von
der Episodenserie hin zur Fortsetzungsserie statt.

2.8.4   Resümee: Aufstieg oder Fall der Streaming-Dienste?

Streaming-Dienste ersetzen heute zumindest partiell bereits das konventionelle
Fernsehen. Durch die ungemeine Popularität der Eigenproduktionen, den gebo-
tenen Komfort und die zumindest suggerierte Personalisierung sowie durch
geschicktes Marketing, das besondere Qualität und Exklusivität verspricht, scheint
ihre Stellung gefestigt. Besonders in der jüngeren, westlichen Gesellschaft
haben Serien und deren Konsum über Streaming-Anbieter einen Popularitäts-
grad erreicht, der diejenigen, die nicht zum Kreis der Rezipierenden gehört,
gewissermaßen zu kulturellen Außenseitern macht. Auch der Einfluss der neuen

Rezeptionskultur (Binge-Watching) auf die formale Gestaltung der Serien kann nicht geleugnet werden, auch wenn weitere Entwicklungen hier abzuwarten bleiben.

Trotz der unleugbaren Erfolge ist die aktuelle Situation unter den Streaming-Anbietern problematisch. Die bisherige Monopolisierung zwischen Netflix und Prime Video sowie einigen sekundären und nationalen Anbietern, welche den Nutzenden die Auswahl der Anbieter erleichterte, trug sicherlich mit zum Erfolg der Anbieter bei. Die Konsequenzen der aktuellen Erweiterung des Angebotes an eigenständigen Streaming-Diensten sind nicht abzusehen. Die Eröffnung von Disney + sorgt beispielsweise dafür, dass über kurz oder lang weder die populären Marvel-Formate noch originäre Disney-Produktionen auf Netflix zu sehen sein werden (vgl. Rehfeld 2018). Ebenso dürfte ein Warner Bros.-Angebot eine ernsthafte Konkurrenz darstellen, gehört doch der Sender HBO und damit dessen ungemein populäre Eigenproduktionen wie *Game of Thrones* dem Konzern an. Nachdem gerade die Zentralisierung der Streaming-Dienste für einen Rückgang des illegalen Medienkonsums gesorgt hat, ist nicht auszuschließen, dass die Dezentralisierung eine gegenteilige Konsequenz haben wird (vgl. Fischer 2019). Aktuell ist bereits ein eskalativer und enorm kostenintensiver „war for content" entbrannt, ein Konkurrenzkampf zwischen Streaming-Anbietern und großen Medienkonzernen, um die ‚besten' bzw. publikumswirksamsten Inhalte (vgl. Hennig-Thurau et al. 2019: 4 f., 18 f.). Anstatt vier oder fünf monatliche Abonnementgebühren zahlen zu müssen, um eine Serie oder einen Film zu sehen, mag es vielen attraktiver scheinen, auf die zwar deutlich weniger komfortablen und natürlich illegalen, aber dafür kostenfreien Seiten zurückzukehren[50] oder doch auf eine Ausstrahlung im Fernsehen zu warten. Vielleicht – und diese Möglichkeit steht durchaus im Raum – wird gerade die Konkurrenz unter den Anbietern das Geschäft beleben und neue Wege der Kund/inn/enfreundlichkeit eröffnen. Diese Prognosen sind allerdings rein spekulativ.

Auch die oft getätigte Prognose vom Untergang des konventionellen Fernsehens (vgl. z. B. Rehfeld 2018) ist mit Vorsicht zu genießen. Die privilegierte Stellung des TV als Distributor von Serien und Filmen gehört bereits jetzt der Vergangenheit an. Sollten sich nicht bedeutende strukturelle Änderungen im Programm der Streaming-Anbieter entwickeln, nimmt das TV mit Formaten wie Talk und Game-Shows etc., Nachrichten, Live-Sendungen und nationalen sowie regionalen Serien eine Rolle ein, die das Streaming wahrscheinlich nicht ersetzen

---

[50] Obgleich die Video-on-Demand-Anbieter nach wie vor den Markt dominieren, lässt sich bereits aktuell wieder eine erhöhte Tendenz zu illegalem bzw. bedingt legalem Streaming beobachten (vgl. Heckel 2019).

wird. Dass es zunehmend populärer wird, die entsprechenden Programme online zu rezipieren, würde diese Rolle nicht schmälern.[51] Dennoch wird das ‚lineare‘ Fernsehen „gewaltige Schritte" (Hennig-Thurau et al. 2019: 5) unternehmen müssen, um in Zukunft in bestimmten Bereichen der Unterhaltung, z. B. Serien und Filme, konkurrenzfähig und attraktiv zu bleiben (vgl. Hennig-Thurau 2019: 40 – mit Bezug auf deutsche Medienanbieter).

Jenseits dieser interessanten, aber spekulativen Fragen bleibt festzustellen, dass das Streaming auf mehreren Ebenen einen ungemeinen Einfluss auf die Medienkultur ausgeübt hat und weiter ausübt. In welche Richtung sich dieser Einfluss entwickeln wird, ist dabei, wie stets im fluiden medialen Prozess, (noch) unklar. Eigentliches Anliegen der vorliegenden Studie ist nun die Darstellung der Familie in Video-on-Demand-Serien zu untersuchen und darüber Rückschlüsse darauf ziehen zu können, ob Video-on-Demand-Anbieter auf inhaltlicher Ebene einen Wandel bewirken.

Familienmodelle in Video-on-Demand-Serien: Analyse der Beispiele

Das Gesamtbild einer TV-Familie konstituiert sich aus diversen Faktoren. Anhand dieser Faktoren möchte ich den folgenden analytischen Teil strukturieren. Der weitreichenden Analyse meines Korpus geht dabei die exemplarische Analyse der Serie *Ozark* voran (3.1), die strukturell von der Untersuchung des Korpus abweicht. Zu Beginn der Korpusanalyse sollen die familiären Rollenmuster und geschlechtlichen Konstruktionen analysiert werden, also die Positionen, die eine Figur innerhalb eines Familiengefüges bzw. innerhalb einer familienzentrierten Serienhandlung einnehmen kann (3.2). Dabei unterscheide ich zwischen weiblichen und männlichen Rollen und thematisiere zudem Bedeutung sowie textinterne Wertung von Rollen, die von heteronormativen Strukturen abweichen. Bezüglich meiner Beispiele bedeutet dies konkret, die Darstellung homo- und transsexueller Charaktere zu untersuchen. Diese Charaktere zählen zwar auch in die Rollenbereiche der Mütter, Töchter, Söhne und Väter (und werden in diesem Rahmen auch genannt), nehmen in den analysierten Serien jedoch eine offenkundige Sonderrolle ein. Ohne dabei in irgendeiner Weise eine ausgrenzende oder abwertende Strategie verfolgen zu wollen, ist dementsprechend eine eigenständige Untersuchung notwendig. Nach dieser Analyse isolierter Rollen werde ich die möglichen Verhältnisse der Charaktere zueinander untersuchen (3.3). Dies schließt sowohl innerfamiliäre Beziehungen ein als auch Beziehungen von Familienmitgliedern zu außerfamiliären Charakteren. Aus den Beziehungen der Charaktere zueinander ergeben sich diverse Modelle von Familie, die durch die Texte ebenfalls unterschiedlich gewichtet werden (3.4). Über die Rollen, Beziehungsgeflechte und

Elektronisches Zusatzmaterial Die elektronische Version dieses Kapitels enthält Zusatzmaterial, das berechtigten Benutzern zur Verfügung steht https://doi.org/10.1007/978-3-658-34766-6_3.

die daraus resultierenden Modelle hinaus werden die Darstellungen von Familie, welche – wie oben (vgl. 1) bereits angemerkt – gleichsam als Keimzelle bzw. verkleinertes Abbild der Gesellschaft gelten können, auch von den Paradigmen bestimmt, die an das familiäre Leben angelagert werden und als deren Merkmalsträger/innen die Einzelcharaktere fungieren (3.5). Abschließend beleuchte ich die Raum- und Handlungsstrukturen der jeweiligen Formate und deren Aussage über die Stellung der Familie innerhalb der Formate (3.6). Am Ende des Kapitels steht eine zusammenfassende Abstraktion der zuvor abgeleiteten Schlüsse und Thesen (3.7). Eine Übersicht über die Charaktere in Form einer Personenkonstellation und die Handlung der jeweiligen Serienfolgen ist in Anhang 2 (im elektronischen Zusatzmaterial) zu finden.

3.1 Serienanalyse: *Ozark*

Die Handlung von *Ozark* ergibt sich in ihrer Gesamtheit aus der vielseitigen Verknüpfung verschiedener familiärer Verbände und nur weniger nicht familiär eingebundener Einzelcharaktere. Aufgrund der gezeigten Familien, die sowohl hinsichtlich ihrer Modellierung (z. B. traditionelle Kernfamilie vs. alleinerziehendes Elternteil), der Verortung in sozialen Milieus (z. B. obere Mittelschicht vs. Unterschicht, weltlich/kriminell vs. religiös/rechtschaffen) und anderer Faktoren sehr divers sind, ist *Ozark* nicht nur inhaltlich und analytisch ergiebig, es eignet sich auch dazu, die dieser Untersuchung zugrunde liegende Arbeitsweise beispielhaft nachzuvollziehen. Da sich die Analyse von *Ozark* konkreter am Gegenstand bewegt als die umfassendere Korpusanalyse liegen ihr zunächst keine abstrakten Strukturen zugrunde. Stattdessen gehe ich von einer Analyse der unterschiedlichen Familienverbände und der weiteren Charaktere der Serie aus. Wie in der Korpusanalyse folgt eine Untersuchung der Leitparadigmen des Formats ebenso wie der Raum- und Handlungsstruktur. Hieraus ziehe ich Schlüsse über die Darstellung von Familie in *Ozark*.

3.1.1 Kurze Inhaltsangabe

Um die Orientierung zu erleichtern und der folgenden Analyse ein Fundament zu schaffen, möchte ich eine kurze Einführung in Inhalt und Handlungsverlauf von *Ozark* geben.

Der dominante Handlungsstrang der Serie ist das Geschehen um die Chicagoer Familie Byrde. Der Familienvater Marty, ein selbstständiger Finanz- und Anlage- berater, wurde, nur halb freiwillig, in die Geldwäschegeschäfte des mexikanischen Drogenbarons Camino Del Rio verwickelt. Als Byrdes Geschäftspartner Bruce Liddell von Del Rio erschossen wird, da er einen größeren Geldbetrag unter- schlagen hat, droht auch Marty der Tod. Byrde kann Del Rio überzeugen, dass er für ihn als Geldwäscher von höherem Nutzen ist, und schlägt vor, in den Ozarks einen Geldwäschebetrieb aufzubauen. Hierbei handelt es sich um eine Wald- und Seenregion im südlichen Missouri sowie in Teilen Arkansas, Oklaho- mas und Kansas. Die Region – besonders die Seengebiete – ist zwar touristisch gut erschlossen, aber in großen Teilen doch sehr rural geprägt und weist viele recht isolierte Ortschaften auf.[1] Die Ozarks gelten u. a. als Heimat der Hillbil- lys, also des Stereotyps des ungebildeten, US-amerikanischen Hinterwäldlers, und sind somit – für eine Familie aus der Großstadt – das sprichwörtliche „Ende der Welt".[2] Die gesamte Familie zieht – verfolgt von Beamten des misstrauisch gewordenen FBIs – in die Ozarks. Hier werden sie mit den größtenteils antago- nistischen Einwohnern konfrontiert und – unter Martys Federführung – durch die Geldwäschegeschäfte in diverse Konkurrenzkampf- und Bedrohungssituationen mit potenziell tödlichem Ausgang verwickelt. Den Byrdes stehen als Antago- nisten zunächst der Hillbilly-Clan der Langmores gegenüber, die versuchen an

---

[1] Vgl. „New World Encyclopedia" zu „The Ozarks": http://www.newworldencyclopedia.org/entry/The_Ozarks (zuletzt abgerufen am 21.04.2020).

[2] Anthony Harkins stellt fest, dass die Darstellung von „southern mountain people as pre- modern and ignorant ,hillbillies'" ein fest verankerter und bis heute bestehender Teil der US-amerikanischen Populärkultur in allen Bereichen ist (vgl. Harkins 2004: 3). Neben den Bewohnern der Appalachen dienen auch die Bewohner der Ozarks als Vorlage für dieses Klischee, obgleich sich der Herkunftsraum der Hillbillys zu einem eher amorphen Gebilde entwickelte, das alle rural geprägten Räume abseits ökonomischer Zentren umfasst (vgl. Har- kins 2004: 4). Als Merkmale der Hillbillys zählt Harkins „a diet rooted in scarcity […], physical appearance and clothing that denoted hard and specifically working-class laboring conditions […], an animal-like existence on the economic and physical fringes of society […], ignorance and racism, and in all cases, economic, genetic and cultural impoverishment" (Har- kins 2004: 4) auf. In *Hilbilly Hellraisers. Federal power and populist defiance in the Ozarks.* charakterisiert J. Blake Perkins die Ozarks zudem als rurales, stark konservativ-geprägtes Gebiet mit deutlichen „antigovernment" Tendenzen innerhalb der Bevölkerung (vgl. Perkins 2017: 2 f.). *Ozark* arbeitet hier also in doppelter Hinsicht mit einem Klischee: Die Byrdes wer- den aus dem hochmodernen Chicago, einem Inbegriff großstädtischen Lebens, in eine Gegend versetzt, die geradezu stereotypisch einen Gegensatz zur modernen bzw. ,fortschrittlichen' Welt bildet und deren Bewohner ihnen – den aufgeschlossenen, liberalen Stadtmenschen – im direkten Gegensatz gegenüberstehen. Mehr zu dieser Grenzüberschreitung unter 3.1.4.

das Vermögen der Byrdes zu gelangen. Während die Langmores sich als geringe Bedrohung herausstellen bzw. in ihren Versuchen erfolglos bleiben, durchkreuzt Marty versehentlich im späteren Verlauf des Formats die Geschäfte des Ehepaars Snell, das in der Gegend – getarnt als Farmer bzw. Mohn-Bauern – über ein Heroin-Imperium gebietet. Diese werden zu einer ähnlichen Bedrohung wie Del Rio. Letztlich findet sich Marty in einem Machtkampf zwischen einheimischem und mexikanischem Drogenkartell wieder. Hinzu kommt, dass die langjährige Ehe Martys durch einen Betrug seiner Ehefrau gefährdet ist, somit gilt es nicht nur das Leben der Byrdes vor der Bedrohung durch Del Rio zu schützen, sondern auch die Familie vor dem Auseinanderbrechen durch den Ehebruch zu bewahren. Familiäre Konflikte nehmen innerhalb der Handlung des Formats eine oft so zentrale Stellung ein, dass sie der zentralen Handlungslinie – Geldwäsche und Kriminalität – an Relevanz ebenbürtig sind.

3.1.2   Charakteranalysen

Da *Ozark* über ein recht umfassendes Figureninventar verfügt (vgl. Abb. 3.1), wurden die Charaktere des Formats in Gruppen zusammengefasst. Dabei ist bereits im Vorhinein auffällig, dass die Figuren überwiegend in Familienverbänden organisiert sind. Nur wenige Neben und lediglich ein zentraler Charakter sind bzw. ist nicht in ein zumindest familienähnliches Verhältnis eingebettet. Welche Aussagen sich bereits aus diesem Grundcharakteristikum des Formats in Bezug auf mein Forschungsinteresse ableiten lassen, soll im Folgenden erörtert werden, lässt aber bereits die offenkundige Tendenz erahnen, Familie narrativ zu zentrieren. Da in vielen Fällen eine enge Verknüpfung bestimmter Charaktere mit bestimmten Paradigmen vorliegt, soll die Charakteranalyse der abstrakteren Untersuchung der zentralen Paradigmen des Formats vorausgehen und dieser als Fundament dienen. Während ich also im Rahmen der Charakteranalyse wiederholt auf beispielhafte Textstellen Bezug nehme, wird dies bei der Paradigmenanalyse weniger der Fall sein. Die Analyse der Charaktere ist nach dem Rang bzw. der Bedeutung geordnet, welche/n die jeweiligen Gruppen in der Narration von *Ozark* einnehmen, zentraler Bezugspunkt ist dabei – wie aus dem obigen Schema ersichtlich – die Familie Byrde.

3.1.2.1 Familie Byrde

Dreh- und Angelpunkt der Serie ist die Familie Byrde, die neben Marty Byrde aus seiner Ehefrau Wendy, mit der er zu Beginn der diegetischen Gegenwart seit

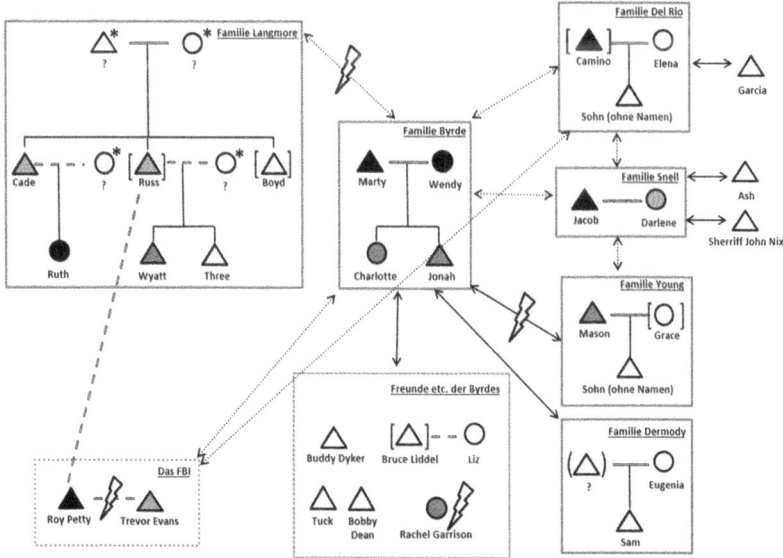

Abb. 3.1 Personenkonstellation zu Ozark (für eine Erklärung der verwendeten Zeichen, siehe Anhang 2 im elektronischen Zusatzmaterial)

22 Jahren verheiratet ist, der fünfzehnjährigen Tochter Charlotte und dem dreizehnjährigen Sohn Jonah besteht. Betrachtet man die Struktur der Familie Byrde, ist festzustellen, dass es sich um ein relativ traditionelles Familienmodell handelt, das an das Familienideal der 1950er Jahre erinnert: Marty verdient den Lebensunterhalt der Familie, während Wendy als Hausfrau und Mutter die Arbeit im Haus und die Betreuung der Kinder übernimmt.

Doch ist Marty Byrdes Position nicht vergleichbar mit der des allmächtigen, allwissenden Patriarchen der Serien der 1950er und 1960er Jahre, welcher über jeden Zweifel erhaben ist: Martys Position darf angezweifelt, seine Standpunkte dürfen kritisiert werden. Dies zeigt sich bereits in einer Szene der ersten Episode: Als ihr Vater Charlotte zehn Dollar verweigert, um damit eine Aktion an der Schule zu unterstützen, reagiert sie nicht nur kritisch, sondern beleidigend: „I am not calling you one but why are you acting so dickish?" (*Ozark* I/1: 09:00). An der gelassenen Reaktion Martys lässt sich erkennen, dass dies keine unerwartete oder ungewöhnliche Verhaltensweise seiner Tochter ist. Es handelt sich eher um eine impulsive Reaktion ohne besondere Schwere als um eine tiefgreifende Kritik. Seine innerfamiliär dominante Position bleibt unangetastet, wird sogar noch bestätigt, als Wendy, nachdem sie kurz Partei für ihre Tochter ergriffen hat, letztlich doch Martys Argumentation zustimmt. Er ist und bleibt derjenige, der die zentralen Entscheidungen innerhalb der Familie Byrde trifft und der – bis zur letzten Episode der Staffel – über das Leben seiner Frau und vor allem seiner Kinder verfügt, wenn auch stets mit der Absicht ihnen ein stabiles und (finanziell) sorgenfreies Leben zu ermöglichen. Tatsächlich findet eine gewisse Stilisierung Martys in seiner Vaterrolle statt: Seine Liebe zu seinen Kindern ist absolut und unbedingt und seine Opferbereitschaft für die Familie grenzenlos.[3] Auch die Schuld am Auseinandergehen der Ehe wird im Verlauf der Narration eindeutig Wendy zugeschrieben. Marty, so wird schon in der ersten Episode deutlich, ist selbst nach Wendys Betrug zu treu, zu integer, um selbst zum Betrüger zu werden: Als er aus Rache an seiner Ehefrau eine Sexarbeiterin aufsuchen will, imaginiert er das Zusammentreffen bloß in einem Wachtraum, in welchem die Frau ihn in seinen Werten und Vorstellungen bestätigt (vgl. *Ozark* I/1: 12:00). Er ist zwar offensichtlich wütend und zutiefst enttäuscht von seiner Ehefrau, sagt, dass sie ihm das „Herz gebrochen" habe (*Ozark* I/7: 53), doch er übt nie vergleichbare Rache. Selbst der zentrale negative Charakteraspekt Martys – seine verbrecherische Tätigkeit – wird relativiert: Letztlich lässt er sich nur unter deutlichem Druck und durch die Überredungskünste Del Rios zur Geldwäsche überreden. Martys Ziel ist es dabei vor allem, seine Familie zu beschützen und für sie zu sorgen (*Ozark* I/8:21:00 sowie I/8: 24:00 „To protect and provide for my family.").[4] Seine Entscheidung macht Marty dabei zusätzlich von der Zustimmung seiner Frau abhängig, die sich einverstanden erklärt (*Ozark* I/8: 38:00). Zweifel an der

---

[3] Die Liebe zu seinen Kindern äußert sich u. a. wiederholt in Szenen, in denen Marty ihnen einen Gutenachtkuss gibt und sie seines väterlichen Stolzes versichert (u. a. *Ozark* I/1: 12:00, I/2: 40:00, I/3: 51:00), wird aber auch aus der Gesamthandlung mehr als hinlänglich ersichtlich. So ist er in der zweiten Episode entschlossen, Selbstmord zu begehen, um damit seine Familie vor der Bedrohung zu retten. Er sieht von diesem Plan ab, da er erfährt, dass seine Lebensversicherung unter den verdächtigen Umständen seines Todes nicht ausgezahlt werden würde und seine Familie somit unversorgt bliebe (vgl. *Ozark* I/2: 44:00). Selbst im vermeintlich letzten Moment seines Lebens, als Del Rio ihn mit der Waffe bedroht, denkt er nur an seine Kinder und sieht vor seinem inneren Auge glückliche Familienerinnerungen (vgl. I/1: 28:00).

[4] Durch die Verknüpfung von Verbrechen und Familie entsteht dementsprechend eine Struktur, die das Verbrechen einerseits legitimiert, andererseits dem Familienaspekt eine gewisse negative Implikation – die des Verbrecher-Clans oder der kriminellen Familie – verleiht. Dies erinnert nicht nur an Serien wie *Breaking Bad*, sondern auch an bekannte filmische Erzählungen wie Francis Ford Coppolas *The Godfather* (USA, 1972).

positiven Rolle Marty Byrdes entsteht aus seiner beruflichen Position als harter Kapitalist und Geschäftsmann. Dieser Zwiespalt – Geschäftsmann auf der einen, emotionaler Familienvater auf der anderen Seite – zeigt sich immer wieder aufs Neue: Die Serie wird mit einem Monolog Martys darüber eröffnet, dass der finanzielle Erfolg der Maßstab der Lebensentscheidungen eines Mannes sei (vgl. *Ozark* I/1: 00:00), später vergleicht er bei einer väterlichen Ansprache eine Familie mit einem Kleinunternehmen (vgl. *Ozark* I/2: 00:00) und zeigt sich gegenüber familiären Belangen oft kalt und ablehnend, letzteres allerdings nur in Gesprächen mit seiner Frau.[5] Diese emotionale Kälte kann entsprechend nicht als tatsächliche Ablehnung der Familie, sondern vielmehr als Ablehnung seiner Ehefrau verstanden werden. Irritierend sind ebenso Szenen, die seine Tätigkeiten in der kriminellen Zwischenwelt direkt neben seine Rolle als Familienvater stellen, so beispielsweise, wenn er liebevoll mit seiner Tochter spricht, nachdem er bei einer jugendlichen Stripperin war, um von ihr Informationen zu erlangen (vgl. *Ozark* I/3: 49:00, 51:00). Zunächst wird hier die Begegnung Martys im Stripclub gezeigt, es folgt eine Szene, in welcher der FBI-Agent Roy Petty von einem anderen Mann oral befriedigt wird, und dann eine Szene, in der Ruth Langmore erkennt, dass ihre Onkel Geld entwendet haben und sich ein Konflikt anbahnt. Es handelt sich in allen drei Fällen um nächtliche Szenen mit düsterer Beleuchtung und gewalttätiger und/oder sexueller Atmosphäre. Das Gespräch Martys mit seiner Tochter findet zwar ebenfalls in nächtlicher Dunkelheit statt, steht aber durch die friedvolle Geborgenheit der Szenerie im Gegensatz zu den vorangehenden Szenen und auch dem nachfolgenden Konflikt der Langmores, der durch das Geräusch eines gespannten Pistolenhahns eingeleitet wird. Durch diese Nebeneinanderstellung wird die Unvereinbarkeit von Martys Lebensbereichen deutlich ebenso wie sein zunehmendes Abgleiten in die Kriminalität. Die Dunkelheit – stellvertretend für Verbrechen und Unterwelt – hat Martys Leben vollständig erfasst und droht seine Familie, den ‚Anker der Menschlichkeit', der ihn bisher von der Verrohung anderer Charaktere abgegrenzt hat, zu vereinnahmen. Martys Rolle als Familienvater wird somit allerdings nicht relativiert. Vielmehr wird sie durch die Gegenüberstellung positiv bestätigt und es wird darauf verwiesen, dass eine dauerhafte Koexistenz beider Sphären nicht möglich ist. Ausschlaggebend für die Charakterisierung Martys ist hier, dass er im Raum des Verbrechens zwar ‚funktioniert', also die notwendigen Handlungen zielstrebig und gekonnt ausführt, dies allerdings nie mit Freude oder anderen positiven Emotionen tut. Er handelt hier vielmehr mit

---

[5] So ist er betont unberührt davon, dass die Spielzeugkiste („toy chest") seiner Tochter beim Umzug in die Ozarks vergessen wurde (*Ozark* I/3: 01:00), und davon, dass sie das Haus verkaufen müssen, in dem Jonah geboren wurde (vgl. *Ozark* I/4: 04:00).

einer gewissen Verbitterung, Resignation oder mit kalter Entschlossenheit, welche ihm die Extremsituation eines gnadenlosen Handlungsraumes abverlangt. Geborgenheit und Zufriedenheit findet er in der Familie. Die Figur wird somit zwar kontrastiert, seine Rolle als Familienvater jedoch nicht relativiert. Zweifelsohne bleibt der Charakter moralisch indifferent, denn faktisch liegt die Entscheidung, sich der Kriminalität zuzuwenden bei ihm, ist die gesamte Bedrohungssituation doch Konsequenz seines Handelns – objektiv ist Marty Byrde ein Verbrecher –, dennoch findet keine explizite Negativcharakterisierung der Figur statt, schließlich war die handlungsinterne Tätigkeit als Geldwäscher die Alternative zum sicheren Tod.

Bei Wendy Byrde hingegen handelt es sich, auch wenn sie nicht ohne positive Eigenschaften ist, um einen negativ inszenierten Charakter.[6] Auch sie verfügt über Familiensinn und ist bereit ihre Kinder gegenüber jeder Bedrohung zu verteidigen. Dieses Handeln ist allerdings weniger emotional begründet, sondern entspringt vielmehr einem animalischen Mutterinstinkt.[7] Wie Marty hält sie am familiären Zusammenhalt fest, auch in Anbetracht der massiven Bedrohungssituation durch Del Rio: „We're a family, so we are… We're making this move as a family." (vgl. *Ozark* I/1: 32:00). Vor allem aber – und dies kann als ausschlaggebender Punkt betrachtet werden – ist sie diejenige, die vor Einsetzen der Handlung den Ehebruch begeht und somit eine Spaltung der Familie provoziert. Zudem weiht sie die Kinder in die Geldwäschegeschäfte des Vaters ein. Zwar handelt es sich hierbei um einen Akt der Ehrlichkeit, der das weitere Leben erleichtert, da er Geheimhaltung und Lügen unnötig macht, sie setzt die Kinder damit allerdings auch unmittelbar dem Stress der akuten Bedrohungssituation aus und lässt sie Teil der kriminellen Tätigkeiten werden (vgl. *Ozark* I/2: 53:00).[8] Auch wenn es sich bei der Mutter der Familie Byrde nicht um eine positiv charakterisierte

---

[6] Die Äquivalenzen der Charakterinszenierung zum populären US-amerikanischen Serienformat *Breaking Bad* (2008–2013) sind überdeutlich. Unabhängig von inhaltlichen Ähnlichkeiten – in beiden Formaten geht es im weitesten Sinne um Drogenkriminalität – ähnelt das Ehepaar Byrde dem Ehepaar White aus *Breaking Bad*. Nicht nur sehen sich Skyler White und Wendy Byrde rein äußerlich ähnlich, auch findet eine Negativcharakterisierung statt. Beide Frauen sind ihrem Ehemann (eingeschränkt) antagonistisch gegenübergestellt.

[7] Als sie Charlotte von den Langmore-Jungen bedroht glaubt, fährt sie wütend auf das Grundstück der Langmores und droht ihnen mit dem Tod, falls sie ihre Tochter nicht in Ruhe lassen oder sich noch einmal ihrem Haus nähern (vgl. *Ozark* I/3: 45:00).

[8] Dies ist nicht explizit negativ zu bewerten: Zwar kommt dieses Geständnis am Ende der zweiten Episode überraschend für die Rezipierenden, schafft aber die notwendige Vertrauensbasis für die weitere Koexistenz der Familie: Ohne eine Einweihung würden die Kinder wohl endgültig das Vertrauen in die Familie verlieren, welches im Gesamtverlauf des Formats ohnehin wiederholt erschüttert wird.

Figur handelt, so kommuniziert der Text die Motive, die zum Bruch der Ehe führen, als nachvollziehbar. Als sie in der ersten Episode eingeführt wird, berichtet sie mit leichter Ironie von ihrem Tagesverlauf: „My day was very exciting. I went to Costco. And then I went and got groceries. And then I dropped off the recyclables. And then I took Jonah to the dentist." (*Ozark* I/1: 08:00). Ihre Aussage, ihr Tag sei „aufregend" gewesen, widerspricht hier dem zwar gefüllten, doch äußerst gewöhnlichen Tagesplan. Über Wendys Vorgeschichte wissen wir, dass sie sich zuvor beruflich in politischen Kampagnen engagiert hat (vgl. Ozark I/8: 14:00). Im filmischen Jetzt hingegen ist sie ausschließlich mit Haushaltsaufgaben und den Kindern beschäftigt, d. h., all ihre Tätigkeiten sind familiäre, genuin eigene Interessen kommen nicht mehr vor. Sowohl als Mutter als auch auf beruflichem Terrain musste sie wiederholt Rückschläge hinnehmen, die in der achten Episode „Kaleidoscope" dargestellt werden, einer Episode, die zeitlich vor dem Geschehen der Serie spielt: Sie wird nur wegen ihres Alters bei einem Vorstellungsgespräch für einen Job abgelehnt, für den sie klar qualifiziert wäre (vgl. *Ozark* I/8: 04:00), vor allem aber führt ein Autounfall zu einer Fehlgeburt, kurz nachdem sie sich entschieden hatte, das Kind zu behalten (vgl. *Ozark* I/8: 43:00). Gegenüber Marty äußert sie, sie habe den Ehebruch begangen, weil sie seine Zuneigung vermisse und sich von ihm ausgeschlossen gefühlt habe, seitdem er mit der Geldwäsche anfing (vgl. *Ozark* I/7 53:00). Es ist also ein langwieriger, frustrierender Prozess der Enttäuschungen, der Wendy zu ihrem Betrug an Marty treibt. Ebenso wie Marty – Geschäftsmann und Familienvater – befindet sie sich in einem Rollenkonflikt: Zum einen hat sie die traditionelle Rolle der Hausfrau und Mutter auszufüllen und tut dies auch, nicht unbedingt widerwillig, mit scheinbarer Mühelosigkeit, zum anderen ist sie intellektuell unterfordert und sehnt sich nach beruflicher Anerkennung, nach einer Ernsthaftigkeit jenseits der Häuslichkeit. Zudem ist sie in der Beziehung mit Marty emotional und sexuell unbefriedigt. Der Ehebruch ist Ventil ihrer aufgestauten Emotionen. Während des Lebens in Ozark zwingt sie schließlich dem Immobilienmakler Sam Dermody regelrecht ihre Mitarbeit auf (vgl. *Ozark* I/3: 42:00) und forscht hier nach Möglichkeiten zur Geldwäsche. Sie sucht einen Weg nach beruflicher Erfüllung, nach aktiver und relevanter Einbindung in Martys Geschäfte und somit nach eben jener Anerkennung, die ihr bisher verweigert blieb. Ihre beruflichen Bemühungen haben jedoch nie die Tragweite und Effizienz wie Martys Anstrengungen zur Geldwäsche.[9] Auch wenn sie sich für den Zusammenhalt der Familie einsetzt, ist

---

[9] Sie ist zwar diejenige, die Marty auf die Idee bringt, Geld über den Bau einer Kirche zu waschen, die letztendliche Ausführung dieses Planes obliegt allerdings Marty. Zudem trägt eben dieses Bauvorhaben massiv zur Eskalation der Situation bei (vgl. *Ozark* I/5: 33:00). Ihre Beteiligung am Immobiliengeschäft ist zum Teil Kompensation für die eigene defiziente

Wendy im Familiengefüge der Byrdes somit stets eher Risikofaktor als tragendes Familienmitglied.[10]

Wie ihre Mutter kann Charlotte als tendenziell negativer Charakter gewertet werden. Von ihrer Seite regt sich der aktivste Widerstand gegen den Umzug der Byrdes. Als sie davon erfährt, besteht ihre erste Reaktion aus rüder Zurückweisung: „No fucking way am I going." (vgl. *Ozark* I/1: 32:00). Diese Einstellung ändert sich faktisch im weiteren Verlauf der Serie nicht. Wiederholt versucht sie sich von der Familie zu lösen, sei es durch einen Fluchtversuch zurück nach Chicago (vgl. *Ozark* I/3: 26:00, 33:00), durch einen angedeuteten Selbstmordversuch (vgl. *Ozark* I/7: 55:00) und durch die ostentative Abkehr von ihrer Kindlichkeit und damit der Bindung an ihre Eltern.[11] Letztlich scheitern all ihre Emanzipationsversuche: Sie bleibt ihrer Familie verhaftet, eine Loslösung ist nicht möglich.[12]

Familiensituation: „I know how to sell the idea of a happy family." (vgl. *Ozark* I/3: 42:00). Kann sie schon nicht selbst in einer glücklichen Familie leben, so will sie diese Situation doch zumindest zeitweise vortäuschen.

[10] Wendy ist auch diejenige, die dazu anregt, die Kinder – ohne ihre Eltern – zurück nach Chicago zu schicken, um ihnen ihr altes Leben wiederzugeben. Glaubhaft vermittelt sie, dass sie als Eltern hier versagt und die Kinder entwurzelt hätten (vgl. *Ozark* I/7: 50:00). Eine Äußerung, die zwar objektiv korrekt ist, die jedoch innerhalb des Seriengefüges als negativ gelten kann: Eine Trennung der Familie kommt hier nicht in Frage.

[11] Dies beginnt damit, dass sie ihre Eltern mit ihren Vornamen anspricht, anstatt sie „Mom" und „Dad" zu nennen – ein Verhalten, das Marty sofort verbietet (vgl. *Ozark* I/3: 01:00, sowie 14:00). Als zentraler Loslösungsversuch kann ihr Verhalten in der sechsten Episode „Book of Ruth" gelten: Hier schläft sie mit dem attraktiven jungen Chicagoer Zach und verliert ihre Jungfräulichkeit (vgl. *Ozark* I/6: 36:00). Dieser Versuch das Kind-Sein hinter sich zu lassen, scheitert: Zach geht und lässt Charlotte mit Liebeskummer zurück. Zuletzt flüchtet sie sich zu ihrer Mutter (vgl. *Ozark* I/6: 51:00).

[12] Interessant ist Charlottes nur wenig thematisierte Inszenierung ihrer Situation nach außen. Als Vermittler zur Welt außerhalb der Ozarks dient ihr ihr Smartphone: In einer markanten Szene nimmt sie ein Selfie von sich auf, das sie mit dem Kommentar „Loving the Ozarks" in einem sozialen Netzwerk postet. Die Inszenierung nach außen, das Bild, das sie ihren außerfamiliären Freunden und Bekannten vermittelt, steht im direkten Gegensatz zu ihrer tatsächlichen Gemütsverfassung. Explizit wird hier die Divergenz von öffentlicher Inszenierung und tatsächlicher Befindlichkeit eröffnet. Charlotte betrachtet ihre Selbstinszenierung über das Smartphone bzw. den Zugang zur Außenwelt, den ihr das Gerät bietet, allerdings als tragenden Bestandteil ihres Lebens: Als sie es – um nicht aufgespürt werden zu können – abgeben soll, lehnt sie dies zunächst mit den Worten „No fucking way. My whole life is in there." ab (vgl. Ozark I/10: 39:00). Das Digitale dient Charlotte als Ausgleichs- und Ermächtigungsraum: Während ihre physischen Lebensumstände von Entwurzelung, Kontrollverlust und familiären Konflikten bestimmt werden, also deutlich defizient sind, kann sie im Digitalen ein Leben nach eigenen Wünschen und Vorstellungen inszenieren. Das Weltmodell der

Jonah bildet ein Gegenstück zu seiner Schwester und ist ein eher positiver Charakter. Der Junge ist zutiefst verunsichert von der Situation, insbesondere als er erfährt, dass sein Vater für ein Drogenkartell arbeitet. Indem er sich Videos über die Gewalttaten mexikanischer Drogenkartelle ansieht, schürt er seine Furcht weiter und steigert sich in die Situation hinein (vgl. *Ozark* I/3: 16:00). Seine Verunsicherung wächst und er entwickelt eine diffuse Faszination für den Tod und das Sterben.[13] Im weiteren Verlauf beginnt er sich für Schusswaffen zu interessieren, lässt sich von Buddy Dyker das Schießen beibringen (vgl. *Ozark* I/5: 13:00) und beschafft sich letztlich selbst Waffen (vgl. *Ozark* I/9: 00:00). Seine Intention ist hier eindeutig, seine Familie zu schützen und seine Machtlosigkeit zu überwinden. Letztlich ist er nie gezwungen einen Mord zu begehen, seine kindliche Naivität bleibt unberührt, die Schwelle zur Verrohung wird nicht überschritten.[14] Wie Marty versucht Jonah also die Familie gegen die Bedrohung zu verteidigen. Dabei ist auffällig, dass er sich – im Gegensatz zu seiner Schwester – nicht von der Gewalt zu lösen versucht, sondern sich ihr sogar zuwendet. Direkte Gewaltausübung, insbesondere Gewalt durch Schusswaffen, werden hier innerfamiliär zu männlichen Aspekten.

Der Aufbau der Familie Byrde folgt einer konservativen Hierarchie: Marty Byrde hat über die gesamte Serie hinweg stets das letzte Wort. Er und sein Sohn übernehmen die männliche Schutzfunktion, auch wenn es sich in Jonahs Fall

---

Serie steht dem entgegen: Angesichts ‚realer' Probleme – u. a. der familiären Konflikte – ist Charlottes Inszenierung im digitalen Raum irrelevant. Nicht in der Öffentlichkeit werden genuin private, in diesem Falle emotionale Problematiken verhandelt, sondern in der Familie. Bei dieser handelt es sich um den Raum größter persönlicher Privatheit, und nur hier kann diese Privatheit gebührend verhandelt werden. Dieser Absolutheitsanspruch der Familie als einziger Raum der effektiven Problemlösung – ein historisches Kontinuum in Serien – bleibt auch von der Digitalisierung unangetastet.

[13] So unterhält er sich mit dem schwerkranken Buddy Dyker über dessen Leiden (vgl. *Ozark* I/4: 05:00) und beschäftigt sich mit einem toten Waldtier, schneidet es auf und zieht seine Eingeweide heraus (vgl. *Ozark* I/4: 20:00). Dies geschieht seiner Aussage nach aus naturwissenschaftlichem Interesse (vgl. *Ozark* I/4: 25:00), tatsächlich wohl aber eher aus einer momentanen Todesfixierung.

[14] Mehrmals bedroht er Eindringlinge auf dem Grundstück der Byrdes mit Waffen oder hat es zumindest vor, sei es Ash – ein Handlanger der Snells (vgl. *Ozark* I/5: 46:00), der FBI-Agent Roy Petty (vgl. *Ozark* I/6: 39:00) oder Del Rios Handlanger Garcia (vgl. *Ozark* I/10: 18:00). Letztlich ist es die großväterliche Mentorenfigur Buddy Dyker, die Garcia erschießt, Wendy und den Kindern somit die Flucht ermöglicht und Jonah – durch das vorherige Entladen seiner Waffe – vor einem Mord bewahrt (vgl. *Ozark* I/10: 19:00). Kennzeichnenderweise ist es Wendy, die kurz zuvor Jonahs Schießen mit einem kaum sichtbaren Nicken legitimiert. Sie ist also bereit hinzunehmen, dass ihr Sohn endgültig ins Verbrechen verstrickt wird – ein weiterer Aspekt ihrer Negativcharakterisierung.

um den Verteidigungsversuch und lediglich die Imitation prototypischer männlicher Verhaltensweisen handelt. Die Frauen der Familie, Wendy und Charlotte, sind diejenigen, die eine Spaltung entweder provozieren oder durch ihr Verhalten zumindest begünstigen. Eine Gleichberechtigung der Geschlechter auf Ebene der Erwachsenen existiert nur pro forma: Die Hierarchien sind zweifellos flacher als innerhalb eines strengen Patriarchats, letztendlich liegt die Entscheidungsgewalt jedoch immer bei Marty.[15] Diese Struktur ist keinesfalls unproblematisch, vielmehr wird das familiäre Zusammenleben bereits in der ersten Episode als konfliktreich und angespannt dargestellt: Das gemeinsame Abendessen wird zuerst vom geschwisterlichen Streit Jonahs und Charlottes dominiert und wendet sich anschließend einer Auseinandersetzung zwischen Charlotte und ihrem Vater zu (vgl. *Ozark* I/1: 07:00). Das Abendessen ebenso wie der gesamte Abend werden zudem von Martys Wissen um den Betrug seiner Frau überschattet. Auch wenn der Streit eine nebensächliche, alltägliche Angelegenheit ist, so ist es doch kennzeichnend, dass die Familie als dysfunktional und konfliktreich eingeführt wird. Vor allem sind die Byrdes ab Beginn der Serie durch einen tiefen Vertrauensverlust gespalten, der nicht nur die Ehepartner immer weiter voneinander entfremdet (vgl. Abb. 3.2 – hier wird die Entfremdung konkret bildlich sichtbar), sondern auch die Kinder an der moralischen Integrität und Autorität ihrer Eltern zweifeln lässt.[16] Von allen Seiten zerbricht das Gefüge.

---

[15] Marty nimmt – so explizit in der Serie geäußert – die Position des „Deciders" ein, der bestimmt, wie die Familie handelt. Wendy muss, als sie für die Familie ein Haus in den Ozarks sucht, erst die Bestätigung ihres Mannes – eben des „Deciders", wie Buddy Dyker es formuliert – einholen (vgl. *Ozark* I/2: 19:00).

[16] Der Vertrauensbruch zwischen Marty und Wendy geschieht offensichtlich durch Wendys Ehebruch. Allerdings bestand bereits zuvor von Martys Seite Misstrauen und Paranoia, schließlich setzte er einen Privatdetektiv auf seine Ehefrau an (vgl. *Ozark* I/1: 36:00). Schon vorher muss also Anlass für Misstrauen bestanden haben. Die Distanzierung der Ehepartner äußert sich im Verlauf des Formats überdeutlich: Marty erklärt Wendy offen, dass sie nicht mehr Mann und Frau, sondern nur noch Geschäftspartner seien (vgl. *Ozark* I/2: 03:00). Es herrscht eine tiefgehende Ablehnung, ja sogar Hass Martys auf seine Frau. In Bezug auf ihren von Del Rio ermordeten Liebhaber erklärt er ihr: „In fact, the satisfying sound of your lover smacking the pavement is the only thing that gets me to sleep every night." Als Reaktion auf diese Äußerung schlägt Wendy ihm zweimal ins Gesicht (vgl. *Ozark* I/2: 04:00). Die Spaltung der Ehe scheint an dieser Stelle unüberwindbar.
Auch Charlotte und Jonah erleben eine Krise in der Vertrauensbeziehung zu ihren Eltern: Als Jonah von Charlotte erfährt, dass seine Eltern ihn – wegen seiner Faszination für tote Tiere für seltsam und vielleicht gefährlich halten – ist er entsetzt: „Why should I believe anything you say when you've been lying to me my entire life?" (vgl. *Ozark* I/4: 36:00). Ebenso spricht Charlotte ihrer Mutter ihre elterliche Qualifikation ab: „Oh, is my money-laundering mother

Abb. 3.2 Marty sieht sich im Gespräch mit Wendy den Beweis ihres Ehebruchs an (*Ozark* I/1:11:00)

Ist der genuine Grund dafür nun aber tatsächlich Wendys Untreue, ihre Charakterschwäche? Auf den ersten Blick mag dies der Fall sein, doch trifft diese Erklärung nur oberflächlich zu: Letztlich liegt die Ursache für den drohenden Bruch bei den Rollenzwängen, denen sich die Familienmitglieder unterordnen müssen. Marty sieht sich als einziger Erwerbstätiger der Familie gezwungen, den Deal mit Del Rio einzugehen. Könnte er seiner Familie nicht weiterhin einen relativ hohen Lebensstandard finanzieren, so würde er einem gesellschaftlich verankerten Männerbild nicht gerecht werden, das eng mit finanzieller Absicherung und einem karrieristischen, aufstiegsorientierten Arbeitsethos verbunden ist.[17] Wendy hingegen versucht zwar die Hausfrauen- und Mutterrolle auszufüllen, erlebt diese jedoch nicht als sinntragenden Lebenszweck oder erfüllende Tätigkeit, sondern als einengend und wenig erfüllend. Hinzu kommt der Mangel an Zeit, die Marty – aufgrund seiner beruflichen Einbindung – Wendy widmet. Die Struktur

---

really playing morality police here?" (vgl. *Ozark* I/2: 41:00). Wendy kann dies nur resigniert zur Kenntnis nehmen, sie hat ihre Autorität als Mutter verloren.

[17] Obgleich die Rede von finanziellen Einschränkungen der Byrdes ist (vgl. *Ozark* I/8: 34:00), wird die ursprüngliche Entscheidung für eine kriminelle Tätigkeit Martys nie vollkommen legitimiert. Die Familie war auch vor Martys Zusammenarbeit mit Del Rio nicht in besonderer wirtschaftlicher Not. Es scheint vor allem der Wunsch nach wirtschaftlichem Aufstieg – im Endeffekt also finanzielle Gier – zu sein, die Marty dazu motiviert, Del Rios Angebot anzunehmen (vgl. *Ozark* I/8: 39:00). Dieser Wunsch nach Aufstieg basiert auf Marthys Vorstellung von Geld als „measure of a man's choices" (Ozark I/1: 00:00), also darauf, dass er in einem Anwachsen des Geldes eine Legitimation seiner Entscheidungen sieht. Dass die groß angelegte Geldwäsche und die endgültige Hinwendung zum gewaltsamen Verbrechen nicht mehr seine freie Entscheidung ist, stellt eine Art Ehrenrettung des Charakters dar.

der Familie, die sich aus ehelichen Grenzen und konventionell-traditionellen Rollenbildern zusammensetzt, scheint ein Gefängnis zu sein, das seine Mitglieder einschränkt und zu negativen Taten treibt. Dennoch ist es Wendy, die den zentralen Normbruch begeht und sich damit gegen die Familie richtet, während Marty deren Zerfall aktiv entgegenwirkt. Zwar geht er zu seiner Ehefrau auf Distanz, will aber seinen Kindern weiterhin ein annähernd stabiles Umfeld bieten und das Vertrauen wiederherstellen.[18] Auch wenn er – im Selbstgespräch – Wendy mit einer „schmutzigen" Scheidung droht (vgl. *Ozark* I/1: 39:00), kommt es nie zu einem ernsthaften Gespräch darüber. Das Zusammenleben Martys und Wendys zeichnet sich – trotz der ständigen Konfrontation mit ihren Eheproblemen – durch ein Vermeidungsverhalten aus: Es findet bis zur siebten Episode keine tatsächliche Aussprache, kein klärendes Gespräch statt, das ein endgültiges Zerbrechen der Familie bedeuten könnte. Erst nachdem Marty das Verhalten nachahmt, das Wendys Liebhaber beim Geschlechtsakt auf dem Beweisvideo zeigt (vgl. *Ozark* I/6: 41:00), erst nachdem er also durch einen Akt direkter körperlicher Erniedrigung Rache genommen hat und Wendys Betrug symbolisch wiederholt wurde, kann eine Aussprache erfolgen (vgl. *Ozark* I/7: 53:00). Mag diese zunächst auch erfolglos sein, dauern die Konflikte noch an, so ist hier doch der Grundstein für eine Versöhnung gelegt. Diese Versöhnung kann letztlich erfolgen, nachdem die Instabilität der Familie in der letzten Episode einen Höhepunkt erreicht: Nachdem Marty Frau und Kinder fortgeschickt hat, um sie vor Del Rio zu schützen, nachdem sie bereits neue Identitäten haben und sich so mit der absoluten Auflösung ihres vorherigen Lebens konfrontiert sehen (vgl. *Ozark* I/10: 38:00) – erst nach dieser Extremsituation kann die Familie wieder zusammenkommen. Auf Ebene der Raumstruktur wird der Extremraum höchster Bedrohung betreten. Anschließend ist ein Übertritt in einen Raum der familiären Restrukturierung sowie der – zumindest relativen – Ordnung wieder möglich. Nun erfolgt ein Schuldeingeständnis Wendys – „I'm so sorry I hurt you, Marty. I should never have done that." –, welches Marty unter Eingeständnis seiner eigenen Verfehlungen annimmt (vgl. *Ozark* I/10: 01:08:00). Während Wendy geneigt ist, Martys Anweisungen Folge zu leisten und mit falschen Identitäten zu fliehen, sind es Charlotte und Jonah, die sich weigern, den Vater zurückzulassen und ihr Leben, ihre Familie aufzugeben (vgl. *Ozark* I/10: 01:10:00). Dies ist insofern bedeutsam, da Wendy sich in ihre Marty unterlegene Rolle fügt und seinem Urteil gehorcht. Nur die Kinder dürfen an dieser Stelle widersprechen, um nicht erneut einen Bruch der

---

[18] Der Versuch, die Vertrauensbasis zwischen ihm und Jonah wiederherzustellen, ist bizarr: Er weiht ihn in das Geldwäschegeschäft ein und erklärt ihm die Abläufe (vgl. *Ozark* I/4: 55:00). Dies ist zwar moralisch fragwürdig, kann aber – als Beweis absoluter Offenheit und Ehrlichkeit – die Beziehung zwischen Vater und Sohn wieder kitten.

Struktur zu riskieren. Letztlich kommen die Byrdes wieder zusammen, Martys und Wendys Versöhnung ist wahrscheinlich: Beide schenken sich ein Lächeln (vgl. *Ozark* I/10: 1:16:00). Trotz aller Konflikte und scheinbar unüberbrückbaren Spaltungen ‚siegt' der familiäre Zusammenhalt. Die Familie bleibt unantastbares und sinnstiftendes Dogma. Die dysfunktionalen Faktoren und das Leid innerhalb der Familie stellen diesen Schluss nicht in Frage, vielmehr bestätigen sie ihn: Die Familie wird als Gemeinschaft in allen Lebenslagen betrachtet, deren Bedeutung auch in problematischen Situationen nicht aufgegeben werden darf, es handelt sich um ein „Gemeinsam durch dick und dünn gehen". Die positiven Erfahrungen und idealen Momente wiegen die negativen Seiten – so scheint es – auf.[19]

3.1.2.2 Familie Langmore

In vielerlei Hinsicht kann die Familie Langmore als Gegenstück zur Familie Byrde gelten: Das Leben der Byrdes ist klar hierarchisiert und strukturiert, ihr räumliches Umfeld ist sauber und gepflegt, sie sind wohlhabend und gebildet. Die Byrdes weisen somit alle signifikanten Merkmale einer weißen Familie der oberen Mittelschicht auf. Für jeden der genannten Aspekte trifft im Falle der Langmores das Gegenteil zu: All ihre Merkmale charakterisieren sie als Hillbillys bzw. als „white trash", d. h. als Angehörige einer ungebildeten, armen Unterschicht, wobei die verwendeten Begriffe auf kulturell überzeichnete Stereotypen verweisen. Von ihrem ersten Auftreten in der zweiten Episode an, in der sie Marty Geld stehlen, stehen sie unter den Paradigmen offener Verkommenheit und Kriminalität.

Bereits die Verwandtschaftsverhältnisse, welche auf den ersten Blick kaum zu durchschauen sind, offenbaren familiäres Chaos: Eine Art Oberhaupt ist Russ Langmore, ein grobschlächtiger Mann, der sich – zusammen mit seinem jüngeren Bruder Boyd – den Lebensunterhalt mit Gelegenheitsjobs und Kleinkriminalität verdient. Der älteste der erwachsenen Langmore-Brüder befindet sich aus unbekannten Gründen im Gefängnis, seine 19-jährige Tochter Ruth ist ebenfalls Teil der Familie. Zudem hat Russ zwei Söhne: den 17-jährigen Wyatt und den 14- oder 15-jährigen Three. Die Mütter von Ruth, Wyatt und Three sind nicht anwesend und werden nicht thematisiert. Die Hierarchie innerhalb der Familie unterliegt einer chaotischen Dynamik, die mit dem statisch-konservativen Modell der Byrdes nicht zu vergleichen ist, und baut am ehesten auf körperlicher und gewaltsamer Überlegenheit bzw. beständigen Machtkämpfen auf. Durch das ungleichmäßige Geschlechterverhältnis sind die Langmores auch deutlich männlich geprägt.

---

[19] So ist für Marty die Erinnerung an glückliche Familienmomente zentrales sinnstiftendes Element, die in den größten Bedrohungssituationen bzw. in Momenten der Hoffnungslosigkeit in Erscheinung treten (vgl. *Ozark* I/1: 28:00 sowie *Ozark* I/10: 01:15:00 – hier dient beide Male das Trampolin der Kinder als Symbol für glückliche Momente).

Die drei erwachsenen Brüder Cade, Russ und Boyd sind untereinander eindeutig hierarchisiert: Cade, eine düster inszenierte Nebenfigur, ist der dominante der drei Brüder. Es handelt sich um einen kriminellen Despoten, der selbst aus dem Gefängnis heraus Druck auf seine Tochter ausübt, sie für seine Pläne einspannt und seine Brüder in Furcht versetzt.[20] Er ist derjenige, der das Leben der Langmores vor seiner Inhaftierung organisiert hat. Weder Russ noch Boyd verfügen über besondere Intelligenz oder Organisationstalent. Vor allem Boyd, ebenfalls ein wenig bedeutender Nebencharakter, zeigt eher impulsives Verhalten als Reife oder Besonnenheit und wirkt dadurch häufig infantil. Beispielsweise betrinkt er sich und spielt zusammen mit Three ein Spiel, bei dem sich beide mit Feuerwerkskörpern beschießen (vgl. *Ozark* I/5: 44:00). Russ agiert nur unwesentlich kontrollierter oder besonnener. Er ist naiv und es mangelt ihm an Selbstreflexion: Der FBI-Ermittler Roy Petty macht sich mühelos Russ unterdrückte Homosexualität und die damit einhergehende Suche nach Zuneigung zunutze, um ihn für seine Pläne einzuspannen (vgl. *Ozark* I/6: 13:00). Die Chancen der Langmores unter Russ' Anleitung jemals das soziale und finanzielle Tief zu verlassen, sind mehr als gering. Three, der jüngste Langmore, ähnelt seinem Onkel Boyd: Er trinkt trotz seines jungen Alters bereits Alkohol und ist ebenfalls äußert unreif (vgl. *Ozark* I/3: 18:00). Es ist klar zu sehen, dass er die Verhaltensweisen seines Vaters und seines Onkels adaptiert. Die größte Reife und höchste Intelligenz unter den Langmore-Männern zeigt Wyatt: Er zieht sich vor der omnipräsenten Gewalt (vgl. *Ozark* I/3: 13:00) und den infantilen Spielen seines Bruders und Onkels wiederholt auf das Dach des Trailers zurück und zeigt eine Begeisterung für Literatur, deren Inhalt und Botschaft er bewusst reflektiert (vgl. *Ozark* I/5: 44:00). Dieser ‚Flucht' nach oben liegt eine simple räumliche Semantik zugrunde: Wyatt ist seinen Onkeln, seinem Bruder und auch seiner Cousine geistig überlegen, steht gewissermaßen über ihnen. Sowohl auf kognitiv-intellektueller als auch auf emotionaler Ebene hebt er sich deutlich von ihnen ab. Seine Charakterisierung folgt dem Stereotyp des ‚ungeschliffenen Diamanten', des feinfühligen, intelligenten

---

[20] Boyd, der sich in einem Streit gegen Ruth, wendet meint zu ihr: „You know, you're not your daddy.", worauf Ruth erwidert: „That's right. And if daddy were here, he would have hung you out by your ball sack already. You want me to tell him that you're disrespecting me?" Boyd und Russ geben klein bei und widersprechen ihr nicht mehr (vgl. *Ozark* I/3: 06:00). Boyds Vormachtstellung unter den drei Brüdern ist also offensichtlich ebenso wie sein herablassender Umgang mit seiner Tochter: Ruth besucht ihren Vater wiederholt im Gefängnis, sehnt sich offensichtlich nach seiner Zuneigung. Ihr Vater beleidigt seine Tochter jedoch lediglich und nutzt ihre Ergebenheit aus. So spannt er sie ein, um Marty Byrde zu ermorden, um an sein Geld zu gelangen (vgl. *Ozark* I/6: 12:00). Als ihr dies nicht gelingt, bedroht er sie und beleidigt seine eigene Tochter als Hure (vgl. *Ozark* I/7: 39:00).

jungen Mannes, der in ein Umfeld geboren wurde, das nicht seiner Natur entspricht. Selbst dem Rest der Familie ist bewusst, dass er auf einem College besser aufgehoben wäre als in ihrem Umfeld (vgl. *Ozark* I/9: 38:00).[21]

Ruth Langmore, die einzige weibliche Figur der Langmore-Familie, ist zugleich der bedeutendste Langmore-Charakter innerhalb des Seriengefüges. Gewissermaßen ist die intelligente und schlagkräftige junge Frau Oberhaupt der Familie. Durch deren Respekt vor ihrem Vater kann sie Einfluss auf ihre Onkel ausüben und zeigt auch keine Skrupel, sie mit einer Waffe zu bedrohen.[22] Sie ist diejenige, die in Marty Byrdes Geschäfte einsteigt und Pläne zum finanziellen Aufstieg schmiedet. Tatsächlich ist ihre vermeintliche Überlegenheit angreifbar, sie unterliegt dem körperlich überlegenen Russ, als sie ihn zu sehr reizt (vgl. *Ozark* I/6: 44:00). Allerdings ist dies nur vorläufig der Fall: Letztlich behauptet Ruth ihre Stellung durch die Ermordung ihrer Onkel in der neunten Episode mittels eines elektrisierten Bootsstegs, also durch ein Vorgehen, für das Verstand und Geschick anstatt Körperkraft nötig sind (vgl. *Ozark* I/9: 49:00). Sie plant die Vormundschaft für ihre Cousins zu übernehmen und festigt somit nicht nur ihre Position, sondern bestätigt auch ihre Mutterrolle, die sie ihnen gegenüber im Verlauf der Serie wiederholt einnimmt (vgl. *Ozark* I/10: 44:00). Ruths Versuch, die Familie vom destruktiven Einfluss ihrer Onkel zu befreien, ist ein vornehmlich kompensatorisches Verhalten: Obgleich taff, schlau und selbstständig, wird Ruth ebenso über die starke Bindung an ihren Vater charakterisiert. Ihm gegenüber schwindet ihre Selbstständigkeit, wandelt sich in ein diametral

---

[21] Dabei ist er sich der Ausweglosigkeit seiner Situation bewusst: Zum einen liest er zwar Science-Fiction-Literatur, beschäftigt sich mit Zukunftsvisionen und anderen Welten, zum anderen wird dieses eskapistische Verhalten durch sein Bewusstsein relativiert, dass auch in einer zukünftigen Welt, auch auf anderen Planeten die Menschen nach wie vor die gleichen Probleme haben werden (hier bezieht er sich auf die Kurzgeschichtensammlung *The Martian Chronicles* von Ray Bradburry aus dem Jahre 1950): „We're the aliens. We go to Mars, take the place over, wipe out all the Martians and, like, try to make it our own. But then we realize it can never really be ours, like, even the people that were born, there, never known any other place, they'll still always be aliens. And the best part is, like, all these people move to mars, try to escape their problems on Earth and they get there and it's like life on Mars isn't any different. Like, they just bring all their old problems with them." (*Ozark* I/5: 44:00). Gewissermaßen reflektiert er hier seine eigene Situation und zeigt einen deutlichen Minderwertigkeitskomplex: Er ist in seiner Schicht, seiner als negativ empfundenen sozialen Stellung verhaftet – und selbst wenn er ihr entkommen sollte, bedeutet dies nicht die Auflösung seiner Probleme, vielmehr wird er außerhalb seiner Schicht stets ein Fremdkörper bleiben.

[22] Nachdem Russ und Boyd das Geld, das sie von Marty Byrde gestohlen haben, für Luchse ausgegeben haben, um sie zu züchten und deren Fell zu verkaufen, reagiert Ruth wütend: Sie bedroht ihre Onkel mit einer Pistole und sperrt sie zu den Luchsen – beides Weibchen – in den Käfig (vgl. *Ozark* I/3: 53:00).

gegensätzliches Verhalten: Sie verehrt ihn und bringt ihm – um ihm zu gefallen – absolute Hörigkeit entgegen. In Gegenwart ihres Vaters ist sie eher kleines
Mädchen als emanzipierte Frau. Cade Langmore indes begegnet seiner Tochter
abschätzig, beleidigend und kalt (vgl. *Ozark* I/6: 11:00 sowie I/7: 39:00). Sie
ist für ihn ein Werkzeug zur Umsetzung seiner kriminellen Interessen, zur Kon-
trollausübung aus dem Gefängnis hinaus. Seine Komplimente und Bestätigungen
– wie z. B. „You're the smartest person this side of Mississippi. Anything you
don't know yet, you'll figure." – gegenüber seiner Tochter, sind weniger positive
Zusprache als eindeutige Forderung, die keinen Widerspruch duldet (vgl. *Ozark*
I/6: 11:00). Dennoch idealisiert Ruth ihren Vater und wird vom Wunsch nach einer
perfekten und funktionierenden Familie angetrieben.[23] Der Mangel an einer funktionierenden Familie, an einem bestätigenden Umfeld oder menschlicher Wärme
führt im Fall von Ruth einerseits zu emotionaler Abhärtung und anderseits zum
Wunsch bzw. Drang, dieses Defizit in irgendeiner Weise auszugleichen. Dementsprechend schwankt sie zwischen skrupellosem kompensatorischem Aktionismus
und Verleugnung der Wahrheit über ihren Vater, der genau das Gegenteil des von
ihr imaginierten Ideals ist. Dennoch ist ihr erfolgreiches Durchsetzungsvermögen,
wenn dies auch zwischenzeitlich durch ihre physische Überlegenheit entmystifiziert wird, ein signifikantes Charaktermerkmal. Ruth ist der einzige, annähernd
positiv besetzte weibliche Charakter der Serie. Diese positive Konnotation resultiert vor allem daraus, dass sie – im Gegensatz zu den Byrdes – keine realistische
Alternative zu gewaltsamem und verbrecherischem Handeln hat. Obgleich sie für
ihr Ziel, den familiären Raum zu schützen (oder vielmehr überhaupt erst herzustellen), über Leichen geht, wird diese Tat über ihr Umfeld legitimiert: In einem
Raum brutaler Machtkämpfe gibt es keinen anderen Ausweg als selbst Gewalt
anzuwenden. Sie ist Produkt und Opfer eines Umfeldes, das keine alternativen
Handlungsweisen zulässt. Die Byrdes hingehen ziehen eine Kooperation mit der
Polizei und eine Abkehr vom Verbrechen nie ernsthaft in Betracht, obwohl diese
möglich wäre. Ruth bleibt in ihren Handlungsweisen also charakterlich integer.
Zwar erscheint ein Konflikt zwischen ihr und ihren Cousins wahrscheinlich, wenn
diese erfahren, dass sie für die Ermordung ihres Vaters verantwortlich ist. Dies ist
jedoch innerhalb der ersten Staffel nicht relevant. Tatsächlich beschwört sie Wyatt,
das Andenken an ihren Vater zu bewahren (vgl. *Ozark* I/10: 35:00). Ihre Tat ist die

---

[23] Offensichtlich neidisch beobachtet sie eine glückliche Familie, die sich an einem Tisch in
der „Blue Cat Lodge" niederlässt (vgl. *Ozark* I/4: 09:00). Sie verteidigt die Ehre ihres Vaters
sogar gewaltsam gegen Beleidigungen (vgl. *Ozark* I/5: 25:00).

Ultima Ratio, die Ermordung der unfähigen und selbstgezogenen Onkel ein notwendiges Opfer, um überhaupt erst eine funktionierende Familie herzustellen.[24] In Bezug auf das Weltmodell der Serie ist es hier auffällig, dass ein weiblicher Charakter nur dann in eine tatsächlich einflussreiche Position – z. B. die des Familienoberhauptes – gelangen kann, wenn er männliche Verhaltensweisen (in diesem Fall Gewalt) adaptiert und männliche Charaktere endgültig beseitigt. Nur dadurch, dass sie sich nicht wie Wendy und Charlotte Byrde verhält, keine Vermeidungs- oder Betrugshandlungen vornimmt, sondern – wie Marty und Jonah – die Familie in den Mittelpunkt ihres Handelns stellt, ist die positive Konnotation Ruths überhaupt möglich.

Das Leben der Familie Langmore ist von ständigen physischen und psychischen Machtkämpfen ebenso bestimmt wie von nahezu offener Kriminalität. In jedem Lebensaspekt, sei es Alkoholkonsum, soziales Umfeld, Beruf und Verhalten, werden sie als Hillbillys, als Außenseiter der Gesellschaft dargestellt.[25] Innerhalb des gewaltdominierten Umfeldes der Langmores ist physische Dominanz effektiver als geistige, falls diese nicht besteht, muss auf einem anderen Weg Gewalt ausgeübt werden. Sie ist das einzige Mittel zur Durchsetzung und drängt somit auch per se ,gute' Menschen zu destruktiven, moralisch höchst verwerflichen Taten. Diese gesellschaftliche Unterschicht wird in *Ozark* vorrangig über eine ausweglose Gewaltspirale semantisiert, die den Angehörigen unterer sozialer Schichten einen Ausweg, wenn nicht unmöglich macht, so doch zumindest enorm erschwert. Trotz der instabilen und chaotischen Lebensumstände ist das tragende Paradigma dennoch identisch mit dem der Byrdes: Familiärer Zusammenhalt und eine Sicherung der Existenz, die nur im Miteinander erreicht werden kann, ist das zentrale Motiv eines jeden Langmores, vielleicht mit Ausnahme des außenstehenden Cade, über dessen Motivation wenig bekannt ist. Selbst Boyd, ansonsten infantil und asozial, entscheidet sich – unter Hinweis auf familiäre Werte – dafür, seinen Bruder beim Mord an Marty Byrde zu unterstützen, und

---

[24] Russ plant Marty Byrde zu ermorden und mit seinen Söhnen die Ozarks zu verlassen. Ruth – eine wichtige Bezugsperson für die Jungen – soll zurückgelassen werden (vgl. I/9: 38:00). Dies würde eine Spaltung der Familie bedeuten, die Ruth durch ihr Handeln verhindert, zumal sie sicherlich die geeignetere Leit- und Erziehungsfigur für die Jungen ist als deren kaum zurechnungsfähiger Vater. Zudem verhindert sie mit ihrer Tat die Zerstörung der Familie Byrde.

[25] Dies wird auch im Sprachgebrauch deutlich: In fast jedem Wortwechsel unter den Langmores fällt wiederholt das Wort „fuck" oder äquivalente Beleidigungen und Flüche. Zudem sprechen sie mit einem ausgeprägten Hillbilly-Akzent, der ihre Herkunft aus einem geographisch abgelegenen Gebiet betont.

geht, wenn auch unfreiwillig, mit ihm gemeinsam in den Tod („You're my brother. What the fuck have I got here, anyway?" – *Ozark* I/9: 36:00). Der Gegensatz der Byrdes und Langmores, von Ober- und Unterschicht, besteht also lediglich auf einer oberflächlichen Ebene[26]. Der zentrale Unterschied besteht darin, dass die Kriminalität und moralische Fragwürdigkeit ebenso wie die innerfamiliären Konflikte der Langmores offen zu Tage treten, während diese in der Familie Byrde unter der Oberfläche liegen und hinter verschlossenen Türen ausgehandelt werden. Tatsächlich wiegen Martys moralische Verfehlungen schwerer als die Kleinkriminalität der Langmores, schließlich ist es Marty, der im großen Ausmaß die Drogenkriminalität unterstützt, die mehr Menschenleben kostet als das Handeln der Langmores. Zudem sind beide Familien durch das dominante Paradigma des Familiensinns miteinander verbunden. In der Tiefenstruktur des Formats werden daher Klassengegensätze relativiert. Eine zuvor konstatierbare Kultur-Natur-Dichotomie, die sich aus dem Gegensatz der zivilisiert-beherrschten Byrdes und der emotionalen, ‚barbarischen' Langmores ergibt, besteht auf einer tieferen Text- und Charakterebene nicht mehr: Unabhängig von Klasse, Herkunft, Beruf oder moralischem Bewusstsein ist eine Familie unabdingbar für Glück und Erfolg eines jeden Menschen.

3.1.2.3 Familie Snell

Wenn auch die Byrde-Familie und der Langmore-Clan zweifellos die zentralen Personenverbände in *Ozark* sind, so bilden Jacob und Darlene Snell, ein Ehepaar zwischen 60 und 70 Jahren, doch ein interessantes familiäres Gegenmodell. Durch ihr Vermögen, den sukzessiven Landerwerb, Drohungen und Schuldverhältnisse, z. B. gegenüber dem lokalen Sheriff (vgl. *Ozark* I/10: 20:00), sichern sie sich eine unumstößliche Machtposition innerhalb der Region.[27] Die Snells werden als ‚böse Macht' semantisiert, die tief in der Region verwurzelt ist. Sie identifizieren sich zentral über ihre Abstammung aus der Region, definieren sich als „Hillbillys" (vgl. *Ozark* I/4: 52:00). Diese Selbstidentifikation geht über simple Heimatverbundenheit hinaus, vielmehr sind Jacob und Darlene besessen von ihrer Familiengeschichte, die sie zu einem Mythos überhöhen. Die Snells wurden 1929 von ihrem fruchtbaren Land in die unfruchtbaren bergigen Regionen vertrieben – als Stromunternehmer das Land überfluteten – und richten seitdem ihr ganzes

---

[26] Hier ist nicht die Oberflächenstruktur im Sinne des Discours gemeint, sondern eine vordergründige inhaltliche Ebene des Textes, die der Kernstruktur des Weltmodells vorgelagert ist.

[27] Dabei ist ihr Vorgehen äußerst skrupellos. Ein Beispiel: Um den Pastor Mason Young dafür zu bestrafen, dass er sich weigert bei seinen Predigten Heroin zu vertreiben, ermorden sie seine schwangere Frau und hinterlassen ihm das Kind (vgl. *Ozark* I/10: 20:00).

Handeln darauf aus, ihren gesellschaftlichen und lokalpolitischen Einfluss zurück-
zugewinnen (*Ozark* I/6: 4:00). Dabei ist nicht eindeutig, ob nun Jacob, Darlene
oder beide gebürtige Snells sind. Die Besessenheit für die Wiedergutmachung des
an der Familie angerichteten ökonomischen wie emotionalen Schadens – wohlgemerkt eines Schadens, der längere Zeit vor der Geburt Jacobs und Darlenes
entstanden sein muss – ist in beiden gleichermaßen präsent. Dogmatisch halten
sie an ihrer Familiengeschichte und dem damit verbundenen Vergeltungsgedan-
ken fest. Dieses Streben wird, durch das Festhalten an bestimmten Prinzipien und
Symboliken, zu einem Antrieb mythischen Ausmaßes: „Symbolism matters Mr.
Byrde. Maybe not to people who have no pride, no history. But to us." (vgl. *Ozark*
I/10: 52:00).

Bei eingehender Betrachtung entpuppt sich der wiederholte Bezug der Snells
auf ihre Familiengeschichte als Versuch, die eigenen Verbrechen durch mythische
Überhöhung als Racheakt zu legitimieren, keinesfalls als eine rational stimmige
Rechtfertigung: Die Selbstdefinition der Snells als „Hillbillys" ergibt sich auch
durch eine Opposition zum „Redneck", die vage bleibt. Durch eine Erzählung
über einen Redneck und einen Hillbilly, die Jacob Snell an Bobby Dean, Besitzer
eines Stripclubs und Untergebener der Snells, weitergibt, wird diese Selbstidentifikation zuerst transportiert. Die wirre Parabel führt auf eine Charakterisierung
des Rednecks als aggressiv und arrogant und des Hillbillys als bescheiden, flei-
ßig und ruhig hinaus (vgl. *Ozark* I/4: 52:00). Aus narrativer Sicht soll diese
Erzählung ein Gefühl der Tiefgründigkeit erzeugen, verfehlt aber eine kohärente
Moral und bleibt weitestgehend inhaltslos. Am Ende des Gesprächs wird Dean
von Darlene vergiftet und Jacob kommentiert dessen Tod mit „Fucking Redneck"
(*Ozark* I/4: 54:00). Besonders deutlich wird die Ablehnung von Rednecks, als
Darlene den Drogenboss Camino Del Rio erschießt, weil dieser sie als solche
bezeichnet (vgl. *Ozark* I/10: 57:00). Der Gegensatz zwischen „Redneck" und
„Hillbilly", den Snell hier aufstellt, ist in dieser Absolutheit konstruiert. Der Lite-
raturwissenschaftler Matthew Ferrence konstatiert, dass beide Begriffe aus einer
ideologischen Sicht ununterscheidbar sind:

> Each designates a rural underclass, and each is dependant on a fixed sense of geographic
> and historical specificity, even though the actual ‚meaning' of the term constantly
> changes. The uses and definitions of these identities move to satisfy national need. As
> such, the terms become empty signifiers referencing ideas that correspond to no one.
> Yet they shift to allow the individual or group using the identity to shape the image
> into what is needed. (Ferrence 2014: 45 f.)

Beide Begriffe sind also hochgradig kulturell und medial aufgeladen und werden je nach Kontext stets aufs Neue mit verschiedenen Bedeutungen und Konnotationen besetzt – man denke an die zahlreichen medialen Redneck- und Hillbilly-Klischees, sei es in Horror oder Komödie. Versucht man sich an einer allgemeinen, abgrenzenden Definition der fluiden Begriffe, so bezeichnet „Redneck" männliche Angehörige der Arbeiterklasse in den US-amerikanischen Südstaaten. Der Begriff „Hillbilly" schließt diese Merkmale zwar mit ein, bezieht sich aber vor allem auf die Bewohner bergiger Regionen, gleich welchen Geschlechts. „Hillbilly" ist zudem identitätsstiftender als Redneck und ist eng mit einem Stolz auf die Unabhängigkeit und die Verteidigung und Bewahrung einer spezifischen Bergbewohner-Identität verbunden (vgl. Harkins 2004: 212). Allgemein ergibt sich die Hillbilly-Mentalität und Selbstdefinition aus zahlreichen Attributen:

> Through as yet unheralded, the Hill Billy has a traditional history, reaching onto the dim and distant past. […] The Hill Billy, ever true to his principle of exclusiveness, never looks beyond his own beloved hills for his bride. As a result, the species has remained pure and undefiled. … The Hill Billy is proud in his poverty, contented with his environment, happy in his seclusion. (Harkins 2004: 51, hier als Zitat aus der Schrift *Down in Arkansas* des Humoristen Charles S. Hibler)

Am wahrscheinlichsten ist es, dass die Snells als Hillbillys, Dean als Redneck wegen seiner Heimatlosigkeit und seinem Mangel an Werten, seiner schieren Identitätslosigkeit, ablehnen. Für sie ist er eine Last, ein unverlässlicher, da geschichtsloser und gieriger Mensch, der beseitigt werden muss. In der Gesamtschau bleibt Jacob Snells Parabel weitgehend nichtssagend und effekthascherisch, fügt sich aber – in Verbindung mit dem Familienmythos – in das allgemeine Familienbild von *Ozark* ein.

Durch diese massive Rückwärtsgewandtheit wird zudem jede Reflexion des Zukünftigen irrelevant: Die Snells sind alt und kinderlos. Alles Streben der Snells ist somit, wenn auch momentan äußerst erfolgreich, auf längere Sicht vergebens. Nach ihrem Tod wird all ihr Handeln in letzter Instanz ziellos sein, da es keinen Erben gibt, der es weiterführen könnte. Auch hier lässt sich eine Verhandlung der Familienthematik deutlich ausmachen: Zwar sind Jacob und Darlene ein Ehepaar, aber keine vollständige Familie. Sie richten sich – durch die Ermordung der Frau des Pastors und durch die konstante Bedrohung der Byrdes – sogar bewusst gegen die Familie. Durch diese Doppelcharakterisierung der Snells, in der das Festhalten an der Familiengeschichte der Vernachlässigung der Familie im Hier und Jetzt gegenübergestellt wird, wird innerhalb des Weltmodells ein weiterer Aspekt von Familie aufgezeigt: Zu der Funktion als Schutzraum kommt eine Funktion als

Vermächtnisträger. Ohne Kinder, an die man das eigene Vermächtnis weitergeben kann, verliert das Konzept Familie den Sinn.[28]

3.1.2.4 Das FBI und andere Charaktere ohne Familie

Wird das FBI auch durch zwei Charaktere – Roy Petty und seinen Partner Trevor Evans – vertreten, so ist es doch fast ausschließlich Petty, der als alleinstehender und in der Diegese deutlich abgegrenzter Charakter diese Fraktion vertritt. Petty ist der einzige Hauptcharakter und einer der wenigen Charaktere überhaupt, der nicht Teil einer Familie oder zumindest eines familienähnlichen Verbandes ist: Seine Beziehung zu Evans ist bereits vor Beginn der Serie beendet (vgl. *Ozark* I/3: 33:00) und seine Beziehung zu Russ Langmore ist ausschließlich manipulativer Natur. Petty zeigt ein gestörtes Verhältnis zu Bindungen. Dieses Verhalten wird durch eine gescheiterte Partnerschaft und eine problematische Beziehung zu seiner Mutter bedingt, die in der achten Episode der ersten Staffel beleuchtet werden: Vor der eigentlichen Diegese führte er eine glückliche, homosexuelle Beziehung. Dreh- und Angelpunkt seines Lebens war seine Mutter, die zuvor durch Tablettensucht aufgefallen war (vgl. *Ozark* I/10: 9:00), die er vom Heroinkonsum abzuhalten versuchte (vgl. *Ozark* I/10: 30:00) und die er nach einem Unfall gesundpflegen musste (vgl. *Ozark* I/10: 37:00). Wie die Beziehung endete und ob Pettys Mutter noch am Leben ist, bleibt unklar, kann jedoch vermutet werden. Durch die Drogenabhängigkeit seiner Mutter erklärt sich seine Besessenheit für den Fall der Byrdes. Innerhalb der Serienhandlung bleibt Petty ein Einzelgänger. Er ist unfähig, Nähe zu anderen Menschen zu entwickeln – eine Tatsache, die durch die Art und Weise unterstrichen wird, wie er den infantilen Russ Langmore in seiner Suche nach Zuneigung ausnutzt. Zudem ist Petty in höchstem Maße emotional instabil. Beispielsweise gerät er außer sich, als seine Ermittlungen scheitern (vgl. *Ozark* I/10: 1:03:00). Evans bezeichnet ihn als Soziopathen (vgl. *Ozark* I/3: 33:00) und ein Sexarbeiter stellt fest, dass Petty Probleme („issues") habe (vgl. *Ozark* I/3: 49:00). Ein entsprechendes Verhalten zeigt sich im Rückblick der achten Episode noch nicht, eine negative Entwicklung seines Lebens in seiner Vergangenheit liegt dementsprechend nahe.

Die Ursache für die instabile Persönlichkeit Pettys und seine soziopathischen Tendenzen erklärt sich im vorliegenden Weltmodell recht einfach: Ein Mensch ohne Rückhalt in einer Familie ist angreifbar und ungeschützt, nicht nur der Außenwelt, sondern auch sich selbst gegenüber. Familie dient als Raum der Ruhe

---

[28] Als die Snells dem Vorschlag Martys zustimmen, Land zu fluten, um über ein Fluss-Kasino Geld zu waschen, stellt sich die Frage, ob es sich bei der oft beschworenen Familiengeschichte der Snells um deren tatsächliche Motivation oder vielmehr um eine vorgeschobene Legitimierung ihrer kriminellen Machenschaften handelt (vgl. *Ozark* I/10: 52:00).

und Selbstreflexion, als Ausgleich zum harten Berufsleben, das Private fungiert als Schutzraum vor dem Öffentlichen. Pettys negative emotionale und geistige Situation ist eine Folge seiner Einsamkeit und eventuell einer problematischen familiären Vorprägung durch seine drogenabhängige Mutter.

Bei den anderen familienlosen Figuren, die eine nennenswerte Rolle spielen, handelt es sich um den Stripclub-Besitzer Bobby Dean, der als äußerst unsympathisch und moralisch verkommen charakterisiert wird (vgl. *Ozark* I/4: 17:00; hier erwartet er, dass ihn Ruth Langmore als Teil eines Bewerbungsgesprächs oral befriedigt), und um Tuck, einen jungen Mann mit Down-Syndrom. Dieser wird zwar deutlich positiv charakterisiert und scheint nicht unglücklich oder besonders isoliert, nimmt aber durch seine Behinderung eine Außenseiterrolle ein. Ebenso steht Buddy Dyker, der todkranke, alleinstehende alte Mann, dessen Haus die Byrdes erwerben und der anschließend im Keller wohnt, außerhalb der Gesellschaft, obwohl es sich um eine positive Mentoren-Figur handelt. Auch Rachel Garrison, die Besitzerin der „Blue Cat Lodge", führt ein promiskuitives Leben als alleinstehende Frau ohne Angehörige (vgl. *Ozark* I/4: 46:00; an dieser Stelle wird thematisiert, dass sie sich jede Woche einen „fuck of the week" sucht). Rachel scheint – obgleich sie das Single-Dasein vordergründig genießt – einsam zu sein (vgl. *Ozark* I/4: 23:00) und verlässt die Ozarks in der letzten Episode (vgl. *Ozark* I/10: 37:00). Alle Charaktere, die nicht in einem Familienverband eingebettet sind, führen in *Ozark* ein emotional defizientes Leben, werden negativ charakterisiert oder nehmen eine Außenseiterrolle ein.

3.1.2.5 Camino Del Rio

Camino Del Rio, ein skrupelloser mexikanischer Drogenbaron, tritt zunächst als Antagonist der Familie Byrde, insbesondere Martys, auf, indem er sie mit dem Tode bedroht. Er schreckt vor der Zerstörung von Familien nicht zurück und erschießt beispielsweise die Betreiber eines Fuhrunternehmens, über das Bruce Liddell, Martys Kollege, Geld gewaschen und einiges davon unterschlagen hat. Dabei befiehlt er zuerst den Vater zu erschießen, da kein Vater sein Kind sterben sehen sollte – eine Parodie bzw. Verzerrung eines Verbrecher-Ethos (vgl. *Ozark* I/1: 23:00). Auffällig ist, dass er bis zu einem gewissen Grad als Familienmensch dargestellt wird: Bei seinem ersten Auftritt nimmt er Bezug auf den Familienbetrieb seines Vaters, wenn auch um Druck auf Bruce Liddell auszuüben (vgl. *Ozark* I/1: 18:00).[29] Vor allem wird er in der Folge „Kaleidoscope" zusammen mit Frau

---

[29] Er erzählt von einer Angestellten, die Geld aus dem Laden seiner Eltern stahl, um Medikamente für ihren Sohn zu kaufen, und fragt, wie sein Vater mit ihr hätte verfahren sollen (vgl. *Ozark* I/1: 18:00).

und Sohn gezeigt (vgl. *Ozark* I/8: 14:00). Entweder dient Del Rio seine Familie als Fassade, um ein Bild als seriöser Geschäftsmann aufrechtzuerhalten, oder – und dies ist in der Logik des Textes wahrscheinlicher – sie bildet einen Ausgleich und Rückzugsort, der es ihm ermöglicht, sein berufliches Leben zu meistern. Es ergibt sich dieselbe Aussage wie bezüglich des Gegensatzes zwischen den Byrdes und den Langmores: Die Bedeutung der Familie ist unabhängig von sozialer und gesellschaftlicher Verortung.

3.1.2.6 Familie Young

Der Pastor Mason Young und seine schwangere Ehefrau Grace repräsentieren nicht nur als einzige Figuren in *Ozark* ein religiös geprägtes Leben – alle weiteren Charaktere haben keinen tiefergehenden Bezug zu Religion –, sie sind zudem die einzige moralisch und kriminell unbelastete und hoffnungsvolle, funktionierende Familie in der Serie. Mit ihrem Gottvertrauen, das zumindest der Pastor auch in akuten Bedrohungssituationen zeigt (vgl. *Ozark* I/7: 23:00), und ihrer hoffnungsvollen Vorwärtsgewandtheit bilden sie ein Gegenstück zu den Snells. Die Youngs sind – auf einer vereinfachten und abstrahierten Ebene – das Gute, die Snells das Böse.

Das Paradigma ‚Hoffnung' wird hier, in Verbindung mit religiösen Motiviken, an die Familie angelagert: Anstatt sich der Trauer um seine Frau, seiner Hilflosigkeit als Vater und somit der Vergangenheit zu ergeben und seinen neugeborenen Sohn, wie es zunächst scheint, zu ertränken, tauft er ihn im Wasser des Sees (vgl. *Ozark* I/10: 1:13:00; vgl. Abb. 3.3). Der Sohn erscheint somit als Hoffnungsträger, als Licht in den dunklen Lebensumständen des Pastors. Solange Familie besteht, besteht Hoffnung. Dies gilt für Mason Young ebenso wie für die Byrdes oder die Langmores, die sich ohne ihre Angehörigen ebenfalls in einer hoffnungs- und ziellosen Situation befänden. Marty äußert dies explizit, als Young sich selbst fragt, warum er seinen Sohn „in einer solchen Welt" überhaupt am Leben lassen sollte: „Because kids are hope. You know, that... that maybe things can get better." (*Ozark* I/10: 1:04:00).

3.1.2.7 Familie Dermody

Der alleinstehende Immobilienmakler Sam Dermody, der sein Geschäft zusammen mit seiner verwitweten Mutter Eugenia führt, nimmt in der Narration der Serie eine untergeordnete Rolle ein. Das Verhältnis von Mutter und Sohn ist dennoch interessant: Bereits durch ihr Aussehen und ihr grundlegendes Verhalten werden die Dermodys als seltsam und abweichend charakterisiert: Sam ist zurückhaltend, schüchtern und schmächtig und zeigt skurrile Verhaltensweisen, wenn er

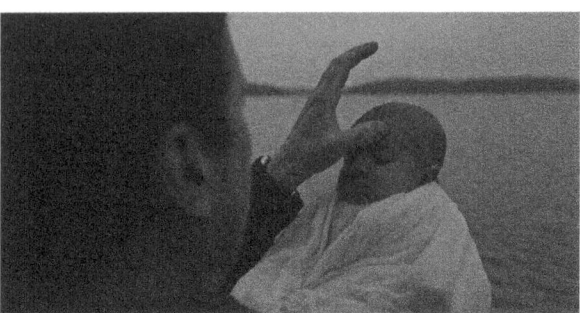

Abb. 3.3 Mason Young tauft seinen Sohn (*Ozark* I/10: 1:14:00)

sich z. B. – bei seinem ersten Auftritt in der Serie – von seinem Hund Erdnuss-
butter von den Füßen lecken lässt und dadurch anscheinend eine Art sexuelle
Befriedigung erfährt (vgl. *Ozark,* I/2: 05:00). Dermody wird direkt zu Beginn als
Sonderling mit harmlosen sexuell-perversen Neigungen eingeführt. Seine Mutter
ist voluminös, laut, dominant und weist einen Hang zu äußerst geschmackloser
Kunst auf (vgl. *Ozark,* I/7: 43:00). Sam ist es, trotz fortgeschrittenen Alters, nicht
gelungen, sich von seiner Mutter zu lösen, von der er offensichtlich in den meisten
Bereichen seines Lebens dominiert wird. Voll und ganz ist der erwachsene Mann
von seiner Mutter abhängig, lebt sogar in einer gewissen Furcht davor sie zu verärgern (vgl. *Ozark,* I/6: 18:00). Eugenia findet ihr Ende, als sie während eines Streits
wütend und unaufmerksam vor einen Lastwagen läuft (vgl. *Ozark* I/7: 43:00).
Obwohl er sie während des Streits als „constant, 24/7, nagging, incessant fucking bitch" bezeichnete und sie ihn offensichtlich während seines ganzen Lebens
von der Verwirklichung seiner tatsächlichen Träume abhielt, ist Sam wegen des
Todes seiner Mutter am Boden zerstört (vgl. *Ozark,* I/9: 14:00). Er betreibt sogar
eine Art verklärenden Totenkult, indem er eine besonders extravagante und kos-
tenaufwändige Bestattungsmethode für seine Mutter durchsetzen will, bei der ihre
Asche zu einem Diamanten gepresst wird, den er – nach Wunsch seiner Mutter
– für einen Ehering verwenden kann (vgl. *Ozark,* I/9: 25:00).
    Zwar leben die beiden Dermodys in einem familiären Verhältnis, allerdings
erfährt dieses keinesfalls eine positive Charakterisierung. Statt der mütterlichen
Fürsorge, die Eugenia ihrem Sohn entgegenbringen sollte, übt sie zwanghaft Kontrolle über ihn aus und macht ihn von sich abhängig. Sam ist ein Charakter, dem
eine Initiation ins Erwachsenenleben oder Mannsein nie gelungen ist, der nie eine

eigene Familie gegründet hat, auch da seine Mutter ihn mit größter Wahrscheinlichkeit daran gehindert hat. Dementsprechend ist Sam in seiner Herkunftsfamilie wie in einer Zwangsstruktur gefangen. Familie ist also ein Konzept, das innerhalb des Weltmodells von *Ozark* bewusst angestrebt werden muss. Ein Verweilen im Ausgangsraum, in dem das Leben mit der Geburt seinen Anfang nimmt und der während der Kindheit und frühen Jugend zentraler Bezugspunkt bleibt, ist nicht sinnvoll und glückbringend, kann sogar zu negativen Strukturen führen. Ein jedes Individuum muss – auch damit Familie überhaupt bestehen bleibt und nicht ausstirbt – bestrebt sein, eine eigene Familie zu gründen, die wiederum zur Gründung weiterer Familien führt. Wie fatal die Folgen eines Festhaltens sein können, wird am Beispiel von Sam Dermody gezeigt, der selbst nach dem Tod seiner Mutter, also mit dem Ende der Ausgangsfamilie, unfähig zu eigenständiger Weiterentwicklung, an ihr festhält.

3.1.2.8 Bruce Liddell

Die Beziehung von Martys Arbeitskollegen und gutem Freund Bruce Liddell zu seiner Freundin Liz stellt in der ersten Episode ein Gegenmodell zu Martys Ehe dar. Zwischen ihm und Liz besteht offensichtlich eine große sexuelle Anziehung, unverhohlen spricht er mit Marty darüber: „Liz…Liz…Nothing's off-menu. This girl's got a wink like a fox trap." (vgl. *Ozark* I/1: 5:00; in der deutschen Synchronisation: „Liz…Oh, Liz ist unglaublich. Das versaute Luder geht sowas von ab."). Zu Martys 22-jähriger Ehe meint er „Holy Christ, those threads are stripped!" (vgl. *Ozark* I/1: 5:00; in der deutschen Synchronisation: „Heilige Scheiße, da ist der Lack wohl ab!"). Marty weist diese Anzüglichkeiten zurück und verweist Bruce darauf, dass es sich bei Liz um Bruces zukünftige Ehefrau handle, was dieser abtut.

Die offensichtlich befriedigende Beziehung zwischen Bruce und Liz hat im Rahmen der Narration die Funktion, Marty die Mängel seiner eigenen defizienten Beziehung vor Augen zu führen. Auch in langjährigen Beziehungen ist demnach ein befriedigendes Sexualleben integraler Bestandteil, der notwendig für die Funktionalität des Verhältnisses ist. Besteht dieser nicht mehr, kann es – wie im Falle der Byrdes – zu Untreue und Spaltung kommen. Die physische Ebene einer Beziehung wird in diesem Sinne der emotionalen Ebene annähernd gleichgestellt, wobei die physische Ebene jedoch schwerer wiegt. Obgleich die emotionale Vereinsamung und die zermürbende Unterforderung und Langeweile Wendys ausschlaggebende Faktoren für ihren Ehebruch sind, stellt ihre konkrete Tat den eigentlichen Grenzübertritt dar.

3.1.3 Grundparadigmen

Im Folgenden möchte ich auf die dominanten Paradigmen der Serie *Ozark* eingehen bzw. darauf, welche Paradigmen über die Familie – als zentraler Handlungsort des Formats – dominant verhandelt und welche Inhalte und Aussagen somit vermittelt werden.

3.1.3.1 Familie und Geschlechterrollen

Zwangsläufig werden im medialen Umgang mit Familie stets Familien- und Geschlechterrollen verhandelt und problematisiert. Wie sich bereits im Verlauf der vorangegangenen Analyse herausgestellt hat, ist der Blick der Serie *Ozark* auf das Geschehen ein deutlich männlicher: Frauen werden fast durchgehend als Antagonistinnen eines starken Protagonisten inszeniert, der zugleich als zentrale Identifikationsfigur fungiert. Wendy Byrde provoziert eine in höchstem Maße emotional belastende Spaltung der Familie, zudem kann ihr – durch ihre Zustimmung zu Martys Plänen – die partielle Schuld an den kriminellen Verwicklungen der Familie gegeben werden. Charlotte Byrde behindert entweder das familiäre Leben oder distanziert sich aktiv davon. Darlene Snell ist nicht nur deutlich ihrem Mann untergeordnet, sondern bringt mit ihrem impulsiven Handeln die Pläne der Familie in Gefahr, wenn sie z. B. Camino Del Rio erschießt.[30] Eugenia Dermody schließlich terrorisiert ihren Sohn und hindert ihn an jeglicher Selbstverwirklichung.

Die männlichen Charaktere des Formats sind nicht durchgehend positive Charaktere, allerdings erfahren sie keine vergleichbar konsequente Negativcharakterisierung. Zudem werden nicht nur ihre Gefühlswelten dominant fokussiert, sie nehmen innerhalb des hierarchischen Gefüges stets eine dominante Position ein. Es sind Marty und Jonah Byrde, welche die Familie – den Mittelpunkt der Serie – verteidigen, ebenso wie Buddy Dyker als Mentoren-Figur bzw. Großvater-Ersatz. Jacob Snell – wenn auch ein inhumaner und skrupelloser Charakter – führt seine Geschäfte mit einem gewissen Ehrenkodex. Mason Young bewahrt seine moralische bzw. religiöse Integrität, während seine Frau ihm zur Flucht rät (vgl. *Ozark* I/7: 23:00), sich also gegen ‚männliche' Standhaftigkeit und Kampfeswillen richtet. Eine Flucht würde hier ein Aufgeben, ein Zurücklassen der Prinzipien bedeuten. Selbst Roy Pettys soziopathisches Verhalten wird durch die Geschehnisse in seiner Vergangenheit, wenn nicht legitimiert, so doch zumindest

---

[30] Sie folgt, in der Rolle einer Hausfrau, Jacobs Anweisungen, z. B. „Darlene. Could we have a couple of glasses, please? Lemonade. Thank You." (*Ozark* I/4: 50:00) und hat allgemein den deutlich geringeren Redeanteil.

verstehbar gemacht – ebenso wie Russ und Boyd Langmores schwere charakterliche Mängel als Konsequenzen sozialer Verwahrlosung zumindest nachvollziehbar sind. Obwohl Snell und Del Rio auch Antagonisten sind, so nehmen sie doch innerhalb ihrer Familie eine Führungsposition ein. Dass Sam Dermody dazu nicht in der Lage ist, liegt an der Unterdrückung durch seine Mutter – ein Vater, der regulierend eingreifen könnte, ist abwesend.

Nur durch die Übertragung männlicher Attribute kann Ruth Langmore – als einziger weiblicher Charakter – positiv semantisiert werden. Durch die Abwesenheit einer männlichen Schutzfigur ist sie nicht nur Werkzeug ihres Vaters und somit Stellvertreterin eines Mannes, sie muss auch die Abwesenheit einer männlichen Leitfigur für ihre Cousins kompensieren, da Russ durch sein geringes geistiges Potenzial, seine Manipulierbarkeit, die mit einem Mangel an Eigenständigkeit einhergeht, und seine Homosexualität nicht als solche fungieren kann. Boyd Langmore ist hier schlichtweg nicht als Mann, sondern – in seiner Infantilität – als Kind zu betrachten. Er kann ebenfalls keine Vorbildfunktion einnehmen. Die Aufladung der Figur Ruth mit männlichen Merkmalen ist überdeutlich: Sie übernimmt die Geschäftsführung des Stripclubs und gewinnt somit Dominanz auf einem Terrain, das typischerweise durch weibliche Unterwerfung gekennzeichnet ist. Zudem greift sie zu Waffengewalt und ermordet letztlich die älteren Männer der Familie.[31] Dennoch gelingt es ihr, sich – durch die Verweigerung des Mordes an Marty Byrde – von ihrem Vater zu emanzipieren. Simplifizierend könnte man an dieser Stelle davon sprechen, dass Ruth über die Zuweisung männlicher Attribute auf Ebene des sozialen Geschlechts nicht als weiblicher Charakter betrachtet werden kann. Tatsächlich jedoch ist diese Attributszuweisung nicht derart vollumfänglich. Ruth ist die Ausnahme, die die Regel negativer charakterisierter Weiblichkeit in *Ozark* bestätigt. Nur in Abwesenheit einer geeigneten männlichen Führungsfigur gelingt es Frauen, das Heft in die Hand zu nehmen. Eine Eignung zur Führungsfigur ergibt sich dabei nicht aus moralischer oder charakterlicher Integrität, sondern schlicht aus der Fähigkeit, die Familie zu beschützen. Russ und Boyd Langmore sind dazu nicht in der Lage und müssen weichen.

Der Blickwinkel der Serie ist also zunächst eindeutig konservativ, ja sogar sexistisch: Fast naturgesetzlich ordnen sich Frauen Männern unter, die – wie Alphamännchen – eine Schutzfunktion für das ‚Rudel‘ erfüllen. Nur in dem daraus resultierenden Patriarchat kann so etwas wie Ordnung entstehen. Dabei handelt es sich um eine Ordnung, in der Kriminalität, Mord etc. existieren, welche

---

[31] Zwar sind in Texten auch gegenläufige Deutungsansätze möglich, in denen gerade Stripclubs Orte weiblicher Dominanz sind, an denen Männer durch weibliche Reize gefügig gemacht werden, dies ist in *Ozark* allerdings nicht der Fall.

aber dennoch eine rational erklärbare bzw. regelgeleitete Ordnung ist, in der eine destruktive weibliche Impulsivität eingedämmt werden kann. Diesen Blickwinkel als Endpunkt der Analyse zu bestätigen, hieße wiederum zu kurz zu greifen: Die Negativrolle der Frau ist keine unveränderliche, unbedingte und ursprüngliche Position, sie ist Produkt der männlichen Dominanz. Zeigen die Frauen in *Ozark* auch negativ charakterisiertes Verhalten, so ist dies doch ein unweigerliches Produkt der Einengung durch patriarchale Strukturen. Wendy Byrde versucht einer gefühlsarmen und zur Routine verkommenen Ehe zu entkommen, Charlotte lehnt sich gegen das für sie undurchsichtige und irrationale Verhalten ihrer Eltern auf, Darlene Snell versucht ihren Mann in gewisser Weise zu übertrumpfen und Eugenia Dermody scheint eine lieblose Ehe in der Vergangenheit verarbeiten zu müssen.[32]

Wenn auch implizit – und wohl kaum intendiert –, so wird in *Ozark* durchaus die Problematik des Beharrens auf konservativen, patriarchalen Familienstrukturen verhandelt. Besonders innerhalb der Byrdes werden diese Strukturen als Faktum akzeptiert. In der Familie Byrde kommt es jedoch niemals zu einem tatsächlichen Bruch, niemals – und dies ist ein zentraler Punkt – zu einer tiefgehenden Aussprache der Ehepartner. Die Aussprache, die erfolgt, führt letztlich zu einem Schuldeingeständnis Wendys, die angedeutete Versöhnung am Ende der Staffel zu einer Festigung der Rolle Marty Byrdes. Ruth Langmore gelingt der Ausbruch. Wie sich die Situation nach einer möglichen Entlassung ihres Vaters aus dem Gefängnis verändert, ist fraglich – eine mögliche Entwicklung für eine zweite Staffel, denn Cade Langmore wird als Antagonist grundlegend etabliert.[33] In ihrer Substanz bleiben die vorhandenen Geschlechterrollen und –normen unangetastet. Gelegentlich brechen sich Frauen in impulsiver und radikaler Weise Bahn, diese Handlungen werden aber – in ihrer Aggressivität – stets als Störung des Status quo angesehen und niemals vollumfänglich verarbeitet oder analysiert. Nur auf einer sekundären Ebene wird klar, dass die genuine Schuld für die Missverhältnisse, für die Störungen in der friedlichen Koexistenz der Menschen, bei den männlichen Charakteren liegt. Dies wird gemeinhin übergangen, da auf der sichtbareren Oberflächenebene die Schuld bei den weiblichen Charakteren liegt. Eine Gleichberechtigung der Geschlechter existiert nur pro forma als

---

[32] Sam meint zu der aufwendigen und kostspieligen Beerdigungsplanung seiner Mutter: „Well, she always swore that she'd throw a funeral better than her wedding. Stick it to my father." (vgl. *Ozark* I/9: 26:00).

[33] Tatsächlich übt Cade in der zweiten Staffel unterdrückerischen Einfluss auf seine Tochter aus und nimmt ihr teilweise ihre Eigenständigkeit, kommt aber letztlich zu Tode.

notweniges Element einer modernen, aufgeklärten Gesellschaft, letztlich werden althergebrachte Rollenbilder eingehalten und perpetuiert.[34]

3.1.3.2 Sexualität

Trotz seines engen Zusammenhangs mit dem Bereich der Familie und insbesondere der Geschlechterrollen soll der Aspekt der Sexualität hier gesondert hervorgehoben werden, auch in Bezug auf die Darstellung homosexueller Charaktere. Wird Roy Pettys ehemalige Beziehung in der achten Episode der ersten Staffel als liebevoll und glückbringend charakterisiert, kann dies nur in sehr begrenztem Maße die Charakterisierung von Homosexualität als abweichend und anormal relativieren, die das Format allgemein vornimmt. Allein die Tatsache, dass die zwei homosexuellen Charaktere des Formats ein soziopathischer Außenseiter und ein kleinkrimineller Hinterwäldler sind, beide also außerhalb der Gesellschaft stehen, ist überaus kritisch zu betrachten: Homosexualität wird in *Ozark* keinesfalls als normal, gewöhnlich oder natürlich gekennzeichnet. Sie trägt den Stempel des Ungewöhnlichen: Wer homosexuell ist, steht in *Ozark* außerhalb der Gesellschaft. Dass Roy Pettys ehemalige Lebenspartner als Arzt/Krankenpfleger (vgl. *Ozark* I/8) bzw. FBI-Agent (Trevor Evans) voll in die Gesellschaft integriert sind, relativiert dies wiederum nur in geringem Maße, da es sich bei beiden um nahezu irrelevante Nebencharaktere handelt.

Gekoppelt an familiäre Zusammenhänge hat Sexualität in der Serie einen hohen Stellenwert. Gewissermaßen fungiert sie hier als Macht- und Druckmittel: Wendys außerehelicher Geschlechtsakt wird als ultimativer Bruch der Treue, d. h. als Beweis und Höhepunkt der Untreue, angesehen. Nur durch die Nachahmung dieses Aktes durch ihren Mann kann dieser Treuebruch kompensiert werden. Sexualität ist also nicht nur wichtiger Bestandteil einer ehelichen Beziehung, um die Spannung und die emotionale Nähe aufrechtzuerhalten, sondern untrennbar mit dem Vertrauen und der Treue innerhalb einer Beziehung verbunden. Sie ist ausschließlich den Ehepartnern vorbehalten und kann – ohne einen Bruch des Verhältnisses zu provozieren – nicht außerhalb dieser Beziehung stattfinden. *Ozark* legitimiert Sexualität damit ausschließlich über monogame Partnerschaften und

---

[34] Zwar werden Frauen in *Ozark* nicht im Sinne eines „male gaze" durchgehend als passive, sexuelle bzw. erotisierte Objekte präsentiert werden (vgl. Mulvey 2010: 203 f.). Allerdings stellt die Diegese Männer, allen voran Marty Byrde, in den Mittelpunkt des Geschehens. Männliche Figuren kontrollieren die Handlung und treiben dieselbe voran. Auch Ruth Langmores Rolle als herausragend starker weiblicher Charakter wird durch ihre hierarchische Unterordnung ihrem Vater gegenüber relativiert. Obgleich in *Ozark* keine bedeutsame bildliche Erotisierung oder Herabsetzung der Frauenrollen erfolgt, so werden sie im Gesamtzusammenhang stets den Männern untergeordnet.

bestärkt – in heterosexuellen Beziehungen – die männliche Dominanz auch auf
dieser Ebene.

3.1.3.3 Geld

> Scratch. Wampum. Dough. Sugar. Clams. Loot. Bills. Bones. Bread. Bucks. Money.
> That which seperates the haves from the have-nots. But what is money? […] Is it
> simply an agreed-upon unit of exchange for goods and services? $3,70 for a gallon
> of milk? Thirty bucks to cut your grass? Or is it an intangible? Security or happiness.
> Peace of mind. Let me propose a third option. Money as a measuring device. You see,
> the hard reality is how much money we accumulate in life is not a function of who's
> president or the economy or bubbles bursting or bad breaks or bosses. It's about the
> American work ethic. The one that made us the greatest country on Earth. It's about
> bucking the media's opinion as to what constitutes a good parent. Deciding to miss
> the ball game, the play, the concert, because you've resolved to work and invest in
> your family's future. And taking responsibility for the consequences of those actions.
> Patience. Frugality. Sacrifice. When you boil it down, what do those three things have
> in common? Those are choices. Money is not peace of mind. Money's not happiness.
> Money is, at its essence that measure of a man's choices. (*Ozark* I/1: 00:00)

Dieser Monolog über das Geld bildet die Einleitung der Serie und ist somit das
erste, mit dem die Rezipierenden konfrontiert werden. Tatsächlich ist es kaum
verwunderlich, dass eine Serie, deren zentraler Handlungsknoten ein Geldwäsche-
Geschäft ist, das Geld zum vordergründig zentralen Paradigma der Serie macht
– dass de facto die Familie diesen Rang einnimmt, sollte sich bereits herausgestellt haben. Martys Aussage, die sich nur scheinbar an eine rezipierende Instanz
richtet, sich aber letztlich als Kund/innengespräch mit einem Ehepaar herausstellt,
wird rasch auf ironische Weise konterkariert: Marty sieht sich, direkt in Folge auf
seinen Monolog, zum ersten Mal das Video an, das seine Frau beim Ehebruch
zeigt. Obgleich er also eine große Menge Geld erwirtschaftet hat und finanziell
gut für seine Familie sorgen kann, hat Marty durch seine emotionale Abwesenheit
einen Bruch der Familie mitprovoziert. Martys Streben nach Geld mag anfangs
im Dienste der Familie gestanden haben. Seine Zustimmung zu den Geldwäsche-
geschäften jedoch geschieht aus Gier, geht über das lebensnotwendige hinaus und
führte letztlich zur desaströsen Lage, in der sich die Byrdes zu Beginn der Serie
befinden. Es wird dementsprechend deutlich, dass Reichtum nicht automatisch
Glück und Seelenfrieden bedeutet. Als Messinstrument für Lebensentscheidungen
im positiven Sinne versagt Geld vollkommen, funktioniert vielmehr im negativen
Sinne: Mit dem Anstieg des Geldes mindert sich die emotionale Lebensquali-
tät Martys, es halten neue Sorgen und Nöte Einzug in den Haushalt der Byrdes.
„Money's not happiness" ist – im Gesamtzusammenhang des Formats – wohl

der zutreffendste Satz in Martys Aussage. Geld ist höchstens ein Maßstab für das finanzielle Geschick eines Menschen. Der von ihm mehrmals beschworene amerikanische Arbeitsethos (vgl. *Ozark* I/1: 00:00 sowie 32:00) und die Gleichsetzung der Familie mit einem Kleinunternehmen (vgl. *Ozark* I/2: 00:00) entpuppen sich als Selbstschutzmechanismen: Da Marty auf familiärem Terrain die Kontrolle verloren hat, flüchtet er sich in die ihm vertraute Finanzwelt. Durch nüchternen Geschäftssinn versucht er die emotional belastende Lage zu verarbeiten, auch wenn er Wendy erklärt, sie seien nicht mehr Mann und Frau, sondern Geschäftspartner (vgl. *Ozark* I/2: 03:00) oder wenn er zu Wendy – in Bezug auf den Verkauf ihres alten Hauses – meint, dass Sentimentalität nur dem Gewinn im Wege stünde (vgl. *Ozark* I/4: 04:00). Den Kampf, den Marty und seine Familie führen müssen, ist weniger ein Kampf für, sondern ein Kampf gegen das Geld: Die Unmengen von Geld, die Marty und seine Frau mühsam waschen, stehen der Familie antagonistisch gegenüber. Das Geld ist nicht Maßstab von Lebensentscheidungen, sondern Gegenspieler, eine Art negative Macht, die das Schlechte in den Menschen hervorruft. Geld bzw. Geldgier ist der Grund für den Mord Ruth Langmores an ihren Onkeln. Des Geldes wegen werden Bruce Liddell sowie der Fuhrunternehmer und sein Sohn in der ersten Episode erschossen. Camino Del Rio handelt aus reiner Profitgier und selbst die Snells stellen ihren Familienmythos, in Aussicht auf eine große Profitmöglichkeit, hinten an (vgl. *Ozark* I/10: 51:00). Es lässt sich also kaum ein positiver Effekt des Geldes in *Ozark* beobachten, dennoch betrachten viele der Charaktere die Mehrung des eigenen Vermögens als Leitmotiv. Positive Gegenmodelle sind sowohl das Gottvertrauen und der Glauben Mason Youngs als auch der Familiensinn, der sich innerhalb der Byrdes und Langmores – mit dem Tod von Russ und Boyd – durchsetzt. Auch wenn Geld und Familie in der Logik der Serie untrennbar miteinander verknüpft sind – nahezu jedes Unternehmen ist ein Familienunternehmen (das Fuhrunternehmen, die Snells, die Dermodys und gewissermaßen die Byrdes) –, so muss doch gemeinschaftlicher Zusammenhalt unabhängig vom Vermögen bestehen bleiben. Überlagert das Streben nach Profit das Bewusstsein für das Wohl der Familie, hat dies unweigerlich negative Konsequenzen. Ist diese paradigmatische Gewichtung der Serie als Kapitalismuskritik zu verstehen? Lediglich partiell, denn das Wirtschaftssystem der USA wird nicht an sich angegriffen. Vielmehr wird demonstriert, dass die übermäßige Gier nach Profit das moralische Bewusstsein eines Menschen überschattet und in die Kriminalität und/oder zur Vernachlässigung bedeutenderer Lebensbereiche führen kann. Wie Marty es formuliert, geht es darum, das Kapital in den Dienst der Familie zu stellen und nicht andersherum. Geld bzw. der Beruf, durch den Geld erwirtschaftet wird, sind stets nur Lebensgrundlage und dürfen nie zum Selbstzweck werden.[35] Solange diese Grenzen eingehalten werden, ist der Kapitalismus an sich unproblematisch – problematisch sind die Versuchungen des Geldes.

3.1.3.4 Gewalt

Durch die Ansiedlung des Formats in einem kriminellen Umfeld ist Gewalt – oft als Resultat der zuvor genannten Geldgier – ein häufig wiederkehrender Bestandteil von *Ozark*. Del Rios Morde, u. a. an Bruce Liddell und Wendys Liebhaber, und die Gewaltdrohungen, die er gegen die Byrdes ausspricht, Jonahs Todes- und Waffenobsession, Wyatt Langmores Flucht vor den Prügeleien seiner Onkel und deren Ermordung, die Vergiftung Bobby Deans oder die Ermordung Del Rios sind nur einige Beispiele für den omnipräsenten Gewalteinsatz in der Diegese.

Gewalt ist in *Ozark* nur in sehr eingeschränktem Maße eine praktikable Problemlösungsstrategie: Alle gewaltsamen ‚Lösungen‘ ziehen unweigerlich schwere, oft noch problematischere Konsequenzen nach sich: Die Ermordung Liddells und der Fuhrunternehmer verschärft den Verdacht des FBI (vgl. *Ozark* I/2: 35:00). Jonahs Wunsch, die Familie gewaltsam zu verteidigen, bedeutet eher Schwierigkeit als Schutz. Die Prügeleien der Langmores sind fruchtlos und der Mord an Russ und Boyd wird mit hoher Wahrscheinlichkeit nicht ohne Konsequenzen bleiben ebenso wie die Ermordung Del Rios und seiner Handlanger sicherlich nicht folgenlos bleiben und das Kartell nach ihm suchen wird (vgl. *Ozark* I/10: 58:00). Gewalt ist in der Logik der Serie stets nur eine punktuelle und keine dauerhafte Lösung – sie erzeugt stets Gegengewalt und somit eine Gewaltspirale.

Vor allem bildet Gewalt einen elementaren Bestandteil der Narration. Sie trägt zur Schaffung der düsteren Atmosphäre der Serie bei: Schon ab der ersten Episode wird etabliert, dass es sich nicht um ein Spiel, sondern um eine Welt des schwerwiegenden Verbrechens handelt, in welche die Byrdes hineingeraten. Übertreten sie gewisse Grenzen oder gehen sie zu hohe Risiken ein, droht ihnen und allen anderen Personen in ihrem Umfeld das gleiche todbringende Schicksal. Von außen, aber auch von innen sind die Familien einer Bedrohung ausgesetzt, z. B. Jonahs Verrohung, die Konflikte der Langmores. Diese Bedrohung erzeugt den Druck, der notwendig ist, um die Byrdes wieder zusammenzubringen: Ohne die Gefährdung des eigenen Lebens und des Lebens ihrer Nächsten wäre die Scheidung der Eheleute mehr als wahrscheinlich und ein Auseinanderdriften

---

[35] In Martys Falle dient das Geld zudem als Festigung patriarchaler Strukturen: Er verdient den Unterhalt, von dem seine Frau und seine Kinder leben. Mittels des Geldes kann Marty daher seine familiäre Vormachtstellung sichern.

somit vorprogrammiert, der zentrale Dreh- und Angelpunkt der Serie ginge verloren. Die Folgen eines Familienverlustes wären für alle Beteiligten desaströs. Die Gewalt in der Serie dient also dazu, die Bedeutung der Familie zu betonen: Nur die Familie, wenn auch in sich nicht unbedingt funktional, bietet einen Schutzraum vor äußeren Bedrohungen, Rückhalt und Geborgenheit. Der Kampf um den Erhalt der Familie dient als vordringlichstes, sinnstiftendes Ziel.

3.1.4 Abstraktion einer Raum- und Handlungsstruktur

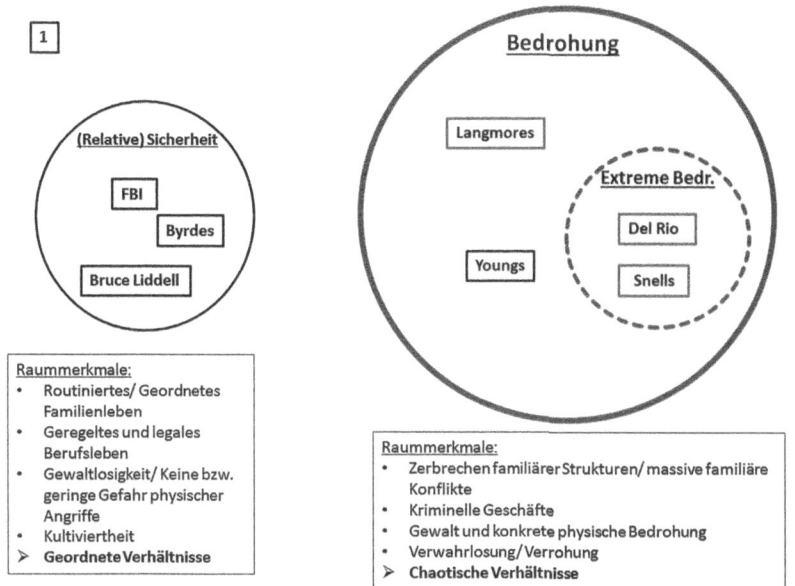

Abb. 3.4 *Ozark* Handlungsschema – Situation 1 (Ausgangssituation)

Die Handlung der Serie ist recht einfach strukturiert und verläuft nach einem Prinzip der sukzessiven Steigerung, welches ich anhand einiger Abbildungen verdeutlichen möchte. *Ozark* weist eine klare Raumtrennung auf. Dabei steht ein Raum der zumindest relativen Sicherheit einem Raum der Bedrohung gegenüber (vgl. Abb. 3.4). Ersterer bietet Merkmale der Stabilität, d. h. ein routiniertes und gesichertes Familienleben ebenso wie ein Berufsleben ohne jede Kriminalität oder die Gefahr physischer Angriffe. Die Figuren, die in diesem Raum beheimatet sind, sind allgemein kultiviert, die Verhältnisse für Marty Byrde und seine Familie sind weitestgehend geordnet. Dieser Ausgangsraum ebenso wie die oben abgebildete Ausgangssituation der Serie sind aber faktisch nicht Teil der Handlung. Selbst im Rückblick in die Vergangenheit der Byrdes und anderer Charaktere in „Kaleidoscope" (vgl. *Ozark* I/8) wird deutlich, dass die Sicherheit und die Ordnung der Familie bereits länger gefährdet ist: Martys Ehefrau ist wegen eines Mangels an beruflichem Erfolg deprimiert (vgl. *Ozark* I/8: 04:00), sie verliert ein Kind (vgl. *Ozark* I/8: 43:00). Marty rutscht in die Welt der Kriminalität ab und wird dort sofort mit brutaler körperlicher Gewalt konfrontiert (vgl. *Ozark* I/8: 46:00). Die Ordnung des Ausgangsraumes ist demzufolge nie ideal gewesen, sondern war bereits vor Beginn der Handlung brüchig, eine ideale Stabilität bestand u. U. nie. Nichtsdestotrotz ist der Gegenraum, hier mit „Bedrohung" benannt, wesentlich extremer in seiner Merkmalsausprägung: Hier dominieren Instabilität und Chaos im Gegensatz zu geordneten Verhältnissen. Die Familie Byrde droht zu zerbrechen, Kriminalität herrscht vor und bringt die ständige Gefahr physischer Angriffe mit sich. Zudem sind die Bewohner dieses Raums – repräsentiert vor allem durch die Langmores – unkultiviert und pflegen einen chaotisch-ungeordneten Lebensstil. In diesen Raum der Bedrohung oder auch des Chaos werden die Byrdes im Rahmen einer eigentlichen Grenzüberschreitung versetzt. Diese Grenzüberschreitung wird zum einen durch Wendy Byrdes Ehebruch bedingt, zum anderen durch die Einwilligung Marty Byrdes in die Geldwäschegeschäfte und letztlich durch die Ermordung Liddells als einen Akt absoluter Gewalt (vgl. Abb. 3.5).

Die Räume von Sicherheit und Bedrohung sind topographisch weitgehend entkoppelt, schließlich sind die Byrdes bereits in Chicago der Bedrohung ausgesetzt, auch wenn diese in den Ozarks ihren Höhepunkt findet. Den Extremraum dieses Raumes personifizieren Camino Del Rio und die Snells. Hier verdichtet sich moralische Verkommenheit, bedenkenlose Gewaltanwendung und schwerwiegendes Verbrechen. Auf anderer Ebene ist indes eine Kopplung von Topographie und Topologie durchaus vorhanden. Wie eingangs (vgl. 3.1.1) bereits angesprochen, gelten die Ozarks als allgemein rückständig und antimodern (vgl. Perkins 2017: 2 f.), die Bewohner als Hillbillys (vgl. Harkins 2004: 3). Mit dem Übertritt vom modernen, großstädtischen und fortschrittlichen Raum Chicago in die – zumindest qua Klischee – rückständigen Ozarks wird eine topologisch gebundene Kultur-Natur-Opposition errichtet. Geordnete und bekannte Strukturen, kühler, berechnender Verstand und gemäßigte Emotionen, also stereotype Merkmale eines Kultur-Raumes, weichen unüberschaubaren Verhältnissen, ungebremster Emotionalität, Triebhaftigkeit und Gewalt. Dieser Natur-Raum bietet vor allem die

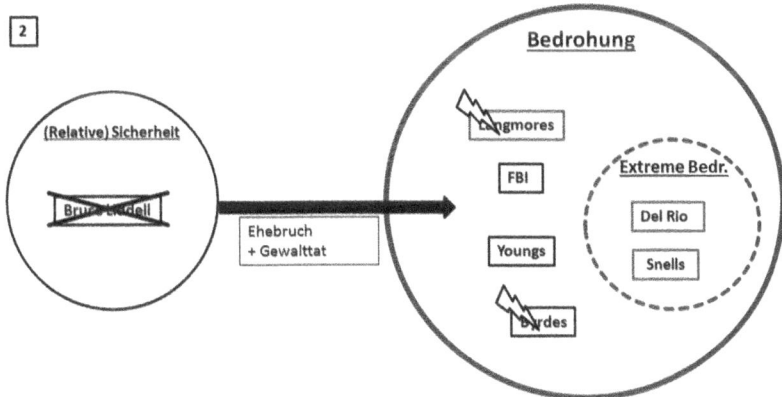

Abb. 3.5 Ozark Handlungsschema – Situation 2

Möglichkeit, die Familie als natürlich gegebene Form menschlichen Zusammenlebens zu inszenieren. Erst hier, ohne die klaren Zügel des Kultur-Raumes, können
die bisher unterdrückten Emotionen ausgelebt, besagte Strukturen in Frage gestellt
und dekonstruiert werden – natürlich nur um letztlich wieder eine Bestätigung zu
erfahren.

Spätestens mit dem Umzug in die Ozarks, in diesen chaotischen Natur-
Raum, beginnt die eigentliche Handlung des Formats. Die Byrdes sind nun in
sich gespalten und in ihrer Zusammengehörigkeit gefährdet – und werden hier
nur der Einfachheit halber als Gruppe dargestellt. Sie bleiben dennoch in ihren
Merkmalen konstant, bewahren also ihre Kultiviertheit, ihren Ordnungsdrang,
ihre moralischen Ansprüche und sind wohlhabender als der Durchschnitt der
Region. Somit stellen sie einen Störfaktor im Gegenraum dar. Mit ihrem Übertritt provozieren sie eine Reihe an Konflikten, u. a. die zunehmende Spaltung
der Langmores. Die Handlung Episode für Episode aufzuschlüsseln wäre wenig
zielführend, da ein recht eindeutiges Schema zu abstrahieren ist: Typisch für den
narrativen Verlauf einer Serie findet eine sukzessive Steigerung statt.

Zum einen werden die Charaktere immer mehr miteinander verknüpft, so dass
zuletzt – zumindest über die Byrdes als Mittler – alle Charaktere in irgendeiner Form von Beziehung zueinander stehen (vgl. Abb. 3.6).[36] Zum anderen
nähern sich die Figuren dem Extremraum an und adaptieren dessen Merkmale.

---

[36] Die Familie Dermody (mehr unter 3.1.2.7) wurde in diesem Schema außen vorgelassen, da
sie eine untergeordnete und wenig handlungsrelevante Rolle spielten. Tatsächlich ließen sich

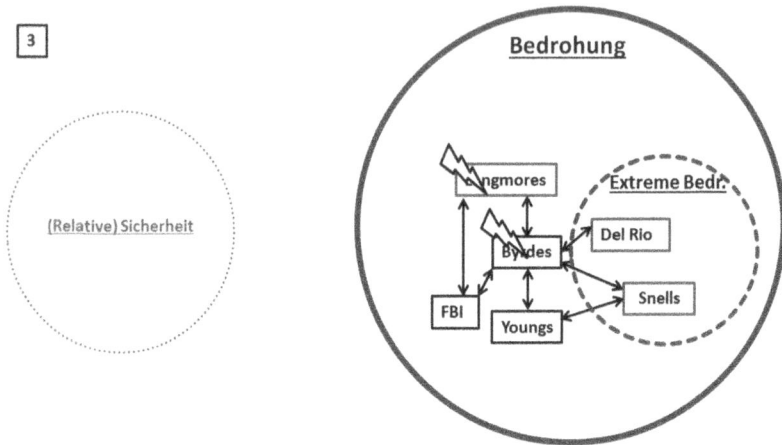

Abb. 3.6   Ozark Handlungsschema – Situation 3

Sie werden mehr und mehr Teil krimineller Machenschaften und amoralischer, gewalttätiger Verstrickungen: Nach einer anfänglichen morbiden Todesfaszination erwirbt Jonah schwere Waffen, das kriminelle Potenzial der Langmores wächst von Diebstahl zu Mordplänen heran und vor allem Marty gerät im Verlauf der Serie zunehmend unter den Einfluss bzw. Druck der Snells.

Höhepunkt und gleichzeitig Auflösung findet die erste Staffel mit dem Ende der neunten und der gesamten letzten Episode. Hier betreten die Byrdes den Extremraum (vgl. Abb. 3.7): Die Familie trennt sich zeitweilig, Marty Byrde sieht sich direkt mit den Snells und Del Rio konfrontiert und auch andere Figuren nähern sie dem Extrem an, z. B. der Mord Ruth Langmores an ihren Onkeln, die Ermordung Grace Youngs, das manipulative Spiel Roy Pettys.

Mit der Ermordung Del Rios und der Langmores relativiert sich die Bedrohung und Marty wird das Verlassen des Extremraums gestattet (vgl. Abb. 3.8). Der Höhepunkt der äußeren Bedrohung ermöglicht es den Familien, wieder zusammen zu finden. Es ist der äußere Druck, der die zerbrechenden Strukturen erneut verdichtet. Obwohl es zum Ende der ersten Staffel nicht zutreffend wäre, im Falle der Byrdes von einem vollständigen Verlust des konstitutiven Merkmals und der Annahme der Merkmale des Gegenraumes zu sprechen, so haben sie sich doch teilweise assimiliert und stellen keine Fremdkörper mehr in ihrem jetzigen Raum

---

diese Charaktere vollkommen aussparen, ohne bedeutende Änderungen am Handlungsverlauf vornehmen zu müssen.

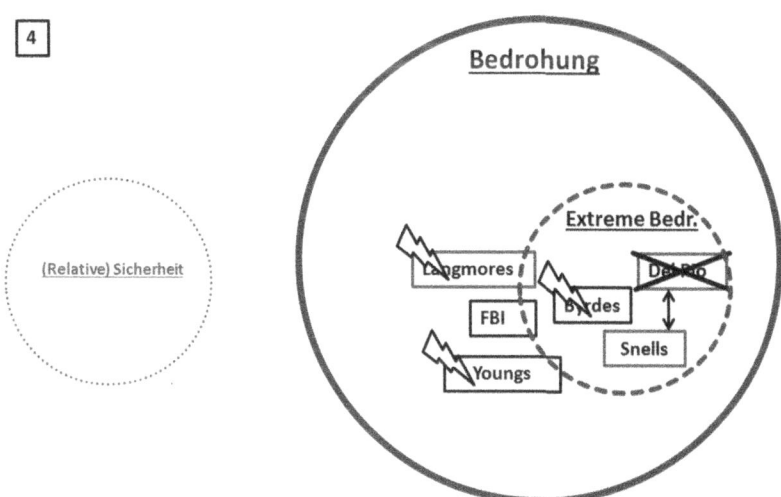

Abb. 3.7 Ozark Handlungsschema – Situation 4

dar. Sie sind mit den Regeln und Gegebenheiten vertraut und in sich erneut stark und geschlossen genug, um die Handlung einer neuen Staffel bestreiten zu können. Serientypisch ist die Handlung nur relativ, aber nicht ganz abgeschlossen: Die Byrdes kehren nicht in ihren Ausgangsraum zurück, sind weiterhin mit Bedrohung und Unsicherheit konfrontiert. Die Offenheit der Handlungsfäden und die zahlreichen ungelösten Problematiken ermöglichen es, mit einer zweiten Staffel anzuknüpfen: Finden Marty und Wendy wieder zusammen? Welche Konsequenzen zieht das mexikanische Kartell aus der Ermordung Del Rios? Können die Langmores – trotz Ruths Handeln – als Familie zusammenleben? Zu welchen Mitteln greift der gescheiterte Roy Petty?

In Bezug auf die Familienthematik vermittelt die narrative Struktur ein in der Gesamtschau wenig überraschendes Bild: In doppelter Hinsicht wird die Bedeutung von Familie als einzig glückbringenden und optimal schützenden Raum des menschlichen Zusammenlebens bekräftigt. Zum einen wird deutlich, dass Familien selbst in größten Not- und Bedrohungssituationen aufrechtzuerhalten sind. Jede äußere Bedrohung stärkt den inneren Zusammenhalt. Den Widrigkeiten trotzt man gemeinsam. Außerfamiliäre Fährnisse helfen sogar dabei, sich auf die Bedeutung des schützenden Zusammenhaltes zu besinnen. Zum anderen ist der Natur-Raum der Ozarks ein Terrain, auf dem vermeintlich elementar

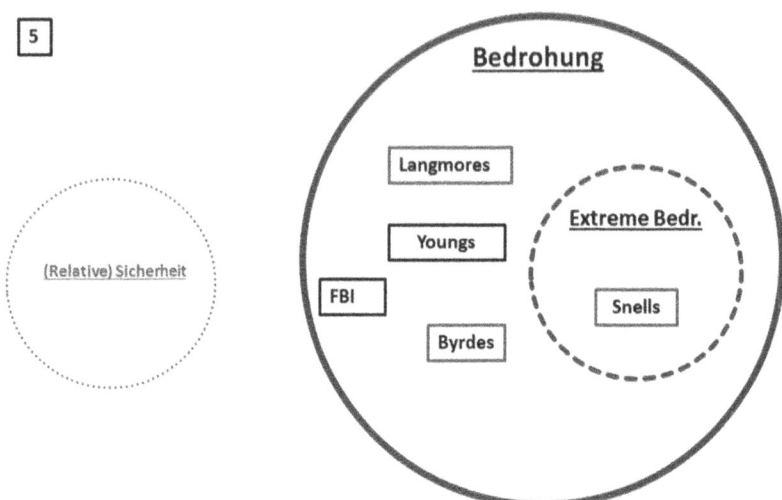

Abb. 3.8 Ozark Handlungsschema – Situation 5 (Endsituation)

anthropologische Lebens- und Verhaltensformen deutlicher zu Tage treten als im reglementierten Kultur-Raum, dem die Byrdes entstammen und dessen Merkmale sie tragen. Kulturell tief verankerte Bilder, wie der Hillbilly und die Ozarks als rückständige Region, dienen der Serie als Ausgangspunkt dieser impliziten Argumentation: Alle Menschen, ungeachtet von Herkunft und soziokulturellem Hintergrund – ob städtisch oder ländlich –, zeigen letztlich ähnliche Verhaltensweisen. Ebenso wie für die Byrdes sind auch für die Langmores und Pastor Young die Ozarks der Ort, an dem sich herausstellt, worauf es ‚ankommt': Die Familie ist der natürliche Zustand der Koexistenz außerhalb dessen die Einzelnen der Bedrohung hilflos ausgesetzt sind und kaum zu ihren Zielen gelangen. Die Familie wird in *Ozark* als durch die menschliche Natur diktiertes Dogma inszeniert.

3.1.5   Resümee zu *Ozark:* Aufrechterhaltung eines leeren Mythos

Vergleichen wir die Familienverbände in *Ozark,* so stellt sich heraus, dass die gesellschaftlich etablierten Grenzen von Klasse, Herkunft, sozialen Umstände etc.

mehr Schein als Sein sind. Es handelt sich um eine Struktur, um die Lebensumstände der Menschen zu charakterisieren und einschätzen zu können. Der Wesenskern des Menschen, das tatsächliche Sein, ist unabhängig von diesen Konstrukten. Gegensätze innerhalb der Gesellschaft bestehen zwar auf der Oberfläche, keinesfalls ist aber die gesellschaftliche Herkunft mit der moralischen Integrität eines Menschen gleichzusetzen. Familie ist in *Ozark* der Kern einer jeden erfolgreichen menschlichen Koexistenz, keine gesellschaftlich geschaffene Form, sondern eine anthropologische Determinante.

Dennoch fällt es schwerer, den endgültigen Standpunkt der Serie gegenüber der Familie in seiner kompletten Bandbreite zu ermitteln, als vielleicht anzunehmen wäre. Familiäres Leben bleibt keinesfalls unproblematisch, vielmehr spielen sich die zentralen Konflikte des Formats in und zwischen Familien ab. Der erste Eindruck der Familie Byrde ist von Streit (Streit am Abendbrottisch, vgl. *Ozark*, I/1: 07:40) und Vertrauensverlust geprägt, von Gräben, die sich im Verlauf der Serie eher vertiefen als schließen. Die Dysfunktionalität der Familie scheint irreparabel. Sukzessive entfremden sich die Byrdes, in Teilen auch die Langmores und die Dermodys voneinander. Das Leben in diesen Verbänden – ein Leben, das in dieser Form nicht selbst gewählt ist – hat etwas Quälendes und Zwanghaftes, schließlich ist es die Hauptquelle der belastendsten Konflikte in ihrer aller Leben. Auch dient die Familie als Stütze und Basis konservativer Hierarchien und Rollenbilder, die – zumindest für die weiblichen Charaktere – eine große Belastung darstellen.

Betrachtet man jedoch die durchgehend erfolglosen Versuche, den familiären Rahmen zu verlassen, und diejenigen Charaktere, die ein glückloses Außenseiter-Dasein ohne schützende Gemeinschaft führen, verlieren die problematisierten Aspekte und zentralen Konflikte an Schärfe und büßen diese mit der Wiederversöhnung der Byrdes und der Langmores sowie der Trauer Sam Dermodys um seine Mutter nahezu vollkommen ein. Die Charaktere und somit notwendigerweise die Serie, die distanzlos deren Blickwinkel einnimmt, verklären das Geschehene und das Zusammenleben mit den Menschen, die ihnen im Großteil der Narration oft antagonistisch oder zumindest im Streit gegenüberstehen.

Die letzten Momente der ersten Staffel betonen dies überdeutlich: Sie werden von emotionaler klassischer Musik (Beethovens zweites Klavierkonzert) unterlegt. Marty liegt auf dem Trampolin, auf dem er früher mit seinen Kindern spielte. Als er das Auto hört, in dem Wendy, Charlotte und Jonah zurückkehren, öffnet er die Augen, springt vom Trampolin, rennt auf seine Kinder zu und fällt ihnen in die Arme. Über sie hinweg lächelt ihm Wendy zu, er lächelt zurück, beide sind offensichtlich gerührt, Wendy weint eine einzelne Träne. Die Kamera stellt dabei stets die Charaktere – vor allem Marty – in den Mittelpunkt des Bildes. Zuletzt werden

Martys und Wendys Gesicht in Großaufnahme gezeigt, wodurch ein Fokus auf deren Emotionen gesetzt wird. Diese Versöhnung steht im deutlichen Gegensatz zum Beginn der Serie: Hier wird der erfolglose Ausbruchsversuch Wendys, d. h. ihr Ehebruch, durch den Tod ihres neuen, außerfamiliären Partners sanktioniert (vgl. Ozark I/1: 39:00).

In der Konzeption der Familiendarstellung stellt sich *Ozark* nicht in die Tradition der Familienserie der 1950er Jahre, welche Dysfunktionalität und tiefgehende Konflikte unberührt lässt. Es wird betont, dass jede Familie eine Familie mit Konflikten ist und es keine idealen Väter, Mütter, Kinder – keine idealen Menschen – gibt. Dennoch verlieren sich die problematisierten Aspekte in Redundanz und verblassen vor der dogmatischen Notwendigkeit des familiären Raumes. Selbst Ruths Ausbruch aus einem Patriarchat dient – durch die Tilgung des destruktiven Potenzials, das von ihren Onkeln ausgeht – dem Erhalt von Familienstrukturen. *Ozark* erweist sich nach eingehender Analyse als ein Format, das zwar durchaus Problematiken des familiären Lebens aufgreift, dies jedoch nur oberflächlich tut und letztlich stets auf eine konservative Moral verweist. Die ‚Beweisführung' der Serie ist dabei unzulänglich. Es ist die Frage zu stellen, ob nicht viele der Charaktere letztlich ein glücklicheres und sorgloseres Leben führen könnten, vor allem ein Leben, das ihren Bedürfnissen und Wünschen eher entspräche, wenn sie den familiären Rahmen verließen. Die Darstellung der Familie als unbedingt notwendiger Raum des Rückhalts sowie als Schutzraum vor äußeren Bedrohungen ist eine bloße Behauptung, die aus konstruierten Beispielen gespeist wird. Da ein glückliches Leben ohne Familie in *Ozark* nicht präsentiert wird, existiert es im vorgestellten Weltentwurf nicht. Eine Sinnsuche auf eigene Faust – als einzelner, individueller Mensch – kann hier nie zielführend sein. Es existieren ausschließlich Negativbeispiele für diesen Lebensstil und für jeden Charakter eröffnet sich lediglich die Wahl, ein einsamer, glückloser Paria oder Teil einer Gemeinschaft zu sein – auch wenn diese Gemeinschaft nicht wirklich vor äußeren Bedrohungen schützt, sondern vor allem weitere Belastungen mit sich bringt. Die Serie hält an einem alternativlosen Dogma fest, ohne dessen Sinn tatsächlich belegen zu können: Familie existiert in *Ozark* um ihrer selbst willen, ihre Funktionen erfüllt sie zweifelhaft. Ein mythisiertes[37] Bild von Familie existiert in diesem Format zwar weiter, hat aufgrund eines gesellschaftlichen Wandels die Funktion der Versorgung und des Schutzes von Frau und Kindern jedoch verloren. Dieses Bild

---

[37] Mythen verstehe ich im Sinne von Roland Barthes als „von der Geschichte gewählte Rede" (Barthes 2016: 252), also als (massen-)medial erzeugte „sekundäre konnotative Systeme", in deren Natur bzw. Intention es liegt, ihren konnotativen und ideologisch aufgeladenen Charakter zu verschleiern und als denotativ, d. h. als natürlich und unwandelbar, gegeben zu erscheinen (vgl. Nöth 2000: 108 f., 411 f.).

von Familie dominiert – wie sich in der folgenden Analyse zeigen wird – die Gesamtheit des Analysekorpus.

3.2 Familiäre Rollenmuster und Geschlechterkonstruktionen

Bei der Untersuchung des Gesamtkorpus (über *Ozark* hinaus) liegt bezüglich der innerfamiliären Rollenverteilung eine Gliederung in männliche und weibliche Rollen nahe. Sowohl an weibliche als auch an männliche Charaktere sind bestimmte Charaktereigenschaften ebenso wie bestimmte Erwartungen gebunden, die eine Kategorisierung ermöglichen. Innerhalb einer Familie kann eine Frau entweder die Rolle der Mutter, Ehefrau oder die der Tochter einnehmen, ein Mann – komplementär dazu – die Rolle des Vaters, Ehemannes oder Sohnes. Hinzu kommen Charaktere, welche außerhalb oder am Rande des in der Serie fokussierten, familiären Verbandes stehen und unterschiedliche Funktionen in Bezug auf diesen einnehmen. Wie sich im Verlauf dieses Kapitels zeigen wird, liegt in der Regel eine deutliche Fokussierung auf eine Kernfamilie vor, so dass Mitglieder der erweiterten Familie, z. B. Großeltern, Tanten, Onkel, Cousins, Cousinen etc., diesem äußeren Familienkreis zuzuordnen sind. Überschreitungen der genannten Rollenmuster treten selten auf und sind dem Bereich homo und vor allem transsexueller Charaktere zuzuordnen. Bei der folgenden Analyse werden nicht ausnahmslos alle Charaktere der Serien des Analysekorpus analysiert, sondern lediglich diejenigen, die innerhalb der Handlung eine besonders relevante Funktion einnehmen, d. h. sämtliche Haupt- und einige relevante Nebencharaktere.

3.2.1 Darstellung und figurative Konzeption weiblicher Charaktere

3.2.1.1 Mütter und Ehefrauen

„I mean, women are supposed to be mothers. It's supposed to be natural. It comes with the tits, right? The equipment is pre-installed." (*The Marvelous Mrs. Maisel* I/3: 35:50). So charakterisiert Miriam Maisel das Rollenbild der Frau in den 1950er Jahren. Übertreibt sie auch bewusst, trifft diese Aussage auch auf Serien zu, die über 50 Jahre später in der Gegenwart spielen. Wendy Byrde (*Ozark*) mit ihrer deutlichen Bindung an Heim und Herd und ihrer Stellung als Mutter ohne relevanten oder produktiven Bezug zur Arbeitswelt lebt zwar in einer anderen

Gesellschaft als Miriam Maisel, sieht sich aber nach wie vor mit der formulierten Anforderung konfrontiert.

Aus dem Vergleich der Video-on-Demand-Serien meines Korpus – insbesondere derjenigen, die in der Vergangenheit spielen – mit den medialen Rollendarstellungen der entsprechenden Jahrzehnte lässt sich die Tendenz erkennen, den jeweiligen Zeitgeist kritisch zu reflektieren und zu kommentieren. Der heutige Blickwinkel auf die Vergangenheit ist dabei von gegenwärtigen Norm- und Wertvorstellungen ebenso wie von aktuellem kulturellem Wissen geprägt. Eine Untersuchung dessen, wie die Vergangenheit und ihre gesellschaftlichen Strukturen und Rollenbilder aus aktueller Sicht reflektiert werden, ermöglicht, Aussagen über aktuelle Wertvorstellungen zu treffen. Die Serie *The Marvelous Mrs. Maisel*, welche im New York der 1950er Jahre verortet ist, also in der Zeit, in der das dominante Bild der Serien-Familie geprägt wurde, eignet sich hier als analytischer Ausgangspunkt.

Bevor sie vom Ehebruch ihres Ehemannes erfährt, lebt Miriam Maisel das geordnete Leben einer Ehefrau und Mutter der oberen Mittelschicht.[38] Dass es sich hierbei um eine Fassade handelt, um den Versuch einem vorgeprägten Geschlechterbild zu genügen, wird bereits zu Beginn der Serie in einer Ansprache Miriams auf ihrer Hochzeit deutlich, in der ihre verklärte Erzählung mit den realen Geschehnissen kontrastiert wird, die deutlich weniger glamourös sind.[39] Penibel achtet sie darauf, eine perfekte Erscheinung zu präsentieren. Ohne dass ihr Ehemann dies bemerkt, unterzieht sie sich, nachdem dieser eingeschlafen ist und bevor dieser aufwacht, einer aufwändigen Kosmetikroutine und legt sich anschließend wieder ins Bett, um den Anschein von äußerer Makellosigkeit zu erwecken (vgl. *The Marvelous Mrs. Maisel* I/1: 16:05). Zudem misst sie jeden Tag ihre Körpermaße, um sich selbst in ihrer Entwicklung zu überwachen (vgl. *The Marvelous Mrs. Maisel* I/1: 21:10). All dies verdeutlicht, dass der äußere Anschein von Perfektion ein illusionärer ist, der mühsam aufrechterhalten wird. Diese Illusion, die Miriam Maisel als Teil ihres Lebens verinnerlicht hat – sicherlich auch durch

---

[38] Unterlegt von dem Song „On a wonderful day like today" (Johnny Mathis) erledigt sie ihre Einkäufe für das anstehende Jom Kippur, überglücklich darüber, dass der Rabbi die häusliche Feier besuchen wird, anschließend wird sie beim Zubereiten eines Bratens in der in hellen Pastellfarben gehaltenen Küche gezeigt (vgl. *The Marvelous Mrs. Maisel* I/1: 05:41).

[39] So redet sie einerseits davon, dass der Tag perfekt sei, verweist aber zugleich auf die finanziellen Bedenken ihres Vaters. Sie verklärt ihr Studium auf dem „Bryn Mawr"-Frauen-College, gleichzeitig wird sie in ihrer Studienzeit gezeigt, wie sie mit Freundinnen ihr Schamhaar bleicht. Sie romantisiert ihr Aufeinandertreffen mit Joel und erzählt davon, wie er sie in Galerien, Gedichtlesungen und griechische Dramen mitnahm. Tatsächlich besuchten sie weniger intellektuelle Vergnügungen wie eine Burlesque- und eine Comedy-Show. Zudem hatten sie bereits vor der Ehe Sex (vgl. *The Marvelous Mrs. Maisel* I/1: 0:11–5:09).

die Erziehung der konservativen Mutter[40] und des ignorant-autoritären Vaters –, zerbricht mit dem Ehebruch ihres Mannes Joel und ihrer anschließenden Trennung. Sie distanziert sich zunehmend von den gesellschaftlichen und familiären Erwartungen, verweigert sich Joels erneuten Annäherungs- und Wiedergutmachungsversuchen (vgl. *The Marvelous Mrs. Maisel* I/4: 23:50) und beginnt sogar zu arbeiten, worauf ihre Eltern mit Entsetzen und Ablehnung reagieren (vgl. *The Marvelous Mrs. Maisel* I/5: 5:00, 29:01). In ihrer Stand-Up-Comedy reflektiert sie die gesellschaftlichen Anforderungen an Frauen:

> Why do women have to pretend to be something that they're not? Why do we have to pretend to be stupid when we're not stupid? Why do we have to pretend to be helpless when we're not helpless? Why do we have to pretend to be sorry when we have nothing to be sorry about? Why do we have to pretend to be not hungry when we're hungry? (*The Marvelous Mrs. Maisel* I/7: 47:48)

Wie Wendy Byrde versucht Miriam Maisel, sich von einer Struktur zu emanzipieren, die als einengend wahrgenommen wird und Frauen auf eine einzige Rolle reduziert, welche nicht ihren tatsächlichen Wünschen oder Fähigkeiten entspricht. Miriams Befreiungsversuch wird im Unterschied zu Wendys Ehebruch allerdings eher positiv bewertet. Einerseits erlaubt der kritische Blick auf die als restriktiv wahrgenommenen Strukturen der 19590er Jahre Miriam, sich denselben zu verweigern, andererseits wird sie durch den Ehebruch ihres Mannes, d. h. dessen destruktiven Akt, dazu legitimiert.

Dennoch suchen ihre Eltern die Schuld am Zerbrechen der Ehe zunächst bei Miriam. Mit einem veritablen Nervenzusammenbruch reagieren sie auf die Nachricht von der Trennung.[41] Auch in der Gruppierung mit anderen Frauen werden geschiedene Frauen stets ausgegrenzt (vgl. *The Marvelous Mrs. Maisel* I/2: 7:50). Miriams Entscheidung, einen Beruf zu ergreifen, wird von ihren Eltern ebenso

---

[40] Diese vollzieht kennzeichnenderweise eine nächtliche Routine, die deckungsgleich mit Miriams ist, einschließlich der Tatsache, dass ihr Ehemann es nicht bemerken soll. Beide Szenen werden mit derselben Musik unterlegt und folgen einem nahezu identischen Ablauf (vgl. *The Marvelous Mrs. Maisel* I/3: 12:43). Dies unterstreicht, dass die Mutter offensichtlich Verhaltensweisen an ihre Tochter weitergegeben hat. Selbst über das Aussehen von Miriams Tochter im Säuglingsalter macht sie sich Sorgen: „I just want her to be happy. It's easier to be happy when you're pretty." (*The Marvelous Mrs. Maisel* I/1: 19:18).

[41] Ihr Vater zerstört sein Arbeitszimmer und die Mutter bricht in Tränen aus (vgl. *The Marvelous Mrs. Maisel* I/1: 37:47). Abraham Weissman, ihr Vater, meint zudem, es sei ihre Schuld, dass sie einen schwachen Mann geheiratet habe (vgl. *The Marvelous Mrs. Maisel* I/1: 38:32). Ebenso ist Joels Mutter verstört wegen der Trennung (vgl. *The Marvelous Mrs. Maisel* I/2: 26:08) und Rose Weissman leugnet lange Zeit die Möglichkeit einer Scheidung (vgl. *The Marvelous Mrs. Maisel* I/7: 25:03).

mit Unverständnis und Unglauben aufgenommen (vgl. *The Marvelous Mrs. Maisel* I/5: 29:01). Das gesellschaftliche Ansehen einer Frau ergibt sich im dargestellten Weltmodell aus ihrer Stellung als Hausfrau und Mutter, insbesondere, wenn es sich um Frauen der gehobenen Mittelschicht handelt, welche heute weiterhin von den meisten Serien fokussiert werden.

Wirft man nun einen Blick auf die Repräsentation von Frauen als Ehefrauen und Mütter in Serien, welche die 1970er, 1980er und 1990er abbilden, so fällt eine gewisse Differenz auf.[42] In meinem Korpus werden die 1970er Jahre in den Serien *The Get Down* und *F is for Family* aufgegriffen.

The Get Down zeigt zwei relevante Mutterfiguren der afroamerikanischen Arbeiterklasse und stellt damit im Gesamtkorpus eine Ausnahme dar. Bei Wanda, der Tante des Protagonisten Ezekiel und dessen Ziehmutter nach dem Tod seiner Eltern, handelt es sich um einen Charakter, der vor allem durch seine Funktion als Mutterfigur für die Vermittlung positiver Werte definiert wird.[43] Die Figur ist dabei eher ein Randcharakter und steht für einen traditionellen Frauentypus, dessen Leben um Häuslichkeit und Mutterschaft kreist. Ähnlich, aber interessanter und in Bezug auf die Diegese relevanter ist Lydia Cruz, die Frau des hochreligiösen und autoritären Pastors Ramon Cruz. Sie verkörpert einen konservativen und devoten Frauentypus, in dessen Lebensmittelpunkt das Hinnehmen der Autorität des Ehemannes steht.[44] Erst später in der Serie widersetzt sie sich ihrem Ehemann. Dazu wird sie durch die Loslösung ihrer Tochter von der Familie und ihrer Liebe zu Francisco, dem Bruder ihres Ehemannes, der auch Lydias Vater ist, motiviert. Sie erlaubt ihrer Tochter eine Gesangskarriere, riskiert einen offenen Streit mit ihrem Ehemann (vgl. *The Get Down* I/10: 15:00), gesteht ihm, dass Lydia nicht seine Tochter ist, und entscheidet sich für Francisco (vgl. *The Get Down* I/10: 39:00). Hier handelt es sich zwar um einen Akt der Emanzipation, der durch den anschließenden Selbstmord ihres Mannes noch weiter hervorgehoben wird (vgl. *The Get Down* I/10: 47:00). Dieser wird allerdings durch den Umstand geschmälert, dass sie sich von der Autorität eines Mannes in die Autorität eines anderen begibt, auch wenn dieser sie deutlich besser behandelt. Sie emanzipiert

---

[42] Die 1960er Jahre werden in Serien weitgehend ausgespart. Grund hierfür könnte die mediale Nähe zu den 1950er Jahren sein, vor allem wohl aber die problematische politische Lage, die sich nicht als Grundlage für komisch-unterhaltende Formate eignet.

[43] Beispielsweise will Wanda, dass Ezekiel lernt, was es heißt, richtig zu arbeiten (vgl. *The Get Down* I/3: 4:00), und möchte ihn um jeden Preis vor dem Kontakt mit Drogen bewahren (vgl. *The Get Down* I/3: 11:00).

[44] Sie leugnet im Gespräch mit ihrer Tochter Lydia, je große Träume gehabt zu haben. Letztlich gibt sie im selben Gespräch zu, dass sie Tierärztin werden wollte (vgl. *The Get Down* I/2: 15:00).

sich zwar, um ihrer Funktion als beschützende Mutter gerecht zu werden, gibt den Status der Ehefrau aber nicht auf. Dies wäre ihr als erwerbsloser Frau auch kaum möglich.

F is for Family, eine Zeichentricksitcom, dekonstruiert bzw. entmystifiziert satirisch gesellschaftliche Mythen (vgl. Kelsch 2019: 151 f.). Sue Murphy hat hier unter dem Diktat ihres Ehemannes Frank zu leiden. Ihr Leben ist von ihren häuslichen Pflichten und der Erziehung der Kinder bestimmt. Sie kocht, macht den Haushalt und arbeitet in ihrer freien Zeit als Vertreterin für „Plast-a-Ware" (die Serienversion von Tupperware). Diese Tätigkeit, die sie als relevanten Teil ihres Lebens sehen möchte, betrachtet ihr Ehemann als „little hobby" und spricht auch sonst äußerst herablassend davon (vgl. *F is for Family* I/2: 6:00). Tatsächlich handelt es sich vor allem um einen Versuch, die Eindimensionalität ihres Lebens zu kompensieren, indem sie etwas jenseits des Haushalts tut. Sie versucht, Missstände zu leugnen und sich einzureden, glücklich zu sein (vgl. *F is for Family* I/2: 22:00), erkennt aber bald ihre tatsächliche Situation: „My life isn't perfect, okay? Outside of being a wife and a mother, I've got nothing! I sell plastic that I cry into! [...] Sometimes I wish I'd never got married!" (vgl. *F is for Family* I/3: 17:00). Trotz einer stärkeren beruflichen Einbindung im Verlauf der Serie, unter der die Familie ein wenig leidet (vgl. *F is for Family* I/5: 3:00), bleibt Sue – auch aufgrund der Widrigkeiten und Geringschätzungen – ihrer Rolle verhaftet. Obgleich ihr Leben von Verzweiflung und Depression bestimmt ist, scheint eine Loslösung von ihrem Ehemann aufgrund emotionaler und finanzieller Abhängigkeit nicht möglich – u. U. auch aufgrund der narrativen Zwänge des Sitcom Formats, die eine gleichbleibende Personenkonstellation diktieren. Letztlich entschließt sich Sue, beruflich aktiver zu werden, und befreit sich zumindest teilweise aus ihrer Einengung.

The Get Down und *F is for Family* porträtieren die 1970er Jahre als ein Jahrzehnt, in dem väterliche Autorität und die Verhaftung der Frau in ihrer Rolle als Hausfrau und Mutter dominieren. Nichtsdestotrotz zeigen sowohl Lydia Cruz als auch Sue Murphy Tendenzen zu einer Loslösung: Lydia, indem sie ihren Ehemann verlässt und sich seiner Autorität aus eigenem Antrieb wiedersetzt, und Sue, indem sie beruflich aktiver wird und damit zugunsten einer gewissen Selbstverwirklichung die Familie zurückstellt.

Ähnlich verhält es sich in den modellierten 1980er Jahren in der Serie *Red Oaks.* Wie Wendy Byrde oder Sue Murphy fühlt sich Judy Myers, Ehefrau von Sam Myers und Mutter des Protagonisten David, von ihrem Alltag vollkommen eingeengt. Die frühe Ehe, die vor allem aufgrund ihrer Schwangerschaft zustande kam, und die damit einhergehenden häuslichen Aufgaben verhinderten eine experimentelle Phase des Abenteuers und der Selbstfindung (vgl. *Red Oaks* I/4: 9:00).

Das Resultat ist ein Gefühl der Nicht-Existenz bzw. einer charakterlichen Irre-levanz: „I feel invisible, like I barely exist, except as this person who cooks and cleans and picks up after them." (Red Oaks I/7: 10:26). Trotz der Befürch-tungen bezüglich ihrer finanziellen Eigenständigkeit (vgl. *Red Oaks* I/7: 12:46) entschließt sie sich zur Scheidung und strebt eine Karriere als Immobilienmak-lerin an (vgl. *Red Oaks* I/3: 3:10).[45] Bei dieser Scheidung handelt es sich um einen als mutig dargestellten Akt der Selbstüberwindung und der Überwindung gesellschaftlicher Anforderungen, die – in der Logik der Serie – der Vergangen-heit angehören und eine Selbstfindung verhinderten. Im Gegensatz zur Scheidung Miriam Maisels bedeutet die Scheidung von Judy und Sam keinen besonde-ren Verlust gesellschaftlichen Ansehens und ist im Vergleich zu Sue und Lydia als Figuren der modellierten 1970er auch eine positive Option, die von einem weiblichen Charakter gewählt werden kann – auch ohne Hilfestellung anderer männlicher Charaktere.

In den 1990er Jahren spielend, zeigt *Everything Sucks!* die alleinerziehende, berufstätige Mutter Sherry O'Neil als eigenständigen Charakter, der ohne Ehe-mann den Herausforderungen des Lebens gewachsen ist. Auch sie wurde – wie Judy Myers – früh schwanger und zudem von ihrem als infantil und verantwor-tungslos dargestellten Ehemann verlassen, als ihr Sohn Luke sieben Jahre alt war (vgl. *Everything Sucks!* I/1: 15, I/2: 3:00). Dennoch gelingt es ihr, den Sohn liebe-voll zu versorgen und den Haushalt zu führen. Ihre Mutterrolle ist ihr dabei sehr wichtig[46], sie verliert allerdings nie ihre Unternehmungslust oder ihre Persönlich-keit.[47] Auch wenn sie letztlich die Beziehung zum Schuldirektor Ken Messner sucht und damit der Versuch einer Wiederherstellung ‚vollständiger' familiärer Verhältnisse angedeutet wird, wird sie nicht allein über die Suche nach einer Beziehung definiert. Ein eigenständiges Leben als alleinerziehende Mutter ist offensichtlich möglich.

---

[45] Zudem wird eine eigentliche Homo- oder Bisexualität Judys angedeutet, die ihre Einengung in der Ehe weiter unterstreicht (vgl. *Red Oaks* I/1: 1:59).

[46] Sie ist bei einem Gespräch mit dem Direktor besorgt, die Beziehung zu ihrem Sohn und den Blick darauf, wie er sich entwickelt zu verlieren (vgl. *Everything Sucks!* I/3: 10:00). Allgemein besteht zwischen beiden ein enges Vertrauensverhältnis – sie sieht sich und ihren Sohn als „Team" (vgl. *Everything Sucks!* I/3: 16:00).

[47] Sie raucht auf einem Date mit dem Schuldirektor ihres Sohnes konfisziertes Marihuana (vgl. *Everything Sucks!* I/6: 6:00), plündert mit ihm den Snackautomaten der Schule (vgl. *Everything Sucks!* I/1: 10:00) und geht mit ihm im Pool der Schule schwimmen (vgl. *Everything Sucks!* I/6: 14:00).

Nun ist bei der Reflexion der medialen Darstellung vergangener Jahrzehnte, zumindest in den hier untersuchten Einzelbeispielen, eine Liberalisierungstendenz feststellbar. Zieht man die allgemeine gesellschaftliche Entwicklung seit den 1950er Jahren in Betracht, ist dies wenig überraschend. Es läge der Schluss nahe, dass sich – unter Fortführung der liberalen Tendenzen – patriarchale Strukturen in Serien mittlerweile weiter aufgelöst haben und die Autonomie der Frau zur Selbstverwirklichung fern von Rollenzwängen gestiegen sei. Dies ist nur teilweise der Fall. Selbst die TV-Frauen in Szenarien in der Gegenwart, z. B. Wendy Byrde, sehen sich mit ähnlichen Problemen konfrontiert wie Miriam Maisel, Lydia Cruz, Sue Murphy oder Judy Myers. Elsa Gardner aus *Atypical* ist ebenfalls vollkommen von ihren häuslichen Tätigkeiten eingenommen.[48] Dass ihr Sohn Sam Autist ist und damit besonderer Aufmerksamkeit bedarf, trägt zu ihrer Selbstdefinition über die Mutterschaft besonders bei. Überbesorgt und sehr beschützend versucht sie über dessen Leben zu verfügen.[49] Als die Notwendigkeit dieser Fürsorge aufgrund der Adoleszenz ihres Sohnes abnimmt, sieht sie sich sukzessive mit der Inhaltsleere ihres Lebens jenseits ihrer Mutterschaft konfrontiert.[50] Sie unternimmt einen Ausbruchsversuch aus den festgefahrenen Strukturen, indem sie eine sexuelle Affäre beginnt (vgl. *Atypical* I/3: 27:00). Obwohl Sam besondere Fürsorge benötigt, hat Elsas Selbstdefinition als Mutter also überhandgenommen. Selbst ihr Ehemann Doug zweifelt daran, ob sie noch eine Persönlichkeit jenseits der Mutterschaft habe (vgl. *Atypical* I/5: 27:00). Die Affäre wird im späteren Verlauf der Serie eindeutig negativ bewertet, da sie die Stabilität der Familie in Gefahr bringt, auf die Sam nach wie vor angewiesen ist.[51]

Die Serien des Korpus bilden keine Ausnahme darin, dass weibliche Seriencharaktere, die keine Kinder haben, sich vornehmlich über eine Berufung zur Mutterschaft definieren. Diese bringt dabei die Notwendigkeit einer Aufopferung

---

[48] In der Szene, in der sie als Charakter eingeführt wird, stellt sie das Essen für die Familie auf den Tisch, erzählt davon, wie sie Kleidung für ihren autistischen Sohn Sam eingekauft hat, und fragt ihren Sohn nach seinem Tagesverlauf (vgl. *Atypical* I/1: 2:00).

[49] Sie fordert Sams Therapeutin Julia dazu auf, Sam nicht mehr dazu anzuregen, eine Freundin zu finden, da er noch nicht bereit dafür sei (vgl. *Atypical* I/1: 9:00).

[50] Als sie – mehr durch Zufall – mit Bekannten in eine Bar geht, um dort einen Drink zu nehmen, nimmt sie dies als Flucht aus ihrem ‚wahren Leben' wahr, nur um anschließend – gegenüber dem Barkeeper – rasch zu beteuern, dass sie ihr Leben liebe (vgl. *Atypical* I/1: 26:00). Bei einem Treffen in einer Selbsthilfegruppe für Eltern mit autistischen Kindern stellt sie fest, dass sie sich beim Flirten mit dem Barkeeper zum ersten Mal seit langer Zeit sorgenfrei gefühlt hat (vgl. *Atypical* I/2: 6:00).

[51] Elsa entfremdet sich von ihrem Ehemann, kann seine Liebe nicht mehr erwidern (vgl. *Atypical* I/6: 27:00) und lügt ihn bezüglich ihrer Gefühle an (vgl. *Atypical* I/7: 16:00).

für die Kinder mit sich, die bis zum Selbstverlust führt.[52] Die Rolle der Mutter dominiert dabei deutlich die Rolle der Ehefrau: Eine Mutter ist zunächst diejenige, die ihren Kindern Wärme und Fürsorge zuteilwerden lässt. Unter diesem Aspekt erledigt sie auch den Haushalt. Die Rolle als Ehefrau, auch in dem Sinne, dass sie sich der Autorität der Eltern oder des Ehemannes zu fügen hat, verliert an Relevanz. Ebenso ist es weniger der gesellschaftliche Druck, der die Mutter zu dieser Aufopferung verpflichtet – auch wenn dieser nach wie vor besteht[53] –, sondern vielmehr eine Art natürliche Veranlagung der Frau. Die weibliche Selbstdefinition als Mutter ist also integrales Merkmal weiblicher Charaktere, die innerhalb eines Familienverhältnisses verortet sind.

Diesen ‚natürlichen Drang' versuchen auch Frauen zu erfüllen, die kinderlos sind, sich aber in einer Ehe oder eheähnlichen Beziehung befinden.[54] Problematisch ist dies, wenn Frauen auf biologischem Wege keine Kinder bekommen

---

[52] So opfert sich die Mutter Victoria Hayward aus der Anthologie-Serie *The Romanoffs* für ihren schwer erkrankten Sohn auf und stellt dabei jedes Verlangen nach individueller Erfüllung, z. B. durch eine Liebesbeziehung, zurück. Beispielsweise stellt sie sich der Forderung ihres Ehemannes entgegen, die kostspieligen, aber fruchtlosen Behandlungen ihres Sohnes nicht fortzuführen (vgl. *The Romanoffs* I/6: 44:00), und macht sich Vorwürfe, dass sie ihrem Sohn nicht genug Zeit schenkt, obwohl sie ihr Leben nach ihm ausrichtet (vgl. *The Romanoffs* I/6: 1:11:00). Ebenfalls in *The Romanoffs* lebt Anastasia La Charnay, eine ältere Dame, vollkommen in der Vergangenheit, da sie vom Verlust ihres Sohnes stark gezeichnet wurde (vgl. *The Romanoffs* I/1: 23:15, 46:30, 47:02), und findet erst Frieden mit sich selbst, als sich ankündigt, dass ihre Familienlinie – durch ein Kind ihres Neffen – nicht enden wird und sie somit – auch wenn dies lediglich impliziert wird – die Rolle einer Großmutter einnehmen kann (vgl. *The Romanoffs* I/1: 1:21:04). Diese Freude empfindet sie, obwohl das Kind von ihrer muslimischen Haushälterin stammt, die sie zuvor aus rassistischen Bedenken ablehnte. Sie verkörpert somit den Typus der verbitterten Witwe, deren ‚Panzer' durch eine Wiederherstellung eines familiären Gefüges durchbrochen wird.

[53] So ist Shelly Pfefferman in *Transparent* in der Regel weniger um ihre Kinder bemüht als um das Aufrechterhalten einer gesellschaftlich akzeptablen Fassade: Als ihr seniler zweiter Ehemann verschwindet, sorgt sie sich vor allem darum, dass die Leute darüber reden werden (vgl. *Transparent* I/5: 3:42). Zudem versucht sie ihren promiskuitiven Sohn Joshua mit einer Rabbinerin zu verkuppeln, um der gesellschaftlichen Norm gerecht zu werden (vgl. *Transparent* I/5: 15:00). Innerfamiliär handelt es sich um einen relativ liberalen Charakter, für den Rollenbilder und angemessenes Verhalten eine eher geringe Bedeutung haben. Dies gilt allerdings nur, solange der äußere Schein gewahrt bleibt.

[54] Der Charakter Ondine aus *The Romanoffs* ermordet – so impliziert es die Handlung der Episode – die Ehefrau des wohlhabenden George Burrows, in den sie entweder verliebt ist oder ihn schlicht als Ehemann gewinnen will. Sie zielt vermutlich auch darauf ab, dessen Sohn Simon zu ermorden, was misslingt. Anschließend heiratet sie Burrows, setzt ein eigenes Kind in die Welt und drängt Simon aus der Familie. Ihr Name rückt sie in die Nähe von Undinen, d. h. teils verführerischen, schwer fassbaren Sirenengestalten der europäischen Sagenliteratur, und charakterisiert sie als negative Gestalt, als Typus verführerischer Weiblichkeit.

können. Anka Garner (*The Romanoffs*) definiert sich zentral über ihren Wunsch Mutter zu sein und verzweifelt an ihrer mangelnden Befähigung dazu (vgl. *The Romanoffs* I/7: 58:20). Frances Bergstein bzw. Frankie aus *Grace and Frankie* nimmt es als persönlichen Makel wahr, dass sie nie biologische Mutter sein konnte und ihre Söhne adoptieren ‚musste' (vgl. *Grace and Frankie* I/10: 14:00).[55] Kennzeichnenderweise wird die Geburt eines Kindes in derselben Episode als unproblematischer, klinisch sauberer Akt dargestellt (vgl. *Grace and Frankie* I/10: 18:00). Auch wenn dies mit dem unterhaltsamen und seichten Charakter der Serie in Verbindung steht, legt diese Darstellungsweise den Grundstein für eine allgemeine Marginalisierung belastender Aspekte der Mutterschaft.

Dass die Rolle der Mutter eine exklusive Aufopferung verlangt, zeigt sich bereits an der Tatsache, welche beruflichen Tätigkeiten die Figuren in den untersuchten Serien ausüben:

Berufliche Einbindung von Müttern/Ehefrauen

Serie	Charakter	Beruf
XXX 1. *Atypical*	Elsa Gardner	Keine berufliche Tätigkeit (Friseurin)
2. *Everything Sucks!*	Sherry O'Neil	Stewardess
3. *F is for Family*	Sue Murphy	Zunächst Tupperware-Vertreterin als Nebenbeschäftigung, später Vollzeit-Job
4. *Grace and Frankie*	Grace Hanson	Leiterin eines Kosmetik-Unternehmens
5. *Grace and Frankie*	Frances „Frankie" Bergstein	Kunstlehrerin als Nebenbeschäftigung
XXX 6. *Ozark*	Wendy Byrde	Keine berufliche Tätigkeit
XXX 7. *Red Oaks*	Judy Myers	Keine berufliche Tätigkeit
XXX 8. *Red Oaks*	Fay Getty	Keine berufliche Tätigkeit
XXX 9. *The Get Down*	Lydia Cruz	Keine berufliche Tätigkeit
XXX 10. *The Get Down*	Wanda	Keine berufliche Tätigkeit
11. *The Marvelous Mrs. Maisel*	Miriam Maisel	Zunächst kein Beruf, nach Trennung von ihrem Ehemann Kosmetikerin

---

[55] Dementsprechend zeigt sie sich begeistert von der Schwangerschaft anderer Frauen (vgl. *Grace and Frankie* I/10: 4:00) und leidet darunter, als Grace ihr sagt, dass sie von ihr nie als Mutter wahrgenommen wurde (vgl. *Grace and Frankie* I/10: 17:00).

Berufliche Einbindung von Müttern/Ehefrauen

Serie	Charakter	Beruf
XXX 12. *The Marvelous Mrs. Maisel*	Rose Weissman	Keine berufliche Tätigkeit
13. *The Marvelous Mrs. Maisel*	Shirley Maisel	Buchhalterin ihres Ehemannes (eher aus Duldung)
14. *The Ranch*	Maggie Bennett	Barfrau
XXX 15. *The Romanoffs* I/1	Anastasia „Anushka" La Charnay	Keine berufliche Tätigkeit
XXX 16. *The Romanoffs* I/2	Shelly Romanoff	Unklar/Keine berufliche Tätigkeit
17. *The Romanoffs* I/4	Julia Wells	Arbeit in einem Heim für Obdachlose (eher als Nebenbeschäftigung)
18. *The Romanoffs* I/5	Katherine Ford	Literaturprofessorin
XXX 19. *The Romanoffs* I/6	Victoria Hayward	Keine berufliche Tätigkeit
XXX 20. *The Romanoffs* I/7	Anka Garner	Unklar/Keine berufliche Tätigkeit
XXX 21. *The Romanoffs* I/8	Ondine	Keine berufliche Tätigkeit
XXX 22. *Transparent*	Shelly Pfefferman, geb. Lipkind	Keine berufliche Tätigkeit

Von den 22 hier untersuchten Müttern und Ehefrauen üben 13 (ca. 60 %) keinen Beruf aus oder werden intradiegetisch zumindest nicht mit einer beruflichen Tätigkeit verknüpft (mit **XXX** gekennzeichnete Felder). Sechs von ihnen haben Berufe, die einer ehrenamtlichen Beschäftigung bzw. einem Hobby gleichen und keine finanzielle Relevanz haben (Sue Murphy, Frances Bergstein, Shirley Maisel und Julia Wells).[56] Allein Sue Murphy und Miriam Maisel ergreifen erst im weiteren Serienverlauf als Akt der Emanzipation einen Beruf. Die weiteren Charaktere haben deutlich weiblich konnotierte Berufe: Sherry O'Neil ist Stewardess, Grace Hanson Leiterin eines Kosmetik-Unternehmens. Damit hat sie zwar unter den untersuchten weiblichen Charakteren die einflussreichste berufliche Stellung, bleibt aber mit Weiblichkeit und Ästhetik verknüpft. Julia Wells übt den Beruf einer College-Professorin für russische Literatur aus – ein Beruf, der nur am Rande thematisiert wird und wenn nicht mit Weiblichkeit, so doch mit Ästhetik

---

[56] Elsa Gardners Tätigkeit als Friseurin kann nicht als aktiver Beruf bezeichnet werden und tritt eher in einem privaten Rahmen zu Tage.

und Feingefühl verknüpft ist. Es ist dabei zusätzlich von Relevanz, inwiefern eine Frau – im Vergleich zum Ehemann – in ihrem beruflichen Umfeld bzw. bei der Ausübung ihrer Tätigkeit gezeigt wird oder wie oft deren Tätigkeit thematisiert wird. Das häusliche Umfeld dominiert hier eindeutig.

Maggie Bennett (*The Ranch*) stellt als Barbesitzerin, einem an sich männlich konnotierten Beruf, eine Ausnahme dar. Diesen Beruf hat sie nach der Trennung von ihrem Ehemann ergriffen. Sie ist deutlich wärmer und fürsorglicher als ihr Ehemann. Da ihre erwachsenen Söhne diese Fürsorge nicht mehr benötigen, kann sie ohne Weiteres berufstätig sein. Allgemein wird sie zwar als starker und eigenständiger Charakter dargestellt, während ihrer Ehe litt sie allerdings, wie zahlreiche andere Serien-Ehefrauen, unter der Ignoranz und Arbeitsfixierung ihres Ehemannes (vgl. *The Ranch* I/4: 18:00). Die Verweigerung, eine erneute Beziehung zu Beau einzugehen (vgl. *The Ranch* I/7: 25:00), stellt also ebenso wie ihr Beruf eine Emanzipation von einengenden ehelichen Strukturen dar. Damit ist sie mit Sue Murphy oder Miriam Maisel vergleichbar.

Die einzige Mutter und Ehefrau des Korpus, die eigenständig und in einem relevanten Ausmaß berufstätig ist, ist Grace Hanson, die dementsprechend als erfolgreiche Karrierefrau präsentiert wird. Die starke Bindung an die Karriere wird teilweise negativ konnotiert, da sie in der Vergangenheit die Zeit für die Familie und für ihre Rolle als Mutter deutlich reduzierte.[57] Die Konsequenz ist ein distanziertes Verhältnis zu ihrem Ehemann und eine tendenziell autoritäre Haltung gegenüber ihren Töchtern. Dieses Verhältnis wird mit dem weniger strukturierten, engen und antiautoritären Familiengefüge der Bergsteins kontrastiert, der Familie von Graces Freundin Frankie. Grace verkörpert gesellschaftliche Konventionen, Frankie natürliche und esoterisch-spirituelle Aspekte.[58] Die Gegenüberstellung beider Lebensstile und deren Konsequenzen ist ein Schlüssel zum Verständnis der Erwartungen, die an Serien-Ehefrauen gestellt werden: Zwar haben beide Ehefrauen einen Nachkommen, der gesellschaftlichen Erwartungen entspricht, doch

---

[57] So arbeitet sie in einer Rückblende am kompletten Labor-Day-Wochenende und verpasst somit fast die Geburt ihrer Enkelin (vgl. *Grace and Frankie* I/10: 2:00).

[58] Grace achtet penibel auf ihr Äußeres, das stets adrett und betont weiblich ist (vgl. *Grace and Frankie* I/1: 1:00). Ihr Haus ist elegant und steril (vgl. *Grace and Frankie* I/1:10). Ihre Probleme verdrängt sie durch den Konsum von Alkohol (vgl. *Grace and Frankie* I/1: 5:00, I/8: 16:00) und Beruhigungsmitteln (vgl. *Grace and Frankie* I/1: 13:00, I/10: 2:00). Sie bemüht sich um jeden Preis eine gesellschaftlich akzeptable Fassade aufrechtzuerhalten. Im Gegensatz dazu steht Frankie mit einem spirituell-esoterischen Gebaren (vgl. *Grace and Frankie* I/1: 19:00) und allgemein alternativem Auftreten, das sie in die Nähe der Hippie-Szene stellt. Ihr Haus ist eher offen, hell, von zahlreichen Pflanzen umgeben und in Holz- und Erdtönen gehalten (vgl. *Grace and Frankie* I/1: 9:00). *Grace and Frankie* stellt also Klischees klassischer Bürgerlichkeit den Klischees eines alternativen Lebensstils gegenüber.

haben beide auch negative Charaktereigenschaften an ihre Kinder weitergegeben: Graces Tochter Brianna lebt vor allem für ihren Beruf, sie leitet das Unternehmen ihrer Mutter, hält nur oberflächlich Kontakt mit ihrer Mutter (vgl. *Grace and Frankie* I/2: 13:00) und bemüht sich schon länger erfolglos um eine Beziehung (vgl. *Grace and Frankie* I/1: 11:00). Frankies Sohn Coyote hatte in der Vergangenheit ein Drogenproblem (vgl. *Grace and Frankie* I/1: 10:00, I/12: 19:00) und ist nicht im Stande ein geregeltes Leben zu führen. Während Grace also ihren familienfernen Karrierismus und das kühle Verhältnis zum Familiären an Brianna weitergegeben hat, vererbte Frankie ihren Hang zu Strukturlosigkeit und einem ungeregelten Lebensstil. Weder die strikte Einhaltung von Normen und die Bindung an beruflichen Erfolg noch eine vollkommene Abkehr von Konventionen werden also positiv bewertet. Um eine erfolgreiche Mutter und Ehefrau zu sein, um dem Ehemann und vor allem den Kindern zu genügen, muss ebenso menschliche Wärme und ein Wille zur Selbstverwirklichung wie Disziplin und gesellschaftliches Bewusstsein vorhanden sein. Das Ziel ist eine Balance. Keiner dieser Aspekte darf überhandnehmen, da sonst ein ‚glückliches' Leben nicht mehr gegeben ist. Hinzu kommt die unbedingte Notwendigkeit zur Paarbindung. Sobald Grace und Frankie sich von ihren Ehemännern getrennt haben, noch vor der eigentlichen Scheidung, beginnen sie mit der Suche nach einem neuen Partner, versuchen also familiäre Strukturen wiederherzustellen.

Nach dieser umfassenden Auswertung der Rollen der Ehefrauen und Mütter in meinem Analysekorpus lassen sich deutliche Gemeinsamkeiten der einzelnen Charaktere ableiten. Zunächst ist bezüglich der beruflichen Beschäftigungsverhältnisse der einzelnen Charaktere eine deutliche Diskrepanz zur Realität festzustellen. Klammert man Serien aus, die nicht in einem Äquivalent der Gegenwart spielen, gehen 61,54 % (8 von 13) der Frauen im Analysekorpus keiner Beschäftigung nach. 15,38 % (2 von 13) gehen einem Beruf ohne finanzielle Relevanz nach. Nur 23,08 % (3 von 13) der Frauen arbeiten tatsächlich, während im realen Jahr 2018 54,9 % der US-amerikanischen Frauen erwerbstätig waren (vgl. Statista 2019 II). Selbst die Werktätigkeit von Maggie Bennett (*The Ranch*), Grace Hanson (*Grace and Frankie*) und Katherine Ford (*The Romanoffs*) ist zu relativieren, da Maggie Bennetts Söhne nicht mehr auf ihre mütterliche Fürsorge angewiesen sind, Grace Hanson einerseits in einem weiblich konnotierten Bereich (Kosmetik) arbeitet und andererseits ihre Tätigkeit in Bezug auf die Familie negativ besetzt ist und Katherine Ford – neben ihrem ästhetisch konnotierten Beruf – vor allem in ihrer Rolle als Mutter gezeigt wird. Ehefrauen und Mütter werden also nach wie vor im häuslichen Bereich verortet. Üben sie eine berufliche Tätigkeit aus, wird diese entweder nicht thematisiert, als Hobby bzw. Nebenbeschäftigung gewertet oder negativ besetzt. Sie erfüllen mit relativer Exklusivität ihre entsprechenden Rollen, die vor allem in der Erziehung der Kinder und der häuslichen Fürsorge liegen.

Wie ein gesellschaftlicher Erwartungsdruck, der Scheidung oder (berufliche) Selbstverwirklichung verbietet, hat die Autorität bzw. Überordnung familiärer Instanzen wie Eltern oder Ehemännern im Vergleich zu den Serien vergangener Jahrzehnte abgenommen und schwindet auch in den Video-on-Demand-Serien, welche in den 1950er bis 1990er Jahren spielen. Die Notwendigkeit der absoluten Hingabe einer Frau an ihre Rolle als Ehefrau und Mutter kann nicht mehr aus einem gesellschaftlichen Zwang heraus begründet werden. An die Stelle dieser Erklärung tritt das Diktum, dass jede Frau, die sich in einer stabilen Paarbeziehung befindet, mit hoher bis absoluter Wahrscheinlichkeit die Mutterschaft anstrebt. Der Drang zu Fürsorge, menschlicher Wärme und Fortpflanzung ist – überspitzt formuliert – eine biologische Determination der auftretenden Charaktere.[59] Auch die Bindung innerhalb einer Paarbeziehung wird nicht nur als Grundlage eines funktionierenden familiären Ablaufes, sondern als bedeutend für ein gelungenes Leben gesetzt – schon allein deshalb, weil sie die Grundlage für die spätere Mutterschaft bildet.

Ehe und Mutterschaft bedeuten nichtsdestotrotz für die Mehrheit der Charaktere eine Belastung, die zu einem zentralen Konflikt führt. Die Mütter finden aufgrund ihrer umfangreichen familiären Verpflichtungen und der impliziten Forderung nach exklusiver Aufopferung für die Familie keinen Raum zur Selbstverwirklichung oder Selbstfindung. Besonders deutlich wird dies, wenn die Ehe früh geschlossen wurde und die Mutterschaft in jungem Alter zustande kam und somit nie eine Selbstfindungsphase außerhalb häuslicher Bindungen stattfinden konnte. Entsprechend suchen die Mütter nach einer eigenen Identität und einer persönlichen Erfüllung jenseits des als belastend wahrgenommenen Haushalts. Gipfelt diese Identitätssuche in einem Ehebruch der Frau, so wird dies deutlich negativ bewertet. Männliche Untreue oder die Ignoranz des Ehemannes gegenüber seiner Ehefrau geben ihr indes das Recht zu einer Loslösung vom Ehemann bzw. zur Scheidung der Ehe. Sollten die Kinder bereits erwachsen und daher nicht

---

[59] Miriam Maisel stellt insofern eine Ausnahme dar, da ihre Position als Ehefrau die Mutterschaft dominiert. Obwohl sie zwei kleine Kinder hat, eines davon ein Säugling, und dementsprechend viel Zeit mit ihnen verbringen müsste, bewegt sie sich die meiste Zeit recht autonom, ohne dass ihre Rolle als Mutter fokussiert würde. Die Kinder befinden sich dann entweder in der Obhut der Eltern, eines Hausmädchens oder später des Vaters. Als Teil der gehobenen Mittelklasse, so der implizite Tenor der Serie, kann sie sich eine Beaufsichtigung der Kinder rund um die Uhr leisten und somit ihrer gesellschaftlichen Rolle gerecht werden. Es liegt auch nahe, dass Miriam, für die die Rolle als Ehefrau und Mutter stets mehr Zwang denn eigener Antrieb war, die Kinder eher als Belastung wahrnimmt, als Teil des Systems, dem sie sich unterordnen muss.

mehr auf mütterliche Fürsorge angewiesen sein, wird dieser Loslösungsprozess erleichtert.

Die Tatsache, dass Mutterschaft und Paarbindung nach wie vor als grundlegende Antriebe und Merkmale erwachsener weiblicher Charaktere dargestellt werden, gleichzeitig aber die Quelle der primären Lebenskonflikte sind, erklärt sich zunächst aus der narrativen Situierung der analysierten Serien, die sich vornehmlich im familiären Bereich abspielen. Der Mangel an Müttern und Ehefrauen, die sich in Video-on-Demand-Serien beruflich verwirklichen, ebenso wie der Mangel an alternativen Modellen des Zusammenlebens in einer Paarbeziehung, z. B. ehelose Beziehung, kinderlose Beziehung, offene Beziehung, polyamore Beziehung, lassen eine kritische Perspektivierung zu. Ehe und Mutterschaft werden im Rahmen meines Analysekorpus nach wie vor als Norm inszeniert. Da diese Norm aufgrund relativ liberaler gesellschaftlicher Verhältnisse keine logische Begründung erfahren kann, wird sie als notwendig gesetzt und gleichsam mythisiert. Mutter in einer Video-on-Demand-Serie zu sein bedeutet, Teil eines Mythos zu sein, der an konservative Werte und Strukturen anknüpft und nur unter gewissen Bedingungen gebrochen werden kann, nämlich dann, wenn das familiäre Gefüge nicht unmittelbar verletzt wird bzw. ein ‚Überleben' desselben gewährleistet ist.

3.2.1.2 Töchter

Besonders bei erwachsenen Frauen mit eigener Familie ist es innerhalb eines Serien-Familiengefüges nicht ohne Weiteres zu bestimmen, ob der Charakter die Rolle der Tochter oder der Mutter und Ehefrau einnimmt. Zwar sind die Figuren nicht notwendigerweise auf eine Rolle beschränkt, in der Regel liegt aber eine Zentrierung auf einen kernfamiliären Verband vor, sodass Charaktere als Töchter fokussiert werden, selbst wenn sie bereits Ehefrauen und Mütter sind. Deren Ehepartner und Kinder sind dann als Nebencharaktere zur erweiterten Familie zu rechnen. Dies lässt sich beispielsweise daran erkennen, dass die Charaktere öfter ohne ihren Ehepartner oder ihre Kinder auftreten bzw. generell öfter in ihrer Rolle als Tochter adressiert werden. So ist dies beispielsweise bei Sarah Pfefferman in *Transparent* der Fall: Die erste Staffel legt einen Fokus auf den Umgang der Kinder mit dem Outing ihres Vaters als transsexuell oder deren Versuch, eine Familie zu gründen bzw. die Basis für eine Familiengründung zu schaffen, falls – wie im Falle der Kinder Alexandra und Joshua – keine solche vorhanden ist. Ebenso ist Mallory in *Grace and Frankie* verheiratet und hat zwei Kinder, da hier jedoch weiterhin Grace und Frankie sowie deren Ehemänner als Protagonist/inn/en auftreten, befindet sie sich in der Rolle der Tochter.

Betrachtet man nun die Rolle der Tochter im familiären Gefüge lässt sich grob zwischen erwachsenen bzw. dem Elternhaus entwachsenen Töchtern, adoleszenten Töchtern und Charakteren im Kindesalter differenzieren, die bei ihren Eltern leben. Zu letzterer Kategorie zählen Casey Gardner (*Atypical*), Kate Messner (*Everything Sucks!*), Maureen Murphy (*F is for Family*), Charlotte Byrde und Ruth Langmore (*Ozark*), Skye Getty (*Red Oaks*), Mylene Cruz (*The Get Down*) und Hajar Azim (*The Romanoffs*). Allen jüngeren Töchtern ist gemein, dass sie eine Phase der Selbstfindung durchleben und – im Falle der adoleszenten Charaktere – versuchen, sich von den Eltern zu lösen. Abhängig vom Szenario und den Verhältnissen, in denen sich die Charaktere befinden, ergeben sich daraus unterschiedliche Problematiken und Spezifika. Während Miriam Maisel in deutlich konservativen Strukturen aufgewachsen ist, ihre spätere Rolle als erwachsene Frau klar definiert und ein Ausbruch und eine Emanzipation von den Eltern unwahrscheinlich ist, verhält sich dies bei Mylene Cruz und Maureen Murphy, Charakteren in 1970er-Jahre-Szenarien, anders. Um ihren Traum einer Karriere als Sängerin zu verwirklichen, muss sich Mylene ihres Vaters, einem traditionalistischen Priester, erwehren. Da dieser ihren Gesang strikt ablehnt (vgl. *The Get Down* I/1: 9:00) und sie für ihre Abweichungen sogar körperlich bestraft (vgl. *The Get Down* I/1: 1:09:00), gleicht dieser Prozess einem mühsamen Kampf.[60] Es gelingt ihr letztlich, geht aber mit dem Selbstmord ihres Vaters einher, der symbolisch für den Tod einer vergangenen, konservativeren Ära steht. Zudem ist sie weiterhin deutlich sexistischen Geschlechterbildern ausgesetzt, welche die Selbstbestimmtheit ihrer Entwicklung in Frage stellen.[61] Maureen Murphy sieht sich in *F is for Family* mit einer ähnlichen Problematik konfrontiert. Immer wieder zeigt das jüngste Familienmitglied deutliche Ambitionen bezüglich ihrer Zukunft. So will sie sich zu Halloween als Astronautin verkleiden, ihr Vater erklärt ihr jedoch, dass es keine weiblichen Astronauten gibt und auch nie geben werde (vgl. *F is for Family* I/4: 8:00), zudem verbietet er ihr weitere männlich konnotierte Kostüme (vgl. *F is for Family* I/4: 16:00). Gegen ihren Willen drängt er sie in konservative Rollenmuster, will, dass sie sich wie eine „Lady" benimmt (vgl. *F is for Family*

---

[60] Mylenes Pop- und Disco-Musik, zu der freizügige Shows gehören (vgl. *The Get Down* I/10: 27:00), wird der vom Vater unterstützten geistlichen Gospel-Musik gegenübergestellt und steht, einhergehend mit der starken Musikfokussierung der Serie, für gesellschaftlichen Fortschritt bzw. Liberalisierung.

[61] Ihr musikalischer Aufstieg gelingt nur anhand sexuell aufgeladener Auftritte (vgl. *The Get Down* I/9: 28:00, I/10: 27:00). Nachdem sie zum ersten Mal mit ihrem Freund geschlafen hat, meint eine Freundin, dass sie nun eine Frau sei (vgl. *The Get Down* I/4: 4:00). Die Karriere und Selbstverwirklichung Mylenes sind also auch jenseits der Autorität ihres Vaters männlichen Bedürfnissen unterworfen.

II/1: 15:00). Maureen gibt ihre Vorstellungen und Träume allerdings nie auf und bewahrt als einzige innerhalb der Familie ihren Optimismus und ihre Ambitionen. Dass beide Serien, die in den 1970er Jahren spielen, ambitionierte Charaktere in der Töchter-Rolle zeigen, die darauf abzielen, konservative Strukturen zu überwinden, trägt zur Charakterisierung des Jahrzehnts als Zeit des Umbruchs und der Liberalisierung bei, in dem Autoritäten schwinden. Mylene und Maureen sind Vertreterinnen einer neuen Generation, die sich sukzessive von männlichen Vorgaben emanzipiert.

Skye Getty in *Red Oaks* zielt bewusst darauf ab, sich von ihren Eltern und von der männlichen Dominanz zu lösen. Sie inszeniert sich selbst als erotisch, intellektuell, künstlerisch veranlagt und feministisch.[62] Allgemein bleibt sie in ihren Intentionen relativ schwer fassbar und erscheint als feenhafte Frauengestalt. Am Ende der ersten Staffel kündigt sie einen einjährigen Aufenthalt in Paris an und entzieht sich somit einer ernsthaften Beziehung mit dem Protagonisten David (vgl. *Red Oaks* I/10: 24:50). Skyes Selbstbestimmung ist partiell zweifelhaft: Ihre wohlhabenden Eltern dulden ihr Verhalten und sie erweckt häufig den Eindruck einer gelangweilten ‚höheren Tochter'. An ihrem Beispiel und dem Freiraum, den sie genießt, wird deutlich, dass im 1980er-Jahre-Weltmodell von *Red Oaks* eine Selbstbestimmung der Frauen gegeben ist, dies wird auch durch Judy Myers Scheidung unterstrichen (vgl. 3.2.1.1). Zudem wird aufgezeigt, dass die Adoleszenz eine Phase der Selbstfindung und des Einfindens in gesellschaftliche Strukturen ist.

Im Zentrum von Kate Messners Leben in *Everything Sucks!* steht hauptsächlich die sexuelle Selbstdefinition. Kate Messner muss nicht nur einerseits mit ihrem Köper zurechtkommen, der nicht dem stereotypen Weiblichkeitsideal entspricht, sie entdeckt auch ihre Homosexualität (vgl. *Everything Sucks!* I/1: 19:00) und muss dementsprechend ihren eigenen Ängsten und gesellschaftlichen Ressentiments die Stirn bieten. Die Tatsache, dass Kates Mutter früh Selbstmord beging und ihr keine weibliche Leitfigur mehr zur Seite steht, empfindet sie offensichtlich als Trauma (vgl. *Everything Sucks!* I/9: 19:00). Hinzu kommt die pubertäre Ablehnung der Fürsorge ihres Vaters (vgl. *Everything Sucks!* I/1: 6:00). Ihre Kindheit in den 1990er Jahren entspricht dabei in Darstellung und Abläufen, bis auf gewisse technische Unterschiede und gesellschaftliche wie mediale Trends, weitgehend gegenwärtigen Verhältnissen.

---

[62] Bei einem ihrer ersten Auftritte liest sie das Buch *Delta of Venus* von Anaïs Nin, einen Band mit erotischen Kurzgeschichten (*Red Oaks* I/1: 27:54). Zudem malt sie männliche Akte (vgl. *Red Oaks* I/2: 7:45). Durch die Wahl eines schwarzen Kleides auf einer Hochzeit demonstriert sie, dass sie eheliche Strukturen ablehnt (vgl. *Red Oaks* I/4: 4:00).

Casey Gardner (*Atypical*) lehnt sich zunächst durch burschikoses und bewusst unweibliches Verhalten gegen die Wunschvorstellung ihrer Mutter auf, die sich eine femininere Tochter wünscht (vgl. *Atypical* I/5: 9:00, I/7: 7:00). Zudem sieht sie sich als Beschützerin ihres autistischen Bruders (vgl. *Atypical* I/8: 26:00) und tritt generell für Schwächere ein, wenn sie diese in Bedrängnis sieht (vgl. *Atypical* I/1: 13:00). Als sie eine Beziehung zu einem Jungen eingeht, schwindet ihr maskulines Auftreten. Sie kleidet sich für ihn weiblicher, was – durch den aus zahlreichen Formaten bekannten ‚Ballkleid-Effekt‘ – deutlich ästhetisch inszeniert wird (vgl. *Atypical* I/10: 21:00). In Anbetracht einer potenziellen Paarbindung schwinden also emanzipatorische Tendenzen, eine Hinwendung zu rollentypischerem Verhalten findet statt.

Auch Hajar Azim (*The Romanoffs* I/1) sucht zumindest partiell die Loslösung von ihrer Familie. Zwar handelt es sich um einen erwachsenen Charakter, der bereits als Hausmädchen arbeitet, sie wohnt aber weiterhin bei ihrer Familie und wird dort von ihrer Mutter in häusliche Tätigkeiten eingebunden (vgl. *The Romanoffs* I/1: 33:50). Ihre Ausbildung zur Krankenpflegehelferin, welche sie zeitgleich bewältigt (vgl. *The Romanoffs* I/1: 1:01:09), bedeutet eine Loslösung von der Familie. Doch bereits während des Lebens bei ihrer Familie ist sie weitgehend eigenständig. Dies wird vom muslimischen Hintergrund der Familie nicht geschmälert, obwohl sie angibt, sich gegen ihre traditionellen Eltern durchsetzen zu müssen (vgl. *The Romanoffs* I/1: 1:04:26). Letztlich verliebt sie sich in den Charakter Greg, den Neffen Anushkas, bei der sie als Hausmädchen arbeitet, und wird ungewollt schwanger. Sie und Greg gestehen sich ihre Liebe und es scheint beiden eine gemeinsame Zukunft bevorzustehen (*The Romanoffs* I/1: 1:19:15).

Wie oben bereits beschrieben, besteht die Rolle der Tochter, die den häuslichen Raum noch nicht verlassen hat, darin, eine Loslösung anzustreben und damit u. U. von Strukturen, die als belastend oder unterdrückerisch wahrgenommen werden, beispielsweise das Patriarchat oder restriktive Traditionen. Bevor dies abschließend erfolgen kann, müssen die Figuren eine Phase der allgemeinen Selbstfindung durchlaufen. Dies betrifft sowohl das sexuelle Selbstbild als auch die gesellschaftliche Rolle und Position. Die Selbstfindung der Charaktere ist eng an die Beziehungsfindung gekoppelt – eine Ausnahme stellen Charaktere im Kindesalter dar wie Maureen Murphy. Casey Gardner findet einen Freund und verhält sich daraufhin weiblicher, Hajar Azim wird von Greg schwanger und verliebt sich in ihn, Charlotte Byrde versucht sich über den Verlust ihrer Jungfräulichkeit zu emanzipieren – auch wenn dies fehlschlägt – und Mylene Cruz muss sich männlich dominierten Strukturen anpassen. Trotz ihres anstehenden Aufbruchs nach Paris bindet sich Skye Getty zumindest partiell an David. Paradoxerweise bedeuten Emanzipation und Loslösung in der Mehrheit der Fälle gleichzeitig Bindung an einen meist männlichen Gegenpart, auch wenn dieser – und dies muss betont werden – in keinem der Beispiele eine Autoritätsperson ist.

Bevor eine Bindung stattgefunden hat, erscheint auch das Leben derjenigen Charaktere defizient, die bereits erwachsen sind und nicht mehr in elterlicher Obhut leben. Dies betrifft im Rahmen meines Korpus Brianna Hanson (*Grace and Frankie*) und Alexandra „Ali“ Pfefferman (*Transparent*). Während Mallory Hanson und Sarah Pfefferman bereits geheiratet und ihre eigene Familie gegründet haben, wird das Leben ihrer Schwestern durch den Mangel daran bestimmt. Brianna verkörpert den Karriere-Aspekt ihrer Mutter. Ihre Berufsfixierung, ihre emanzipierte und selbstbestimmte Art und ein Mangel an hausfraulichen Fähigkeiten – z. B. das Zubereiten von Essen für ein Date (vgl. *Grace and Frankie* I/7: 3:00) – verhindern zunächst eine Paarbindung. Sie nimmt ihre eigene Existenz ohne Paarbindung offensichtlich als unvollständig und unbefriedigend wahr. Frankies Sohn Nwabudike beschreibt ihre Situation und den Grund für ihre Resignation folgendermaßen: „You want what everyone wants. You wanna come home at the end of the day to someone who's happy to see you." (*Grace and Frankie* I/7: 4:00). Ali Pfeffermans Leben ist ebenso defizient, in ihrem Falle ist die Problematik allerdings weiterreichender. Als jüngstes Kind der Familie scheint sie regelrecht ‚verzogen' worden zu sein. Im Gegensatz zu Brianna hat sie weder Beruf noch eine andere feste Beschäftigung. Da keine Identitätsfindung stattgefunden hat, kann es weder zu einer gesellschaftlichen Einordnung noch zu einer gelungenen Beziehung kommen.[63] Offensichtlich leidet auch sie unter ihrer Einsamkeit und der Instabilität ihres Lebens.[64] Nach dem Outing ihres Vaters als transsexuell will sie rasch eine Beziehung zu einer transsexuellen Frau eingehen (vgl. *Transparent* I/6), sucht insofern weniger nach einem eigenen Selbstbild, als dass sie versucht, dies durch Imitation zu erreichen – eine infantile Verhaltensweise, die ihrer Charakterisierung als wankelmütig und unbeständig entspricht.

Das Leben von Sarah Pfefferman und Mallory Hanson wird deutlich durch deren Rolle als Hausfrau und Mutter geprägt und erfährt durchaus eine Inszenierung als belastend und entbehrungsreich, was der obigen Charakterisierung dieser Rolle

---

[63] Sie hat keine eigene Einkommensquelle, sondern leiht sich stets aufs Neue Geld von ihrem Vater (vgl. *Transparent* I/1: 13:30). Wiederholt versucht sie Kontrolle über ihr Leben zu erlangen, sei es über vermehrten Sport (*Transparent* I/1: 24:00) oder durch den Beginn eines neuen Studiums (vgl. *Transparent* I/7: 4:51). Zeitgleich konsumiert sie Drogen (vgl. *Transparent* I/2: 25:08, I/3: 6:40) und findet keine stabile Beziehung.

[64] Sie wird als erster Charakter der Serie gezeigt, doch im Gegensatz zu ihren Geschwistern allein in ihrer unordentlichen, dämmrigen Wohnung (vgl. *Transparent* I/1: 0:51).

entspricht.[65] Dennoch werden die Lebensentwürfe beider Charaktere zunächst als Gegenbeispiel zu ihren alleinstehenden Schwestern etabliert, die innerhalb des Serienverlaufs nach einer gefestigten Beziehung suchen. Diese Beziehungen sind, folgt man der Logik der Ehefrau- und Mutterrolle, Basis für eine möglichst stabile Ehe mit Kindern. Andere Beziehungen, die auf dem Weg dorthin eingegangen werden, haben dementsprechend wenig eigenen Wert und fungieren als Stufen zum Ziel.

Ruth Langmore in *Ozark* stellt ein Bindeglied zwischen der Adoleszenz und dem Erwachsenenalter dar, steht zwischen Tochter und Mutter. Sie steht unter dem Einfluss ihres Vaters und teilweise ihrer Onkel. Als einzige Frau in der Familie Langmore ist es – trotz ihres jungen Alters – ihre Aufgabe, als Mutterersatz für ihre Cousins zu agieren. In dieser Rolle und als einziger tatsächlich rationaler und vernünftiger Charakter des Langmore-Clans kann sie Autorität über die männlichen Figuren, mit Ausnahme ihres Vaters, ausüben. Sie strebt zudem nicht nach einer Paarbeziehung. Somit stellt sie eine Ausnahme dar – jedoch eine Ausnahme, welche die Regel bestätigt: Die dargestellte Familie Langmore ist, durch den Mangel tatsächlicher Mütter defizient, hierzu trägt auch das infantile Verhalten der anwesenden Langmore-Männer bei. Ruth ist als einzige Frau verpflichtet, als Mutter zu agieren. Eine Paarbeziehung wird durch die unterdrückerische Bindung an ihren Vater verhindert, der sie als einziger Mann in ihrem Leben in Anspruch nimmt. Zwar ist hier nicht von Inzest auszugehen – das deutet die Serie nicht an –, in jedem Falle aber von einer missbräuchlichen Beziehung, die Ruths Entwicklung unterbindet.

Abstrahiert man die Tochterrollen, so können sie in der Logik der Weltentwürfe nur eine Vorstufe zur späteren Mutterschaft sein, zumindest in dem Fall, dass Selbstfindung und Paarbindung gelingen. Diese Paarbindung folgt zwar nicht mehr autoritären Mustern, die mit den 1950er Jahren vergleichbar wären, verlangt aber doch eine exklusive Hingabe an die Mutterschaft und teilweise eine

---

[65] Sarah Pfefferman wird zuerst dabei gezeigt, wie sie ihre Kinder auf die Schule vorbereitet und der Haushälterin die Aufgaben des Tages überträgt. Dabei ist sie zwar routiniert, aber deutlich gestresst – u. a. auch, da ihr Ehemann in die Arbeit geht, ohne sich zu verabschieden (*Transparent* I/1: 2:00). Sarah bricht später durch eine homosexuelle Beziehung die Ehe und konsumiert Marihuana, um den Stress und die Belastung durch die Gesamtsituation zu verarbeiten (vgl. *Transparent* I/7: 7:00). Sie versucht allerdings weiter, die Familie in ihrer Gesamtheit aufrechtzuerhalten und zu verteidigen – beispielsweise indem sie ihren Vater bei seinem öffentlichen Outing unterstützt (*Transparent* I/4: 18:30) oder indem sie auf regelmäßige gemeinsame Familienessen besteht (vgl. *Transparent* I/6: 19:30). Mallorys Leben als Mutter ist vergleichbar stresserfüllt. Sie wird beim Erledigen häuslicher Tätigkeiten gezeigt, zum Bewältigen des Stresses nimmt sie Beruhigungsmittel (vgl. *Grace and Frankie* I/2: 11:00). Generell ist sie der Situation jedoch gewachsen.

Aufgabe persönlichen Freiraums (weder Mallory Hanson noch Sarah Pfefferman sind berufstätig).[66] Wenn diese Entwicklung bis zum Erwachsenenalter nicht stattgefunden hat, ist der Versuch der Charaktere dies nachzuholen elementarer Teil der Diegese. Ein Leben als alleinstehende Frau wird als offenbar defizient empfunden, die potenziellen Probleme des Ehelebens werden nicht reflektiert, selbst wenn diese am Beispiel der Geschwister oder Eltern deutlich werden. Die Rolle der Tochter besteht ergo elementar darin, zunächst Emanzipation zu erlangen, um diese später erfolgreich aufzugeben.[67]

3.2.1.3 Alleinstehende/der Familie assoziierte Frauen

Frauen außerhalb der Familie

Serie	Charakter	Charaktertyp
1. *Atypical*	Julia Sasaki	• Psychotherapeutin des Protagonisten Sam Gardner • Adjuvantin des Protagonisten • In einer festen Beziehung
2. *Atypical*	X Paige	• Schülerin • Freundin/Liebesbeziehung des Protagonisten David
3. *Everything Sucks!*	X Emaline Addario	• Schülerin • Zunächst Opponentin, dann Freundin/Love-Interest einer Protagonistin (Kater Messner)

[66] So wird Sarah Pfefferman als Jugendliche mit rebellischer Attitüde gezeigt und fährt auf eine politische Demonstration (vgl. *Transparent* I/8: 8:30). Vergleichbares politisches Engagement wird später nicht mehr thematisiert und war somit entweder Teil einer Entwicklungsphase oder wurde aufgrund ihrer späteren gesellschaftlichen Rolle abgelegt.

[67] Eine interessante Thematisierung dieser Problematik erfolgt in der dritten Folge von *The Romanoffs* (*Expectation*). Der Charakter Ella Hopkins ist hochschwanger. Ihre Mutter ist empört darüber, dass Ellas Ehemann während dieser kritischen Phase auf Geschäftsreise ist (vgl. *The Romanoffs* I/3: 07:22), und auch darüber, dass Ella keinen eigenen Beruf anstrebt. Sie wirft ihr vor, sich durch ein Leben als Hausfrau zu erniedrigen und eine eigenständige Person zu sein (vgl. *Romanoffs* I/3: 08:30). Ella legitimiert dieses Leben als einen Akt bewusster Entscheidung. Die Thematisierung der Annahme der Hausfrauenrolle als selbstständige, nicht gesellschaftlich vorgegebene Rolle ist innerhalb des Analysekorpus einzigartig. Zudem wird sie ihrer Mutter Julia gegenübergestellt, die sich selbst permanent an zwei Männer gebunden hat – einen Ehemann und eine ehemalige Affäre (Ellas Vater) – und beruflich in einem Obdachlosenheim arbeitet, eher ehrenamtliche Tätigkeit als tatsächlicher Beruf. Ihre Mutter erfüllt daher selbst nicht die Forderungen, die sie an ihre Tochter stellt, und steht im negativen Gegensatz zu ihrer wohlüberlegten und reflektierten Tochter. So finden eine Legitimation und eine positive Konnotation der absoluten Hingabe an die Rolle als Hausfrau statt.

Frauen außerhalb der Familie

Serie	Charakter	Charaktertyp
4. *F is for Family*	X Bridget Fitzsimmons	• Schülerin • Love-Interest eines Protagonisten (Bill Murphy)
5. *Ozark*	Rachel Garrison	• Restaurant-/Hotelbetreiberin • Überwiegend) Adjuvantin • Ledig
6. *Red Oaks*	X Karen	• Gerade Schule abgeschlossen/Gymnastik-Lehrerin • Freundin/Liebesbeziehung des Protagonisten David Myers – später Ex-Freundin
XXX 7. *The Get Down*	Fat Annie	• Kriminelle • Opponentin der Charaktere • Ledig
8. *The Get Down*	Yolanda Kipling	• Jugendliche • Freundin der Protagonistin Mylene Cruz
9. *The Get Down*	Regina	• Jugendliche • Freundin der Protagonistin Mylene Cruz
10. *The Marvelous Mrs. Maisel*	Susie Myerson	• Künstler-Agentin/Angestellte eines Clubs • Freundin und Agentin der Protagonistin Miriam Maisel • Ledig
11. *The Marvelous Mrs. Maisel*	Imogene Cleary	• Hausfrau und Mutter • Freundin der Protagonistin Miriam Maisel • Verheiratet
XXX 12. *The Marvelous Mrs. Maisel*	Sophie Lennon	• Komikerin • Opponentin/berufliche Konkurrentin der Protagonistin Miriam Maisel • Ledig
XXX 13. *The Marvelous Mrs. Maisel*	Penny Pan[68]	• Sekretärin • Opponentin von Miriam Maisel: Ehemann Joel Maisel beginnt eine Affäre mit ihr • Ledig

---

[68] Penny Pan, die junge Sekretärin, mit der Miriams Ehemann eine Affäre beginnt, ist ein Nebencharakter, der weniger in direkte Konkurrenz zur Protagonistin tritt. Vielmehr wird Joel als der Schuldige inszeniert und Penny als naive, junge Frau, die sich Hoffnungen auf eine ernsthafte Beziehung macht – selbst nachdem Joel sie bereits verlassen hat (vgl. *The*

Frauen außerhalb der Familie

Serie	Charakter	Charaktertyp
14. *The Ranch*	**X** Heather	• Unbekannter Beruf • Freundin/Liebesbeziehung des Protagonisten Colt Bennett • Verlobt
15. *The Ranch*	**X** Abby Philipps	• Unbekannter Beruf • Freundin/Liebesbeziehung des Protagonisten Colt Bennett
16. *The Romanoffs* I/1	**X** Sophie	• Unbekannter Beruf • Freundin/Liebesbeziehung des Protagonisten Greg Moffat – später Ex-Freundin • In einer festen Beziehung
17. *The Romanoffs* I/2	**X** Michelle Westbrook	• Ehemalige Ballerina/Ehefrau • Affäre mit dem Protagonisten der Folge Michael Romanoff • Verheiratet
18. *The Romanoffs* I/3	Olivia Rogers	• Schauspielerin Protagonistin der Folge • Ledig
XXX 19. *The Romanoffs* I/3	Jacqueline Gerard	• Regisseurin • Opponentin der Protagonistin Olivia Rogers • Ledig
20. *The Romanoffs* I/7	Elena Evanovich[69]	• Agentin eines Waisenhauses • Adjuvantin der Protagonisten Joe und Anka Garner • (Vermutlich) Ledig
XXX 21. *The Romanoffs* I/8	Ondine	• Hausfrau und Mutter • Opponentin des Protagonisten (Simon/Candice Burrows) • Verheiratet

---

Marvelous Mrs. Maisel I/8 34:35). Sie ist somit nur im eingeschränkten Sinne eine Oppo-
nentin, eher Opfer der Umstände und notwendiger Handlungsaspekt und soll im Folgenden
nicht mehr aufgeführt werden.

[69] Da innerhalb der Episode kein Ehemann, Freund oder Ähnliches des Charakters auftaucht
und sie stets eigenständig agiert, wurde Elena Evanovich als alleinstehend kategorisiert.

Frauen außerhalb der Familie

Serie	Charakter	Charaktertyp
22. *Transparent*	Davina Rejennae	• Kein Beruf • Freundin der Protagonistin Maura Pfefferman • Ledig
23. *Transparent*	X Kaya	• Musikerin • Affäre eines Charakters (Joshua Pfefferman)
24. *Transparent*	X Rita Holt	• Babysitterin • Affäre eines Charakters (Joshua Pfefferman) Ledig
25. *Transparent*	X Raquel Fein	• Rabbinerin Freundin/Liebesbeziehung eines Charakters (Joshua Pfefferman) • Ledig
26. *Transparent*	X Tammy Cashman	• Innenarchitektin • Freundin/Liebesbeziehung eines Charakters (Sarah Pfefferman) • Verheiratet

Mit Blick auf obige Tabelle möchte ich weibliche Charaktere außerhalb der in den Serien fokussierten Familien in zwei Kategorien aufteilen: Opponentinnen und Charaktere, die nicht in negativer Beziehung zu den Protagonist/inn/en stehen. In obiger Tabelle habe ich dabei stets die berufliche Beschäftigung bzw. Lebensphase des Charakters, deren Beziehung zu den Hauptcharakteren und ihren Beziehungsstatus festgehalten. Mit **XXX** gekennzeichnete Felder kennzeichnen Opponentinnen, ein **X** vor dem Charakternamen weist auf eine amouröse und/oder sexuelle Beziehung hin. Alle anderen Felder kennzeichnen Adjuvantinnen.

Die Gruppe der Opponentinnen ist die kleinste. Von den oben gelisteten 26 Figuren treten nur fünf in direkte Opposition zu den Charakteren der Serien. Das Ziel der skrupellosen Verbrecher-Anführerin Fat Annie aus *The Get Down* ist es vor allem, ihren Einfluss zu vergrößern und ihre Drogengeschäfte zu erweitern. Die Komikerin Sophie Lennon tritt in *The Marvelous Mrs. Maisel* in Konkurrenz zu Miriam Maisel und will deren Karriere blockieren. Jacqueline Gerard, eine ältere Regisseurin, manipuliert und terrorisiert in der dritten Folge von *The Romanoffs* die Protagonistin Olivia Rogers. Ondine aus der achten Folge von *The*

Romanoffs verdrängt den Protagonisten Simon Burrows aus seiner Familie, nachdem sie dessen Mutter ermordet hat. Bei Fat Anni, Jacqueline Gerard und Sophie Lennon handelt es sich um alleinstehende Frauen, von denen jede eine autoritäre Rolle einnimmt bzw. einen Beruf ausübt, der im jeweiligen Szenario eher männlich konnotiert ist: Verbrecher-Anführerin, Regisseurin und Komikerin. Alle drei Charaktere sind nicht familiär eingebettet. Fat Annie tritt als Matriarchin eines kriminellen Clans auf, den sie selbst als „Family" bezeichnet (vgl. *The Get Down* I/3: 16:00). Dabei ist nur der Charakter Cadillac tatsächlich ihr Sohn. Diesen unterdrückt sie (vgl. *The Get Down* I/1: 1:00:00) ebenso wie den Charakter Shaolin Fantastic, den sie nicht nur sexuell ausnutzt (vgl. *The Get Down* I/3: 16:00), sondern auch zum Mord zwingt (vgl. *The Get Down* I/6: 11:00). Sie fungiert daher als negative Übermutter, die eine Zwangsstruktur statt einer Familie schafft. Sophie Lennon, die auf der Bühne eine burschikose Hausfrau mimt (vgl. *The Marvelous Mrs. Maisel* I/7: 15:13), wohnt allein mit Dienstboten in einem aristokratischen Anwesen und gibt sich kühl und gewählt (vgl. *The Marvelous Mrs. Maisel* I/7: 32:53). Jacqueline Gerard gibt vor von der Zarenfamilie Romanow abzustammen, um bei einer Serie über die Familie Regie führen zu dürfen (vgl. *The Romanoffs* I/3: 1:07:02). Am Set ist sie betont autoritär, exzentrisch und herablassend. So greift sie beispielsweise einem der Schauspieler in den Schritt und fordert ihn auf ein „fucking man" zu sein (vgl. *The Romanoffs* I/3: 34:20). Auch sie instrumentalisiert familiäre Strukturen, um ihre Ziele zu erreichen, und errichtet eine Aura männlicher Dominanz. Ondine greift als einzige der vier Opponentinnen auf keine entsprechende Strategie zurück und distanziert sich nicht von der Familie. Vielmehr versucht sie durch Verführung, sexuelle Avancen und heimtückische Handlungen eine eigene Familie zu errichten. Zu diesem Zweck zerstört sie eine bereits bestehende Familie.

Von drei Charakteren (und Ondine als Abweichung) eine allgemeine Regel ableiten zu können, ist nun kaum möglich. Dennoch lässt sich feststellen, dass im Fall von Fat Annie, Sophie Lennon und Jacqueline Gerard männlich konnotierte Autorität dazu genutzt wird, die weiblichen Charaktere als eindeutig negativ zu inszenieren. Zudem wird Familie entweder eindeutig abgelehnt oder als Mittel zum Zweck instrumentalisiert. Die Negativcharakterisierung der Figuren ergibt sich also aus einer deutlichen Abweichung bzw. Perversion klassischer Rollenmuster (Fat Annie) ebenso wie aus dem Bruch allgemein positiv konnotierter familiärer Strukturen. Während bestimmte Ehefrauen und Mütter das Scheitern einer Selbstfindung verkörpern, verkörpern die vier hier aufgeführten Opponentinnen einen ‚Überfluss' an Emanzipation bzw. einen nicht gesellschaftskonformen Charakter, der für diejenigen Figuren eine Bedrohung darstellt, die versuchen, innerhalb eines gesellschaftlichen Rahmens eine Rolle zu finden.

Die Gruppe der Figuren, die nicht in Opposition zu den zentralen Charakteren stehen, ist deutlich größer. Neun davon stellen Adujvantinnen der Hauptcharaktere oder eines Hauptcharakters dar. Hier kann es sich um Freundinnen handeln, welche die Charaktere unterstützen (Yolanda Kipling, Regina, Susie Myerson, Imogene Cleary und Davina Rejennae). Eine entsprechende Freundschaft mit einer Frau besteht dabei nur zwischen Frauen. In meinem Korpus ist somit keine nicht sexuell konnotierte (platonische) oder nicht verwandtschaftliche Beziehung zwischen einem Mann und einer Frau gegeben. Dass es in keinem der analysierten Weltmodelle eine relevante Freundschaft zwischen einer erwachsenen Frau und einem erwachsenen Mann gibt, unterstreicht die absolute Einengung auf bestimmte Rolle und trennt die Geschlechter disjunkt: Beziehungen zwischen männlichen Charakteren scheinen allein der Aufrechterhaltung familiärer Strukturen zu dienen.

Die meisten der hier analysierten Charaktere sind von tertiärer Bedeutung, zählen also zu den Nebenrollen mit geringer oder punktueller Handlungsrelevanz. Charaktere wie u. a. Imogene Cleary, eine Hausfrau, Mutter und Freundin von Miriam Maisel in *The Marvelous Mrs. Maisel,* oder Yolanda Kipling und Regina, zwei Freundinnen von Mylene Cruz in *The Get Down,* bieten vor allem die Möglichkeit dazu, in Gesprächen mit der Protagonistin die Normvorstellungen, Konflikte und Gedanken der Charaktere zu etablieren und zu problematisieren (vgl. *The Marvelous Mrs. Maisel* I/1: 20:38, I/2: 06:07; *The Get Down* I/1: 10:30, I/2: 29:00). Sie sind mehr Träger und Katalysatoren der Handlung als aktive Elemente. Eine Ausnahme stellen Susie Myerson und Davina Rejennae dar. Susie Myerson, Freundin und Agentin von Miriam Maisel, gehört selbst zu den Hauptcharakteren der Serie und initiiert Miriams Comedy-Karriere. Davina unterstützt Maura Pfefferman bei ihrer Einfindung in die Transsexuellen-Szene und vor allem in ihr Leben als Frau (vgl. *Transparent* I/4: 4:30), womit sie eine besondere Rolle innerhalb der Serie einnimmt. Bei diesen Charakteren handelt es sich ebenfalls um Adjuvantinnen, allerdings – im Gegensatz zu obigen Beispielen – mit individueller und kontinuierlicher Relevanz sowie aktiver Rolle.

Andere Adjuvantinnen unterstützen die Charaktere auf professioneller Ebene. Julia Sasaki ist als Psychotherapeutin des autistischen Protagonisten Sam Gardner in *Atypical* ein bedeutender Teil in dessen Leben. Rachel Garrison hilft den Byrdes in *Ozark* bei ihren Geschäften und Elena Evanovich (*The Romanoffs*) hilft dem US-amerikanischen Ehepaar Garner bei der Adoption eines russischen Kindes. Ebenso wie obenstehende „Freundinnen" ermöglichen sie gewisse Handlungen der Charaktere bzw. allgemeine Handlungsstränge.

Die Mehrzahl (zwölf von vierundzwanzig) der nicht oppositionellen Charaktere wird indes von Frauen gestellt, die sich in einer Liebesbeziehung oder einer sexuellen Beziehung zumeist zu männlichen Protagonisten befinden. Dabei lässt sich grob zwischen einer längeren Beziehung, einer Affäre (eine rein sexuelle Beziehung von begrenzter Dauer) und einem Love-Interest (eine Person von sexuellem und/oder amourösen Interesse, mit der keine Beziehung zustande kommt) unterscheiden. Zu erster Gruppe zählen Paige, Karen, Heather, Sophie und Tammy Cashman, während Abby Philipps eine ehemalige Beziehung des *The Ranch*-Protagonisten Colt Bennett ist. Affären von Charakteren sind Michelle Westbrook, Kaya und Rita Holt. Emaline Addario und Bridget Fitzsimmons zählen zu den Love-Interests. Diese Charaktere haben trotz der unterschiedlichen Art und Weise, auf die sie mit den Protagonist/inn/en zusammentreffen, Gemeinsamkeiten. Zunächst handelt es sich nicht um Protagonistinnen, sondern um sekundäre und tertiäre Charaktere. Ohne jeder der zahlreichen Figuren eine gesonderte Analyse zuteilwerden zu lassen, lässt sich feststellen, dass alle in Hinblick auf die Figur, zu der sie in Beziehung stehen, eine ähnliche Funktion erfüllen. In welche konkrete Richtung diese Funktion geht, hängt von der Art der Beziehung ab. Paige vermittelt dem Protagonisten Sam in *Atypical* einen Eindruck davon, wie es ist in einer Beziehung zu sein, z. B. von der Notwendigkeit von Kompromissen und dem Eingestehen eigener Fehler (vgl. *Atypical* I/5: 28:00). Karen, David Myers Freundin in *Red Oaks,* steht – weiblich und sexualisiert – im Gegensatz zu Skye Getty. Sie verkörpert mit ihrem sehr konventionellen und traditionellen Blick auf eine gemeinsame Zukunft (vgl. *Red Oaks* I/1: 18:49) einen Lebensentwurf, den David ablehnt, und motiviert ihn dazu, sich von eingefahrenen Strukturen zu lösen. Heather ist scheinbar die erste ernsthafte Beziehung Colt Bennetts in *Red Oaks* und führt ihn somit in Richtung eines gefestigten Lebens. Tammy Cashmans Auftreten in *Transparent* führt zum Outing von Sarah Pfefferman als homosexuell. Joshua Pfeffermans Kurzzeitbeziehung bzw. Affäre Kaya verdeutlicht Joshua seinen Wunsch nach Heirat und Kindern (vgl. *Transparent* I/3: 4:45). Michelle Westbrook (*The Romanoffs* I/2), eine verheiratete Frau, die außerhalb der Ehe nach Abwechslung sucht, verkörpert das, was sich Michael Romanoff eigentlich wünscht: ein Ausbrechen aus seinem als eintönig empfundenen Ehe- und Familienleben. Emaline Addario bringt Kate Messner ihre Homosexualität näher und schenkt ihr Selbstvertrauen. Aus dieser beispielhaften Aufzählung ergibt sich, dass außerfamiliäre weibliche Charaktere, welche mit den Protagonist/inn/en in eine amouröse und/oder sexuelle Beziehung treten, die vornehmliche Aufgabe haben, diese bei ihrem Selbstfindungsprozess zu unterstützen – sei es in Bezug auf die sexuelle Selbstfindung, das ‚Erlernen' von Beziehungssituationen oder eine allgemeine gesellschaftliche Orientierung. Auch wenn sich Beziehungen im Verlauf der Handlung trennen und die Figuren sich in Abneigung gegenüberstehen, bieten sie eine Hilfestellung für die Hauptcharaktere auf ihrem Weg zu einer gefestigten gesellschaftlichen und familiären Position. Dabei handelt es sich nicht zwingend um eine adoleszente Selbstfindung. Auch ein erwachsener Charakter kann erkennen, dass seine aktuelle Lebenslage nicht ‚optimal' ist. Damit unterstützen sie, wie obenstehende Adjuvantinnen, die Protagonist/inn/en und ermöglichen Charakterentwicklung und die damit einhergehende Handlung.

Abschließend ist es von Interesse einen Blick auf die Beziehungssituation der außerfamiliären Charaktere zu werfen. Wenn jugendliche oder sehr junge Charaktere ledig sind, ist dem natürlich keine besondere Bedeutung zuzumessen. Interessanter ist die Lebenssituation erwachsener Charaktere. Verheiratete Charaktere bzw. Charaktere in einer eheähnlichen Beziehung unterliegen dabei weitgehend den gleichen Strukturen wie Ehefrauen und Mütter bzw. werden in ihrer Situation nicht besonders thematisiert, da eheliche Probleme in der Regel am Beispiel der Protagonist/inn/en verhandelt werden. Charaktere, die nicht in einer Beziehung leben, nehmen deutlich häufiger einen Sonderstatus ein. Zunächst sind – wie oben angesprochen – sämtliche Antagonistinnen bzw. Opponentinnen, mit Ausnahme von Ondine, weder verheiratet noch in einer Beziehung. Es verbleiben Susie Myerson sowie Rachel Garrison, Olivia Rogers, Elena Evanovich, Davina Rejennae und Rita Holt. Susie Myerson, die mit Kleidung und Verhalten sehr maskulin anmutet, kann bzw. will als mutmaßlich homosexueller oder u. U. asexueller Charakter in den 1950er Jahren keine offene Beziehung eingehen. Ebenso hat Davina Rejennae als älterer transsexueller Mann eine besondere Position inne, denn auch für sie ist das Eingehen einer Beziehung kompliziert. Rachel Garrisons promiskuitive Existenz macht sie offensichtlich einsam und angreifbar (vgl. 3.1.2.4). Rita Holt, Joshua Pfeffermans ehemalige Babysitterin, ist eine immer wiederkehrende Beziehung des Charakters und eher ein Irritationsfaktor in seinem Leben – dies wird spätestens deutlich, als sie ihm seinen Sohn, den Teenager Colton, vorstellt und damit sein Leben weiter destabilisiert (vgl. *Transparent* I/10: 17:52). Die Russin Elena Evanovich, die dem Ehepaar Garner eine Adoptivtochter vermitteln soll, gibt sich als kühler und eigenständiger Charakter, wird aber vor allem von dem Wunsch getrieben, verwaisten Kindern ein Zuhause zu bieten (vgl. *The Romanoffs* I/7: 1:17:58). Einen Sonderfall hinsichtlich der allgemeinen Einordnung stellt Olivia Rogers dar, eine junge Schauspielerin in der dritten Folge von *The Romanoffs*. Sie ist innerhalb der gesamten Serie die einzige weibliche Protagonistin ohne Beziehung bzw. familiäre Anbindung. Olivia ist eine alleinstehende Frau ohne Familie – ihre Mutter ist kurz vor Einsetzen der Handlung gestorben (vgl. *The Romanoffs* I/3: 40:40). Sie versucht sich vor der autoritären Regisseurin Jacqueline Gerard und unter den männlichen Schauspielern am Set zu behaupten und blickt auf eine längere Geschichte von Diskriminierung aufgrund ihres Geschlechts zurück (vgl. *The Romanoffs* I/3:

1:08:27). Sie schläft mit ihrem Schauspielerkollegen Samuel (vgl. *The Romanoffs* I/3: 28:54), erhält von ihm aber später keine moralische Unterstützung mehr. Die alleinstehende Olivia muss sich auf ihren Agenten verlassen, der sie in ihren Sorgen und Nöten allerdings wenig ernstnimmt. Letztlich stirbt die völlig überlastete und gestresste Olivia – wohl aufgrund eines Schocks – während der Dreharbeiten. Die Absenz moralischer Unterstützung durch Familie oder Partner ist eine der Ursachen für die Situation. Die Konsequenzen des fehlenden familiären Rückzugsraums betonen im Umkehrschluss dessen Bedeutung.

Alleinstehende weibliche Charaktere nehmen in den Serien des Korpus eine Sonderrolle ein, die im Gegensatz zu Charakteren in Paarbeziehungen steht. Häufig stechen sie durch bestimmte Merkmale heraus, die sich von anderen Figuren abheben. Am auffälligsten sind dabei die Opponentinnen, die durch eine Absenz von Familie und/oder Liebe in ihrem Leben auffallen. Dieser Mangel kennzeichnet sie als unnatürlich gegenüber den Protagonist/inn/en, die stets nach familiärer oder amouröser Anbindung suchen oder diese bereits gefunden haben.

Neben mehrheitlich sekundären und tertiären Adjuvantinnen-Figuren treten außerfamiliäre Frauen überwiegend als sexuell oder romantisch attraktive Charaktere auf. Sie nehmen damit wichtige Positionen im Leben der Protagonist/inn/en ein und beeinflussen deren Entwicklung. Trotz dieser bedeutsamen Positionen findet aber letztlich eine Definition dieser Charaktere über ihre weibliche Attraktivität bzw. ihre Eignung als potenziell dauerhafte Partnerinnen statt. Frauen ohne Beziehung nehmen eine spezielle Rolle ein, wenn sie nicht als Antagonistinnen fungieren. Die analysierten Serien nehmen also weitestgehend eine Reduzierung auf konservative Rollenmuster vor: Frauen, die nicht in einer Beziehung sind und damit die (mehrheitlich männlichen) Protagonist/inn/en in ihrer Entwicklung hin zu einer gefestigten gesellschaftlichen und familiären Rolle unterstützen – sei es als zwischenzeitliche Weggefährtinnen oder spätere Ehefrauen –, müssen zwar nicht unbedingt negativ konnotiert sein, stehen aber in der Regel außerhalb einer dominanten Norm. Eine Selbstverwirklichung außerhalb familiärer Strukturen oder ohne die (zumindest emotionale) Abhängigkeit von einem Partner – wobei hier Heterosexualität die Norm ist – ist entweder entbehrungsreich oder wird genuin negativ konnotiert. Das Leben innerhalb der Familie wird durch die Setzung als Norm als einzig möglicher Raum eines gelungenen Lebens für weibliche Charaktere gesetzt.

3.2.2 Darstellung und figurative Konzeption männlicher Charaktere

3.2.2.1 Väter und Ehemänner

Bezüglich der Darstellung der Väter und Ehemänner möchte ich mit einer ‚historischen Chronologie', angefangen beim Weltmodell der 1950er Jahre in *The Marvelous Mrs. Maisel*, beginnen. Die älteren Patriarchen Abraham Weissman und Moishe Maisel verfügen über eine nahezu uneingeschränkte Verfügungsgewalt bzw. die oberste Autorität über die Familie. Vor allem Abraham Weissman sticht als klassischer Patriarch heraus. Auch wenn Mutter und Tochter ihm mit begrenztem Respekt begegnen und er in vielen seiner Verhaltensweisen verschroben und neurotisch wirkt[70], so stellt er doch innerhalb der Familie Weissman die zentrale Autorität dar, nach der sich die meisten Abläufe ausrichten, zumal er den Lebensunterhalt der Familie verdient. Er ist dabei nicht bereit, sein Leben auch nur in Details den Bedürfnissen anderer anzupassen.[71] Seiner Ehefrau und seiner Tochter begegnet er mit Ignoranz, in manchen Fällen sogar Herablassung – eine Attitüde, die er generell auf Frauen überträgt.[72] Allgemein ist er der Meinung, über das Leben seiner Tochter verfügen zu können, und behandelt sie, als sei sie weiterhin ein Kind.[73] Moishe Maisel, Joels Vater, tritt weniger in Erscheinung, zeigt aber ähnliche Verhaltensweisen, wenn er sich beispielsweise mit Abraham Weissman verbündet, um die Kinder wieder zusammenzubringen (vgl. *The Marvelous Mrs. Maisel* I/3: 24:30). Abraham, und am Rande Moishe, treten mit großer

---

[70] Das Ausmaß seines Wutausbruchs, als er von der Trennung seiner Tochter erfährt nimmt absurde Züge an, als er sein Büro zerstört und wild auf dem Klavier spielt (vgl. *The Marvelous Mrs. Maisel* I/1: 37:56). Prinzipiell legt er neurotisches Verhalten an den Tag, wenn er z. B. verzweifelt nach Alltagsgegenständen sucht und dabei seine Frau, die mit ihm spricht, weitgehend ignoriert (vgl. *The Marvelous Mrs. Maisel* I/3: 06:30).

[71] Beispielsweise will er seinem Enkelsohn nach dem Abendessen nicht zugestehen, dass dieser fernsieht, da er jeden Abend nach dem Essen im Wohnzimmer liest. Auch nur einmalig von dieser Gewohnheit abzuweichen, ist für ihn undenkbar (vgl. *The Marvelous Mrs. Maisel* I/4: 08:37).

[72] Er gibt beispielsweise Miriam die Schuld an ihrer Trennung, da sie sich einen schwachen Mann ausgesucht hat (vgl. *The Marvelous Mrs. Maisel* I/1: 38:22), und will später nicht glauben, dass sie tatsächlich einen Beruf ergriffen hat (vgl. *The Marvelous Mrs. Maisel* I/5: 29:01). U. a. äußert er den Gedanken, dass alle hochintelligenten Menschen, besonders Frauen, hässlich seien (vgl. *The Marvelous Mrs. Maisel* I/4: 22:44).

[73] So will er sie gegen ihren Willen dazu bringen, die Ehe mit Joel wiederherzustellen (vgl. *The Marvelous Mrs. Maisel* I/2: 41:55). Als Miriam spätabends nach Hause kommt, verhört er sie und stellt drakonische Verhaltensregeln auf (vgl. *The Marvelous Mrs. Maisel* I/4: 50:09).

Selbstverständlichkeit als Familienoberhäupter und als ‚Vorgesetzte' ihrer Ehefrauen und Töchter auf. Dass Abraham kein per se negativer Charakter ist, sondern bei Zeiten eher hilflos erscheint, verdeutlicht, dass es sich hier nicht um eine bösartige Autoritätsausübung oder den Wunsch handelt, die Frauen der Familie zu unterdrücken. Vielmehr ist die Verfügung über die Ehefrau und insbesondere die Tochter und den Sohn, gepaart mit der Ignoranz gegenüber weiblichen Bedürfnissen, natürlicher Teil des Weltbildes der Charaktere. Sie sehen sich in der Rolle des Patriarchen, welche die Gesellschaft ihnen zugewiesen hat, und reflektieren in keiner Weise alternative Verhaltensmodelle bzw. ziehen keine Änderungen ihres Verhaltens in Betracht.

Joel Maisel, Angehöriger einer jüngeren Generation, ähnelt in seinem Verhalten seinem Vater und Schwiegervater. So macht er beispielsweise seine Ehefrau für sein persönliches Scheitern als Comedian verantwortlich (vgl. *The Marvelous Mrs. Maisel* I/1: 31:07), lässt sie und ihre beiden gemeinsamen Kinder ohne Weiteres zurück, um mit seiner Sekretärin zusammenzuleben, und richtet sich mit dieser ein Leben ein, das dem mit Miriam entspricht (vgl. *The Marvelous Mrs. Maisel* I/4: 30:35). Letztlich entscheidet er sich dafür, Miriam und die Kinder weiterhin finanziell zu versorgen (vgl. *The Marvelous Mrs. Maisel* I/7: 31:00). Er verprügelt sogar einen Mann, der sie bei einem ihrer Auftritte beleidigt (vgl. *The Marvelous Mrs. Maisel* I/8: 58:27). Verantwortungsgefühl ebenso wie Zuneigung und eine Art Ehrbegriff bleiben also trotz der Trennung, die vor allem Miriam als endgültig vertritt, vorhanden. Er kann Miriam allerdings nicht zurückgewinnen und ist auch nicht imstande, ausreichend Autorität über sie auszuüben, um sie zu einer erneuten Beziehung zu zwingen. An seinem Charakter wird bereits ein Schwinden männlicher Autorität deutlich. Er versucht die vorangegangene Generation autoritärer und ignoranter Ehemänner/Väter zu imitieren, scheitert aber an der Eigenständigkeit seiner Ehefrau. Dabei muss deutlich sein, dass es sich bei Miriam Maisel um eine Ausnahme-Frau inmitten devoter weiblicher Charaktere handelt.

Frank Murphy, Ehemann von Sue Murphy und Vater von Kevin, Bill und Maurreen in *F is for Family,* besteht – wie Abraham Weissman – darauf, dass sein häusliches Leben unangetastet von den Belangen seiner Ehefrau oder seiner Kinder bleibt. Frank wird zu Beginn der Serie als missgelaunter Choleriker etabliert. Eine belanglose Störung wie ein Werbeanruf beim Abendessen genügt, um einen enormen Wutausbruch zu provozieren, der ihn dazu verleitet, sich nicht nur abfällig gegenüber seiner Ehefrau zu äußern, sondern auch einen Nachbarsjungen zu beschimpfen (vgl. *F is for Family* I/1: 1:00). Wie dies bei bewusst überzeichneten Zeichentricksitcom-Charakteren häufig der Fall ist, ändert sich sein Verhalten im weiteren Serienverlauf nicht. Er zeigt kaum Zuneigung gegenüber seinen Kindern, es kann sogar von Verachtung die Rede sein.[74] Die Elternschaft nimmt Frank als Last wahr und versucht sie vor allem seiner Ehefrau zu überlassen, der er – obwohl er sie allem Anschein nach liebt – ebenfalls mit weitgehender Ignoranz und Ablehnung begegnet.[75] Kinder wie Ehefrau müssen dabei unter seinen restriktiven Moralvorstellungen leiden. Diese Haltung, welche dazu führt, dass die Familie in einem ständigen Klima der Angst vor ihm lebt (vgl. *F is for Family* I/2: 2:00), resultiert aus einer grundlegenden Unzufriedenheit mit seinem Leben und seinem Beruf. Explizit äußert er, nicht glücklich zu sein (vgl. *F is for Family* I/2: 2:00). Seine eigene Familie nimmt er im Alltag als mangelhaft wahr (vgl. *F is for Family* I/3: 23:00). Grund für seine Unzufriedenheit, die er an Frau und Kindern auslässt, ist vor allem ein Korsett gesellschaftlicher und beruflicher Erwartungen, dem er nicht gerecht werden kann und das ihn überlastet.[76] Im Inneren scheint er eine tiefe Zuneigung für seine Frau und seine Kinder zu empfinden. Wenn es notwendig ist, verteidigt er sie sogar mit Gewalt (vgl. *F is for Family* I/6: 15:00). Nur in entsprechenden Extremsituationen, ist es ihm möglich, seine Emotionen zu äußern: „I got the best family in this whole goddamn town!" (vgl. *F is for Family* I/6: 16:00). Das alltägliche Verhalten Murphys gegenüber Frau und Kindern ist indes von negativer Ablehnung geprägt.

Ramon Cruz, Vater von Mylene und Ehemann von Lydia in *The Get Down,* unterdrückt mit absoluter Autorität und großem christlichen Fanatismus Ehefrau und Tochter. Sein Selbstmord stellt ein Scheitern hyperpatriarchaler Strukturen dar. Winston Kipling, Vater von vier Charakteren in *The Get Down,* übt ebenfalls deutliche Autorität über seine Söhne aus. So müssen sie den Gehweg vor seinem Friseursalon fegen (vgl. *The Get Down* I/1: 6:00). Allgemein ist er aber ein positives Gegenmodell zu Cruz, wenn er die Liebe zu seinen Kindern und seiner

---

[74] Insbesondere der pubertäre und rebellische Sohn Kevin stellt einen Störfaktor für Frank dar. Dementsprechend beleidigt er ihn (vgl. *F is for Family* I/1: 6:00) und trifft Entscheidungen wie die Ersparnisse für dessen College-Besuch für einen neuen Fernseher auszugeben (vgl. *F is for Family* I/1 11:00). Als er einmal allein auf die Kinder achtgeben muss, fällt ihm nichts Besseres ein, als sie sofort ins Bett zu schicken (vgl. *F is for Family* I/4: 9:00), und in ihrer Abwesenheit bedenkt er sie im Gespräch mit seiner Frau mit gefühllosen Beleidigungen (vgl. *F is for Family* I/4: 14:00).

[75] So bezeichnet er ihren Beruf als Tupperware-Verkäuferin als „little hobby" (vgl. *F is for Family* I/2 6:00) und lehnt in ihrem Namen ein Jobangebot ab (vgl. *F is for Family* I/4: 9:00).

[76] Bereits im Vorspann sieht man, wie er rasch durch sein Leben fliegt vom Schulabgänger zum Soldaten in Korea und schließlich zum Angestellten wird – eine Entwicklung, die ihn offensichtlich deprimiert. Er wurde in seiner eigenen Wahrnehmung zu schnell durch die Stationen des Lebens geschleust.

Familie nahezu überbetont (vgl. *The Get Down* I/3: 7:00) und diese bewusst nicht körperlich bestraft (vgl. *The Get Down* I/4: 20:00).

Die Darstellungen von Vätern in den 1970er Jahren zeigen ein durchwachsenes Bild, in dem patriarchale Strukturen wie in den 1950er Jahren vorherrschen, jedoch sukzessive ins Wanken geraten. Eine Fortführung dieses Verlaufs zeigt sich in *Red Oaks*. Sam Myers ist kein Extrem wie Ramon Cruz oder Frank Murphy, aber nach wie vor alleiniger Brotverdiener der Familie. Sein Leben basiert, ebenso wie Frank Murphys, auf einer als negativ und belastend empfundenen Entwicklung:

> Sam: „Promise me that you won't make the same mistakes we did. [...] Your mother and I. We never loved each other. We should have split years ago except you came along. I should have married Sun Yi." – David: „Who's Sun Yi?" – Sam: „She's the girl I knew in Korea. Oh, she had such beautiful eyes [...] I think your mother's a lesbian or at least technically bisexual." (*Red Oaks* I/1: 1:59)

Sam empfindet sein Leben als Lüge – eine Erkenntnis, die er im Moment eines Herzanfalls seinem Sohn David mitteilt. Trotz dieser Einsicht – Ergebnis einer Extremsituation – bemüht er sich im Folgenden recht wenig um den Erhalt der Ehe oder um Einsicht gegenüber seinem Sohn. David soll nach seiner Vorstellung ebenso wie er Steuerberater werden. Dessen beruflicher Erfolg steht für ihn im absoluten Vordergrund (vgl. *Red Oaks* I/9: 10:40), auch wenn David die Pläne seines Vaters weitgehend ablehnt. Der Paartherapie mit seiner Frau steht Sam mit gelangweilter Ignoranz bzw. einer regelrechten Verweigerungshaltung gegenüber (vgl. *Red Oaks* I/4: 8:03) und schenkt ihr darüber hinaus wenig Aufmerksamkeit (vgl. *Red Oaks* I/3: 3:20). Diese Haltung entspringt – wie im Falle Abraham Weissmans oder Joel Maisels – keiner direkten Abneigung gegenüber seiner Familie, vielmehr zeigt sich in einigen Szenen eine große Zuneigung zu seiner Frau und seinem Sohn.[77] Das oben geschilderte Empfinden, sein Leben sei von Grund auf falsch verlaufen, ebenso wie eine gewisse Engstirnigkeit, mit der er seine konservativen Werte vertritt, blockieren ihn in seinem Verhalten gegenüber der Familie. Allerdings sind die herrschenden negativen Verhältnisse derart Teil seines Alltags geworden, dass nur eine extreme Situation bzw. eine besondere Belastung

---

[77] Als David auf der Couch einschläft, betrachtet er diesen liebevoll und küsst ihn auf die Stirn (vgl. *Red Oaks* I/3: 22:34). Später entwickelt er die Wunschvorstellung, der beste Freund seines Sohnes zu sein (vgl. *Red Oaks* I/7: 15:20). Er macht sich zudem ernsthafte Sorgen darüber, ob seine Frau ihn noch liebt (vgl. *Red Oaks* I/9: 12:49).

Anlass dafür sein kann, sich dies einzugestehen. Sam scheitert an den Folgen seines autoritären Verhaltens: Sein Sohn ordnet sich nicht seinen Plänen unter und seine Frau lässt sich von ihm scheiden.

Bei Ken Messner in *Everything Sucks!* handelt es sich zusammen mit Russ Langmore um einen von zwei alleinerziehenden Vätern innerhalb des Korpus.[78] Der Verlust seiner Ehefrau hat den Vater offensichtlich gezeichnet (vgl. *Everything Sucks!* I/1: 17:00) und er steht der Erziehung seiner Tochter, der es an einer Mutterfigur mangelt, mit einer gewissen Hilflosigkeit gegenüber. Dennoch beweist er sich als positive Vaterfigur. Er übt weder überzogene Autorität über seine Tochter aus noch versucht er ihr besondere Wertvorstellungen aufzuzwingen. Er will ihr vielmehr Offenheit und Toleranz sowie ein positives Selbstwertgefühl vermitteln und versucht ein Ansprechpartner für seine Tochter zu sein (vgl. *Everything Sucks!* I/1: 19:00). Fern jedes dramatisierten oder heroisierten Ehrbegriffs oder männlichen Machismo stellt er eine Ausnahme dar, auch unter den Video-on-Demand-Serien, welche Väter der Gegenwart zeigen. Liebe zu einer Tochter und das Bemühen um die Familie werden als natürliche Charaktermerkmale dargestellt und nicht als Akte romantisierter Selbstaufgabe oder Selbstgefährdung.

Russ Langmore steht zwar nicht im absoluten Gegensatz zu Ken Messner, schließlich ist auch er um seine Söhne und deren Wohlergehen besorgt. In seiner infantilen Unselbstständigkeit und seinem Hang zu Alkohol und Kontrollverlust stellt er aber kaum eine geeignete Vaterfigur dar. Seine Söhne verwahrlosen, die Absenz einer geeigneten Mutterfigur kann durch Ruth nur partiell kompensiert werden.

Wie mit Rückbezug auf Marty Byrde (*Ozark*) deutlich wird, behalten Väter und Ehemänner in Video-on-Demand-Serien über die Szenarien hinweg bestimmte Grundmerkmale bei. Die Grundlage eines väterlichen Idealbilds bildet dabei weiterhin der Familienvater der Serien der 1950er und 1960er Jahre. Im Gegensatz zu diesen wird das Zusammenleben der Familie in Video-on-Demand-Formaten problematisiert, die Väter nicht mehr als perfekt und omnipotent inszeniert.

Zunächst bestätigt sich in Marty Byrde und anderen Vaterfiguren des Korpus eine klare Geschlechterkonzeption hinsichtlich des allgemeinen Verhaltens und der Emotionalität der Figuren. Marty Byrde zeigt sich im Allgemeinen deutlich gelassener und kühler als seine Ehefrau Wendy. Ebenso wünscht sich Doug Gardner in *Atypical* mehr mit seinem Sohn teilen zu können und bemüht sich ein guter

---

[78] Mason Young in *Ozark*, der nach dem Tod seiner Frau sein Kind aufziehen muss, ist zwar ebenfalls ein alleinerziehender Vater. Da er diese Position erst mit Ende der letzten Episode der ersten Staffel einnimmt, soll er hier ausgenommen werden. Ebenso ist Cade Langmore alleinerziehend, kann diese Funktion allerdings aus dem Gefängnis heraus kaum wahrnehmen.

Vater zu sein (vgl. *Atypical* I/1: 7:00, I/2: 4:00), distanziert sich aber vom über-
mäßigen Aufgehen seiner Frau in ihrer Mutterrolle (vgl. *Atypical* I/1: 19:00, I/5:
27:00). Zwar verließ er die Familie Jahre vor Einsetzen der Handlung für einige
Zeit (vgl. *Atypical* I/3: 25:00), dies wird allerdings durch sein Zurückkehren und
seine intensiven Versuche relativiert, sich mit seinem Sohn auseinanderzusetzen.
Zudem beging er – im Gegensatz zu seiner Ehefrau – keinen Ehebruch, sondern
suchte Zeit zur Selbstfindung ohne einen explizit destruktiven Akt. Einige Familienväter und Ehemänner in *The Romanoffs* zeigen ähnliche Verhaltensweisen.
Eric Ford begegnet dem hochemotionalen Verhalten seiner Ehefrau gelassen und
wirft ihr implizit Hysterie vor (vgl. *The Romanoffs* I/2: 11:10). Alex Myers äußert
sich abfällig über nicht berufstätige Mütter, die übermäßig beschützend mit ihren
Kindern umgehen (vgl. *The Romanoffs* I/5: 54:33), gegenüber seinen Kindern
agiert er als moralische Instanz (vgl. *The Romanoffs* I/5: 1:03:30). Joe Garner (*The
Romanoffs* I/7) agiert im Vergleich zu seiner deutlich emotionalen Ehefrau ebenfalls wesentlich nüchterner. Philipp Hayward wiederum versucht seine Frau davon
abzubringen, dass sie ihren kranken Sohn immer neuen teuren, aber fruchtlosen
Behandlungen aussetzt (vgl. *The Romanoffs* I/6: 1:02:30).

   Beau Bennett, Vater des Protagonisten Colt Bennett in *The Ranch*, stellt ein
Extrem dar. Er zeigt sich gegenüber seinen Söhnen nicht nur rational und nüchtern
wie obige Charaktere, sondern geradezu kühl und oft ablehnend.[79] Seine Ehe war
von seiner emotionalen Abwesenheit gegenüber seiner Frau gekennzeichnet: Sie
wirft ihm vor, er habe sich nur um seine Ranch gekümmert, nicht um sie (vgl. *The
Ranch* I/4: 18:00). Auch wenn er diesen Fehler letztlich eingesteht (vgl. *The
Ranch* I/4: 24:00), bleibt er doch hart, engstirnig und äußerst konservativ (vgl. *The
Ranch* I/1: 14:00, I/7: 1:00) und weigert sich Hilfe und Unterstützung anzunehmen (vgl. *The Ranch* I/1: 24:00, I/8: 20:00). Dieses problematische Verhalten kann
innerhalb der Sitcom-Dynamik von *The Ranch* als verschrobene Eigenheit, als
Charakter-Extrem inmitten von Extremen gelten. Zudem legitimieren sich Beaus
Verhaltensweisen über die Härte des Lebens als Rancher, das eine Hingabe an
den Beruf notwendig macht (vgl. *The Ranch* I/1: 20:00, I/3: 28:00).

   Häufig stellen Ehemänner und Väter folglich den rationalen bzw. emotional
zurückgenommenen Teil des Ehepaares innerhalb der dargestellten Weltmodelle
dar. Während Ehefrauen und Mütter in der Regel der fürsorgliche und ‚wei-
che‘ Teil der Beziehung sind, Emotionen zeigen und nicht selten von ihnen

---

[79] Er begrüßt seinen Sohn, der nach längerer Zeit nach Hause zurückkehrt, mit „What the hell
are you doing here?" (vgl. *The Ranch* I/1: 1:00), macht sich wiederholt über ihn lustig und
würdigt ihn herab (vgl. *The Ranch* I/1: 5:00, I/2: 6:00, 21:00). Er lobt seine Söhne auch nicht,
selbst wenn sie etwas nach seinen Vorstellungen erfüllen (vgl. *The Ranch* I/1: 16:00).

bestimmt werden, ist es Aufgabe der Vaterfiguren moralische Richtlinien vor-
zugeben, die Kinder mit der Lebensrealität zu konfrontieren und auf die Härte
des Lebens vorzubereiten. Eine Ausnahme bilden fürsorgliche Charaktere wie
Mort/Maura Pfefferman (*Transparent*) oder Sol Bergstein, die Wärme und Zuneigung gegenüber ihren Kindern zeigen. Diese beiden Charaktere bestätigen jedoch
die Regel: Sol ist homosexuell und Maura fühlt sich als Frau. Sie stehen also im
Gegensatz zu den heterosexuellen Ehemännern, ihr emotionaleres Verhalten ist
intradiegetisch als Abweichung von der heterosexuellen Norm gekennzeichnet.
Ken Messner ist zwar ebenfalls ein emotionaler Charakter, dies wird ihm allerdings als alleinerziehender Vater einer Tochter und als Ersatz für die verstorbene
Mutter abverlangt. Nur in extremen Belastungsfällen zeigen die männlichen Charaktere ihre Emotionen: Sei es der Wutanfall Abraham Weissmans, als er von der
Trennung seiner Tochter erfährt, Frank Murphy, der seine Familie mit Gewalt verteidigt und danach offen seine Liebe äußert, oder Sam Getty, der einen Herzanfall
erleidet und seinem Sohn seine Gefühle gesteht. Bisweilen bringt eine entsprechende Situation aufopferungsvolles und selbstloses Vaterverhalten zum Schutz
der Familie mit sich.

Berufliche Einbindung von Vätern/Ehemännern

Serie	Charakter	Beruf
1. *Atypical*	Doug Gardner	Rettungssanitäter
2. *Everything Sucks!*	Ken Messner	High-School-Direktor
3. *F is for Family*	Frank Murphy	Flughafen-Angestellter
4. *Grace and Frankie*	Sol Bergstein–Hanson	Anwalt
XXX 5. *Grace and Frankie*	Robert Bergstein–Hanson	Anwalt
6. *Ozark*	Marty Byrde	Finanzberater
7. *Ozark*	Cade Langmore	Kleinkrimineller/Gefängnis-Insasse
8. *Ozark*	Russ Langmore	Kleinkrimineller/Tagelöhner
9. *Ozark*	Mason Young	Priester
10. *Red Oaks*	Sam Myers	Steuerberater
11. *Red Oaks*	Doug Getty	Aktienhändler
12. *The Get Down*	Ramon Cruz	Christlicher Priester
XXX 13. *The Get Down*	Winston Kipling	Barbier/Friseur
14. *The Marvelous Mrs. Maisel*	Joel Maisel	Angestellter eines Plastik-Unternehmens, später Arbeit im väterlichen Unternehmen

Berufliche Einbindung von Vätern/Ehemännern

Serie	Charakter	Beruf
15. *The Marvelous Mrs. Maisel*	Abraham Weissman	Mathematik-Professor
16. *The Marvelous Mrs. Maisel*	Moishe Maisel	Leiter eines Bekleidungsunternehmens
17. *The Ranch*	Beau Bennett	Rancher/Viehzüchter
18. *The Romanoffs*	I/2 Michael Romanoff	Berater für High-School-Absolventen (Wahl des Colleges)
19. *The Romanoffs*	I/4 Eric Ford	Anwalt
20. *The Romanoffs*	I/4 Ron Hopkins	Rentner (?)
XXX 21. *The Romanoffs*	I/5 Alex Myers	Manager (oder Ähnliches)
22. *The Romanoffs*	I/6 Phillip Hayward	Manager (oder Ähnliches)
23. *The Romanoffs*	I/7 Joe Garner	Angestellter der Universal-Studios
24. *The Romanoffs*	I/8 George Burrows	Unbekannter Beruf
25. *Transparent*	Maura/Morton Pfefferman	Emeritierter Universitätsprofessor

Die Zeichnung des Mannes als ‚harter und gestandener Mann', sozusagen als Verteidiger der Familie außerhalb des familiären Raumes, geht mit der dominanten Positionierung als alleiniger Familienversorger einher. Im Gegensatz zur Ehefrau bewegen sich Väter und Ehemänner außerhalb des geschützten familiären Raumes und müssen somit Härte und Rationalität beweisen. Während Ehefrauen und Mütter vor allem durch familiäre Konflikte belastet werden, ist es bei den Männern oft die Arbeitswelt und deren Anforderungen. Im Fall von Marty Byrde, dessen ‚Arbeit' die gesamte Familie bedroht, handelt es sich um ein Extrem ebenso wie bei Beau Bennett, der sein ganzes Leben seiner Ranch verschrieben hat. Joel Maisel leidet unter der mangelnden Begeisterung, die er für seinen Beruf empfindet – ein Aspekt, der zu seinem Ehebruch beiträgt –, und unter seiner Erfolglosigkeit als Stand-Up-Comedian (*The Marvelous Mrs. Maisel* I/1:34:26). Ramon Cruz identifiziert sich über seinen Beruf, auch wenn es sich bei ihm eher um eine ‚Berufung' handelt, unter der seine Familie leidet und an der er letztlich zugrunde geht. Frank Murphy muss die schlechte Behandlung erdulden, die er wiederholt an seinem Arbeitsplatz durch seine Vorgesetzten erfährt (vgl. *F is for Family*: I/1: 1:00, I/2: 4:00, 13:00, I/3: 11:00). Die Frustration, welche sich in seiner beruflichen Situation aufbaut, lässt er an seiner Familie aus. Doug Getty, Präsident des Country-Clubs in *Red Oaks* und Skyes Vater, identifiziert sich über seine Arbeit an der Börse (vgl. *Red Oaks* I/8: 1:41) und wird wegen Insider-Handels festgenommen (vgl. *Red Oaks* I/10: 16:30). Michael Romanoff, der High-School-Abgänger bei der Wahl einer Universität berät, aber selbst seine Heimatstadt nie verlassen hat, fühlt sich als Versager (*The Romanoffs* I/2: 07:00) und überträgt diese Unzufriedenheit auf seine Ehe. Doug Gardner bemüht sich indes aktiv Familie und Beruf nicht zu vermischen, indem er seinen Kollegen nie davon berichtet, dass sein Sohn Autist ist (vgl. *Atypical* I/5: 26:00). Die berufliche Einbindung des Ehemannes hat folglich immer wieder negative Auswirkungen auf die Familie, sei es direkt, wenn der Beruf den Vater über Gebühr in Anspruch nimmt, oder indirekt, wenn sich die Belastung des Vaters negativ auf dessen psychische Verfassung und damit auf seinen Umgang mit der Familie ausübt. Obwohl negative Verhaltensweisen des Vaters gegenüber seiner Frau und seinen Kindern keinesfalls positiv konnotiert werden – schließlich haben sie direkte negative Konsequenzen auf das Leben der Ehefrau und der Kinder –, sind sie doch in der Logik der meisten Weltmodelle entschuldbar: Als Alleinverdiener ist es die unbedingte Verantwortung des Ehemannes, sich für den Beruf aufzuopfern. Wenn die Hingabe an den Beruf den Charakter zu sehr in Anspruch nimmt oder negative psychische Konsequenzen mit sich bringt, wird es als notwendiges Übel bzw. äußerer Zwang verstanden. Dadurch wird die Schuld des Mannes an seinen Verfehlungen relativiert.

Diese männliche Stellung hat allerdings nicht allein Auswirkungen auf das innerfamiliäre Verhalten und die charakterlich-emotionale Verfassung der Figuren, sondern bestimmt auch zentral deren Verortung in der familiären Autoritätsstruktur. Bis auf wenige Ausnahmen (mit **XXX** gekennzeichnete Felder in obiger Tabelle) ist die Mehrzahl der Familienväter in meinem Analysekorpus alleiniger Geldverdiener der Familie. Allein durch diesen Umstand üben sie Autorität auf den Rest der Familie aus, binden diese an sich, auch wenn dies nicht explizit verbalisiert wird. Bei der finanziellen Autorität des Ehemannes handelt es sich um ein tief verankertes narratives Muster, das bisweilen über die Handlungslogik hinausgeht. So sperren Sol Bergstein und Robert Hanson ihren Ehefrauen die Kreditkarten, um sich vor finanzieller Rache zu schützen (vgl. *Grace and Frankie* I/2: 8:00). Warum dies ohne weiteres möglich ist, warum die Ehemänner hier Verfügungsgewalt haben, ist nicht erklärbar, schließlich handelt es sich bei Grace Hanson um eine erfolgreiche Unternehmerin. Die Tatsache, dass die Ehemänner, obgleich sie sich von ihren Frauen getrennt und sich als homosexuelles Paar geoutet haben, weiterhin Autorität über ihre Ehefrauen ausüben, wird de facto nicht in Frage gestellt. Es findet eine klare Hierarchisierung des Männlichen über das Weibliche statt.

Betrachtet man daher die Rolle der Ehemänner und Väter in Video-on-Demand-Serien gesamtheitlich, lässt sich eine klare Ausrichtung an konservativen Geschlechter- und Rollenbildern erkennen. Der Ehemann ist in den meisten Fällen Alleinversorger der Familie, daraus erwächst eine negativ konnotierte Belastung für die Familie, die jedoch durch die schiere Notwendigkeit des Gelderwerbs relativiert wird. Zudem steht der Ehemann durch die finanzielle Verfügungsgewalt hierarchisch über der Ehefrau und kann damit weiterhin als Familienoberhaupt gelten, selbst wenn eine demokratische Familienstruktur behauptet wird. Diese Stellung wird auch durch die Inszenierung der männlichen Figuren als rationaler und weniger emotional im Vergleich zu weiblichen gefestigt. Durch Negativ-Charaktere wie Russ und Cade Langmore in *Ozark,* die ihre väterliche Verantwortung aus Impulsivität und Selbstsucht nicht wahrnehmen, wird eine dahingehende Rolle des Vaters als vernünftiger Versorger bestärkt. Die Differenz zwischen der Darstellung der Figuren in den Serien des Korpus und den Modellen der 1950er und 1960er Jahre besteht vor allem darin, dass die Autorität des Ehemannes nicht mehr absolut und weniger direkt ausgeübt wird. Ehemänner sind nicht einmal notwendigerweise sympathisch, sondern Menschen mit Schwächen und Makeln, die wiederholt (gravierende) Fehler begehen und somit ihre Familien gefährden. Es ist weniger die Stellung des Ehemannes und Vaters, die sich verändert hat, vielmehr dessen Darstellung.

3.2.2.2 Söhne

In vielerlei Hinsicht lässt sich die Rolle der Söhne meines Analysekorpus mit der Rolle der Töchter vergleichen. Auch sie lassen sich in zwei Gruppen aufteilen: erwachsene und jugendliche Söhne.[80]

Sam Gardner (*Atypical*), Luke O'Neil (*Everything Sucks!*), Kevin und Bill Murphy (*F is for Family*), Jonah Byrde, Wyatt und Russ Langmore (*Ozark*), David Myers (*Red Oaks*), Ezkiel Figuero („Zeke"/„Books"), Marcus („Dizzee"), Ronald (Ra-Ra") und Miles („Boo-Boo") Kipling (*The Get Down*) teilen als jugendliche

---

[80] In diesem Abschnitt möchte ich die vier Söhne aus *The Romanoffs* ausschließen. Hier handelt es sich um Henry und Benji Myers (I/5), Nicholas Hayward (I/6) und Simon Burrows (I/8). Simon Burrows, ein transsexueller Mann, wird in 3.2.3 behandelt werden. Henry und Benji Myers, die ihren homosexuellen Klavierlehrer David Patton gegen Vorwürfe verteidigen, sind ein Beispiel für gelungene, tolerante Erziehung. An ihrem Beispiel wird auch demonstriert, wie leicht Kinder durch Gerüchte und üble Nachrede beeinflusst werden können. Nicholas Hayward, ein Junge mit Bluter-Krankheit, verkörpert den Typus des ‚ernsten, kranken Jungen', dem durch den mangelnden Kontakt mit anderen Kindern gewissermaßen die Kindheit genommen wurde. Hier wird also die Notwendigkeit einer gewissen Unbeschwertheit in der Kindheit hervorgehoben. Es handelt sich allerdings um Randfiguren, aus denen sich keine allgemeine Regel ableiten lässt.

Söhne mehrere Gemeinsamkeiten. Alle genannten Charaktere haben die Obhut ihrer Eltern bzw. den häuslichen Raum noch nicht verlassen, streben jedoch in den meisten Fällen nach einer Loslösung von diesem, nach Selbstverwirklichung und Selbstfindung jenseits elterlicher Aufsicht und Vorgaben.

Sam Gardner ist ein autistischer junger Mann und Protagonist der Serie *Atypical*. Die Serie wurde explizit ausgewählt, da hier das Leben einer Familie dargestellt wird, die sich in einer ‚besonderen' Situation befindet. Obwohl Sams Autismus eine tragende Rolle innerhalb der Handlung spielt, kann dessen tatsächliche Bedeutung stark eingeschränkt werden. Der Autismus ist weniger eine extreme Abweichung, die tiefergehend behandelt wird, sondern dient vielmehr als narrativer Katalysator: Die Familie Gardner erfährt Probleme, die nicht per se ungewöhnlich sind, lediglich etwas extremer ausgeprägt. Sams Leben als Teenager, seine Entwicklungen und Wünsche weichen in ihrer Essenz nicht von den anderen Beispielen meines Korpus ab, werden durch seinen besonderen Geisteszustand allerdings etwas verfremdet, somit besonders deutlich hervorgehoben und teilweise komisch überzeichnet. Die zentrale Motivation Sams in der ersten Staffel ist vor allem seine Suche nach einer Freundin und der Wunsch, sexuelle Erfahrungen zu machen. Obwohl er von sich behauptet, für Frauen seines Alters uninteressant zu sein (vgl. *Atypical* I/1: 4:00), findet er innerhalb der ersten Episode ein etwa gleichaltriges Mädchen, das mit ihm schlafen möchte (vgl. *Atypical* I/1: 27:00). Zwar findet hier kein Sex statt, da Sam mit der körperlichen Nähe nicht zurechtkommt (vgl. *Atypical* I/1: 29:00), doch bereits in der vierten Folge geht er eine längerfristige Beziehung ein (vgl. *Atypical* I/1: 26:00). Diese Beziehung ist von zahlreichen Problemen gekennzeichnet, kann aber innerhalb der ersten Staffel weitgehend aufrechterhalten werden, vor allem da Sam stets imstande ist, sich bei seiner Freundin für Verfehlungen zu entschuldigen. Der explizite Wunsch nach Loslösung von der Familie ist für Sam, auch aufgrund seines Alters, noch nicht relevant. Sein Erwachsenwerden, wird aber von seiner Mutter als Gefährdung des Sohnes bzw. des familiären Status quo wahrgenommen.

Frisch auf der High-School ist Luke O'Neil wesentlich jünger als der 18-jährige Sam Gardner. Doch auch für ihn, ebenso wie seine gleichaltrigen Freunde, stehen vor allem die sexuellen Möglichkeiten des High-School-Lebens im Mittelpunkt ihres Interesses (vgl. *Everything Sucks!* I/1: 8:00). Er verliebt sich und strebt eine Beziehung mit Kate Messner an, die aufgrund ihrer Homosexualität nie tatsächlich zustande kommt. Für Luke spielt auch die Loslösung von seiner Mutter eine besondere Rolle. Nicht im Sinne eines Auszugs aus dem heimatlichen Raum, sondern dadurch, dass er sich mit seiner Mutter – trotz ihres guten Verhältnisses – auf eine Distanz, einen persönlichen Freiraum einigt. Konkret verständigen sie sich darauf, sich nicht mehr sämtliche Geheimnisse zu erzählen (vgl. *Everything Sucks!* I/10: 21:00).

Während Bill Murphys Leben vor allem ein Beispiel für fehlerhafte und traumatisierende Erziehung ist[81], rebelliert Kevin, der älteste und pubertierende Sohn der Familie Murphy, offen gegen seine Eltern. Insbesondere sein Vater Frank ist für ihn, aufgrund der ständigen Herabwürdigungen, zur Hassfigur geworden. Er träumt davon, nicht zu seiner Familie zu gehören (vgl. *F is for Family* I/2: 7:00), und konsumiert Drogen, anstatt sich um die Schule zu bemühen (vgl. *F is for Family* I/3: 4:00). Letztlich sehnt er sich aber nach einer idealen Beziehung zu seinem Vater (vgl. *F is for Family* I/3: 13:00) und nach einer intakten und liebevollen Familiensituation. Er bewegt sich folglich zwischen dem kindlichen Wunsch nach familiärer Harmonie und Geborgenheit und dem dringenden Versuch, sich von Strukturen zu lösen, welche als Unterdrückung empfunden werden.

David Myers wird von seinem Vater Sam permanent unter Druck gesetzt und lehnt dessen Vorstellungen für sein weiteres Leben und vor allem dessen Wunsch, dass sein Sohn bei ihm arbeitet, strikt ab (vgl. *Red Oaks* I/1: 23:00). Er leidet zudem unter einem Mangel an Privatsphäre im häuslichen Bereich (vgl. *Red Oaks* I/4: 1:30) und unter einer eingefahrenen Beziehung zu seiner Freundin Karen. Die konservative Zukunft, die Karen sich für sie beide ausmalt (vgl. *Red Oaks* I/1: 18:49), läuft dabei seinen eigenen Ambitionen entgegen. Davids Bestrebungen und sein Handeln bewegen sich genau entgegengesetzt zu den Vorstellungen seines Vaters und seiner Freundin. Anstatt Steuerberater zu werden, wünscht er sich ein Studium an der New York University und eine Laufbahn im künstlerisch-filmischen Bereich (vgl. *Red Oaks* I/1: 0:00) und verliebt sich in die ‚wilde‘ und schwer fassbare Skye Getty. Er lehnt dabei seine Familie nicht gezielt ab, empfindet offensichtlich Zuneigung für seine Eltern, strebt aber entschieden nach einer Loslösung.

Ebenso streben Ezekiel Figuero und die Kipling-Brüder in *The Get Down* nach Loslösung von elterlichen Strukturen und konservativen gesellschaftlichen Vorgaben. Dabei steht die Selbstverwirklichung durch die Musik im Mittelpunkt. *The Get Down* stellt bezüglich der sozialen Verortung in der schwarzen Unterschicht der New Yorker Bronx eine Ausnahme innerhalb des Korpus dar. Selbst wenn die Jungen bzw. jungen Männer sozialen Rückhalt und moralische Festigung innerhalb der Familie erhalten wie die Kipling-Brüder, die im Gegensatz zum Waisen Zeke einem relativ gefestigten Elternhaus entspringen, können sie sich

---

[81] Er wird von seinem Vater meist ignoriert und bekommt nie die Möglichkeit, traumatisierende Erfahrungen – die er wiederholt macht – mit Hilfe seiner Eltern zu verarbeiten (vgl. *F is for Family* I/5: 3:00, III/1: 8:00).

dem negativen und kriminellen Einfluss des Umfeldes nicht entziehen. Bereitwillig konsumieren sie Alkohol und Drogen (vgl. *The Get Down* I/2: 8:00, I/3: 29:00, I/7: 12:00) und handeln im Falle von Miles sogar damit (vgl. *The Get Down* I/8: 19:00). Ezekiels Prozess der Loslösung weist widerstreitende Faktoren auf. Er löst sich von seiner Tante, die als Mutterfigur fungiert. Seine Freunde erklärt er zu seinen ‚Brüdern' (vgl. *The Get Down* I/3: 37:00), zur Ersatz-Familie, um den Verlust der eigentlichen Familie zu kompensieren. Zudem will er das Leben in der Unterschicht und der gefühlten Bedeutungslosigkeit hinter sich lassen. Dem talentierten jungen Mann steht dabei einerseits der experimentelle und risikoreiche künstlerische Weg oder andererseits die Aufnahme an einem Ivy-League-College offen (vgl. I/1: 21:00, I/7: 1:00)– eine enorme Chance für einen jungen Mann, der als Waise afroamerikanischer und puerto-ricanischer Herkunft gleich in vielerlei Hinsicht einer Randgruppe angehört. Mit der Wahl eines Colleges ließe er allerdings nicht nur seinen Herkunftsraum hinter sich, sondern würde sich auch der Oberschicht anschließen, derjenigen Gruppe also, die als maßgeblich verantwortlich für das Dasein der afroamerikanischen und hispanischen Bevölkerung am Rande der Gesellschaft wahrgenommen wird. Zeke entscheidet sich letztlich für die Musik, was deutlich wird, wenn er als mittlerweile erfolgreicher Rapper, seine Lebensgeschichte aus der Retrospektive erzählt (vgl. *The Get Down* I/1: 0:00).

Zwar sind die Lebensumstände von Ezekiel Figuero und David Myers verschieden, die Motivation ist im Kern jedoch identisch. Beide Charaktere lehnen die Strukturen, aus denen sie stammen, ab und wollen Träume verwirklichen, die diesen Strukturen entgegenlaufen. Dabei geraten sie in einen Zwiespalt zwischen dem Zugehörigkeitsgefühl zum Herkunftsraum und dem Wunsch nach Selbstverwirklichung – ein Zwiespalt, der etwas deutlicher inszeniert wird als im Fall der Töchter-Figuren. Auch die weiteren hier aufgeführten Charaktere entfernen sich in unterschiedlichem Maße von ihrer familiären Einbettung, sei es durch ein sexuelles Erwachen und eine damit einhergehende Entwicklung vom Kind zum Mann oder schlichtweg durch die pubertär-rebellische Ablehnung elterlicher Vorgaben. Wie die Töchter-Figuren streben Söhne nach größerer Eigenständigkeit und sexueller wie persönlicher Erfüllung. In den meisten Fällen spielt dabei eine Paarbeziehung eine besondere Rolle. Im Gegensatz zu den Töchtern nehmen sie den aktiven Part in Bezug auf die Partnersuche ein, müssen also eine geeignete Partnerin finden und nicht wie die Mehrzahl der Töchter gefunden bzw. erobert werden. Hier manifestieren sich wiederum konservative Denkweisen. Jonah Byrde strebt in *Ozark* zwar keine Loslösung von der Familie an und auch für ein sexuelles Erwachen ist er etwas zu kindlich. Indem er versucht, die Familie – nötigenfalls mit Waffengewalt – zu verteidigen, imitiert er allerdings klassisch männliche Rollenmuster.

Wyatts und Russ Langmores Entwicklung stellt ein Negativbeispiel dar: Durch
die Abwesenheit männlicher Vorbildfiguren und einer Mutter scheinen sie den
Weg ihres verwahrlosten, kleinkriminellen Onkels einzuschlagen. Die Ambitio-
nen des intelligenten Wyatt werden von den ungünstigen Umständen bedroht.
Ein suboptimaler familiärer Raum, so die deutliche Implikation, hat negative
Auswirkungen auf die Kinder.

Joel Maisel (*The Marvelous Mrs. Maisel*), Colt und Rooster Bennett (*The
Ranch*), Coyote und Nwabudike Bergstein (*Grace and Frankie*), Greg Moffat (*The
Romanoffs* I/1), Simon Burrows (*The Romanoffs* I/8) und Joshua „Josh" Pfefferman (*Transparent*) sind dem Kindesalter entwachsen und haben sich bereits von
ihren Eltern gelöst. Im Gegensatz zu einigen Töchtern befindet sich indes keiner
von ihnen in einer stabilen oder dauerhaften Beziehung.

Nwabudike Bergstein, der afroamerikanische Adoptivsohn von Sol und Frankie Bergstein, bleibt über die Serie hinweg ein Charakter mit geringer Tiefe,
der vor allem seinen Bruder und andere Charaktere mit Ratschlägen unterstützt. Seine Herkunft dient vor allem dazu, die Offenheit und Toleranz des
Bergstein-Haushaltes darzulegen. Coyote ist ein exemplarisches Beispiel für
gescheiterte Erziehung und einen erfolglosen Adoleszenz-Prozess. Zwar arbeitet
er an einem College, hat aber sein Leben trotz der Bewältigung eines zurück-
liegenden Drogen-Problems (vgl. *Grace and Frankie* I/1: 10:00) nicht wirklich
im Griff. Obgleich beide Charaktere alleinstehend sind, streben sie innerhalb der
analysierten Episoden keine Paarbindung an.

Colt und Rooster Bennett sind wie Joshua Pfefferman bereits erwachsen. Keiner der drei Charaktere lebt allerdings in einer dauerhaften Beziehung. Joshua
Pfefferman wird im Bett zusammen mit einer nackten jungen Frau in die Serie
eingeführt (vgl. *Transparent* I/1: 1:00). Innerhalb der ersten Staffel steht Joshua
in einer sexuellen Beziehung mit insgesamt vier Frauen unterschiedlichen Alters,
darunter eine ehemalige Babysitterin, mit der er einen Sohn hat, von dem er in der
letzten Episode der ersten Staffel erfährt. Joshuas häufig wechselnde Beziehungen können als die Suche nach menschlicher Wärme und Zuneigung ebenso wie
nach einer dauerhaften Beziehung verstanden werden. Die Oberflächlichkeit der
Verhältnisse wird diesem Wunsch nicht gerecht. Erst mit der Rabbinerin Raquel
Feinman bahnt sich eine potenziell dauerhafte Beziehung an, die er ebenfalls rasch
durch Sex zu festigen sucht (vgl. *Transparent* I/9: 13:40).

Rooster Bennett hat die väterliche Ranch nicht verlassen, wohingegen Colt
Bennett dorthin zurückkehrt. Dieses Leben im elterlichen Raum wird nicht negativ konnotiert, denn schließlich werden sie als notwendige Arbeitskräfte benötigt.
Wie sein Bruder Colt lebt er nicht in einer festen Beziehung und wird am ehesten
durch seine Männlichkeit im Sinne eines unkontrollierten männlichen Verlangens

charakterisiert, das ihn u. a. dazu verleitet, Frauen allein auf ihr Äußeres zu reduzieren (vgl. *The Ranch* I/4: 7:00). Laut eigener Aussage benutzt er bei seinen wechselnden sexuellen Kontakten keine Kondome (vgl. *The Ranch* I/9: 11:00). Zudem definiert er Alkohol als zentralen Teil seines Lebens (vgl. *The Ranch* I/2: 14:00, I/4: 1:00) und geht sorglos mit Schusswaffen um (vgl. *The Ranch* I/8: 0:00). Colt Bennett zeigt ebenso wie sein Bruder äußerst unkontrolliertes und infantiles Verhalten. Er versuchte sich lange erfolglos als Football-Spieler. Der Durchbruch ist ihm trotz seiner 34 Jahre noch nicht gelungen. Seinem Vater zufolge hat Colt seine Karriere durch Alkohol und Drogen selbst blockiert (vgl. *The Ranch* I/1: 6:00). Weiterhin definiert er sich über seine Erfolge als High-School-Footballer (vgl. *The Ranch* I/3: 10:00), obwohl diese Zeit lange hinter ihm liegt. Sein Alkoholkonsum bringt ihn in ungünstige Situationen (vgl. *The Ranch* I/3: 21:00). Dennoch wird Colt als im Kern positiver Charakter inszeniert: Er weist einen Annäherungsversuch einer Freundin zurück, da diese betrunken und verlobt ist (vgl. *The Ranch* I/4: 28:00), und offenbart klassisch-konservative Zukunftsvorstellungen. Auf die Frage, wo er sich in 20 Jahren sehe, antwortet er: „Probably sittin' on this porch watching Rooster and Mary's kids play with my kids." (*The Ranch* I/10: 29:00).

Sowohl Coyote Bergstein und Joshua Pfefferman als auch die Bennett-Brüder, insbesondere Colt, werden als erwachsene Männer dargestellt, die zwar körperlich erwachsen sind, den eigentlichen Prozess der Mannwerdung jedoch nicht durchlaufen haben. Insbesondere in der Serie *The Ranch,* die am deutlichsten eine konservative Familienmoral vertritt, wird eine klassisch-männliche Entwicklungsnorm aufgestellt. Männer durchlaufen in jüngeren Jahren eine Phase des unkontrollierten Verhaltens, dazu zählen sexuelle Promiskuität, der experimentell-unkontrollierte Umgang mit Alkohol, Drogen und weitere ‚unvernünftige' und gesellschaftlich-destruktive Verhaltensweisen. Es handelt sich um einen Lebensabschnitt des ‚Sich-die-Hörner-Abstoßens'. Diese Phase dient dazu, die Infantilität hinter sich zu lassen und letztlich mittels Paarbeziehung und gesicherter Lebensperspektive ein stabiles Leben als Ehemann und Vater zu führen. Charaktere wie Joshua, Rooster und Colt, die diese Lebensphase noch nicht erreicht haben bzw. sie bewusst sabotieren, werden dann negativ charakterisiert, wenn sie entsprechend destruktiv handeln, während stabilisierende Bestrebungen (hin zur dauerhaften Paarbindung) innerhalb der Handlung eindeutig positiv bewertet werden.

Die jüngeren Söhne, welche eine Loslösung von der Familie anstreben und ihren Wunsch nach Selbstverwirklichung in die Tat umsetzen wollen, stellen dabei eine Vorstufe zu den älteren Söhnen dar, die sich in einer auslaufenden Phase der Selbstfindung befinden. Diese darf in den dargestellten Weltmodellen nicht zu lange anhalten und muss in etwa bis Mitte 30 abgeschlossen sein, sonst drohen negative Konsequenzen oder konkreter: ein Dasein als Versager. Diese Existenz droht Joel, der seine Familie aufgibt, und Coyote, der keine Familienbildung anstrebt. Die Logik der dargestellten Weltmodelle lässt keine alternative Verläufe zu: So wie auch die Väter ehemals Söhne waren, müssen sich die aktuellen Söhne zu Vätern entwickeln. Dies heißt, dass die Selbstverwirklichung der meisten Charaktere letztlich einem konventionellen Berufsleben und den damit einhergehenden Belastungen weichen wird – oder wie es Sam Myers in *Red Oaks* formuliert: „I was young once. First couple of years of college it's all about having fun. You go to keggers, you smoke a little reefer.[82] You figure things out. But after a while you've got to buckle down. You've got to think about the future." (*Red Oaks* I/1: 1:00).

Im Vergleich zu den Töchtern ist auffällig, dass zwar ebenfalls eine Paarbindung angestrebt wird, allerdings keiner der erwachsenen Söhne bereits verheiratet ist – mit Ausnahme von Joel, der die Ehe auflöst. Den männlichen Charakteren wird ein längerer Zeitraum für den Prozess der Selbstfindung eingeräumt. Ebenso wird der Aspekt der Promiskuität deutlicher hervorgehoben. Die Töchter nehmen in einem vergleichsweise ruhigeren – wenn auch nicht unproblematischen – Prozess ihre gesellschaftliche Rolle ein, während diese Phase bei den Männern langfristiger und exzessiver ist. Von weiblichen Charakteren werden während dieser Entwicklung eine größere Vernunft und eine Selbstzurücknahme erwartet, während ihre männlichen Gegenstücke Emotionen und Trieben mit gesellschaftlicher Legitimation freien Lauf lassen. Mit Eintritt in die Ehe wandelt sich die Konstellation. Hier nimmt der Mann den dominanten rationalen Part, die Ehefrau die untergeordnete emotionale Rolle ein. Dies führt dazu, dass die männlichen Charaktere bereits in ihrer Zeit als Söhne die weiblichen Charaktere dominieren. Wieder konstruieren die analysierten Serien einen deutlich traditionellen Entwicklungsverlauf.

3.2.2.3 Alleinstehende/der Familie assoziierte Männer

Männer außerhalb der Familie		
Serie	Charakter	Status
1. *Atypical*	Zahid	• Schüler • Freund des Protagonisten (Sam Gardner)

---

[82] Bei Keggers handelt es sich um Partys, auf denen Bier aus „kegs", also kleinen Fässern, ausgeschenkt wird. Diese werden üblicherweise mit High-School-Schülern und College-Studenten assoziiert. „Reefer" ist ein Slang-Begriff für Marihuana.

Männer außerhalb der Familie

Serie	Charakter	Status
2. *Atypical*	**X** Nick	• Barmann • Affäre einer Protagonistin (Elsa Gardner) • Ledig
3. *Everything Sucks!*	Tyler Bowen	• Schüler • Freund des Protagonisten (Luke O'Neil) • Jugendliche Findungsphase
4. *Everything Sucks!*	McQuaid	• Schüler • Freund des Protagonisten (Luke O'Neil)
XXX 5. *Everything Sucks!*	Oliver Schermerhorn	• Schüler • Opponent des Protagonisten (Luke O'Neil)
XXX 6. *F is for Family*	Jimmy Fitzsimmons	• Schüler • Opponent eines Protagonisten (Bill Murphy)
7. *Grace and Frankie*	**X** Barry	• Angestellter/Produktentwickler einer Kosmetikfirma • Geliebter eines Charakters (Brianna) • Alleinstehend
8. *Grace and Frankie*	**X** Guy	• Rentner (ehemaliger Abenteurer) • Geliebter einer Protagonistin (Grace) • Alleinstehend
9. *Ozark*	Buddy Dyker	• Rentner • Adjuvant der Familie Byrde • Alleinstehend
10. *Ozark*	Tuck	• Hilfskraft • Adjuvant eines Protagonisten (Jonah Byrde) • Alleinstehend
11. *Ozark*	Bruce Liddell	• Anlageberater • Freund eines Protagonisten (Marty Byrde) • Verlobt
XXX 12. *Ozark*	Camino Del Rio	• Drogenhändler • Opponent eines Protagonisten (Marty Byrde) • Verheiratet
XXX 13. *Ozark*	Roy Petty (und das FBI)	• FBI-Agent • Opponent der Protagonisten (Familie Byrde) • Alleinstehend
XXX 14. *Ozark*	Jacob Snell	• Opiumbauer • Opponent der der Protagonisten (Familie Byrde) • Verheiratet

Männer außerhalb der Familie

Serie	Charakter	Status
15. *Red Oaks*	Nash Nasser	• Tennislehrer • Freund des Protagonisten (David Myers) • Verheiratet
16. *Red Oaks*	Wheeler	• High-School-Absolvent/Angestellter eines Country-Clubs • Freund des Protagonisten (David Myers) • Jugendliche Findungsphase
17. *Red Oaks*	Herb	• Rentner • Adjuvant des Protagonisten (David Myers) • Alleinstehend
XXX 18. *Red Oaks*	Barry	• Fotograf • Opponent des Protagonisten (David Myers) • Alleinstehend
19. *The Get Down*	Shaolin Fantastic	• Drogendealer/Krimineller/DJ • Freund des Protagonisten (Ezekiel Figuero) • Alleinstehend/Beziehung zu Fat Annie
20. *The Get Down*	Francisco „Papa Fuerte" Cruz	• Politiker • Adjuvant eines Protagonisten (Ezekiel Figuero) sowie Onkel/Adjuvant einer Protagonistin (Mylene Cruz) und Liebesbeziehung eines Charakters (Lydia Cruz) • Alleinstehend
XXX 21. *The Get Down*	Clarence „Cadillac" Caldwell	• Krimineller/Musikproduzent • Opponent der Protagonisten (Ezekiel Figuero, Shaolin und die Kiplings) • Alleinstehend
XXX 22. *The Ranch*	Bankangestellter (ohne Namen)	• Bankangestellter • Opponent eines Protagonisten (Beau Bennett) • (Vermutlich verheiratet)/Tochter
23. *The Romanoffs* I/2	**X** Ivan Novak	• Unbekannter Beruf • Love-Interest der Protagonistin (Shelly Romanoff) • Verheiratet
XXX 24. *The Romanoffs* I/3	**X** Samuel Ryan	• Schauspieler • Affäre/Opponent der Protagonistin (Olivia Rogers) • Alleinstehend
XXX 25. *The Romanoffs* I/3	Bob Isaacson	• Schauspieler-Agent • Opponent der Protagonistin (Olivia Rogers) • Alleinstehend

Männer außerhalb der Familie

Serie	Charakter	Status
26. *The Romanoffs* I/4	**X** Daniel Reese	• Autor • Ehemalige Affäre der Protagonistin (Julia Wells) • In einer Beziehung oder Ehe
27. *The Romanoffs* I/5	David Patton	• Klavierlehrer • Adjuvant/Freund der Protagonistin (Katherine Ford/ihre Söhne) • In einer Beziehung
28. *The Romanoffs* I/6	Abel Erikson	• Journalist • Adjuvant der Protagonistin (Victoria Hayward) • Alleinstehend
29. *The Romanoffs* I/6	**X** Christopher Ming	• Aktienhändler • Affäre des Protagonisten (Simon Burrows) • Verlobt

Analog zu den weiblichen Charakteren außerhalb familiärer Verbände möchte ich hier eine Trennung in Opponenten und Adjuvanten bzw. nicht negative Charaktere vornehmen. Von 29 hier aufgeführten Charakteren handelt sich bei zehn um Opponenten (mit **XXX** gekennzeichnete Felder). Die mit einem **X** gekennzeichneten Charaktere stehen in amouröser oder sexueller Beziehung zu den Protagonist/inn/en.

Bezüglich der Beziehungssituation der Opponenten lässt sich kein verallgemeinerbarer Status ableiten (– drei sind verheiratet, zwei der Charaktere sind Jugendliche und der Rest alleinstehend). Samuel Ryan (*The Romanoffs* I/3) ist dabei der einzige Antagonist, der eine sexuelle Beziehung mit einer Protagonistin aufbaut. Letztlich dient der Method-Actor, der sich am Filmset vollkommen in seine Rolle als Rasputin hineinsteigert und eine Besessenheit für die Schauspielerin Olivia Rogers entwickelt, nur ein Katalysator der Handlung. Er verunsichert Olivia Rogers weiter und demonstriert deren Angreifbarkeit auf sexueller Ebene.

Barry, ein Veranstaltungsfotograf in *Red Oaks*, versucht Davids Freundin Karen zu verführen und tritt damit in amouröse Konkurrenz zu ihm. Allgemein handelt es sich um einen narzisstischen Charakter mit sexistischen Neigungen (vgl. *Red Oaks* I/1: 15:55). Er verliert jedoch an Relevanz in Bezug auf den Protagonisten, da dieser sich Skye Getty zuwendet. Barry – eigentlich Opponent – wird somit nahezu zum Adjuvanten, da er David die Loslösung von Karen erleichtert.

Oliver Schermerhorn und Jimmy Fitzsimmons sind Opponenten im schulischen Umfeld der Protagonist/inn/en. Oliver Schermerhorn, ein von sich

eingenommener ‚Schauspieler‘, ist dabei nur zeitweilig Opponent der Protago-
nist/inn/en in *Everything Sucks!*, bis sie sich zu einer Gruppe zusammenschließen
und er sich letztlich entscheidet, die Stadt zu verlassen. Jimmy Fitzsimmons
ist ein recht archetypischer Schulschläger, mit dem Bill Murphy wiederholt
aneinandergerät (vgl. *F is for Family* I/5, I/6).

Die verbliebenen sechs Opponenten – Camino Del Rio, Roy Petty, Jacob Snell,
Bob Isaacson, Clarence „Cadillac“ Caldwell und ein namenloser Bankangestellter in *The Ranch* – verkörpern bestimmte Paradigmen. Del Rio, Jacob Snell und
Cadillac stehen für (Drogen-)Kriminalität, während Cadillac mit seinem Hang zur
Disco-Musik darüber hinaus Verkörperung einer vergehenden Zeit ist. Roy Petty
steht für staatliche Autorität, die in *Ozark* durchaus negativ konnotiert wird –
schließlich handelt es sich bei Petty selbst um einen problematischen Charakter.
Der Bankangestellte, bei dem Beau Bennett um einen Kredit für die Ranch bit-
tet (vgl. *The Ranch* I/8: 5:00), verkörpert das Finanzsystem. Bob Isaacson, der
die Sorgen seiner Klientin Olivia Rogers nicht ernstnimmt und herablassend mit
ihr umgeht (vgl. *The Romanoffs* I/3: 52:30), ist eine Verkörperung patriarchaler
Verhaltensweisen.

Da eine gemeinsame Merkmalsmenge, welche eine kohärente Schlussfolge-
rung zuließe, nicht feststellbar ist, möchte ich die hier aufgeführten Charaktere
als situative Opponenten bzw. Antagonisten charakterisieren.

Die Gruppe der männlichen, nicht negativen Figuren, die in einer amourösen
Beziehung zu den Protagonist/inn/en stehen, ist mit sechs Charakteren deutlich
kleiner als dieselbe Gruppe unter den weiblichen Charakteren. Eine Schematisierung ist problematisch. Barry, ein Angestellter Briannas in *Grace and Frankie*,
stellt ihre erste potenziell dauerhafte Beziehung dar und eröffnet ihr einen Ausweg aus dem negativ konnotierten Single-Dasein. Guy, ein ehemaliger Abenteurer
und Weltreisender, stellt in der ersten Staffel von *Grace and Frankie* den ersten
Versuch Graces dar, nach der Trennung von ihrem langjährigen Ehemann wieder eine neue Beziehung einzugehen. Er ist die Personifizierung des ‚Abenteuers‘
bzw. des neuen Lebens, das Grace nun einschlagen kann, steht aber ebenso für
ihren Wunsch nach Beständigkeit und einer stabilen Paarbeziehung.

Bezüglich der weiteren amourös-assoziierten Charaktere Ivan Novak, Daniel
Reese und Christopher Ming aus *The Romanoffs* und Nick aus *Atypical* lässt
sich erneut keine klare Gemeinsamkeit ableiten. Novak tritt als blasse Verführer-
Figur gegenüber der unglücklich verheirateten Shelly Romanoff auf. Eine sexuelle
Affäre jenseits eines Flirts lehnt sie ab. Daniel Reese ist eine ehemalige Affäre von
Julia Wells und Vater von deren Tochter. Christopher Ming, der eine homosexu-
elle Affäre mit Simon Burrows unterhält, dabei seine Verlobte betrügt und nicht

zu seiner Liebe zu Simon stehen möchte, könnte als Antagonist gewertet werden (*The Romanoffs* I/8: 26:20). Simon reagiert auf Christophers Ablehnung mit Verzweiflung, findet aber nach der Trennung letztlich zu seiner ‚wahren' transsexuellen Persönlichkeit. Nick ist wiederum kein eigenständiger Charakter, sondern ermöglicht lediglich Elsas Ehebruch.

Die größte geschlossene Gruppe setzt sich aus Freunden (acht Charaktere) und weiteren Adjuvanten (fünf Charaktere) zusammen. Tuck ist in *Ozark* für die Protagonist/inn/en wenig mehr als ein Handlanger ohne besondere Bedeutung. Die Adjuvanten Buddy Dyker und Herb geben den Charakteren Jonah Byrde und David Myers Ratschläge, welche diesen dabei helfen, ihren weiteren Lebensweg zu bewältigen und Entscheidungen zu treffen.[83] Die alleinstehenden, zynischen und rau-freundlichen alten Männer sind somit klassische Mentorenfiguren.

Abel Erikson, der bereits durch seinen Vornamen, der hier als Bezug zum biblischen „Abel" verstanden werden kann, eine sanfte Opferrolle gegenüber dem autoritären Ehemann Nicholas Hayward einnimmt, tritt ebenfalls als Mentor auf (für Victoria Hayward). Als einer von zwei Protagonisten in dieser Personengruppe hilft er ihr uneigennützig ihr Leben mit ihrem kranken Sohn zu bewältigen, und erteilt ihr Lebensratschläge. Dabei nimmt er sich trotz amouröser Spannungen zurück und ermutigt Victoria die Situation mit ihrem Ehemann zu klären (vgl. *The Romanoffs* I/6: 1:10:30). Abel ist ein äußerst individueller Charakter, der oberflächlichen Beziehungen gelangweilt gegenübersteht[84] und eine potenzielle Beziehung zu Victoria selbstlos aufgibt. Er entzieht sich gängigen Rollen- oder Handlungsmustern und stellt somit eine Ausnahme innerhalb dieses Korpus dar.

Francisco Cruz, ebenfalls ein Protagonist, fungiert insbesondere für seine Nichte Mylene, aber auch für Ezekiel Figuero als bedeutende Helferfigur, indem er ihnen einen Weg aus ihren problematischen Lebensumständen ermöglicht. Zudem steht er in einer Liebesbeziehung mit Lydia Cruz. Da erst sehr spät innerhalb der Serie bekannt wird, dass es sich bei ihm eigentlich um Mylenes Vater handelt, möchte ich ihn nicht zur Gruppe der Väter- und Ehemänner zählen. Er lässt sich nur partiell einer Typisierung als skrupelloser Politiker unterziehen. De facto ist er daran interessiert, die Bronx, ein vollkommen verwahrlostes Stadtviertel mit miserablen Lebensumständen, lebenswert zu gestalten und somit den

---

[83] Herb erzählt David davon, dass er die Berufsvorgabe hasste, die sein Vater ihm machte, rät ihm explizit diese abzulehnen (vgl. *Red Oaks* I/2: 06:10, I/10: 19:49) und bestätigt ihn somit in seiner Ablehnung der Forderungen seines Vaters.

[84] In der Eröffnungsszene der sechsten Episode wird er dabei gezeigt, wie er in einer Dating-App gelangweilt Frauen bewertet (vgl. *The Romanoffs* I/6: 01:50).

Menschen dort zu helfen (vgl. *The Get Down* I/1: 20:00). Auch wenn er letztlich wegen unlauterer Geschäfte inhaftiert wird (vgl. *The Get Down* I/10: 18:00),
beweist er sich allgemein als moralisch integrer Charakter. Seine Ziele erscheinen
aufrichtig und gegenüber Lydia Cruz, die er liebt, hat er sich – laut eigener Aussage – stets treu verhalten (vgl. *The Get Down* I/3: 44:00). Somit handelt es sich
um eine Figur mit individuellen Eigenschaften und Handlungsrelevanz.

Die acht Charaktere innerhalb der Freundesgruppe lassen sich, wie die anderen
Gruppen zuvor, wiederum schwer vereinheitlichen. Die Charaktere folgen relativ häufig stereotypen Charakterbildern, die ich im Folgenden mit überspitzten
Schlagwörtern wiedergeben will. Tyler Bowen und McQuaid sind, ähnlich wie
der Protagonist Luke, Nerds, die erfolglos versuchen, sexuelle Erfahrungen zu
machen. Ähnlich verhält es sich bei Zahid, der sich als Frauenheld und wissend
in sexuellen Dingen gibt, aber letztlich ein Aufschneider und ein Großmaul ist.
Nash Nasser ist ein alternder Gigolo, der eine Eitelkeit zur Schau trägt, die seiner Lebensrealität nicht gerecht wird. Wheeler ist ein Versager und Faulpelz, dem
es nicht gelingt, die Drogen hinter sich zu lassen und der – trotz hoher Intelligenz – nichts aus sich macht. Bruce Liddell ist ein Lebemann, der zu gierig
ist und daran scheitert. Shaolin Fantastic ist ein Kleinkrimineller, der zwar große
Ambitionen und Talente hat, den Zwängen seines Umfeldes aber nicht entkommen kann, und David Patton ist ein künstlerisch veranlagter Homosexueller, der
zu Unrecht des unmoralischen Verhaltens und der Pädophilie beschuldigt wird.
Diese Freunde, die den Charakteren meist zur Seite stehen, aber auch eigene
Probleme haben, mit denen sich Konflikte entwickeln, haben dabei individuelle,
handlungsabhängige Funktionen.

Außerfamiliäre, männliche Figuren lassen sich einer groben Einteilung in Per-
sonengruppen unterziehen. Dies ergibt sich notwendigerweise und ist allein nicht
aussagekräftig. Wie sich anhand der obenstehenden Ausführungen nachvollziehen lässt, ist es eher eine lose Auflistung individueller Charaktere. Eine klare
Kategorisierung kann deshalb nicht erfolgen. Auch wenn es sich nicht bei allen
männlichen Figuren um differenziert-charakterisierte Figuren handelt (Typen mit
Wiedererkennungswert sind häufig[85]), ergibt sich ihre Funktion in den meisten

---

[85] Charaktertypen werden dabei serienintern in der Regel individualisiert, indem ihnen
bestimmte Verhaltensweisen oder ein charakterlicher Hintergrund zugewiesen werden. Sie
fallen stets auf bestimmte, erwart- und einschätzbare Verhaltensweisen zurück und bleiben
diesbezüglich relativ konstant. Ob ein ‚Gigolo‘ wie Nash an einer Tankstelle arbeiten würde,
anstatt als Tennislehrer in einem Country-Club, ist weitgehend irrelevant, das Verhalten wäre
– angepasst an das Umfeld – leicht unterschiedlich, Intention und Funktion des Charakters
jedoch im Kern identisch.

Fällen aus der jeweiligen Handlung der Serie. Die Bedeutung dieses Umstandes erschließt sich aus dem Vergleich mit den weiblichen Charakteren außerhalb der Familie, deren Rollenmuster und Handlungsfunktionen sich in der Regel klar ableiten lassen. Zunächst spielt es für einen männlichen Charakter eine eher geringe Rolle, ob dieser verheiratet ist oder nicht. Auch wenn dieser in einer Beziehung steht, wird dies nicht unbedingt thematisiert und die Abwesenheit einer Beziehung wird nicht unbedingt negativ bewertet. Männliche Charaktere genießen folglich eine größere individuelle ‚Freiheit'. Dies ist auch bezüglich ihrer Aufgabe innerhalb der Handlung der Fall. Mit Ausnahme der Therapeutin Julia in *Atypical* treten keine positiven Mentorinnen auf – im Gegenteil: Frauen, die eine lehrende und weisungsbefugte Position einnehmen, sind in ihrer Gesamtheit Antagonistinnen. Es steht daher lediglich männlichen Figuren zu, Weisheit zu beanspruchen. Auch der Anteil der Love-Interests unter den männlichen Figuren ist geringer, was auf eine dominantere Sexualisierung bzw. Romantisierung der Frau schließen lässt.

Zudem werden die männlichen Charaktere im arbeitsfähigen Alter fast ausnahmslos berufstätig gezeigt, in Berufen wie Anlageberater (Bruce Liddell), Drogenhändler (Camino Del Rio, Cadillac), Tennislehrer (Nash Nasser), Politiker (Francisco Cruz), Bankangestellter (*The Ranch*), Autor (Daniel Reese) oder Aktienhändler (Christopher Ming). Frauen bekleiden, sollten sie überhaupt berufstätig sein, Berufe wie Sekretärin (Penny Pan), Ballerina (Michele Westbrook), Schauspielerin (Olivia Rogers), Angestellte eines Waisenhauses (Elena Evanovich), Musikerin (Kaya), Babysitterin (Rita Holt) oder Innenarchitektin (Tammy Cashman). Während Männer mehrheitlich in Feldern zu finden sind, die Entscheidungsfreudigkeit, Aggressivität und den Umgang mit Geld verlangen, werden weibliche Charaktere bis heute mit Hilfstätigkeiten, Fürsorge um Kinder oder ästhetisch-künstlerischen Aufgaben verknüpft. Diese Individualisierung und Profilierung männlicher Figuren bei gleichzeitiger Schematisierung weiblicher Charaktere ordnet diese den männlichen Figuren, wie auch im innerfamiliären Bereich und über Altersgrenzen hinweg, unter. Dies deckt sich mit der Feststellung, dass weibliche Charaktere wesentlich deutlicher an bestimmte Rollenzuschreibungen gebunden sind, während sich männliche Charaktere einer konkreten Rollenzuschreibung eher entziehen und durch ihren individuellen Handlungsbeitrag charakterisiert werden.

3.2.3 Darstellung und figurative Konzeption homo- und transsexueller Charaktere

Sol: „Did we really spend all those years and fight our way out of one box just to climb into another?"

Robert: „There are a lot of ways to be a couple. We just have to find the best way for us."

Sol: „You don't think we're doing this wrong?"

Robert: „No, I don't think so."

Sol: „So…you're fine never sleeping with anyone again, or Jeff?"

Robert: „Oh, God, yes!"

Sol: „But you're not just doing this for me?"

Robert: „I waited 20 years for you. I'd wait another 20 if I had to. There is no one else for me." (*Grace and Frankie* I/11: 23:00)

Die Beziehung von Robert Hanson und Sol Bergstein ist kennzeichnend für den seriellen Umgang mit homosexuellen Charakteren und Beziehungen zwischen diesen Charakteren. Robert und Sol outen sich als homosexuelles Paar und trennen sich von ihren Ehefrauen. Ihre folgende Beziehung wird im Sinne einer Angleichung an heteronormative Strukturen normalisiert. Nach der Trennung von ihren Ehefrauen leben sie miteinander und streben die baldige Scheidung und erneute Eheschließung an. Unabhängig von ihrem biologischen Geschlecht nehmen sie konventionelle eheliche Geschlechterrollen ein. Während Sol stets als emotional und gefühlvoll dargestellt wird, agiert Robert meist nüchtern und rational (vgl. *Grace and Frankie* I/1: 3:00, I/3: 3:00). Es kann somit eine Trennung in einen eher weiblichen und einen eher männlichen Part festgestellt werden. In ihrem Verhalten zueinander ähneln sie einem verheirateten Ehepaar, wenn sie sich etwa über alltägliche Nichtigkeiten streiten (vgl. *Grace and Frankie* I/6: 4:00). Tatsächlich wird die Beziehung zwischen beiden als besonders harmonisch dargestellt und so eindeutig positiv bewertet, da sie im Gegensatz zu den – besonders im Falle Roberts – angespannten vorherigen Ehen steht. Streiten sie sich auch wiederholt, so finden sie doch rasch mit dem Ende der Episode eine Lösung in einer versöhnlichen und vereinenden Aussprache (vgl. *Grace and Frankie* I/6: 24:00, I/11: 23:00). In der Quintessenz existiert bis auf das biologische Geschlecht der Ehepartner keine Differenz zwischen einer heterosexuellen Ehe und der homosexuellen Beziehung Roberts und Sols. Der obige Satz Roberts „There are a lot of

ways to be a couple. We just have to find the best way for us" mag also die intendierte Aussage der Serie umschreiben, wird aber durch Handlungsverlauf und
Serienhandlung insofern relativiert, da die klassische Form des ehelichen Zusammenlebens als optimal inszeniert wird, denn schließlich ist ihre Beziehung kaum
von einer heterosexuellen zu unterscheiden. Diese Relativierung geschieht außerdem dadurch, dass andere Homosexuelle – Freunde von Robert und Sol – eher als
wild und vergnügungssüchtig dargestellt werden. Sie können sich auf einer relativ konventionellen und gediegenen Party, welche die beiden veranstalten, nicht
amüsieren und verlangen nach ausschweifender Unterhaltung (vgl. *Grace and
Frankie* I/12: 11:00). Robert und Sol können dies nicht nachvollziehen. Sie streben gewissermaßen nach Hypernormalität, die den Alltag der meisten Ehepaare
an Gewöhnlichkeit noch übertrifft.

Während heterosexueller Sex in *Grace and Frankie* zumindest angedeutet wird,
geht die Beziehung zwischen Sol und Robert kaum über liebevolle Berührungen
hinaus. Die sexuelle Ausprägung der Homosexualität, also deren konkrete Sicht-
barkeit und Manifestation, wird ausgespart. Es lässt sich vermuten, dass dies aus
der Intention heraus geschieht, die Zuschauer nicht mit Unbekanntem bzw. zu sehr
‚Abweichendem‘ zu konfrontieren, welches die etablierte ‚Normalität‘ gefährden könnte. Dahingehend wird Sexualität zwischen homosexuellen Charakteren
in *Transparent* (vgl. I/2: 29:10, I/3: 9:30), *Ozark* (vgl. I/5: 40:00), *Everything
Sucks!* (vgl. I/8: 9:00) und *The Romanoffs* (vgl. I/8: 25:50) durchaus angedeutet.
Da sexuelle Handlungen generell selten gezeigt werden und homosexuelle Charaktere im Vergleich zu heterosexuellen Figuren selten sind, lässt sich hier keine
allgemeine Regel ableiten.

Innerhalb des Korpus werden einige andere homosexuelle Beziehungen
gezeigt, wobei ich die Annäherung von Kate Messner und Emaline Addario in
Everything Sucks! ausklammern möchte, da diese lediglich angedeutet wird. Diz-
zee Kipling, selbst ein kreativer und künstlerisch veranlagter Charakter, geht eine
Beziehung zum Sprayer Thor ein. Dies ist allerdings mehr ein Akt der sexuellen Selbsterkenntnis als eine ernsthafte Beziehung, denn Thor führt ihn in die
Homo- und Transsexuellen-Szene New Yorks ein (vgl. *The Get Down* I/6: 21:00).
Hinzu kommen die Beziehungen, die Roy Petty in *Ozark* führt: die zu seinem
Kollegen Trevor Evans, die zu Russ Langmore und eine in der Vergangenheit
liegende Beziehung (vgl. *Ozark* I/8). Mit Ausnahme der vergangenen Beziehung
werden die gegenwärtigen negativ inszeniert: Petty hat sich von Evans getrennt
und agiert im Umgang mit ihm ablehnend (vgl. *Ozark* I/3: 32:00) und Russ
nutzt er schlichtweg für seine Pläne aus. Bei der Beziehung zwischen Simon
Burrows und Christopher Ming in *The Romanoffs* handelt es sich lediglich um
eine kurzzeitige Affäre, die zumindest für Christopher Ming rein sexueller Natur

ist. *Ozark* ist dabei die einzige Serie, die homosexuellen Geschlechtsverkehr zeigt oder explizit andeutet (vgl. *Ozark* I/2: 49:00, 40:00). Dies entspricht grundsätzlich der drastischen Darstellungsweise der Serie.

Maura Pfefferman, prominentester transsexueller Charakter meines Korpus, lebte vor ihrem Outing langjährig in einer heterosexuellen Ehe. Auch wenn sich Maura bereits während der Ehe als Frau fühlte (vgl. *Transparent* I/2: 27:10, I/3: 10:46, I/4: 5:07, I/6: 4:57), kann hier nicht von einer homosexuellen Partnerschaft die Rede sein. Interessant in Bezug auf die Auswirkungen von Mauras Outing auf die Familie ist, dass diese durch das Weltmodell und die Charakterkonzeptionen relativiert werden. Natürlich bedeutet Mauras Outing eine Überraschung und eine Umstellung für den Rest der Familie, die eigentlichen Umstände werden allerdings nicht verändert. Die Kinder haben das elterliche Haus verlassen, die Ehe ist bereits geschieden und Shelly Pfefferman wird stets als deutlich dominanter und energischer als ihr emotionalerer Ex-Ehemann dargestellt (vgl. *Transparent* I/1: 19:00). Die ehelichen Rollenbilder – ein weiblicher und ein männlicher Part – werden somit weiterhin eingehalten. Selbst in der Beziehung zwischen Tochter Sarah und deren Jugendliebe Tammy Cashman nimmt Tammy – bereits durch das Auftreten mit Kurzhaarschnitt und ihre Berufstätigkeit im Gegensatz zu Sarah – eine maskuline Rolle ein. Beide streben nach der Scheidung von ihren Ehepartnern sofort eine Ehe an. So werden wiederum heteronormative Strukturen bekräftigt. Die Negativbewertung, die Sarahs Ehebruch mit Tammy dadurch erfährt, dass sie eine Ehe mit zwei kleinen Kindern bzw. zwei Ehen mit insgesamt drei Kindern gefährdet, ist nur eingeschränkt relevant. Einhergehend mit der positiven Charakterisierung des transsexuellen Outings Mauras erscheint auch Sarahs Handeln mehr als notwendiger Akt der Selbstverwirklichung denn als destruktive Tat.

Für die vier Charaktere, die während der Handlung ihre Homosexualität erkennen oder sich als homo- bzw. transsexuell outen, handelt es sich stets um einen bedeutsamen Moment der Selbsterkenntnis. Kate Messner outet sich zwar nicht öffentlich, entwickelt aber im Zuge von *Everything Sucks!* ein gewisses Selbstvertrauen bezüglich ihrer sexuellen Orientierung. Der Einbezug Dizzees in die Homo- und Transsexuellen-Szene wird – vor allem durch Einsatz von Musik und Licht – als hochgradig ästhetischer Glücksmoment inszeniert (vgl. *The Get Down* I/6: 21:00). Maura traut sich zwar zunächst nicht, sich vor ihren Kindern zu outen (vgl. *Transparent* I/1: 22:40), letztlich kann sie aber mit der Offenbarung eines jahrelangen Geheimnisses eine große Last ablegen und endlich ihre eigentliche Persönlichkeit ausleben, ebenso Sol und Robert in *Grace and Frankie*. Für Simon

Burrows stellt sein Outing als Transsexueller ebenfalls eine enorme Überwindung dar, allerdings zugleich einen Akt der Befreiung (vgl. *The Romanoffs* I/8: 10:08:45).

Bestandteil dieses Prozesses ist meist der Kampf gegen homophobe Tendenzen in der Gesellschaft bzw. das Arrangement mit denselben. So macht sich Emaline Addario über Kate Messners homosexuelle Neigungen lustig (vgl. *Everything Sucks!* I/2: 0:00). Ihr Schulspind wird mit dem Wort „Dyke", ein pejorativer Ausdruck für „Lesbe", beschmiert (vgl. *Everything Sucks!* I/2: 4:00) und sie muss ein Gespräch belauschen, in dem zwei andere Mädchen behaupten, sie habe AIDS (vgl. *Everything Sucks!* I/2: 6:00). Abgesehen davon, dass sie sich vor den Reaktionen ihrer Kinder fürchtet, sieht Maura sich danach immer noch mit problematischen Umständen konfrontiert. Davina Rejennae, ebenfalls eine Transsexuelle und eine Freundin Mauras, erzählt ihr, dass sie nach ihrem Outing von ihrer Familie verlassen wurde (vgl. *Transparent* I/2: 20:00). Als Maura die Damentoilette eines Kaufhauses benutzen will, wird sie von einer Frau als „pervert" bezeichnet (vgl. *Transparent* I/4: 18:30) und das Zusammentreffen mit einem ehemaligen Bekannten gestaltet sich schwierig (vgl. *Transparent* I/5: 20:00). Selbst unter Transvestiten und Cross-Dressern musste Maura in der Vergangenheit Vorurteile gegenüber Transsexuellen erleben (vgl. *Transparent* I/8: 13:00, 15:20). Simon Burrows leidet bereits während seiner Beziehung zu Christopher Ming darunter, dass Christopher ihr Verhältnis offensichtlich nur als zeitweilig und nicht ernsthaft betrachtet (vgl. *The Romanoffs* I/8: 26:48). Bevor er sich als transsexuell outet, erzählt ihm eine ebenfalls transsexuelle Bekannte, dass sie aufgrund ihrer Transsexualität misshandelt wurde (vgl. *The Romanoffs* I/8: 1:06:20). Sein erstes Auftreten als Candice wird von seiner Stiefmutter Ondine mit großer Irritation entgegengenommen. Sie verweigert ihm zudem die Ohrringe seiner Mutter, da diese immer nur an Frauen weitergegeben würden (vgl. *The Romanoffs* I/8: 1:08:45).

David Patton hat mit ähnlicher gesellschaftlicher Ablehnung zu kämpfen. Gegen David, einen homosexuellen Klavierlehrer, entwickelt sich von Seiten der Eltern, deren Kinder er unterrichtet, eine regelrechte Hysterie, da das FBI gegen ihn wegen der Anschuldigung ermittelt, er habe einem seiner Schüler Alkohol gekauft (vgl. *The Romanoffs* I/5). David erfüllt das Klischee des künstlerisch begabten, ästhetisch interessierten und geschwätzigen Schwulen (vgl. *The Romanoffs* I/5: 38:53) und gibt aus einem unerfindlichen Grund vor, von den Romanows abzustammen, was eigentlich auf die Protagonistin Katherine Ford zutrifft (vgl. *The Romanoffs* I/5: 37:10). Er geht aber freundlich mit seinen Schülern um und bietet keinen Anlass zu einem Verdacht. Seine Homosexualität an sich genügt also, um ihn zu verdächtigen.

Betrachtet man die Darstellung homo und transsexueller Charaktere, so lässt sich eine Tendenz hin zu einer heteronormativen Eingliederung dieser Lebensmodelle feststellen. Sei es, dass Homosexuelle nach einer besonders normgerechten Beziehung streben oder sich entsprechend verbreiteter Stereotype besonders feminin oder maskulin verhalten. Diese Stereotypisierung findet nicht in allen Fällen statt. Alle hier genannten Charaktere, mit Ausnahme von David Patton, sind Figuren mit weitgehend individueller Charakterzeichnung. Im Falle von homo- und transsexuellen Protagonist/inn/en steht deren sexuelle Selbstfindung und Integrierung in die Gesellschaft im Vordergrund der Handlung bzw. Charakterentwicklung sowie die gesellschaftlichen Ressentiments, denen sie im Zuge dieses Prozesses begegnen. Adjuvanten-Figuren, die dies bereits hinter sich haben, können von einem schweren Weg berichten. Der Kampf um die eigene Identität und gegen eine ablehnende oder unverständige Gesellschaft wird in der Regel positiv dargestellt. Dass dieser jedoch so prominent verhandelt wird bei gleichzeitiger Abwesenheit gesellschaftlich vollkommen integrierter Homo und Transsexueller, bewirkt eine klare Kennzeichnung homo und transsexueller Charaktere als von der gesellschaftlichen Norm abweichend. Mögen homosexuelle Figuren auch oft positive Figuren sein, so werden sie nach wie vor zentral über durch ihre gesellschaftliche Außenseiterrolle definiert. Die Serien des Korpus verorten diese Figuren folglich weiterhin am Rande der Gesellschaft und nicht in deren Mitte.

3.2.4   Resümee: Die Diktatur der Rollenbilder

Die Analyse der Rollenverteilung zwischen männlichen und weiblichen Charakteren in den untersuchten Video-on-Demand-Serien fördert wenig innovative Strukturen zu Tage. Dass weibliche Protagonistinnen innerhalb der untersuchten Weltmodelle zumeist die Rolle der Mutter oder Tochter einnehmen, ist ebenso wenig verwunderlich wie die äquivalente Positionierung männlicher Charaktere als Väter und Söhne. Vor allem dann, wenn die Kernfamilie als Zentrum der Handlung fokussiert wird, kann es innerhalb einer solchen kaum andere Rollen geben. Dennoch ist es auffällig, dass es in den analysierten Formaten keine nennenswerte Anzahl an Mitgliedern der erweiterten Familie wie Großmütter, Großväter, Onkel, Tanten, Cousins oder Cousinen gibt, die explizit in dieser Rolle in Erscheinung treten. Auch wenn Charaktere eine entsprechende Funktion einnehmen, wird diese zugunsten der kernfamiliären Funktion zurückgestellt. Obwohl z. B. Maura und Shelly Pfefferman sowie Grace Hanson Großmütter sind, treten sie vor allem als Mütter in Erscheinung. Bereits hier kann konstatiert werden, dass eine klare Beschränkung auf den engsten kernfamiliären Verband stattfindet.

Innerfamiliär wird eine lang bekannte Struktur fortgeführt: Männer sind fast ausnahmslos berufstätig und versorgen als Ehemänner und Väter die Familie allein, während Mütter und Ehefrauen klar dem häuslichen Bereich und der Erziehung der Kinder zugeordnet sind. Vor allem in Bezug auf Serien, die in der heutigen Zeit spielen, entspricht dies nicht der US-amerikanischen Lebensrealität. Liberale Tendenzen der jeweiligen Epochen bzw. Abweichungen von der Norm werden marginalisiert oder negativ konnotiert. Die Notwendigkeit, diese geschlechtsspezifischen Rollen einzunehmen, ergibt sich aus den dargestellten Weltmodellen nicht. Daraus ergibt sich der Eindruck eines langlebigen Kontinuums. Die Opferbereitschaft und das Einstehen des Mannes für die Familie sowie der Wunsch der Frau nach Mutterschaft sind als mythische Biologismen angelegt, ebenso der aktive Part des Mannes bezüglich der Anbahnung einer Beziehung. Damit einhergehend sind männliche Charaktere tendenziell emotional zurückgenommen und rational – Eigenschaften, welche die in den Texten als hart und schutzlos dargestellte berufliche Welt ihnen abverlangt. Dies geben sie nur dann auf, wenn die Familie konkret bedroht wird. Weibliche Charaktere dagegen sind deutlich emotionaler und zeigen mehr Empathie, wie es bei der Fürsorge um Heim und Familie als notwendig klassifiziert wird. Besonders abweichende Frauen, die nicht nach Familie, Kindern oder zumindest einer Beziehung streben, bestätigen diese Struktur, da sie als negative Opponenten oder glücklose, angreifbare Figuren dargestellt werden.

In der Jugendphase bzw. dem Leben als Sohn ist es männlichen Figuren erlaubt, emotional und impulsiv zu agieren und konsequent ihre Träume und Wünsche zu verfolgen. Agieren weibliche Charaktere auf diese Art wird dies, vor allem wenn sie keine baldige Paarbindung anstreben, als burschikoses bzw. maskulines Verhalten betrachtet. Hier wird Zurückhaltung erwartet. Mit dem Wechsel in die Ehe wandeln sich die gesellschaftlichen Erwartungen in den Weltmodellen, so dass Männer stets in einer privilegierten bzw. dominanten Position sind.

Außerfamiliäre Frauen, die der Familie in irgendeiner Weise assoziiert werden, lassen sich recht deutlich schematisieren und stehen, handelt es sich nicht um Opponentinnen, häufig im romantischen Interesse anderer zumeist männlicher Charaktere. Eine ähnliche Rollenverteilung lässt sich im Falle der männlichen, außerfamiliären Figuren nicht feststellen. Diese treten in diverseren, häufig professionellen bzw. beruflichen Rollen auf. Im Vergleich zu den weiblichen Charakteren ergibt sich hieraus eine klare Verortung weiblicher Charaktere im amourösen oder sexuellen Bereich. Eine vergleichbare Korrelation zwischen dem Beziehungsstatus weiblicher Charaktere und deren Charakterisierung als Opponentinnen lässt sich bei männlichen Charakteren definitiv nicht feststellen. Ebenso wird diesen eher ein Leben außerhalb einer Paarbeziehung zugestanden als weiblichen Figuren.

Sowohl auf emotionaler Ebene als auch aufgrund finanzieller Verfügungsgewalt – und damit zu einem nicht geringen Teil gesellschaftlichen Einfluss – sind weibliche Charaktere nach wie vor der Autorität männlicher Charaktere unterstellt. Dies wird nicht explizit in dieser Form geäußert, lässt sich aber klar aus den Strukturen und Zusammenhängen der analysierten Weltmodelle erschließen. Die Rollenverteilung ist dabei intradiegetisch durchaus problematisch. Die Mehrzahl der Probleme weiblicher Charaktere ergibt sich aus dem häuslichen Bereich, während Männer meist von der Arbeit belastet werden. Weibliche Figuren leiden unter einem Mangel an Selbstwertgefühl, der Einengung in einen zu kleinen und monotonen familiären Raum und vor allem unter der Abwesenheit charakterlicher und gesellschaftlicher Individualität. Männliche Figuren neigen dazu, den Druck, dem sie in der Arbeitswelt ausgesetzt sind, auf negative Weise auf die Familie zu übertragen. Die Grundlage für diese Problematik wird bereits in der Jugendphase gelegt, in der Söhnen eher ein Ausbruch aus familiären Strukturen zugestanden bzw. dieser emphatischer hervorgehoben wird als die Selbstfindungsphase weiblicher Charaktere, die zumeist mit einer raschen Paarbindung einhergeht. Weibliche Charaktere erhalten weniger die Möglichkeit zur Selbstfindung oder legen diese rasch ab, um eine Familie zu gründen. Der Druck, den männliche Charaktere erdulden müssen, wird von einer ‚feindlichen‘, außerfamiliären Außenwelt ausgeübt. Weibliche Problematiken ergeben sich einerseits aus dem Ennui des familiären Lebens, andererseits – und das dominant – aus dem Charakter selbst. Handelt ein Mann aufgrund beruflicher Belastungen destruktiv gegenüber der Familie, so handelt er aufgrund äußerer Zwänge, die originäre Schuld liegt nicht bei ihm. Entsprechende Handlungen weiblicher Charaktere ergeben sich stets aus deren eigener Verantwortung. Männliche Destruktivität, so lässt sich schließen, ist in den Zusammenhängen der analysierten Erzählungen verzeihlicher als weibliche Destruktivität. Die Verfehlungen eines Vaters und Ehemannes werden somit moralisch weniger hart verurteilt als die einer Ehefrau.

Auch bei der Darstellung homo und transsexueller Charaktere verliert das Machtgefälle zwischen männlichen und weiblichen Charakteren nicht seine Gültigkeit, rückt jedoch zugunsten anderer Thematiken in den Hintergrund. Der Prozess der Selbstfindung und der Kampf gegen gesellschaftliche Ressentiments stehen hier im Vordergrund. Vor allem wird durch die Inszenierung der Charaktere deren Existenz am Rande der Gesellschaft deutlich. Zwar werden sie generell als differenziert und positiv dargestellt, bewegen sich aber außerhalb der dominanten Norm und müssen um Akzeptanz und Anerkennung kämpfen

– ebenso mit dem Außenraum wie mit der eigenen Persönlichkeit und verinner-lichten Wertvorstellungen. Nicht selten streben die Charaktere dementsprechend nach Normalität bzw. Angleichung an konservative und heteronormative Strukturen und damit an zuvor genannte Schemata der männlichen Dominanz und der weiblichen Unterordnung.

Unabhängig von der sexuellen Orientierung der Charaktere halten die ana-lysierten Video-on-Demand-Serien an einer langjährig tradierten, konservativen Rollenverteilung fest. Die Alternativlosigkeit der Rollenbilder und insbesondere der Wunsch der Frauen aus häuslichen Strukturen auszubrechen und darüberhinausgehende Lebensinhalte zu finden ist dabei eine Problematik, die bereits Anfang der 1960er Jahre von der Feministin und Publizistin Betty Friedan in die Kritik genommen wurde: „We can no longer ignore the voice within women that says: ‚I want something more than my husband and my children and my home‘" (Friedan 1963: 20, vgl. Friedan 1963: 44). Friedan führt aus, dass in zahlreichen Narrativen der 1950er und 1960er Jahre, Mutterschaft für weibliche Figuren unab-dingbarer Teil des „femininen Mythos" („feminine mystique") ist (vgl. Friedan 1963: 30, 45). Hier zeigen sich deutliche Parallelen zu den analysierten Serien, die eben diese Strukturen fortführen. Somit kann die Familiendarstellung der Video-on-Demand-Serie im Kern als antifeministisch bezeichnet werden. Dieser Antifeminismus ist wohl kaum Produkt einer bewussten politischen bzw. media-len Agenda und reicht nicht mehr so weit, dass Bildung und Berufstätigkeit von Frauen generell abgewertet werden (vgl. Friedan 1963: 49). Vielmehr handelt es sich bei dem von Friedan beschriebenen „feminine mystique" um ein verhärtetes mediales Dogma, das unreflektiert reproduziert wird. Auch wenn diese Strukturen in der Darstellung der Serien kein Ideal, sondern vielmehr eine Belastung darstel-len, werden sie dennoch weiterhin als alternativlos repräsentiert. Der mystifizierte Gedanke der Frau als Mutter und Hausfrau lebt hier fort und die von Friedan geforderte unbedingte Loslösung der Frauen von ihrer entpersonalisierenden und standardisierenden Rolle (vgl. Friedan 1963: 249) wurde auch über 50 Jahre später nicht umgesetzt.

Dabei gibt es prominente Ausnahmen und Formate (u. a. *The Marvelous Mrs. Maisel*), die versuchen, abweichende Wege zu beschreiten – diese bestätigen jedoch angesichts der Mehrzahl normkonformer Charaktere lediglich die Regel. Die genannten Strukturen werden durch deutliche Bestrebungen relativiert, diese zu dekonstruieren, zu problematisieren und nicht mehr als Ideal darzustellen. Indes bleiben sie in der Tiefenstruktur der Serien verankert und behalten ihren Status als Mythos bzw. als weitgehend alternativlos.

3.3   Familiäre Beziehungsmodelle

Wie über das Verhalten der Charaktere per se werden familiäre Strukturen auch durch die Interaktion zwischen den Charakteren bestimmt. Da sich gewisse Aspekte der Interaktion bereits aus den vorangegangenen Charakteranalysen ergeben, sollen die Beziehungen der Rollen untereinander hier zusammengefasst und gebündelt werden.

Wiederholt werde ich im Folgenden von positiven und negativen Charakterverhältnissen sprechen. Dies sind zugegebenermaßen fluide und wenig präzise Begriffe, eignen sich aber zur Kategorisierung und Unterteilung der jeweiligen Beziehungen. Die Kategorisierung nehme ich dabei mit Blick auf den gesamten Handlungsverlauf des jeweils analysierten Formats vor. Dabei stehen das Verhalten der Figuren zueinander und die Auswirkungen des Charakterhandelns auf andere Charaktere im Vordergrund. Wenn Charaktere sich also vornehmlich im Streit befinden, die Beziehung über lange Zeit von einer Lüge oder von Missbrauch dominiert wird, eine Figur eine andere wiederholt in problematische Situationen bringt und keine tatsächliche Problemlösung erfolgt, ist von einer negativen Charakterbeziehung zu sprechen. Ist das Gegenteil der Fall, stehen die Figuren in einem harmonischen und daher positiven Verhältnis. Es handelt sich dabei stets um eine tendenzielle Unterteilung. Das heißt, dass nicht jeder Handlungsaspekt einer positiven Beziehung positiv sein muss, damit die Beziehung in ihrer Gesamtheit positiv ist. Kann keine klare Kategorisierung vorgenommen werden, wie dies häufig in komplexeren Beziehungen der Fall ist, werde ich von einer Ambivalenz sprechen.

3.3.1   Eheliche Charakterverhältnisse

Betrachtet man die Beziehung zwischen den Eheleuten in den analysierten Formaten, so fällt auf, dass die überwiegende Mehrzahl der Verhältnisse eine deutliche negative oder zumindest ambivalente Wertung erhält. Von 26 Verhältnissen erwecken 12 einen intradiegetisch negativen Anschein, 12 sind ambivalent in ihrer Darstellung und nur zwei deutlich positiv.[86]

Die zwei positiven Beziehungen bestehen zwischen Sol und Frankie Bergstein sowie zwischen Sol Bergstein und Robert Hanson. Die eheliche Beziehung zwischen Sol und Frankie endet zwar durch sein Outing, nach wie vor besteht

---

[86] Für die folgenden Angaben vgl. die Tabelle in Anhang 1.1 im elektronischen Zusatzmaterial.

aber eine enge emotionale Bindung. Selbst nach der Trennung spenden sie sich Trost und schlafen im selben Bett (vgl. *Grace and Frankie* I/1: 9:00). Er will, dass sie möglichst gute Bedingungen bei ihrer Scheidung aushandelt (vgl. *Grace and Frankie* I/2: 16:00). Das Verhältnis ist von großer Zuneigung und Offenheit gekennzeichnet. Die Beziehung zwischen Robert und Sol ist ebenso recht harmonisch. Es herrscht gegenseitiges Verständnis, Probleme werden ausgehandelt.

Die Negativdarstellung der anderen ehelichen Verhältnisse ergibt sich handlungslogisch entweder aus einer Scheidung, einem Ehebruch oder der Koinzidenz beider Faktoren. Im Fall der Familie Murphy (*F is for Family*) oder der Familie Hayward (*The Romanoffs* I/6) liegen entsprechende Ereignisse nicht vor. Hier besteht ein anderweitiger Konflikt zwischen den Eheleuten. Die Haywards haben unterschiedliche Standpunkte bezüglich der angemessenen medizinischen Behandlung ihres Sohnes, wobei Philipp einer Weiteführung der von Victoria vorangetriebenen fruchtlosen Behandlungsversuche widerspricht. Hier treffen kühle Rationalität und emotionales Agieren aufeinander und sind der Grund für einen massiven Konflikt, der offensichtlich für beide Seiten belastend ist. Frank Murphy wiederum nimmt seine Frau Sue in ihren Ambitionen und Wünschen nicht ernst und beschränkt sie auf ihre Rolle als Hausfrau und Mutter. Eine dennoch vorhandene gegenseitige sexuelle Anziehung und die Liebe zwischen den Eheleuten reicht daher nicht aus, um das allgemein negative Weltbild des Formats aufzuwiegen. In beiden Fällen tritt eine Scheidung nicht ein, da die Haywards wie die Murphys ihr/e Kind/er weiterhin versorgen müssen. In *F is for Family* lässt sich dies auch auf die genretypische Konsistenz des Weltmodells zurückführen.

Ehebrüche und Scheidungen haben in den analysierten Weltmodellen diverse Ursachen, welche aber im Kern Gemeinsamkeiten aufweisen. Die am wenigsten problematische Scheidung, d. h. die, die mit der geringsten Entfremdung der Ehepartner einhergeht, ist die zwischen Sol und Frankie Bergstein. Deren Ursache sind nicht mangelnde Zuneigung oder ähnliche Faktoren, sondern die bewusste Abkehr des Ehemannes von der Ehe. Robert und Grace Hansons Ehe war bereits vor der Scheidung wenig glückbringend: Beide Ehepartner führen eher eine eingefahrene Beziehung als eine, die tatsächlich auf Liebe oder Zuneigung basiert (vgl. *Grace and Frankie* I/1: 7:00). Dabei ist folgendes Gespräch kennzeichnend:

Robert: „Let's be honest. Were you ever really happy with me?" – Grace: „I was happy enough. So we didn't have the romance of the century. But I thought we were normal. I thought we were like everybody else. I thought this is live." – Robert: „And I thought there was more." (*Grace and Frankie* I/1: 7:00)

Die Routine, welche Grace als Normalität wahrnimmt, ist ein Grund für Roberts Trennung und seinen Ehebruch mit Sol. Damit ähnelt er anderen Ehemännern, welche die Ehe aufgrund der Einengung in Bezug auf bestimmte Pflichten hinter sich lassen. Auch Joel Maisel (*The Marvelous Mrs. Maisel*) begeht Ehebruch aufgrund eines Gefühls mangelnder Selbsterfüllung. Hier ist es aber die Ehefrau, welche die Scheidung nutzt, um die Beziehung zu beenden. Joels und Miriams Ehe und die daraus resultierende Familie sind zwar in sich nicht unglücklich, beide Ehepartner empfinden nach wie vor Zuneigung zueinander. Es handelt sich dennoch um ein Produkt gesellschaftlicher Zwänge. Somit stellt die Ehe eine Belastung dar, die außerdem zwischen den Charakteren und deren Selbstverwirklichung steht. Leroy O'Neil, der sich in *Everything Sucks!* trotz eines gemeinsamen Kindes von Sherry trennt, um seinen persönlichen, aber fruchtlosen Zielen nachzugehen, ähnelt in seinen Handlungen Joel Maisel. Auch Michael Romanoff begeht Ehebruch, um aus der Routine seines Lebens auszubrechen (vgl. *The Romanoffs* I/2), während George Burrows schlicht aus sexueller Anziehung zu Ondine handelt (vgl. *The Romanoffs* I/8).

Bei einer durch männliche Charaktere angestrebten Trennung steht in der Regel das Paradigma der Verantwortungslosigkeit und des Wunsches nach rücksichtsloser Selbstverwirklichung im Vordergrund. Ehebruch ist dabei nie eine probate Handlungsweise, egal ob er von der Ehefrau oder dem Ehemann begangen wird. Wenn er die Stabilität der familiären Struktur bedroht, wird er als verantwortungslos und selbstsüchtig dargestellt. Dennoch wird der Ehebruch durch weibliche Charaktere als nachvollziehbar inszeniert, auch wenn er dadurch intradiegetisch nicht entschuldbar wird. Wendy Byrde und Elsa Gardner leiden unter der familiären Einengung und der Ignoranz des Ehemannes. Elsas Ehemann wirft ihr wortwörtlich vor, sich allein über die Rolle als Mutter zu definieren. Eine Trennung vom Ehemann wie in *Grace and Frankie, The Marvelous Mrs. Maisel* oder *Everything Sucks!* ist durchaus legitim, solange diese auf einem Ehebruch des Ehemannes basiert. Wenn – wie in *Red Oaks* – keine Kinder mehr zu versorgen sind und dadurch die Familie als Schutzraum nicht mehr unmittelbar bedeutend ist, ist dies ebenso möglich. Einen Sonderfall stellt *The Get Down* dar: Hier erwehrt sich Lydia Cruz ihres gewalttätigen und despotischen Ehemannes, dessen Verhalten Ehebruch und Trennung legitimiert.

Am Beispiel von Sue Murphy, aber auch anhand von Elsa Gardner, Sherry O'Neil, Sue Murphy, Wendy Byrde, Judy Myers, Lydia Cruz, Miriam Maisel, Shelly Romanoff, Victoria Hayward, Natalie Burrows und Sarah Pfefferman zeigt sich ein zentrales Charakterisierungselement ehelicher Beziehungen: Zwar sind einige Serien-Ehemänner ebenso unglücklich mit ihrer Ehe, vor allem aber sind es die Ehefrauen, die unter den geschilderten Strukturen leiden. Es ist dabei nicht

– wie man vielleicht vermuten könnte – die Überpräsenz des Ehemannes und eine gezielte Ausübung patriarchaler Strukturen, welche problematisch ist, sondern deren Absenz. Eigennützige Selbstbezogenheit des Ehemannes, dessen emotionale Abwesenheit oder Kälte, oft eine Konsequenz des harten Arbeitslebens, haben negative Auswirkungen auf die eheliche Beziehung. Die wirtschaftliche Abhängigkeit und die bereits oft erwähnte Rollenbindung tragen ebenfalls dazu bei.

Die Einschätzung von Ehen als ambivalent ergibt sich zum einen aus einer mangelhaften Datenlage, die keine exakte Einordnung zulässt. Dies ist bei Mitch und Mallory Hanson in *Grace and Frankie* der Fall. Vor allem für Mallory ist das Leben als Mutter zwar nicht stressfrei, es wird aber doch positiv inszeniert. Mitch ist dabei eher absent. Ebenso erfährt man wenig mehr über die Beziehung von Moishe und Shirley Maisel in *The Marvelous Mrs. Maisel,* als dass es sich wohl um eine routinierte und langjährige Ehe handelt. Julia Wells wird in der vierten Folge von *The Romanoffs* von ihrem Ehemann zwar mit geringfügiger Herablassung behandelt, doch auch hier lassen sich keine exakten Aussagen über die Qualität ihrer Ehe fällen. Auch über Justin und Ella Hopkins aus derselben Folge lässt sich wenig mehr sagen, als dass der Ehemann häufig geschäftlich absent ist und die Ehefrau ihre häusliche, passive Rolle freiwillig annimmt.

Weitere ambivalente Beziehungen haben deutliche problematische Elemente, die allerdings durch andere Faktoren ‚aufgewogen' werden. Zudem liegt in der Regel keine konkrete Gefährdung der familiären Situation vor: Ken Messners Ehefrau ist verstorben bzw. hat Suizid begangen (*Everything Sucks!*). Die Ehe per se scheint glücklich gewesen zu sein, denn Messner trauert seiner Ehefrau nach. Dies hindert ihn jedoch nicht an dem Versuch erneut eine Partnerin zu finden und somit eine stabile Situation zu etablieren. Insofern liegt keine Negativcharakterisierung vor. Auch Doug und Fay Getty in *Red Oaks* lieben sich, obwohl Fay offensichtlich als Nutznießerin den Wohlstand ihres Ehemannes genießt. Abraham und Rose Weissman (*The Marvelous Mrs Maisel*) führen ebenfalls keine unproblematische Beziehung: Abraham ist gegenüber seiner Ehefrau ebenso ignorant wie gegenüber seiner Tochter, ist aber dennoch keine explizit negative Figur. Beide Ehepartner haben sich mit den Launen des jeweils anderen arrangiert. Beau und Maggie Bennett (*The Ranch*) empfinden zwar Zuneigung füreinander und Beau wünscht sich – trotz der Scheidung – erneut ein gemeinsames Leben. Maggie zieht es allerdings vor, ihren Freiraum außerhalb der Ehe zu genießen und kann die emotionale Vernachlässigung durch Beau nicht vergessen. Joe und Anka Garner (*The Romanoffs* I/7) wollen ein gemeinsames Kind adoptieren. Die Beziehung scheint dementsprechend stabil. Dennoch sind die Adoption und die daraus resultierenden Konflikte ein Prüfstein für ihre Beziehung. George und Ondine Burrows

(*The Romanoffs* I/8) führen zwar eine in sich glückliche Ehe, diese verliert aber insofern an positiver Grundwertung, da ihr Verhältnis aus dem gewaltsamen Ende von Georges vorheriger Ehe hervorging. Die Ehe von Maura und Shelly Pfefferman (*Transparent*) endete bereits vor Einsetzen der Handlung. Die Scheidung wurde wohl mit beiderseitigem Einverständnis vollzogen. Zudem befinden sich beide Charaktere nach wie vor in einem Dialog, haben sich also nicht vollkommen voneinander distanziert. Sarah Pfeffermans und Tammy Cashmans Ehe hat zwar die Spaltung ihrer vorherigen Ehen zufolge und ist in sich nicht nur harmonisch, sie stellt aber insbesondere für Sarah eine Befreiung und Selbstfindung dar.

Hier lassen sich also keine klaren Tendenzen ableiten außer einer Bestätigung der Merkmale der Hausfrauen- und Mutterrolle. Das Idealbild der Ehe mit absoluter Harmonie und unzerbrechlicher Zuneigung zwischen den Ehepartnern findet in den Serien des Korpus keine Anwendung mehr. Nur in den seltensten Fällen werden Ehen bzw. die Beziehungen zwischen den Eheleuten klar positiv bewertet. Meist handelt es sich um negative Verhältnisse, die durch einen massiven Konflikt bestimmt werden, der häufig zu Ehebruch, Scheidung oder beidem führt. Ein ebenso großer Prozentsatz an Ehen ist zwar nicht entsprechend problematisch, weist aber Konflikte auf. Während Ehebruch dabei stets negativ und destruktiv gewertet wird, ist Scheidung in einigen Fällen – z. B. aufgrund eines Ehebruchs – ein probates Mittel. Destruktive Handlungen in Bezug auf die Familie sind dann besonders problematisch, wenn die Kinder noch jünger und dementsprechend schutzloser sind. Die Ehe ist folglich ein Raum des Konfliktes, der zwar eindeutig durch Liebe und Zuneigung gekennzeichnet ist – denn den meisten Ehepartnern des Analysekorpus kann eine entsprechende Zuneigung zugesprochen werden –, aber auch deutliche Belastungen mit sich bringt. Ebenso ist sie weiteren äußeren Einflüssen wie dem Arbeitsleben oder dem gesellschaftlichen Erwartungsdruck ausgesetzt. Brechen sich entsprechende Belastungen Bahn, so geschieht dies meist in einem egoistischen Akt. Dieser kann so schwerwiegend sein, dass er zu einem Bruch der Ehe führt, der – tritt er während der Handlung ein – zentrales Thema ist. Die Beziehung zwischen Eheleuten, so die ableitbare Aussage, muss auf gegenseitiger Rücksichtnahme basieren, die zumindest einen Ausgleich zu negativen Aspekten der Ehe ermöglicht. Das Ende einer Ehe und somit einer Familie ist stets ein höchst problematisches Ereignis.

3.3.2 Eltern-Kind-Beziehungen

Für die Einschätzung des Verhältnisses von Eltern zu Kindern bietet es sich zunächst an, die hierarchische Gewichtung der Beziehung zwischen Vätern und Kindern sowie Müttern und Kindern zu betrachten. Im vorliegenden Analysekorpus nehmen im Eltern-Kind-Gefüge 13 Väter und 8 Mütter eine dominante Rolle ein. In sechs Fällen liegt keine Dominanz vor, in fünf Fällen fehlt ein Elternteil, in einem Fall beide.[87] Die Dominanz eines Charakters lässt sich aus dessen Handlungsrelevanz ableiten ebenso wie aus der intradiegetischen Charakterisierung als familiärer Entscheidungsträger.

In den fokussierten Familien treten allgemein mehr Söhne (30) als Töchter (18) auf, woraus sich wiederum die ungleiche Verteilung der Vater-Mutter-Sohn/Tochter-Beziehungen in der referenzierten Tabelle (vgl. Anhang 1.2 im elektronischen Zusatzmaterial) ergibt. Wie bereits dargelegt, ist die Mutterrolle dabei eine fürsorgliche, während der Vater Kinder und Familie schützt und versorgt. Eine funktionierende moralische Führungsrolle des Vaters, wie sie für Serien der 1950er und 1960er Jahre elementar war, ist dabei selten gegeben.

Weiterhin lassen sich die Gruppen der Kinder in erwachsene bzw. weitgehend selbstständige und noch elementar auf die Eltern angewiesene Charaktere unterscheiden. 21 der 49 Kinder sind dabei der ersteren Gruppe zuzurechnen. Obwohl sich alle Charaktere in entsprechend individuellen Lebenssituationen befinden, auf die bereits in 2.1.2 und 2.2.2 eingegangen wurde, lassen sich Gemeinsamkeiten ableiten. Mallory und Brianna Hanson (*Grace and Frankie*), Coyote und Bud Bergstein (*Grace and Frankie*), Joel Maisel (*The Marvelous Mrs. Maisel*), Miriam Maisel und Noah Weissman (*The Marvelous Mrs. Maisel*), Greg Moffat (*The Romanoffs* I/1), Ella Hopkins (*The Romanoffs* I/4), Simon/Candice und Jack Burrows (*The Romanoffs* I/8) sowie Sarah und Josh Pfefferman (*Transparent*) sind dem Elternhaus bereits entwachsen. Alle Charaktere sind berufstätig und daher nicht mehr auf finanzielle oder emotionale Unterstützung ihrer Eltern angewiesen. Sie haben also eine weitgehende Unabhängigkeit von den Eltern erlangt. Die Beziehung zu den Eltern ist in den meisten Fällen ambivalent. Ausnahmen sind die Bergstein-Söhne, deren Familie allgemein harmonisch dargestellt wird und deren Beziehungen zu ihren Eltern sehr positiv sind. Simon bzw. Candice Burrows hatte als Kind eine positive Beziehung zu seiner/ihrer Mutter, die Ablehnung durch den Vater hat Simon/Candice jedoch tiefgreifend traumatisiert und deutlich

---

[87] Für die folgenden Angaben vgl. die Tabelle in Anhang 1.2 (im elektronischen Zusatzmaterial). Anushka und Greg (*The Romanoffs* I/1) stellen wie Ezekiel und seine Tante Wanda (*The Get Down*) Sonderfälle dar. Ich möchte sie allerdings aufgrund einer äquivalenten Beziehung im Folgenden als Mutter und Sohn behandeln.

negative Auswirkungen auf ihn/sie.[88] Die weiteren oben genannten Charaktere stehen nicht mehr unter der Bevormundung der Eltern. Ein übermäßiger Einfluss der Eltern auf das Leben der Kinder wird als störend wahrgenommen. So sind Mallory und Brianna Hanson deutlich mit ihrem eigenen Leben beschäftigt und pflegen zurückhaltenden Kontakt mit Mutter und Vater. Joel Maisel und Miriam Maisel geraten nach der Trennung wieder in Abhängigkeit von den Eltern, die u. a. versuchen, die gescheiterte Ehe wiederherzustellen und darüber hinaus direkten Einfluss auf deren Leben zu nehmen. Auch wenn die elterliche Autorität im Szenario der 1950er Jahre größer ist als in Formaten der Jetztzeit, wird dieses Eingreifen von den Kindern als allgemein negativ wahrgenommen. Greg Moffat und Ella Hopkins setzen sich gegen die autoritären Mutterfiguren durch, welche versuchen, ihr Handeln zu beeinflussen, und agieren im Vergleich zu ihren Müttern deutlich rationaler und überlegter. Für Sarah und Josh Pfefferman stellt das Outing des Vaters eine Belastung der eigenen Lebensumstände dar. Vor allem Sarah, die von den drei Kindern der Pfeffermans am gefestigtsten im Leben steht, versucht ihren Vater zu unterstützen.

Skye Getty, David Myers (*Red Oaks*), Ezekiel Figuero, Mylene Cruz (*The Get Down*), Ruth Langmore (*Ozark*) sowie Julian Myers (*The Romanoffs* I/5) befinden sich auf dem Weg in das Erwachsenenalter. Sie agieren bereits weitgehend selbstständig, sind allerdings noch von den Vorstellungen und Anforderungen ihrer Eltern abhängig. Eine sukzessive Loslösung findet statt, welche häufig – wie im Falle Davids, Ezekiels und Mylenes – mit der Ablehnung der von den Eltern vorgegebenen Strukturen einhergeht. Dies ist nicht gleichbedeutend mit einer vollkommenen Abkehr von den Eltern bzw. einem Zerwürfnis, bedeutet aber stets Konflikte. Im Falle von Mylene und Ruth stellt sich der Vater gegen diese Loslösung und versucht die Autorität aufrechtzuerhalten. Es handelt sich in diesem Fall um einen deutlich negativen, ja brutalen Akt.

Kann eine Emanzipation nicht stattfinden, handelt es sich um eine problematische Situation. Dies ist der Fall bei Sam Dermody (*Ozark*), Cadillac (*The Get Down*), Ali Pfefferman (*Transparent*) sowie Jameson und Colt Bennett (*The Ranch*). All diesen Charakteren ist es nicht gelungen, sich von der elterlichen Autorität zu lösen (Sam, Cadillac) bzw. ein eigenes, funktionierendes Leben aufzubauen (Ali, Jameson, Colt). Ein entsprechendes Leben wird, insbesondere im Falle der Abhängigkeit von der Mutter, wie sie bei Sam und Cadillac der Fall ist, stets als defizient dargestellt. Die Charaktere befinden sich nicht nur in

---

[88] Die Ablehnung des Vaters scheint dabei darauf zu basieren, dass er als Kind zwischen ihm und seiner zukünftigen Ehefrau Ondine steht. Michael nimmt sich diese Ablehnung sehr zu Herzen: Nach einem Streitgespräch stiehlt er die Medikamente des kranken Vaters und versucht sich umzubringen (vgl. *The Romanoffs* I/8: 14:07).

einer einengenden Abhängigkeit, sondern können sich unter Einfluss der Eltern auch nicht vollständig entfalten bzw. selbst verwirklichen. Eine Loslösung ist elementarer Bestandteil des Erwachsenwerdens.

Die verbliebenen Eltern-Kind-Beziehungen lassen sich in zwei Gruppen kategorisieren: die Beziehung der Eltern zu adoleszenten Charakteren und die Beziehung der Eltern zu jüngeren Kindern, welche noch unter der absoluten Obhut der Eltern stehen. Die adoleszenten Charaktere des Korpus sind Sam und Casey Gardner (*Atypical*), Luke O'Neil und Kate Messner (*Everything Sucks!*), Kevin Murphy (*F is for Family*), Charlotte Byrde und Wyatt Langmore (*Ozark*) sowie Marcus, Ronald, Miles und Yolanda Kipling (*The Get Down*). Diese Charaktere stehen aufgrund ihres Alters bzw. ihrer Entwicklung und ihrer Lebenssituation unter dem deutlichen Einfluss ihrer Eltern. In jedem Fall leben sie zu Hause unter Aufsicht beider Elternteile oder eines Elternteils. Je älter die Charaktere sind, je näher sie also der Phase der Loslösung stehen, desto eher wird elterliche Autorität oder allgemein elterliches Handeln als störend oder negativ empfunden. Insbesondere bei pubertären Figuren wie Casey Gardner, Kevin Murphy und Charlotte Byrde ist das Verhältnis zu Mutter und Vater gleichermaßen angespannt, da sie zwar einerseits der elterlichen Autorität unterstehen, aber diese andererseits bereits als Einmischung in ihr Leben und ihre Entscheidungsfreiheit verstehen. Je intensiver die Eltern in das Leben ihrer Kinder involviert sind oder je mehr sie zur strengen Ausübung der Autorität neigen, desto problematischer ist diese Phase für beide Parteien. Elsa Gardner versucht sich gegen das Erwachsenwerden ihrer Kinder und damit gegen den Verlust ihrer Mutterrolle zu stellen, ähnlich Sherry O'Neil, die eine Entfremdung von ihrem Sohn befürchtet. Frank Murphy verachtet seinen pubertären Sohn Kevin, der sich wiederholt gegen seine drakonische Autorität auflehnt – eine Quelle ständiger Konflikte.

Bill und Maureen Murphy (*F is for Family*), Macklin und Madison Hanson (*Grace and Frankie*), Jonah Byrde und Three Langmore (*Ozark*), Henry und Benji Myers (*The Romanoffs* I/5), Oksana bzw. Katerina (*The Romanoffs* I/6) und Nicholas Hayward (*The Romanoffs* I/6) sind zwar unterschiedlich alt (von Kleinkind bis vorpubertär), haben aber alle nicht das Alter erreicht, in dem eine Loslösung von den Eltern angestrebt wird. Allein die älteren Kinder, z. B. Bill, Maureen, Jonah, Three, Henry und Nicholas, haben dabei eine tatsächlich ausgeprägte Persönlichkeit. Elterliche Autorität wird aber nie in Frage gestellt. Der Schutz der Kinder dieses Alters ebenso wie die absolute Bestimmung ihres Lebens stehen dabei im Mittelpunkt der Eltern-Kind-Beziehung, je jünger das Kind, desto deutlicher.

Die Darstellung einer Reduzierung der Intimität zwischen Eltern und Kind mit fortschreitendem Alter und einer zunehmenden Abflachung des Autoritätsverhältnisses folgt einer konventionellen Logik. Doch wovon ist es nun abhängig zu machen, ob die Eltern-Kind-Beziehung positiv oder negativ bewertet wird? Einige Faktoren wurden bereits genannt: Negative Verhältnisse können u. a. aufgrund des übermäßig autoritären Auftretens eines Elternteils entstehen. Dies ist bei Frank Murphy, Ramon Cruz und Cade Langmore der Fall. Ebenso begegnet Marty Byrde seiner Tochter mit ignoranter Autorität, nimmt ihre Nöte und Ängste nicht ernst und verfügt über deren Leben. Obgleich es seine Intention ist, die Tochter zu schützen, wird das Vertrauensverhältnis damit beschädigt und Charlotte entfremdet sich sichtlich von ihren Eltern. Auch wenn eine Loslösung von dieser Autorität im Erwachsenenalter nicht erfolgen kann und weiterhin von den Eltern ausgeübt wird, wie bei den Bennett-Söhnen und deren Vater, Fat Annie und Cadillac sowie Sam Dermody und dessen Mutter, ist die Beziehung negativ konnotiert. Besonders problematisch ist auch ein Mangel an Zuneigung zwischen Eltern und Kindern. Dies geht – wie in den vorangegangenen Beispielen – häufig mit einem Übermaß an Autorität einher. Hier nimmt der Wunsch, über die Kinder zu entscheiden, meist überhand. Teils werden Kinder zum Mittel eigene Ziele zu verwirklichen. So stehen für Ramon Cruz, Cade Langmore, Fat Annie und Beau Bennett eigene Bedürfnisse im Vordergrund und nicht das Wohl ihrer Kinder. Es handelt sich folglich um Missbrauchsverhältnisse, um die Unterdrückung einer Persönlichkeitsentwicklung. George Burrows lehnt seinen Sohn aus egoistischen Gründen ab, ohne dass Simon tatsächlich Schuld trägt. Dieser absolute Mangel an Zuneigung hat deutlich negative Auswirkungen auf die Entwicklung des jungen Mannes. Leroy O'Neil und Russ Langmore vernachlässigen ihre Söhne und lassen ihnen nicht genug Aufmerksamkeit zuteilwerden. Dies führt im Falle Luke O'Neils zu einer schmerzhaften Sehnsucht nach einer Vaterfigur, bei den Langmore-Söhnen, die im Gegensatz zu Luke keine Mutter haben, zu Verwahrlosung. Sowohl ein Mangel an Autorität als auch deren Übermaß und vor allem ein Mangel an elterlicher Zuneigung sind eindeutig negative Faktoren.

Demgegenüber stehen ausgeglichene Verhältnisse. Wenngleich der unselbstständige und ehemals drogenabhängige Coyote einen gewissen Störfaktor darstellt, so ist die Familie Bergstein in sich harmonisch. Die Eltern greifen hier nicht mehr in das Leben ihrer erwachsenen Söhne ein. Ken Messner und Sherry O'Neil geben ihren Kindern zwar Zuneigung und haben sich zuvor um eine angemessene Beziehung bemüht, bei Einsetzen der Loslösungsphase ihrer Kinder treten sie jedoch zurück und lassen den Kindern Freiraum zur individuellen Entwicklung. Als positiv werden eine elterliche Vorbildfunktion sowie der Versuch bewertet, Kinder verständnisvoll und mit – je nach Alter – angemessener Autorität in die ‚richtige' Richtung zu lenken, wie dies bei Wanda (Ezekiels Tante in *The Get Down*), Winston und Adele Kipling (*The Get Down*), Alex Myers und Katherine

Ford (*The Romanoffs* I/5) und deren Kindern der Fall ist. In allen vorangegangenen Beispielen sowie bei Maggie Bennett und ihren Söhnen Jameson und Colt (*The Ranch*), Natalie Burrows bezüglich Samuel und George und Ondine Burrows in Bezug auf deren Sohn Jack (*The Romanoffs* I/8) zeigt sich, dass es vor allem Liebe und Zuneigung sind, die ein positives Eltern-Kind-Verhältnis definieren.

Ob die Tendenz nun in Richtung einer positiven oder negativen Darstellung geht, ist nicht in allen Fällen ohne Weiteres festzustellen. Hierbei handelt es sich um ambivalente Eltern-Kind-Beziehungen, welche positive Merkmale wie Zuneigung und gegenseitige Fürsorge enthalten, aber auch negative Elemente aufweisen. So versucht Anushka ihren Neffen Greg (*The Romanoffs* I/1) eindeutig zu ihren Gunsten zu funktionalisieren, dieser begegnet ihr aber nach wie vor mit gelassener Zuneigung und kann sich allgemein durchsetzen. Abraham und Rose Weissmans Versuch, Einfluss auf Miriam Maisels Leben zu nehmen, nimmt bisweilen überhand. Sie kann sich aber behaupten, u. a. indem sie ihren Vater nicht gänzlich ernstnimmt. Victoria Hayward hat zwar per se ein sehr gutes Verhältnis zu ihrem Sohn, agiert jedoch übermäßig protektiv. Im Gegensatz dazu ist der Vater Nicholas Hayward tendenziell zu wenig bemüht, aber mit dem Hintergedanken, seinen Sohn nicht weiteren fruchtlosen Behandlungen auszusetzen. Wendy Byrde setzt sich zwar für ihre Kinder ein, gefährdet sie allerdings durch deren Einweihung in die Geldwäschegeschäfte.[89]

Das Eltern-Kind-Verhältnis bestätigt, wenn auch nicht überdeutlich, die innerfamiliäre Dominanz des Vaters vor der Mutter. Dabei treten Väter häufiger in negativen Rollen auf (9) als Mütter (2), aber auch nahezu ebenso häufig in positiven. Dies ergibt sich aus dem Status des Vaters als Autoritätsfigur und Verantwortungsträger, der oft eine übermäßige Anwendung dieser Autorität mit sich bringt, während die Mutter-Kind-Beziehung als Ort der Wärme und Fürsorge weitgehend unangetastet bzw. frei von scharfer Kritik bleibt. Allgemein existieren nahezu ebenso viel positive wie negative Verhältnisse von Eltern zu Kindern. Der größte Anteil ist jedoch ambivalent. Extreme Ausprägungen wie übermäßige Autorität oder Vernachlässigung der Kinder führen zu einer negativen Beziehung. Eine mangelnde Ausrichtung des Erziehungsstils am Alter des Kindes, also beispielsweise wiederholtes Einwirken auf das Leben bereits erwachsener Kinder, wird ebenso klar negativ bewertet. Grundstein einer jeden positiven Beziehung zwischen Eltern und Kindern ist die gegenseitige Zuneigung und der Respekt vor den Wünschen des jeweils anderen, was auch in der Mehrzahl der ambivalenten Fälle eine Verlagerung ins Negative verhindert. Diese Zuneigung

---

[89] Weitere Beispiele sind der Tabelle in Anhang 1.2 (im elektronischen Zusatzmaterial) zu entnehmen.

ist elementar für den allgemein positiv bewerteten familiären Zusammenhalt. Ein Mangel hat umfassende negative Auswirkungen. Somit bestätigen die analysierten Serien über das Verhältnis der Eltern zu ihren Kindern und umgekehrt die Bedeutung des familiären Zusammenhalts. Das Verhältnis allgemein ist leicht patriarchal dominiert, stellt aber vor allem die Anerkennung der Bedürfnisse und Rechte des Kindes sowie dessen wachsende Selbstständigkeit in den Mittelpunkt. Dies lässt sich, in Verbindung mit den unter 3.2 getätigten Beobachtungen, wiederum als Betonung der Bedeutung von Familie verstehen, denn eine Selbstständigkeit des Kindes führt nach der Logik der Serien im Korpus zu einer erneuten Familiengründung.

3.3.3 Geschwisterliche Beziehungen

Geschwisterliche Beziehungen haben in Video-on-Demand-Serien im Vergleich zur ehelichen Beziehung und der Beziehung zwischen Eltern und Kindern eine relativ geringe Bedeutung. Innerhalb meines Korpus zähle ich zwölf relevante Beziehungen zwischen Geschwistern. Dabei ist die Zahl der Brüder mit 21 Figuren deutlich größer als die der Schwestern (9 Charaktere). Allein in zwei Serien dominieren die Schwestern zahlenmäßig: in *Transparent* (die Pfefferman-Kinder) und in *Grace and Frankie* (die Hanson-Töchter). Männliche Figuren bestimmen also erneut das Geschehen.

Allgemein wird keine dieser geschwisterlichen Beziehungen explizit negativ dargestellt. Fünf möchte ich als positiv bezeichnen, sieben als ambivalent. In den ambivalenten wie den positiven Fällen herrscht eine gewisse geschwisterliche Konkurrenz, d. h., die Figuren hänseln sich gegenseitig oder pflegen kleinere, aber nie besonders aggressive Streitereien, wie man sie zwischen Geschwistern allgemein als gegeben annimmt.

Insbesondere in den positiveren Beziehungen verteidigen und unterstützen sich Geschwister gegenseitig, besonders in Fragen bezüglich des Umgangs mit den Eltern oder der eigenen Entwicklung. So hilft Casey Gardner ihrem autistischen Bruder nicht nur beim Online-Dating (vgl. *Atypical* I/1: 5:00), sondern macht sich auch ernsthafte Sorgen, ihn – nach einem Schulwechsel – allein zu lassen (vgl. *Atypical* I/8: 26:00). Bisweilen ärgert sie sich jedoch über sein Verhalten, beleidigt ihn (vgl. *Atypical* I/2: 12:00) und hänselt ihn (vgl. *Atypical* I/4: 4:00). In *F is for Family* verteidigt Kevin Murphy zwar seinen kleinen Bruder Bill vor einem Schulschläger, schlägt ihn aber gleich darauf selbst (vgl. *F is for Family* I/1: 13:00). In der gleichen Episode nimmt er zudem die Schuld für einen kaputten Fernseher auf sich, den eigentlich Bill kaputt gemacht hat (vgl. *F is for*

Family I/1: 20:00). Kevin zeigt seinem Bruder auch, wie man – um einen Schulverweis zu bestätigen – die Unterschrift des Vaters fälscht (vgl. *F is for Family* I/5: 4:00). Ebenso lehnt sich Maureen wiederholt gegen ihren größeren Bruder Bill auf (vgl. *F is for Family* I/2: 11:00), ist aber auch essenziell auf seine Hilfe angewiesen (vgl. *F is for Family* I/2: 21:00). Als Bill in einen Fluss fällt, rettet Maureen ihm sogar das Leben (vgl. *F is for Family* III/10: 23:00). Coyote und Nwabudike Bergstein geraten zwar gelegentlich in Streit (vgl. *Grace and Frankie* I/2: 20:00, I/8: 16:00), aber zugleich unterstützt Nwabudike seinen ehemals drogenabhängigen Bruder und lässt ihn bei sich wohnen (vgl. *Grace and Frankie* I/2). Die Kipling-Brüder in *The Get Down* unterstützen sich über die gesamte Serie hinweg und halten untereinander und mit ihrem Freund Ezekiel eng zusammen.

Die genannten Beziehungen werden deutlich positiv bewertet. Sind hier auch Konflikte vorhanden, überwiegt doch die gegenseitige Unterstützung, das Einstehen füreinander. In den ambivalenten Beziehungen besteht ein Gleichgewicht von intensiven Streitereien und einem dennoch vorhandenen Zusammenhalt.[90] Dies ist der Fall bei Charlotte und Jonah Byrde, die bereits zu Beginn der Serie im Streit präsentiert werden (vgl. *Ozark* I/1: 7:00). Im Verlauf spielt die Konkurrenz zwischen beiden aber keine unmittelbare Rolle mehr. Zum Abschluss der ersten Staffel argumentieren sie dafür, zu ihrem Vater zurückzukehren, und nehmen somit einen gemeinsamen Standpunkt ein (vgl. *Ozark* I/10: 1:10:00). Wyatt Langmore hat ebenso kein allzu enges Verhältnis zu seinem Bruder Three und fühlt sich bisweilen gestört von ihm und seinem infantilen Verhalten (vgl. *Ozark* I/5: 44:00). In echte Konkurrenz treten sie jedoch nie. Colts und Jamesons Beziehung wird von Witzen auf Kosten des jeweils anderen und wenig tiefgehenden Streitereien bestimmt (vgl. *The Ranch* I/1: 7:00, I/2: 13:00, I/5: 22:00). Dennoch bleiben sie in einer brüderlichen Dynamik und Vertrautheit verbunden (vgl. *The Ranch* I/2: 14:00, I/5: 25:00). Zwischen den Pfefferman-Kindern in *Transparent* treten ernsthafte Konflikte zutage. Persönliche Eigenheiten und Lebensentscheidungen der Geschwister werden gegenseitig angezweifelt (*Transparent* I/6: 4:20, I/10: 13:00). Auch in Hinblick auf finanzielle und materielle Fragen, z. B. wer das Haus des Vaters nach dessen Auszug bekommt (*Transparent* I/1: 12:00, I/5: 11:00), kommt es wiederholt zu Streitigkeiten. Dennoch gefährden diese nie unmittelbar den familiären Zusammenhalt. Durch die Unterstützung des Vaters bemühen sie sich – wenn auch indirekt – vielmehr um dessen Erhalt.[91]

---

[90] In einigen Fällen haben geschwisterliche Beziehungen keine besondere Relevanz bzw. werden nicht vertieft ausgeführt, weswegen ich sie als ambivalent kategorisieren möchte.

[91] Letztlich sitzt die gesamte Familie versammelt um den Esstisch (vgl. *Transparent* I/10: 27:00).

Wie unter 2.7 dargelegt, blieben geschwisterliche Verhältnisse in Serien zwar über die Jahrzehnte hinweg im Kern positiv, wurden aber zunehmend konfliktreicher. Die Serien des Korpus folgen diesem Trend. Zusammenhalt und gegenseitige Unterstützung sind nach wie vor ein wichtiger Bestandteil der Verhältnisse und in ihrer Essenz sind die Beziehungen zumindest nie negativ. Diesen positiven Entwicklungen werden stets Konflikte unterschiedlichen Ausmaßes entgegengesetzt. Sie erreichen selten eine ernsthafte Dimension und bewegen sich auf dem Niveau eines geschwisterlichen ‚Hickhacks'. In keinem der analysierten Fälle hat das Verhältnis zwischen Geschwistern eine besondere Tiefe. Sie bilden eine gemeinsame Familie, dabei ist die Bindung und Beziehung zu den Eltern von höherer Handlungsrelevanz als die Konflikte untereinander.

3.3.4   Außerfamiliäre Verbindungen

Nach der ausführlichen Darlegung außerfamiliärer Beziehungen (vgl. 3.2.1.3, 3.2.2.3) ist eine detaillierte Ausführung an dieser Stelle müßig. Stattdessen werde ich einen globaleren Blick auf die Verbindungen von Familien in die Außenwelt werfen.

Anhand der bereits vorgenommenen Kategorisierung stellt sich heraus, dass zwar eine bedeutende Zahl an eindeutigen Opponenten und Adjuvanten vorliegt, die Anzahl der nicht klar zuzuordnenden Figuren allerdings wiederum hervorsticht. Das Verhältnis zur Außenwelt ist folglich facettenreich und bestätigt die bisher bereits wiederholt implizierte These einer relativ komplexen Darstellung der Figurenverhältnisse in Video-on-Demand-Serien. Bei der allgemeinen Betrachtung der außerfamiliären Verhältnisse springt ins Auge, dass es sich meist um Kontakte zu für sich stehenden Einzelpersonen handelt, die mit eigener Motivation handeln. Staatliche Stellen und Einrichtungen treten nur selten in Gestalt expliziter Personen auf. Bereits genannte Beispiele sind die FBI-Ermittler Roy Petty und Trevor Evans (*Ozark*), welche – obgleich sie ihre objektiv notwendige Tätigkeit zur Verhinderung von Verbrechen ausüben – eindeutig Antagonisten der Familie Byrde sind. Bei einem Blick auf die weiteren Serien handelt es sich um Figuren mit geringer Tiefe, die über ihre Funktion, nicht über ihre charakterlichen Eigenheiten definiert werden.

In *F is for Family* treten Polizei bei einer Geiselnahme (vgl. *F is for Family* II/10: 19:00) und Feuerwehr bei einer Rettungsaktion in Erscheinung (vgl. *F is for Family* III/10: 21:00). In beiden Fällen erweisen sie sich als unfähig, die Situation zu lösen. Frank Murphys Arbeitgeber, ebenso im weitesten Sinne eine außerfamiliäre Autorität, sind durchgehend unfähig und tyrannisch und tragen zu Franks stetiger Belastung bei, welche seine Familie letztlich ebenso erdulden muss.

Doug Getty wird in *Red Oaks* vom FBI wegen Insiderhandels verhaftet (vgl. *Red Oaks* I/10: 16:30), was die Familie Getty in eine negative Lage bringt.

In *The Get Down* stehen Politik und staatliche Organe, schon durch die problematische soziale Herkunft der Mehrzahl der Charaktere, in deren Opposition. Dabei tritt u. a. Ed Koch, 1978 bis 1989 Bürgermeister von New York, als entschiedener Gegner von Kriminalität und Vandalismus und somit auch als Gegner der Charaktere auf, die u. a. selbst Graffitis anbringen.

Miriam Maisel wird bei ihrem ersten Auftritt von der Polizei abgeführt und kurzzeitig inhaftiert, nachdem sie öffentlich ihre Brüste gezeigt hat (vgl. *The Marvelous Mrs. Maisel* I/1: 46:40). Später muss sie sich einem äußerst konservativen Richter mit sexistischen Tendenzen stellen (vgl. *The Marvelous Mrs. Maisel* I/3: 18:40).

Der einzige Polizist, der in *The Ranch* auftritt, ist „Beer Pong Billy", ein dümmlicher und offensichtlich wenig kompetenter ehemaliger Saufkumpan der Bennett-Brüder (vgl. *The Ranch* I/3: 23:00).

In der fünften Episode von *The Romanoffs* ermittelt die Polizei gegen den Klavierlehrer David Patton und bringt somit das Leben der Familie in Unordnung (vgl. *The Romanoffs* I/5: 10:05). In der siebten Episode müssen sich Joe und Anka Garner einer autoritären Richterin stellen, als sie ein Kind adoptieren wollen (vgl. *The Romanoffs* I/7: 1:20:19). In den weiteren Serien des Korpus tritt der Staat nie in relevanter Weise in Erscheinung.

Aus den obigen Darstellungen ergibt sich ein deutliches Muster. Treten staatliche Stellen in Video-on-Demand-Serien auf, so entweder als deren Opponenten oder als unfähig zur Problemlösung. Wenn die Charaktere gegen geltendes Recht verstoßen, wie in *Ozark* oder *The Get Down*, stellt staatliches Eingreifen stets einen eindeutigen Störfaktor dar. Der Staat ist aber selten ein Opponent mit hoher Handlungsrelevanz. In allen anderen Fällen besteht kein relevanter Kontakt zu staatlichen Stellen, d. h., jegliche Probleme können innerfamiliär bzw. in Kontakt zu den der Familie assoziierten Charakteren gelöst werden.

Hinsichtlich ihrer außerfamiliären Verbindungen erfährt die Familie eine Darstellung als geschlossene Zelle, zu der Charaktere nur dann legitimen Zugang haben, wenn sie in Hinblick auf die Familienmitglieder eine Position einnehmen, welche diesen dienlich ist. Relevante Problemlösungen können niemals außerhalb der Familie oder durch Eingreifen/Einmischen äußerer Stellen erfolgen, sondern müssen in letzter Instanz immer zwischen den Charakteren ausgetragen werden.

3.3.5   Resümee: Komplexe Charaktere in simplen Strukturen

Zusammengenommen bieten die Relationen innerhalb der Familie sowie deren Positionierung nach Außen ein eindeutiges Bild. Zunächst lässt sich eine Dominanz der männlichen Familienmitglieder vor den weiblichen konstatieren, sei es auf Ebene der Eltern oder auf Ebene der Kinder. In der Ehe und bezüglich des Verhältnisses zu den Kindern üben Männer einen größeren Einfluss aus und in der Kindergeneration sind sie häufiger vertreten. Selbst bezüglich der außerfamiliären Charaktere nehmen männliche Charaktere nicht nur eine privilegierte Rolle ein, auch der Staat bzw. gesellschaftliche Institutionen werden – bis auf wenige Ausnahmen – fast ausschließlich durch männliche Figuren repräsentiert.

Die Gewichtung der familiären Verhältnisse ist zudem eindeutig. An oberster Stelle stehen eheliche Bande. Von deren Bestehen hängt die Stabilität der gesamten Familie ab. Es folgen die Eltern-Kind-Relation, wobei die Vater-Kind-Beziehung negativer gewertet wird als die Mutter-Kind-Beziehung und schließlich die Beziehungen der Geschwister untereinander. Von geringster Bedeutung sind außerfamiliäre Beziehungen. Familien sind also als Pyramiden konstruiert, die eine klare Hierarchie festigen und somit Stabilität gewährleisten. Auch bezüglich der familiären Strukturierung bestätigen sich die unter 3.2 getätigten Aussagen über geschlechtliche Hierarchien.

Trotz der eindeutigen Ausrichtung des Gesamtgefüges auf Stabilität und den Erhalt der Familie sind die Verhältnisse dabei nicht unproblematisch. Wie bereits im Falle von *Ozark* festgestellt, treten zahlreiche innerfamiliäre wie außerfamiliäre Konflikte auf, welche das Leben der Charaktere bestimmen. Dass familiäre Konflikte in einer Serie auftreten, deren Hauptcharaktere Mitglieder einer Familie sind, ergibt sich logischerweise aus der Erzählung – ohne innerfamiliäre Konflikte könnte kaum Handlung zustande kommen. Ausschlaggebend ist, dass es sich in den analysierten Handlungen meist nicht nur um oberflächliche Anwandlungen oder momentane Zwistigkeiten handelt, sondern um Konflikte, die den Kern des familiären Zusammenlebens berühren und dessen Sinnhaftigkeit in Frage stellen. Dabei ist es allein von der Ernsthaftigkeit der Serie abhängig, wie tief diese Konflikte gehen und wie problematisch deren Lösung ist. In komisch-unterhaltenden Formaten wie *Grace and Frankie, The Ranch* oder *Red Oaks* entfremden sich die Charaktere nie so ernsthaft voneinander wie in Serien wie *Ozark, The Get Down* oder auch dem zynischen *F is for Family*. Ambivalente Beziehungen dominieren auch in komischen Formaten. In Anbetracht der Dominanz ambivalenter Darstellungen treten klar negative und vor allem eindeutig positive Konstellationen in den Hintergrund. Diese Ambivalenz überdeckt oberflächlich die konservative Strukturierung der familiären Beziehungen.

3.4 Familiäre Modelle und deren Wertung

Aus der Interkation der familiären Rollenmuster und Geschlechterkonstruktionen ergeben sich familiäre Modelle, die ich zusammenfassend betrachten möchte.

3.4.1 Traditionelle Kernfamilien

Die Kernfamilie aus Vater, Mutter und Kind/ern nimmt unter allen Familienmodellen des Analysekorpus den prominentesten Status ein. Dabei zähle ich all diejenigen Familien zu diesem Typus, die zu Beginn der ersten Staffel noch bestehen, auch wenn deren Scheidung Thematik der ersten Staffel sein sollte.[92]

Die absolute Mehrzahl der Kernfamilien besteht zusätzlich zu den Eltern aus einem, häufiger zwei oder (selten) mehreren Kindern. Dabei schließe ich diejenigen Ehen mit ein, die innerhalb der Handlung ein Kind adoptieren oder bei denen die Geburt eines Kindes aussteht. Die Ehe zwischen Michael und Shelly Romanoff (*The Romanoffs* I/2) stellt die einzige Ausnahme dar. Hierbei handelt es sich um eine überaus problematische Beziehung: Michael betrügt Shelly nicht nur, er versucht sogar, sie umzubringen. Eine kinderlose Ehe, welche nicht nach Kindern strebt, stellt folglich eine absolute Ausnahme dar. Kernfamilien mit unehelichen Kindern, also unverheirateten Eltern, existieren im Analysekorpus gar nicht. Zwar treten einige uneheliche Kinder auf, auf die ich später genauer eingehen werde (vgl. 3.4.4), in diesen Fällen sind die Eltern allerdings nie ein Paar.

Das Modell der Kernfamilie unterscheidet sich in seiner Grundstruktur und seinem hierarchischen Aufbau nur geringfügig von dessen Vorbild in den 1950er und 1960er Jahren. In vielerlei Hinsicht hat eine Liberalisierung der Strukturen stattgefunden: Es herrscht weitgehende Gleichberechtigung zwischen den Geschlechtern und Autoritätsgefälle haben sich abgeflacht. Doch diese Liberalisierung ist nur eine oberflächliche bzw. scheinbare. Die männliche Dominanz wird nicht mehr klar auf der Oberflächenebene betont, wie es mit Titeln wie *Father Knows Best* offensiv getan wurde. Dies bedeutet jedoch nicht, dass Hierarchien nicht im grundsätzlichen Gefüge der Weltmodelle weiterhin beibehalten werden. Sie sind in diesem sogar tief verankert.

Die Kernfamilie der analysierten Serien steht insofern im Kontrast zu den Idealfamilien vergangener Jahrzehnte, dass Konflikte klar zutage treten. Problematische Familiensituationen und der Konflikt der Charaktere mit den ihnen

---

[92] Für die folgenden Angaben vgl. die Tabelle in Anhang 1.4 im elektronischen Zusatzmaterial.

auferlegten Rollenbildern führen wiederholt zu massiven Konflikten. Selbst diejenigen Familien, die relativ funktional und harmonisch sind, tragen Konflikte
offen aus. Auffällig ist, dass diese Situationen, mögen sie auch höchstproble-
matisch sein und eine Belastung für die Familienmitglieder darstellen, selten in
einer Scheidung der Familie enden. Nur bei drei der 21 Kernfamilien, die ich
hier als relevant aufgenommen habe, tritt eine Scheidung ein: eine als Reaktion
auf einen Ehebruch (*Grace and Frankie*), zwei weitere Scheidungen bahnen sich
an (*Red Oaks, The Marvelous Mrs. Maisel*). Zwei der Ehen, in denen ein Ehebruch stattfindet, werden aufrechterhalten, wobei angemerkt werden muss, dass
beispielsweise in *Atypical* der Ehemann erst zum Ende der ersten Staffel vom
Ehebruch seiner Frau erfährt und somit kein entsprechender Konflikt stattfinden
kann. Die Ehe, Basis der Kernfamilie, wird daher nur in absoluten Extremsituationen aufgelöst. Alternativ ergibt sich die Notwendigkeit einer Trennung/Scheidung
aus der Handlung, wie bei der Trennung Graces und Frankies von ihren Ehemännern, was die Basis für die Serie bildet. Bestes Beispiel für den dogmatischen
Umgang mit der Familie bleibt dabei *Ozark,* wo eine Scheidung trotz überhand-
nehmender Konflikte und dem Ehebruch der Ehefrau nie ernsthaft zur Debatte
steht. Die Kernfamilie muss schon allein deshalb erhalten bleiben, weil sie der
einzige Ort ist, an dem Probleme des/der Einzelnen adäquat gelöst werden können. Zwar bieten sich außerfamiliäre Adjuvanten gelegentlich als Unterstützer an,
eine Problemlösung ist jedoch erst dann ‚wertvoll‘, wenn sie abschließend von
der Familie bestätigt wurde. Die Hierarchie der Familie und die klar definierten
Rollenmuster, denen die Charaktere untergeordnet sind, bedeuten zudem, dass
Charaktere ohne Familie ihre essenzielle gesellschaftliche Funktion verlieren.

3.4.2 Alleinerziehende und geschiedene Eltern sowie Adoptivfamilien

Familien mit alleinerziehenden Eltern erfahren eine Charakterisierung als mangelhaft, unabhängig davon, ob nun eine Mutter oder ein Vater die alleinige Erziehung
übernimmt.[93] Die Mehrzahl dieser Familien ist in sich problematisch: Eugenia
Dermody (*Ozark*) und Fat Annie (*The Get Down*) unterdrücken ihre Söhne und
machen diese von sich abhängig. Russ Langmores Söhne verwahrlosen, Cade
Langmore instrumentalisiert seine Tochter (*Ozark*). Ezekiel Figuero leidet – trotz
der guten Beziehung zu seiner Tante und Adoptivmutter – unter der Absenz bzw.

---

[93] Für die folgenden Angaben vgl. die Tabelle in Anhang 1.5 im elektronischen Zusatzmaterial.

dem Verlust seiner Eltern (*The Get Down*). Bei „The Get Down Brothers" sucht er nach einer Ersatzfamilie, wobei die Kipling-Brüder als seine Brüder und Shaolin Fantastic als sein Mentor fungieren. Nach dem Tod seiner Mutter ist Simon Burrows seinem lieblosen Vater ausgeliefert (*The Romanoffs* I/8). Für die Söhne von Beau und Maggie Bennett ist – da beide erwachsen sind – die Scheidung der Eltern nicht mehr unmittelbar problematisch (*The Ranch*). Für die erwachsenen Pfefferman-Kinder ist die Situation ebenfalls nicht mehr unmittelbar problematisch und die Kernfamilie strebt trotz Scheidung der Eltern und nach dem Outing Mauras wieder zusammen (*Transparent*). Selbst die sehr positiven Beziehungen zwischen Sherry O'Neil und ihrem Sohn sowie zwischen Ken Messner und seiner Tochter sind insofern defizient, da Kinder und Elternteile den Verlust des jeweiligen Ehepartners bzw. Elternteils als eindeutig problematisch wahrnehmen (*Everything Sucks!*). Über den Großteil des Serienverlaufes streben sowohl Ken Messner als auch Sherry O'Neil nach einer Partnerschaft. Man kann also darauf schließen, dass sie mit ihrer aktuellen Lebenssituation nicht zufrieden sind.

Nicht alle alleinerziehenden Partnerschaften oder geschiedenen Familien werden grundlegend negativ dargestellt. Dennoch nehmen Figuren ohne Vater, Mutter oder Ehepartner ihre Situation in der Regel als defizient und problematisch wahr und streben dementsprechend danach, sie zu ‚vervollständigen'. Hieraus lässt sich die Stellung der Kernfamilie als Norm ableiten. Von ihr abweichende Strukturen dienen durch deren Charakterisierung zur Stabilisierung des traditionellen Modells.

3.4.3 Homosexuelle Partnerschaften

Homosexuelle Partnerschaften nehmen im gesamten Analysekorpus eine geringe Bedeutung ein. Marcus Kipling (*The Get Down*) und Nicholas Hayward (*The Romanoffs* I/8) gehen nur vorübergehende Beziehungen ein, die keine Familienähnlichkeit besitzen. Wie bereits unter 3.2.3 ausgeführt, werden diese Charaktere als etwas ‚Besonderes', d. h. als von der heterosexuellen Norm abweichend, präsentiert. Allein Robert Hanson und Sol Bergstein (*Grace and Frankie*) sowie Sarah Pfefferman und Tammy Cashman (*Transparent*) streben eine Heirat an.

Die Beziehungen Roy Pettys in *Ozark* sind die problematischsten homosexuellen Partnerschaften des Korpus: Die Beziehung zu seinem Ex-Kollegen Evans ist offensichtlich gescheitert, die zu Russ Langmore dient allein als Werkzeug. Eine glückliche Beziehung in der Vergangenheit scheint ebenfalls gescheitert zu sein. Dies ist aber vor allem Pettys soziopathischen Charakterzügen zuzuschreiben, weniger der Tatsache, dass es sich um einen Homosexuellen handelt – obgleich sich hier eine ungünstige Korrelation ergibt. Die eine glückliche Beziehung, die Petty führte, ähnelt in ihren Abläufen weitestgehend konventionellen, heteronormativen ehelichen Strukturen. Der positive Fall entspricht folglich der Norm, während alle anderen Beziehungen Pettys außerhalb derselben stehen.

Bezüglich homosexueller Partnerschaften und Beziehungen hat hier eine eindeutige Liberalisierung stattgefunden. Sie werde nicht (mehr) immerzu problematisch und homosexuelle Charaktere nicht (mehr) als grundlegend negativ dargestellt. Die familiären Grundstrukturen bleiben jedoch unangetastet: Sowohl die Inszenierung homosexueller Partnerschaften als abweichend als auch das Streben nach einer baldigen Heirat zur Festigung der Beziehung bestätigen die Norm einer auf ehelichen Banden basierenden Kernfamilie. Die recht dünne Datenlage lässt hier aber kein abschließendes Urteil zu. Fest steht, dass der aufgezeigte Status kein Alleinstellungsmerkmal für die Serien des Korpus ist, sondern mit einer allgemeinen Entwicklung übereinstimmt, wie sie unter 2.7aufgezeigt wurde.

3.4.4 Freundschaftsverbände und Ersatzfamilien

Die relevanten Faktoren, über die sich Familie in den Serien des Korpus definiert, sind der Schutz gegen die Außenwelt und das Potenzial, essenzielle Probleme ohne institutionelle Intervention zu lösen. Existieren nun in Serien, welche die biologische Kernfamilie fokussieren, entsprechende Verbände aus Freunden und Vertrauten und erlangen sie eine äquivalente Relevanz?

Zahlreiche außerfamiliäre Charaktere, auch diejenigen, die als Adjuvanten fungieren, können in Hinblick auf die obigen Faktoren nicht als Familie gelten. Auch amouröse Beziehungen, die über einen rein sexuellen Kontakt hinausgehen, zählen nicht dazu. Im Verhältnis einiger Charaktere zu Adjuvanten finden sich dennoch Anklänge an familiäre Relationen: Buddy Dyker (*Ozark*) rückt dadurch, dass er mit der Familie Byrde ein Haus bewohnt, Jonah als Mentor zur Seite steht und die Familie gegen Del Rios Handlanger verteidigt, in die Nähe eines Familienmitgliedes. Er fungiert als Ersatz-Großvater. Mehr als ein Familienmitglied definieren ihn diese Handlungen jedoch als einen wertvollen Unterstützer der Familie. Dies trifft auch auf Abel Erikson zu, der in der sechsten Episode von *The Romanoffs* für Nicholas und vor allem dessen Mutter Victoria Hayward ein väterlicher Ratgeber ist. Seine Ratschläge sind dabei weitgreifender und weniger praktisch als die des nüchternen Buddy Dyker. Er gleicht das Defizit aus, das durch die Absenz von Victorias Ehemann entstanden ist. Susie Myerson (*The Marvelous Mrs. Maisel*) tritt in große Nähe zu Miriam Maisel. Sie motiviert sie dazu,

sich von den rigiden Strukturen ihrer Familie zu lösen und sich selbst zu verwirklichen. Sie ähnelt einer älteren Schwester, welche sich in anderen Lebensbereichen
auskennt als die behütet aufgewachsene Miriam. Julia Wells (*The Romanoffs* I/3)
hat in Daniel Reese eine Art zweiten Ehemann, eine Beziehung neben der Beziehung. Als Vater ihrer Tochter und Ansprechpartner in zahlreichen Situationen ist
er in gewisser Weise Teil ihrer Familie. Sex ist im dargestellten Zeitraum keine
Komponente der Beziehung, vielmehr scheint es sich um eine enge, wenn auch
konfliktreiche Freundschaft zu handeln, die auf eine Affäre zurückgeht. Eine ähnliche Beziehung pflegen Joshua Pfefferman und Rita Holt (*Transparent*). Joshua
begann schon im Jugendalter eine Affäre mit seiner ehemaligen Babysitterin und
hat einen gemeinsamen Sohn mit ihr – dies findet er in der letzten Folge der ersten
Staffel heraus. Sie ist für ihn ein Fluchtpunkt aus dem familiären Chaos. Joshua
besucht Rita in Momenten der Verunsicherung, wobei eine sexuelle Beziehung
weiterhin andauert (vgl. *Transparent* I/4: 13:00). Sein Verhalten lässt an eine ödi-
pale Bindung denken, wobei Rita ein Ersatz für seine eher nüchterne Mutter ist,
die wenig Geborgenheit vermittelt.

Die Konstellation eines nicht verheirateten und nicht zusammenlebenden Paares mit gemeinsamem Kind, das in einer anderen Familie aufgewachsen ist, tritt
insgesamt dreimal auf. Mylene, Tochter von Lydia Cruz (*The Get Down*), ist nicht
das Kind ihres Ehemannes Ramon, sondern von dessen Bruder Francisco. Sie entscheidet sich gegen Ende der Serie für eine Beziehung mit Francisco, der ihr im
Gegensatz zu ihrem drakonischen Ehemann Liebe und Respekt entgegenbringt.

Bei *The Get Down* handelt es sich prinzipiell um eine Serie, die Freundschaftsverbände mehr in den Mittelpunkt stellt als die Familien der Charaktere:
Mylenes Vater unterdrückt sie und hindert sie an der Verwirklichung ihrer Träume.
Unterstützung findet sie bei ihren Freundinnen Yolanda und Regina. Gemeinsam
beginnen sie ihre musikalische Karriere. Ebenso sucht sich Ezekiel Figuero, dessen Vater und Mutter verstorben sind, enge Verbündete in den Kipling-Brüdern
und Shaolin Fantastic. Sie treten als „The Get Down Brothers" auf und Zeke
erklärt sie wortwörtlich zu seinen Brüdern (vgl. *The Get Down* I/3: 37:00). Shaolin
Fantastic ist dabei eine Art Mentor und großer Bruder für Ezekiel. Shaolin Fanta-
stics Beziehung zu Fat Annie ist das negative Gegenstück zu Joshua Pfeffermans
und Rita Holts Verhältnis. Fat Annie inszeniert sich selbst als autoritäre Übermutter und pflegt zur gleichen Zeit eine sexuelle Beziehung zu Shaolin. Dieser hat
keine Familie und ist somit angreifbar für ihre Manipulationen.

The Get Down stellt im gesamten Korpus eine Ausnahme dar. In den
zuvor genannten Beispielen sind außerfamiliäre Charaktere enge Verbündete und
Freunde eines oder mehrerer Charaktere und nehmen somit eine quasi-familiäre

Funktion ein. *The Get Down* ist im problematischen Milieu der afro- und latein-amerikanischen Unterschicht und zugleich in der Bronx der 1970er Jahre als deren konkret topographischem Extremraum verortet. Defiziente und problematische Familien sind Teil des Topos des afroamerikanischen Milieus, oft einherge-hend mit kriminellen Verbindungen.[94] Dies ist auch in *The Get Down* der Fall. Die Charaktere suchen, angesichts der eigenen, mangelhaften Situation, nach Kompensation und bilden neue Familien aus Freunden und Vertrauten.

Wenn auch weniger häufig eine Neubildung familiärer Verbände wie in *The Get Down* stattfindet, so spielen die zuvor genannten Charaktere eine ähnliche Rolle. Sie treten auf, um ‚Lücken zu schließen‘, also um den Protagonist/inn/en in Situationen zur Seite zu stehen, in denen ihr familiäres Umfeld nicht den ent-sprechenden Ausgleich bieten kann. Sind sie doch von großer Relevanz für das Leben der Charaktere, werden sie doch selten bis nie mit der genetischen oder verwandten Familie gleichgesetzt. Dies liegt in den Formaten des Korpus insbe-sondere daran, dass – auch in defizienten Situationen – weiterhin stets eine solche Familie besteht. Deren Erhalt oder Rettung steht stets im Mittelpunkt.[95]

3.4.5　Resümee: Die Kernfamilie als Norm

Die Serien des Korpus nehmen bei ihrer Abbildung von Familien eine klare Normsetzung vor. Im Zentrum aller möglichen Familienkonstellationen steht die

---

[94] In den 1950er Jahren wurde die afroamerikanische Familie oft als negatives Gegenstück zur idealen weißen Mittelklasse gezeigt. Die dargestellten Familien waren matriarchal geprägt, afroamerikanische Männer waren „primär durch eine habitualisierte Verantwortungslosigkeit gegenüber ihren Familien gekennzeichnet" (Dechert 2018: 36) und verließen ihre Familien. „In der US-amerikanischen Öffentlichkeit kursierte dementsprechend weniger das Bild eines afro-amerikanischen Mannes als Familienvater" (Dechert 2018: 36). Zwar differenzierte sich die mediale Darstellung der afroamerikanischen Familie über die Jahrzehnte hinweg und wurde durchaus positiver (vgl. Dates/Stroman 2001: 223). Wie sich in *The Get Down* zeigt, bleiben bestimmte negative Muster jedoch erhalten. In diesem konkreten Fall ist in Betracht zu ziehen, dass es sich um eine Serie handelt, die nicht heute, sondern in der Bronx der 1970er Jahre spielt, als es sich bei dem Stadtteil in der Tat um einen sozialen Brennpunkt handelte. Dennoch wird nach wie vor eine dominant negative und stereotype mediale und journalistische Repräsentation von (insbesondere männlichen) Afroamerikanern und der afroamerikanischen Familie beklagt, die nicht nur potenziell negative Auswirkungen auf die Außen-, sondern auch auf die Selbstwahrnehmung von Afroamerikanern haben kann (vgl. Donaldson 2015, vgl. Fantini 2016, vgl. Mohdin 2017, vgl. Punyanunt-Carter 2008: 241 ff.).

[95] Die einzige Ausnahme stellt hier Ezekiels Beziehung zu „The Get Down Brothers" dar. Diese ist relevanter als seine Beziehung zu seiner Adoptivmutter Martha, allerdings liegt dies darin begründet, dass seine eigentlichen Eltern nicht mehr am Leben sind.

traditionelle Kernfamilie und die mit ihr einhergehenden Rollenmuster sowie Geschlechterbilder. Dabei ist diese Form der Familie nicht das einzig mögliche Familienmodell, alternative Konstellationen sind möglich und treten auf. Eine Alternativlosigkeit, wie zu Zeiten der Herausbildung des Modells, ist nicht mehr gegeben.

Signifikanterweise werden alle Alternativmodelle durch ihren Status als Abweichung zur Norm definiert – dies ergibt sich bereits logisch durch die Zentrierung der Serien auf kernfamiliäre Verbände. Selbst positive und funktionierende Konstellationen, z. B. gelingende alleinerziehende Elternschaft oder erfüllende Wahlfamilien aus Freunden, werden entweder durch die Charaktere selbst als defizient wahrgenommen oder entstehen aus einem Defizit. Homosexuelle Partnerschaften, die am deutlichsten von der heteronormativen Kernfamilie abweichen, streben nach Angleichung an diese.

Scheint es also auf den ersten Blick so, dass die Kernfamilie in ihrem Status als Norm ausfranst bzw. durch das Auftauchen von Alternativmodellen an Absolutheit verliert, ist genau das Gegenteil der Fall. Durch die Inszenierung der Alternativen als Abweichung und als defizient, durch das Streben der Figuren nach Angleichung bestätigen Ausnahmen die Regel. In den analysierten Serien kann die traditionelle Kernfamilie nach wie vor als absolute Norm der familiären Modelle gelten. Durch diese Ausnahmen nimmt sie im Vergleich einen höheren Stellenwert ein.

3.5 Leitparadigmen in der Repräsentation von Familie

Neben der vorangegangenen strukturellen Analyse der Familienrepräsentation ist es von besonderem Belang zu untersuchen, welche Paradigmen die Serien anhand der dargestellten Familienkonstellationen und damit auch anhand der Protagonist/inn/en vermitteln.

Bei der Analyse des Korpus wurde untersucht, welche Paradigmen gehäuft verhandelt werden, also welche Themengebiete nicht nur in einer Einzelserie, sondern in mehreren Serien des Korpus wiederholt relevant sind. Aufgrund ihrer großen inhaltlichen Nähe wurden einige Paradigmen dabei zu Gruppen gebündelt. Es haben sich fünf zentrale Paradigmengruppen herausgebildet. Dabei handelt es sich um 1. familiäres Leben sowie die Bedeutung und die Funktionen von

Familie[96], 2. soziale Schicht, Arbeit und Geld, 3. Sexualität, 4. Alkohol und Drogenkonsum sowie 5. Religion – in absteigender Relevanz.

3.5.1 Regeln und Werte familiären Zusammenlebens

Wie Familie in der Video-on-Demand Serie modelliert wird, wurde bereits festgestellt. Nun soll geklärt werden, welche Wertung innerhalb der Weltmodelle vorgenommen wird und welche Merkmale und Funktionen Figuren und Handlung der Familie zuschreiben. Über die Beispiele hinweg lassen sich dabei gemeinsame, wiederkehrende Merkmalszuschreibungen erkennen und bündeln.

Besonders relevant ist die Rolle der Familie als Schutz- und Rückzugsraum, wo das einzelne Familienmitglied Wärme und Fürsorge findet. Dieser Raum steht in Kontrast zu einer bedrohlichen Außenwelt. Obgleich außerhalb des Analysekorpus, möchte ich hier den Trailer zur zweiten Staffel von *Atypical* heranziehen, der diese Eigenschaft direkt paraphrasiert: „For most mammalian species, survival depends on knowing and sticking with your pack. […] It's a rough world out there, that's why you need your family." (vgl. *Atypical: Staffel 2 (Trailer)*: 0:00). Hier werden explizit der Gegensatz zwischen Außenwelt und Familie betont und eine Parallele der Familie mit einem Rudel geschaffen. Das Zusammenleben in einer Familie wird als integraler, natürlicher Teil menschlichen Lebens gesetzt, der nicht der persönlichen Wahl obliegt. Menschen, so ist die Argumentation, sind Säugetiere und Säugetiere benötigen ein Rudel – dies ist ein unabänderbares biologisches Dogma. Zum Ende der ersten Staffel betont Sam zudem den Aspekt der familiären Wärme:

> Recently, researchers have discovered that when penguins make even the smallest movement together, they create a unique behavioral warming structure. So emperor penguins perform a mass dance to keep warm. […] One penguin couldn't warm up like that on its own. They do it by being together. (*Atypical* I/8: 33:00)

Wärme und Schutz sind in der Logik von *Atypical,* die hier durch den Protagonisten verbalisiert wird, zwei Grundmerkmale bzw. Grundaufgaben der Familie. Schutzfunktion und ‚Rudelbildung' stehen dabei insbesondere dann im Vordergrund, wenn sich die Familie in einer Notsituation befindet, sei es wie in *Ozark* oder in *F is for Family,* als sich Frank Murphy zusammen mit Frau und Kindern

---

[96] Zu dieser Paradigmengruppen zählen ebenso die Geschlechterrollen. Da diese bereits zuvor ausführlich thematisiert wurden und hierbei die Blickwinkel der Figuren essenziell zum Tragen kamen, wird an dieser Stelle auf eine Wiederholung verzichtet.

gegen einen Schläger und dessen Vater zur Wehr setzt (vgl. *F is for Family* I/6: 15:00). Der Mangel an innerfamiliärer Wärme ist in *Ozark* und *F is for Family* besonders problematisch. In *Ozark* ist dies nicht nur auf die angespannte Situation der Familie durch Wendys Ehebruch zurückzuführen, sondern zusätzlich auf ein Eindringen der Außenwelt und deren negativen Einflüssen. In *F is for Family* ist es Frank, der die Familie durch sein destruktives Wesen unterdrückt. Dennoch wird die Familie in beiden Fällen aufrechterhalten, gerade aufgrund ihrer Schutzfunktion. Wenngleich in den anderen Serien die Bedrohung von außen nicht so konkret auftritt wie in *Ozark* und *F is for Family*[97], sind hier familiäre Wärme, Fürsorge und Rückhalt ebenso von Belang. Die Beziehung der Protagonisten in *Everything Sucks!* zu ihren Eltern und deren intimes Verhältnis werden nicht nur wiederholt betont, Luke O'Neil erkennt auch am Ende der Serie, dass er nur dank seiner Familie (und seiner Freunde) erfolgreich ein Filmprojekt verwirklichen konnte (vgl. *Everything Sucks!* I/10: 8:00). Allein durch den Rückhalt ihrer Eltern ist den jugendlichen Charakteren eine freie Entwicklung möglich. In *The Romanoffs* kommt diese Funktion ebenfalls zu tragen.[98]

In *Transparent* wie in *Grace and Frankie* ist die Familie der Raum größter emotionaler Bindung. Maura sucht zuerst bei ihrer Ex-Frau und ihren Kindern Unterstützung für ihre Situation. Im Gegensatz zu allen anderen Beziehungen ist es die Familie, welche trotz aller Konflikte letztlich wieder zusammenfindet und bestehen bleibt. Die Familienmitglieder unterstützen sich in der problematischen Situation gegenseitig.[99] Charaktere wie Joshua Pfefferman und Mallory Hanson suchen gezielt nach einer eigenen Familie, um ihre Situation zu stabilisieren. In *Red Oaks* wird die verfahrene Situation in der Familie durch liebevolle Gesten der Charaktere zueinander relativiert.

---

[97] Zeichentricksitcoms neigen zu einer Darstellung der Gesellschaft außerhalb der Familie als besonders chaotisch und von rücksichtslosem Individualismus bestimmt (vgl. Kelsch 2019: 124, 137). Hier stellt *F is for Family* mit überzeichneten und extrem destruktiven Charakteren keine Ausnahme dar.

[98] Dies ist beispielsweise der Fall, wenn Anushka sich über den Erhalt der Familie und somit implizit auch über das Ende ihrer Isolation freut (*The Romanoffs* I/1). Olivia Rogers ist ohne Familie schutzlos den Ränken am Set ausgeliefert (*The Romanoffs* I/3). Katherine Ford (*The Romanoffs* I/15) sowie Victoria Hayward (*The Romanoffs* I/6) versuchen ihre Söhne zu beschützen. Simon Burrows zerbricht am Mangel familiärer Wärme (*The Romanoffs* I/8).

[99] Dies wird in *Grace and Frankie* besonders am Zusammenhalt von Frankie und Sol Bergstein deutlich. So spendet Sol der verängstigten Frankie nach ihrer Trennung bei einem Erdbeben Trost (vgl. *Grace and Frankie* I/6: 6:00).

Das enge Zusammenleben in der Familie bedeutet zuweilen eine Bedrohung der individuellen Privatsphäre. Dies ergibt sich einerseits aus dem lokalen Zusammenleben der Charaktere[100] und andererseits – und das vor allem – aus der Tatsache, dass die Probleme des Einzelnen ab einem gewissen Punkt stets mit allen anderen Familienmitgliedern ausgehandelt werden.[101] Geheimnisse und Probleme des Einzelnen, so eine durchgehende Regel fast aller Serien des Korpus, werden früher oder später ans Licht kommen.[102] Dass Familie das Aufdecken intimer Details bedeutet, geht aus der Natur der Narration hervor: Persönliche Details sind notwendige Elemente der Figurencharakterisierung und des Handlungsverlaufes.

Ebenso ambivalent ist die Funktion der Familie als Raum der Erziehung und der persönlichen Entwicklung. Es kann sich dabei um die positiv konnotierte Weitergabe von Werten und Normen handeln, z. B. wenn Alex Myers seinen Söhnen Toleranz gegenüber anderen Menschen beibringen will (vgl. *The Romanoffs* I/5: 1:06:30). Mit der gleichen Intention – wenn auch deutlich hilfloser – spricht Ken Messner mit seiner Tochter (vgl. *Everything Sucks!* I/1: 20:00). In *The Ranch* erzählt Beau Colt wiederholt Geschichten aus seiner Vergangenheit mit dem klaren Ziel, ihm Vernunft beizubringen und seine Entwicklung zu einem ‚Mann‘ zu unterstützen (vgl. *The Ranch* I/3: 27:00, I/4: 28:00). Die Erziehungsfunktion gewinnt indes rasch den Charakter einer Zwangsstruktur, wenn an die Jugendgeneration diejenigen Normen weitergegeben werden, unter denen bereits die Elterngeneration litt bzw. leidet. Dies bezieht sich vor allem auf Geschlechternormen, sei es direkt durch Erziehung oder indirekt durch eine Erwartungshaltung, wie sie bereits wiederholt angesprochen wurde. Diesen Zwangscharakter entwickelt Familie auch, wenn die Freiheit eines einzelnen Familienmitgliedes im Dienst der Erziehung und zu dessen vermeintlichem Wohl eingeschränkt wird. Dies ist sowohl bei Charlotte in *Ozark* der Fall als auch bei Sam in *Atypical*, als seine Mutter sich gegen Sams selbstständige Entwicklung stellt. Auch Frank Murphy (*F is for Family*), welcher seine Kinder in ihrer Entwicklung unterdrückt, Sam

---

[100] *Red Oaks*: Davids Mutter betritt ohne Anklopfen das Badezimmer, während David in der Dusche masturbiert (vgl. *Red Oaks* I/4: 1:30). *The Ranch*: Während Colt mit einer Frau im Bett ist, betritt sein Vater – ebenfalls ohne anzuklopfen – den Raum (vgl. *The Ranch* I/1: 11:00).

[101] Dies kann u. U. auch Spott provozieren, z. B. wenn ihre Geschwister Ali verspotten, als sie sagt, sie wolle wieder studieren (vgl. *Transparent* I/6: 4:30).

[102] Die Ehebrüche in *Atypical*, *Ozark* und *The Marvelous Mrs. Maisel*, die Homosexualität sowie diverse persönlich Details in *Transparent* und *Grace and Frankie*, Judys homosexuelle Neigungen in *Red Oaks*, Mylenes Clubbesuch ebenso wie ihre Gesangskarriere in *The Get Down* etc.

Myers, der seinem Sohn in *Red Oaks* in einen Beruf zwingen, oder Ramon Cruz in *The Get Down,* welcher die Gesangskarriere seiner Tochter verhindern will, folgen diesem Muster. Durch Nachahmung der Eltern werden zudem problematische Charaktereigenschaften weitergegeben – z. B. Coyotes Disziplinlosigkeit und Briannas Karrierismus in *Grace and Frankie* oder der beißende Sarkasmus in der Familie Bennett in *The Ranch.* Auch wenn nur die Auswirkungen der elterlichen Erziehung auf die Kindergeneration unmittelbar zu beobachten sind, ergibt sich logisch, dass entsprechende Strukturen gesellschaftlich und somit auch familiär tradiert sind, d. h., bereits den Eltern eine entsprechende Erziehung zuteilwurde. Für alle Generationen stellt dies ein Hindernis im Rahmen der freien Entfaltung und der persönlichen Entwicklung dar. Die Charakterisierung von Familie als Hindernis der persönlichen Entwicklung ist damit deutlich stärker vertreten als die positive Wertevermittlung. Die Erziehungsfrage ist Teil des klassischen Topos der Familie als Ort des Generationenkonfliktes, wie er u. a. in Serien der 1970er Jahre (z. B. *All in the Family*) hervortrat.

Die dritte Merkmalszuweisung an die Familie, die ich hier aufführen möchte, ist die Familie als Endpunkt und Legitimation von Beziehungen sowie deren integrale Notwendigkeit für ein gelungenes Leben. Dies wird insbesondere am Beispiel der homosexuellen Beziehungen in *Grace and Frankie* und *Transparent* deutlich, in denen die Paare nach möglichst rascher Ehe streben, um ihren Partnerschaften tatsächlich Geltung zu verleihen. Ebenso suchen Grace und Frankie, gleich nach ihrer Trennung, nach einer festen Beziehung. Graces alleinstehende Tochter Brianna befindet sich auf einer ähnlichen Suche. Aufgrund seiner Vater- und Mutterlosigkeit bemüht sich Ezekiel Figuero in *The Get Down* um eine Ersatzfamilie. Prinzipiell ist das Leben ohne Familie in den Serien des Korpus defizient, da es ohne sie an der oben genannten Schutzfunktion mangelt.

Grundsätzlich ist folglich festzustellen, dass das Familienparadigma hochgradig ambivalent ist. Der tragende positive Aspekt der Familie als Ort der Wärme und der Fürsorge, als Schutzraum gegenüber der Außenwelt wird in nahezu allen Serien als deren tragende Legitimation herangezogen. Er ist derjenige, der in Bezug auf die Familie an sich und von den Charakteren am ehesten verbalisiert und hervorgehoben wird. Die Familie ist ein Rudel, ein Kollektiv, das alternativlos gemeinsam handelt: „We're a family, so we are... We're making this move as a family." (vgl. *Ozark* I/1: 32:00). Entsprechend ist die Familie unabdingbar für eine gelungene Existenz und der logische Endpunkt sowie die Legitimation einer festen Beziehung.

In der aus der Beziehung resultierenden Familie werden die Kinder erzogen und Werte vermittelt. Die negativen Effekte der Familie, deren potenzieller Zwangscharakter und der Umstand, dass Wertevermittlung auch die Vermittlung negativ-konnotierter Werte und Strukturen ebenso wie problematischer Verhaltensweisen bedeuten kann, ist dabei zwar ein häufiger Effekt des familiären Lebens, wird aber nicht explizit als solcher betrachtet. Hier lässt sich bisweilen eine Diskrepanz der Meinungen der Charaktere bezüglich der Familie und deren tatsächlicher Darstellung erkennen: Figuren halten an der Familie fest, da es sich ebenso um einen sicheren Raum wie um den Raum ihrer sozialen Prägung handelt. Bei Verlust einer familiären Struktur versuchen sie möglichst rasch diesen zu kompensieren. Die Familie wird daher in zahlreichen Situationen als etwas Besonderes und Erstrebenswertes betont, obgleich sie eine Quelle zahlreicher persönlicher Probleme ist. Das Familienparadigma baut so auf einer Doppelstruktur von warmem Schutzraum und kaltem Gefängnis auf.

3.5.2 Soziale Schicht, Arbeit und Geld

Wie in der folgenden Tabelle deutlich wird, gehören alle zentralen Familien des Analysekorpus der Mittelschicht an. Dies lässt sich am präsentierten Besitz der Familie, insbesondere deren Wohnort, d. h. großes/kleines Haus etc., festmachen ebenso wie an Kleidung und Gebaren oder Beruf.

Soziale Schichtzugehörigkeit

Serie	Familie	Schicht	Wohnort
1. *Atypical*	Gardner	Mittelschicht	Vorstädtisches Haus
2. *Everything Sucks!*	O'Neil, Messner	Mittelschicht	Vorstädtisches Haus
3. *F is for Family*	Murphy	Untere Mittelschicht	Vorstädtisches Haus (verwahrlostes Umfeld)
4. *Grace and Frankie*	Hanson, Bergstein	Obere Mittelschicht	Vorstädtisches Haus (großzügige Ausstattung)
5. *Ozark*	Byrde	Obere Mittelschicht	Haus mit großem Grundstück
6. *Red Oaks*	Myers	Mittelschicht	Vorstädtisches Haus
7. *Red Oaks*	Getty	Oberschicht	Großes Anwesen
8. *The Get Down*	Figuero	Unterschicht	Kleine städtische Wohnung (sozialer Brennpunkt)

Soziale Schichtzugehörigkeit

Serie	Familie	Schicht	Wohnort
9. *The Get Down*	Cruz, Kipling	Untere Mittelschicht	Wohnung mittlerer Größe (sozialer Brennpunkt)
10. *The Marvelous Mrs. Maisel*	Weissman, Maisel	Obere Mittelschicht	Große Wohnung (wohlhabendes Viertel)
11. *The Ranch*	Bennett	Mittelschicht	Farm
12. *The Romanoffs* I/1	La Charnay	Oberschicht	Große Wohnung (luxuriöse Ausstattung)
13. *The Romanoffs* I/2	Romanoff	Mittelschicht	Haus (wahrscheinlich vorstädtisch)
14. *The Romanoffs* I/4	Wells	Obere Mittelschicht	Größere Wohnung (großzügige Ausstattung)
15. *The Romanoffs* I/5	Ford	Obere Mittelschicht	Vorstädtisches Haus (großzügige Ausstattung)
16. *The Romanoffs* I/6	Hayward	Obere Mittelschicht	Luxuriöses Hotel
17. *The Romanoffs* I/7	Garner	Mittelschicht	/
18. *The Romanoffs* I/8	Burrows	Obere Mittelschicht	Vorstädtisches Haus (großzügige Ausstattung)
19. *Transparent*	Pfefferman	Obere Mittelschicht	Vorstädtisches Haus (großzügige Ausstattung)

Die Schichtzugehörigkeit unterscheidet sich vor allem darin, welchem Bereich der Mittelschicht die Familien zugehörig sind. Familien, die hier der oberen Mittelschicht zugeordnet werden, verfügen über einen höheren Lebensstandard als Angehörige der unteren Mittelschicht. Beide Gruppen sind aber deutlich von der Unterschicht abzutrennen, der Ezekiel Figuero angehört.[103] Ebenso ist eine Grenze zur Oberschicht zu ziehen, was ein Leben in einer Villa oder einer luxuriösen Wohnung ermöglicht, wie im Falle der Gettys oder von Anushka La Charnay.

---

[103] Ezekiel lebt in einer sehr kleinen, von Ungeziefer befallenen Wohnung in der Bronx mit seiner Tante und deren Partner (vgl. *The Get Down* I/1: 3:00).

Die Zugehörigkeit zur Mittelschicht ergibt sich also daraus, dass weder Reichtum noch Armut besonders betont werden. Diese Familien wohnen – in langer serieller Tradition – in vorstädtischen Einfamilienhäusern, welche an das Ideal der Suburbs der 1950er und 1960er Jahre erinnern. Sofern der Wohnort gezeigt wird, lässt sich daran eine weitere schichtinterne Differenzierung ableiten.[104] Mit der Zuordnung der Mehrzahl der Familien zur Mittelschicht folgen die analysierten Serien einem anhaltenden Trend in der Seriengeschichte. Während eine Zugehörigkeit zu einem gesellschaftlichen Extrem – also Armut oder Reichtum – stets eigene Themenfelder und Problematiken mit sich bringt und die Charaktere in Distanz zur Mehrzahl der Rezipient/inn/en setzt, erscheint die soziale Mittelschicht nicht nur ein neutraler Raum und bietet ein höheres Identifikationspotential als die Extreme. Hier können familiäre und persönliche Problematiken ohne Kopplung an besondere gesellschaftliche Faktoren verhandelt werden.

In Serien wie *Atypical, Everything Sucks!, Grace and Frankie, The Ranch* und *The Romanoffs* ist die Schichtzugehörigkeit nicht relevant. Hier werden soziale Problematiken weitestgehend ausgeblendet. In *The Marvelous Mrs. Maisel* spielt die Schichtzugehörigkeit der Protagonisten dann eine Rolle, wenn Miriam ihr behütetes soziales Umfeld verlässt. Bei ihrem Besuch im Greenwich Village ist Miriam schockiert von den dortigen Zuständen, die nicht den gediegenen Verhältnissen der Upper-West-Side entsprechen (vgl. *The Marvelous Mrs. Maisel* I/2: 2:00). Als Susie Myerson ihre Wohnung besucht, ist sie von deren Pracht überwältigt, während Miriam das Umfeld für vollkommen normal hält (vgl. *The Marvelous Mrs. Maisel* I/22:05). Ober- und Unterschicht erscheinen wie zwei vollkommen voneinander entfremdete Bereiche. Ähnlich verhält es sich für David Myers, als er das erste Mal die Gettys besucht. Das große Anwesen mit Villa, Park und Angestellten ist für David, der bescheidenen Verhältnissen entstammt, eine fremde Welt (vgl. *Red Oaks* I/2: 7:00). Doug Getty wird in seinem Verhalten gegenüber anderen allgemein als negativer und arroganter Charakter inszeniert, der sich vor allem durch sein Vermögen von anderen abhebt und ihnen bisweilen mit seinem Einfluss droht (vgl. *Red Oaks* I/1: 9:16, 27:00). Er lebt in der Überzeugung, aufgrund seiner Position über das Leben anderer bestimmen zu können (vgl. *Red Oaks* I/2: 4:47).[105] Mit übertriebenem Pathos spricht er von der Arbeit an der Börse und idealisiert diese geradezu als männliche Heldentat (vgl. *Red*

---

[104] Ausnahmen stellen hier Serien dar, die wie *The Get Down, The Marvelous Mrs. Maisel* oder einige Folgen von *The Romanoffs* in einem städtischen Umfeld verortet sind. Die Mehrheit der Serien bleibt allerdings dem vorstädtischen Umfeld verhaftet.

[105] Sympathien zu Getty werden aufgebaut, indem er von seinem ‚Vom Tellerwäscher zum Millionär'-Werdegang berichtet. Er selbst hat sich laut eigener Aussage von einem Handlanger im Country-Club zu einem reichen Mann hochgearbeitet (vgl. *Red Oaks* I/1: 20:03). Zudem

Oaks I/8: 1:41). Anushka La Charnay, die in einer äußerst luxuriösen Wohnung in Paris lebt, behandelt ihre Angestellten mit äußerster Herablassung. Sie wirkt indes nicht glücklich und lebt einsam und ohne enge Freunde oder Angehörige in der Wohnung, die unübersichtlich und zu groß für eine Person erscheint. Wie David Myers leidet auch Frank Murphy unter seinem Arbeitgeber, der als arroganter und willkürlicher Kapitalist ohne tatsächliches Interesse am Wohl seiner Angestellten auftritt. Er muss ihn aber – trotz dessen tyrannischem Wesen – hofieren, um in seinem Beruf erfolgreich zu sein (vgl. *F is for Family* I/3: 10:00).

Am deutlichsten tritt das Paradigma der sozialen Herkunft in *The Get Down* zutage. Bereits in der Eröffnungssequenz der Serie wird die Bronx in einem Rap Ezekiels als Ort der Kriminalität und der Armut charakterisiert (vgl. *The Get Down* I/1: 0:00). Sich innerhalb des Stadtteils zu bewegen, ist aufgrund von Gang-Kriegen und Vandalismus gefährlich (vgl. *The Get Down* I/1: 12:00). An Ezekiels Lebensumständen treten die sozialen Problematiken des Stadtteils überdeutlich zutage. Sein Vater erlag den Drogen und seine Mutter wurde versehentlich erschossen (vgl. *The Get Down* I/1: 24:00). Durch die Brutalität mit der Fat Annie und Cadillac ihre kriminellen Machenschaften betreiben, wird die hochproblematische Lage des Milieus offensichtlicher. Dieses Milieu zu verlassen ist zunächst unmöglich. Nicht nur rutschen zahlreiche Charaktere, wie Shaolin oder in Teilen die Kipling-Brüder, in die Kriminalität ab, auch ist die ausweglose Zugehörigkeit zur Unterschicht tief in den Köpfen der Charaktere verankert. Ezekiels Tante sperrt sich beispielsweise anfangs gegen den Gedanken, er könne auf ein Ivy-League-College gehen (vgl. *The Get Down* I/2: 21:00). Ezekiel befürchtet zudem den Verlust seiner Freunde bei Verlassen der Bronx, da diese wohl ‚der Straße‘ verhaftet bleiben würden (vgl. *The Get Down* I/6: 33:00), und ist allgemein gelangweilt von seinem Praktikum in einer großen Firma und seiner Bewerbung für Yale (vgl. *The Get Down* I/6: 1:00), die im Gegensatz zu seinen musikalischen Ambitionen steht. Die extreme Differenz zwischen Ober- und Unterschicht wird deutlich, als er – halb Latino, halb Afroamerikaner (vgl. *The Get Down* I/7: 2:00) – zu einer Veranstaltung eingeladen wird, die exklusiv für afroamerikanische Yale-Anwärter stattfindet (vgl. *The Get Down* I/8: 30:00). Durch seine soziale und lokale Herkunft und durch seine Abstammung gehört er in mehrfacher Hinsicht einer sozialen Randgruppe an. Der Weg aus der Armut, aus den problematischen Verhältnissen scheint aufgrund dieser Faktoren, den Vorurteilen ihm gegenüber und aufgrund einer tief verankerten mentalen Zugehörigkeit zu seinem Umfeld schwerlich möglich. Wie sich an Papa Fuertes scheiternden Intentionen zeigt, die

---

tritt er als Davids Mentor und Gönner auf, was gewisse negative Charaktereigenschaften ausgleicht.

Bronx in ein lebenswertes Viertel umzugestalten (vgl. *The Get Down* I/1: 20:00), lässt sich die Ausweglosigkeit auf den gesamten Herkunftsraum übertragen. Arm, so die Botschaft, welche durch die Serie in einer durchaus pathetischen Inszenierung vermittelt wird, bleibt arm und diese Armut zu verlassen ist ein harter Kampf – wenn man sich dabei nicht von seinen ‚Wurzeln‘ entfremden will.

Die hier aufgeführten Beispiele zeigen, dass sowohl die Zugehörigkeit zur Unterschicht als auch zur Oberschicht, d. h. prinzipiell die Zugehörigkeit zu einem sozialen Extrembereich, negativ konnotiert sind. Armut und Reichtum führen zu einer Entfremdung der betroffenen Personen von dem, was eigentlich essenziell ‚wichtig‘ ist. Familie und Zwischenmenschlichkeit werden durch Arroganz, Gewalt, Drogen, Skrupellosigkeit und die Gier nach Reichtum ersetzt. Die Stellung der Mittelschicht als idealer gesellschaftlicher Bereich wird somit bekräftigt. Dies lässt an die Verortung zahlreicher Soaps wie *Dallas* oder *Dynasty* in der Oberschicht denken, die sich gerade aufgrund dessen in ihren Handlungsverläufen von der klassischen Familienserie unterscheiden.

Wie bereits in Bezug auf *F is for Family* erwähnt wurde, ist der Bereich der Arbeitswelt ebenfalls ein Paradigma, das eng mit der Schichtzugehörigkeit verknüpft ist. Frank Murphy, im familiären Rahmen ein Tyrann, muss in der Arbeit nicht nur unter einem vollkommen unfähigen Vorgesetzten leiden (vgl. *F is for Family* I/2: 13:00), sondern auch unter der ungerechten Behandlung durch die Kunden (vgl. *F is for Family* I/2: 22:00). Der Stress in der Arbeit belastet ihn und führt zum negativen Verhalten gegenüber der Familie. Ebenso hat sich Joel Maisel vollkommen von seiner Arbeitsstelle entfremdet. Dies zeigt sich in einem verbalen Ausbruch, kurz bevor er Miriam seinen Ehebruch gesteht:

> Joel: „Do you know what I do everyday? Day in and day out, what the actual physical machinations of my job are?" – Miriam: „No." – Joel: „Neither do I. I take meetings. I make phone calls. I shuffle paper around, and I have no idea of what the hell I actually do." (*The Marvelous Mrs. Maisel* I/1 34:26)

Joel hat keinen Bezug zu seinem Beruf, der seinem eigentlichen Wunsch, Stand-Up-Comedian zu werden, entgegenläuft. Diese Entfremdung führt letztlich zu seinem Ehebruch. Auch am Beispiel Michael Romanoffs, der High-School-Abgänger bei der Wahl eines Colleges berät, selbst seine Heimatstadt aber nie verlassen hat und sich deswegen als Versager fühlt, zeigen sich die potenziell negativen Auswirkungen des Berufes bzw. der Arbeitswelt auf das persönliche Leben. Ebenso vernachlässigen Beau Bennett (*The Ranch*) und Grace und Brianna Hanson (*Grace and Frankie*) ihre Familien aufgrund ihrer beruflichen Verpflichtungen. Als Teil der Außenwelt, des öffentlichen Raumes, der in Opposition zum

Privatraum, zur familiären Geborgenheit steht, erfährt die Arbeitswelt – wenn sie explizit thematisiert wird – eine negative Konnotation. Eine explizite Thematisierung bedeutet stets einen Einfluss der Arbeit auf die Familie, d. h. eine indirekte Bedrohung derselben durch Eindringen eines feindlichen Gegenraumes. Dieses Szenario wird dabei vornehmlich anhand männlicher Charaktere ausgehandelt, die in der Regel als alleinige Brotverdiener fungieren, trifft aber gelegentlich – wie man am Beispiel von *Grace and Frankie* sieht – auch auf weibliche Charaktere zu.

Mit der sozialen Schicht und der Arbeitswelt hängt ebenfalls der Bereich des Geldes zusammen. Dieser tritt auch in Serien auf, welche wohlhabendere Familien zeigen, und erhält dabei ebenso eine negative Konnotation. In *Ozark* tritt das Geld als Antagonist des Familiären auf. Geld hat destruktive und belastende Auswirkungen auf das Familienleben – meist dann, wenn sich die Figuren dem Streben nach finanziellem Wohlstand bzw. der Geldgier vollkommen hingeben. Das Erwirtschaften von Geld darf also nie Selbstzweck werden. Einen ähnlichen Blickwinkel nimmt *Transparent* ein. Obwohl alle Pfefferman-Kinder in gesicherten finanziellen Verhältnissen leben, bricht ein Streit angesichts der Frage aus, wer Mauras Haus bekommt (vgl. *Transparent* I/1: 12:00). Ali leiht sich wiederholt Geld von Maura, die Wahrscheinlichkeit, dass sie es zurückzahlt, ist gering (vgl. *Transparent* I/1: 13:30). Dies ist für beide Charaktere eine Belastung. Tatsächlich ist sich Maura nicht sicher, ob Ali sie noch mögen würde, wenn sie kein Geld mehr bekäme (vgl. *Transparent* I/10: 24:00). Später versucht sie vor den anderen Kindern geheim zu halten, dass sie jedes von ihnen finanziell unterstützt. Sie sagt jedem der Kinder, dass sie den anderen nichts von der Unterstützung bzw. den finanziellen Versprechungen erzählen sollen (vgl. *Transparent* I/6: 1:25, 7:40, 27:00), und errichtet somit eine Art Geheiminis- oder Lügengebäude, was problematische familiäre Konsequenzen wahrscheinlich macht. Im Gegensatz zu ihren Kindern, die sehr vom Geld der Eltern profitieren, bringt Maura wiederholt zum Ausdruck, sich nicht um Geld zu kümmern, sondern eher darum, was „richtig" sei (vgl. *Transparent* I/7: 2:00). Ebenso wie in *Ozark* wird Geld somit als entzweiende Kraft inszeniert, welche die Familie gegeneinander aufbringt und Charaktere geradezu verdirbt. Gleiches gilt für die erste Episode von *The Romanoffs*, in der Gregs Freundin Sophie vor allem an der Wohnung und dem Besitz Anushkas interessiert ist und ihr sogar indirekt den Tod wünscht, um an das Erbe zu gelangen (vgl. *The Romanoffs* I/1: 9:26). In *The Ranch* stellt ein Mangel an Geld eine Belastung für die Familie dar und in *Grace and Frankie* ein maskulines Machtinstrument, wenn die Ehemänner ihren Ehefrauen die Kreditkarten sperren.

Was *Ozark* in Bezug auf das Paradigma Geld aussagt, kann auf alle genannten Beispiele übertragen werden. Zusammen mit anderen Faktoren der Außenwelt,

wie der Arbeit oder einer problematischen Schichtzugehörigkeit, übt es einen
konkret negativen Einfluss auf die Einzelcharaktere und auf das Verhältnis der
Charaktere zueinander aus. Es stellt eine Belastung dar, die die Figuren in ihrem
Handeln negativ beeinflusst oder sie voneinander entzweit. Die Charakterisie-
rung dieser Paradigmen verschärft die Opposition des Privat-Familiären und des
Öffentlichen.

3.5.3 Sexualität

Einhergehend mit der großen Bedeutung des Beziehungslebens spielt das Paradigma Sexualität eine besondere Rolle. Als Teil der sexuellen Identität ist sie vor
allem in Formaten mit homosexuellen Charakteren relevant. Hier steht die sexuelle Selbstfindung im Vordergrund, sei es in der Adoleszenz in *Everything Sucks!*,
im späteren Leben in *Transparent* (Sarah Pfefferman), *Grace and Frankie* und
Ozark (Russ Langmore) oder bezüglich der geschlechtlichen Identität in *Transparent* (Maura Pfefferman) und *The Romanoffs* (I/8, Candice Burrows). Dieser
Prozess bringt dabei stets Probleme hinsichtlich des Selbstbildes und der gesellschaftlichen Reaktion mit sich. Die Charaktere haben Angst, als Außenseiter zu
gelten bzw. selbst innerfamiliär nicht mehr anerkannt zu werden. Bei jugendlichen
und pubertären Figuren ist das Streben nach Sexualität und dem ‚ersten Mal‘ eine
bedeutsame Lebensthematik. Dies ergibt sich natürlicherweise aus dem Alter und
der Entwicklungsphase der Charaktere.[106]
   Die Selbstfindung im Bereich der Sexualität ist integraler Teil der charakterlichen Entwicklung. Auch in späteren, erwachsenen Beziehungen spielt sie eine
bedeutende Rolle. In einer Ehe ist sie exklusiv den Ehepartnern vorbehalten.
Außereheliche Sexualität ist negativ konnotiert (*Atypical, Ozark, The Marvelous
Mrs. Maisel, The Romanoffs* I/2, I/4, I/8). Modelle wie eine offene oder gar polyamore Beziehung oder die Einbeziehung einer dritten Person in die Sexualität
eines Paares sind nicht vertreten. Eine stabile, auf Zuneigung und Liebe basierende Beziehung wird allgemein höher bewertet als körperliche Sexualität. So hat
Joshua in *Transparent* Sex mit zahlreichen wechselnden Partnern und nutzt dies

---

[106] In *Atypical* sucht Sam nach einer Freundin und strebt nach ersten sexuellen Erfahrungen.
Seine Schwester schläft das erste Mal mit einem Mann (vgl. *Atypical* I/7: 26:00), ebenso wie
Charlotte in *Ozark*. In *The Get Down* haben Mylene und Ezekiel miteinander ihren ersten Sex
(vgl. *The Get Down* I/3: 55:00). Auch Luke und seine Freunde unterhalten sich in *Everything
Sucks!* zu Beginn ihres High-School-Lebens über Sex und ihre dahingehenden Möglichkeiten
(vgl. *Everything Sucks!* I/1: 8:00).

offensichtlich als Kompensation eines emotional defizienten Lebens. Auch Brianna hat in *Grace and Frankie* einen One-Night-Stand (vgl. *Grace and Frankie* I/7: 28:00). Beide streben allerdings vor allem nach einer dauerhaften Beziehung. Joshuas Schwester Ali wirkt ohne einen festen Partner ebenfalls isoliert. Der Charakter Abel in *The Romanoffs* ist offensichtlich gelangweilt vom gelegentlichen Sex mit Frauen und dem Nutzen einer Dating-App (vgl. *The Romanoffs* I/6: 01:50) und investiert wesentlich mehr Zeit in seine platonische Beziehung zu Victoria Hayward. Sexualität allein ist somit kein Ersatz für eine ernsthafte Beziehung oder eine Ehe. *Ozark* und *F is for Family* zeigen sie aber als Bestandteil einer funktionierenden. In beiden Fällen ist sie einerseits Bestätigung der gegenseitigen Zuneigung und trägt andererseits zum Abbau von Konflikten und Spannungen bei.[107]

Neben dem Ehebruch geben einige Serien der Sexualität eine ausdrücklich negative Konnotation: In *The Get Down* bringt Fat Annie Shaolin Fantastic u. a. mittels einer sexuellen Beziehung unter ihren Einfluss. Sie nutzt Sexualität als Mittel der Macht. In der Regel handelt es sich allerdings um Männer, die Sexualität als Zeichen ihrer Dominanz verstehen. Der Tennislehrer Nash inszeniert sich in *Red Oaks* vor allem über seine vermeintliche Anziehungskraft auf Frauen und trägt allgemein seinen Machismo zur Schau.[108] Dies wird in diesem Weltmodell insofern relativiert, da Skye Getty durch ihren offenen Umgang mit Sexualität emanzipierte weibliche Dominanz gegenüber dem zurückhaltenden David demonstriert. Vor allem *The Ranch* inszeniert einen starken Sexualtrieb als Zeichen von Männlichkeit: Colt hatte in der Vergangenheit viele wechselnde Sexualpartnerinnen und Rooster definiert sich über seine sexuellen Kontakte und seinen verantwortungslosen Umgang mit Sexualität.

Allgemein ist Sexualität ein wichtiger Lebensbestandteil der meisten erwachsenen Protagonisten. Wenn sie als Selbstzweck, d. h. als Teil eines hedonistischen Lebenswandels ohne Einbindung in eine Beziehung, dient, ist sie in der Regel Anzeichen für das unglückliche und einsame Leben des Charakters. Findet sie außerhalb einer bestehenden Ehe statt, handelt es sich um eine klare Normverletzung. Neben der sexuellen Selbsterfahrung während der Adoleszenz ist die

---

[107] In *F is for Family* schlafen Sue und Frank direkt nach einem Streit miteinander und scheinen dadurch im weiteren Verlauf der Episode, ihren Streit beigelegt zu haben (vgl. *F is for Family* I/5: 17:00).

[108] Nash schläft laut eigener Aussage nur nicht mit den Frauen im Country-Club, da man nie wisse, mit wem sie verheiratet seien, mit wem man sich also anlege (vgl. *Red Oaks* I/1: 4:40). Er meint zudem, man gehe nur aufs College, um dort Sex zu haben (vgl. *Red Oaks* I/1: 8:00). Später in der Episode bandelt er, obwohl er verheiratet ist, mit zwei deutlich jüngeren Frauen an (vgl. *Red Oaks* I/1: 14:15).

eheliche Sexualität die einzige Form der Sexualität, deren Legitimation nicht in Frage gestellt wird. Sie ist nur dann problematisch, wenn sie zur Kompensation und Verdrängung ungelöster Konflikte genutzt wird. Da es vollständig an positiv besetzten Alternativmodellen zur Sexualität innerhalb einer Beziehung mangelt und der konsequente Endpunkt und die Legitimation von Beziehungen in der Logik der analysierten Serien die Ehe ist, kann hier von einer relativ konservativen Vorstellung von Sexualität die Rede sein – relativ deswegen, da voreheliche Sexualität nicht negativ bewertet wird.

3.5.4   Alkohol- und Drogenkonsum

Der Konsum von Alkohol und Drogen ist ein selbstverständlicher Teil des Lebens zahlreicher Serien-Charaktere des Analysekorpus. Harte Drogen wie Kokain oder Heroin werden eindeutig problematisiert. In *Ozark* sind es ein Drogenkartell und das Heroingeschäft der Familie Snell, welche eine tödliche Gefahr darstellen. In *Red Oaks* gerät der Charakter Wheeler durch den Kokainhandel wiederholt in problematische Situationen (vgl. *Red Oaks* I/8, I/,9).[109] Sein Konsum und Verkauf von Marihuana (vgl. *Red Oaks* I/1: 13:00, I/3: 7:29, I/6: 1:20) trägt zwar zu seiner Charakterisierung als ‚Loser‘ bei, der ein ungeordnetes Leben führt[110], ist darüber hinaus aber ein recht gewöhnlicher Teil des gezeigten Weltmodells – selbst der konservative Sam Myers spricht davon, dass es normal sei, im College Marihuana zu rauchen (vgl. *Red Oaks* I/1: 1:00). In *The Get Down* ist der Rauschmittelkonsum bis zu einem gewissen Grad Teil der Normalität. Wenn beispielsweise die Kipling-Brüder und Ezekiel wiederholt Alkohol und Marihuana konsumieren (vgl. *The Get Down* I/3: 8:00, I/3: 29:00, I/7: 12:00) und deutliche Abhängigkeitserscheinungen zeigen (vgl. *The Get Down* I/9: 32:00), scheint dies kaum problematisch zu sein und schadet den Charakteren trotz ihres jungen Alters nur geringfügig. Viel dramatischer ist der absolute Kontrollverlust von Charakteren wie Cadillac, der im Kokainrausch einen Jungen foltert und schließlich versehentlich erschießt (vgl. *The Get Down* I/2: 38:00), ebenso wie die Tatsache, dass der jüngste Kipling-Bruder aus Profitgier selbst zum Drogenkurier wird

---

[109] Sein Love-Interest Misty weigert sich mit ihm zu sprechen, nachdem sie erfährt, dass er mit Kokain dealt (vgl. *Red Oaks* I/10: 2:19). Das Kokain versperrt ihm auch auf amouröser Ebene seine Möglichkeiten.

[110] Tatsächlich muss sich Wheeler um seine Großmutter und seine Geschwister kümmern, die Eltern scheinen abwesend, die Lebensverhältnisse sind eher ärmlich und chaotisch (vgl. *Red Oaks* I/6: 0:04). Der Drogenkonsum entspringt zudem seiner Zuordnung zu ungeordneten sozialen Verhältnissen.

(vgl. *The Get Down* I/8: 19:00). Mylene konsumiert zwischenzeitlich Kokain, um ihre problematische Situation zu ertragen (vgl. *The Get Down* I/10: 38:00) und ihr Vater begeht im Alkoholrausch Suizid. Während die Rolle von Drogen als Mittel der Entspannung und als soziales Ereignis, z. B. bei Partys oder beim gemeinsamen Beisammensein, normalisiert wird, läuft der totale Kontrollverlust durch Drogen und das absolute Aufgehen im Drogenrausch der Normalität zuwider. Vor allem der kriminelle Drogenhandel, welcher die Charaktere an die Unterschicht bindet und einen gesellschaftlichen Aufstieg verhindert, ist Teil der Grundproblematik des Formats. Hier zeigen sich die scheinbar unüberwindbaren Grenzen zwischen den sozialen Schichten.

Wie in *The Get Down* nutzen zahlreiche andere Charaktere Drogen als Kompensationsmittel in belastenden Situationen. Vor allem in *Grace and Frankie* ist dies auffällig. In nahezu jeder Situation, mit der sie nicht zurechtkommt – und darüber hinaus –, konsumiert Grace Alkohol (vgl. *Grace and Frankie* I/1: 5:00, I/8: 16:00) und/oder Beruhigungsmittel (vgl. *Grace and Frankie* I/1: 13:00, I/10: 2:00). Auch andere Mitglieder der Familie können unangenehme Lagen kaum ohne Alkohol oder Valium bewältigen.[111] Der Konsum von Drogen wird nur am Beispiel Coyotes problematisiert, der zeitweilig stark drogenabhängig war und die Beherrschung über sich verlor (vgl. *Grace and Frankie* I/3: 16:00). De facto ist eine Vielzahl der Charaktere abhängig. Die Ironie dieses Weltmodells besteht darin, dass der massenhafte Konsum von Rauschmitteln soweit legitim ist, solange die Charaktere weitgehend die Kontrolle über sich behalten und niemandem durch ihre Sucht zur Last fallen. Der Konsum alltäglicher Drogen wie Alkohol, Beruhigungsmitteln und Marihuana (vgl. *Grace and Frankie* I/5: 5:00) wird hier normalisiert und ist vor allem Anlass für humoristische Handlungselemente. Ähnlich verhält es sich in *Transparent,* wenn sich beispielsweise Sarah Pfefferman und ihr Ehemann ärztlich Marihuana verordnen lassen (vgl. *Transparent* I/7: 7:00, I/9: 5:50) oder Ali Rauschmittel konsumiert (vgl. *Transparent* I/2: 25:08), um ihr Leben besser bewältigen zu können. Sarah muss schließlich ihr Marihuana entsorgen, um damit Tammy entgegenzukommen, die davon abhängig war (vgl. *Transparent* I/9: 2:45). Die Argumentation beider Serien ist im Kern identisch: An einem Einzelbeispiel wird auf die Problematiken der Sucht hingewiesen, während der regelmäßige Konsum von Rauschmitteln einer gesellschaftlichen Normalität entspricht.

---

[111] Graces Tochter Mallory nimmt wie ihre Mutter in Stresssituationen Beruhigungsmittel (vgl. *Grace and Frankie* I/2: 12:00). Ein gemeinsames Essen mit ihren Vätern ist für die Kinder kaum ohne Alkohol zu bewältigen (vgl. *Grace and Frankie* I/3: 17:00). Graces zeitweiliger Freund Guy nimmt das Beruhigungsmittel Ambien, um schlafen zu können (vgl. *Grace and Frankie* I/11: 1:00), dies führt sogar zu Gedächtnisverlust (vgl. *Grace and Frankie* I/13: 9:00).

In *The Ranch* ist der Konsum von Alkohol ein bestimmender Teil des Lebens, vor allem der männlichen Charaktere. So freut sich Rooster, dass er nach Colts Rückkehr nun regelmäßig mit seinem Bruder trinken kann, weil er so weniger wie ein Alkoholiker wirke (vgl. *The Ranch* I/2: 14:00). Außerdem sieht er es als normales Verhalten an, sich bis zur Besinnungslosigkeit zu betrinken (vgl. *The Ranch* I/4: 1:00). Es gibt in der Serie kaum eine Gelegenheit, bei der Beau und seine Söhne in Maggies Bar keinen Alkohol konsumieren (vgl. *The Ranch* I/6: 22:00). Es scheint auch wenige Alternativen zu geben: Maggie findet in ihrer Bar kein Wasser, als darum gebeten wird, und serviert stattdessen Light-Beer (vgl. *The Ranch* I/2: 12:00). Besonders Colts Alkoholismus bleibt nicht ohne Konsequenzen: Vollkommen betrunken blamiert er sich bei einem Auftritt in seiner ehemaligen Schule und muss danach von der Polizei nach Hause gebracht werden (vgl. *The Ranch* I/3: 21:00). Dies ist jedoch eher der jugendlichen Unbeherrschtheit Colts zuzuschreiben, einer seiner Grundeigenschaften, und weniger dem Alkohol per se, welcher Teil des alltäglichen Lebens ist. Er dient den Charakteren zur ‚Bewältigung‘ von Problemen, aber auch zur Selbstbelohnung nach einem Arbeitstag und ist Teil des Topos des harten Rancher-/Cowboy-Lebens ebenso wie der vermittelten Vorstellung von Männlichkeit.

Der extreme Konsum von Rauschmitteln, gleich welcher Art, wird in Video-on-Demand-Serien tendenziell abgelehnt, vor allem dann, wenn er zum Kontrollverlust führt. Gleiches gilt für den kriminellen Handel mit Drogen. Dahingegen ist der gelegentliche bis regelmäßige Konsum legaler oder gesellschaftlich akzeptierter Drogen wie Beruhigungsmittel, Marihuana und vor allem Alkohol Teil der gesellschaftlichen Normalität. Er wird zwar ab und an Ziel des seriellen Humors und erhält den negativen Beigeschmack der Problemverdrängung und der gesellschaftlich akzeptierten Abhängigkeit, wird allerdings nie tiefergehend sanktioniert. In keinem der Beispiele des Korpus führt übermäßiger Konsum von Rauschmitteln zu einer tatsächlichen Bedrohung der Familie und damit des zentralen und handlungstragenden Raumes. Gegenläufig lässt sich bezüglicher einiger Beispiele argumentieren, dass der gemeinsame Konsum von Alkohol und Rauschmitteln sogar einende und solidarisierende Wirkung haben kann: Die Figuren legen ihre Hemmungen ab und kommen sich näher (vgl. z. B. *Grace and Frankie* I/1: 27:00, I/4: 4:00, I/5: 5:00; *The Ranch* I/1: 14:00, I/6: 22:00; *Red Oaks* I/3: 7:29). Insofern handelt es sich nicht um eine tiefergehende Problematik.

3.5.5 Religion

Das letzte Paradigma ist die Religion und der Umgang der Charaktere mit dieser. Nur in fünf Serien des Korpus ist das Paradigma von annähernder Relevanz. In *Ozark* handelt es sich bei Pastor Mason Young und seiner Ehefrau Grace um die einzigen relevanten religiösen Charaktere. Mit seinem fast schon naiven Gottvertrauen steht Young im Gegensatz zur kalten und rationalen Welt der Serie. Ein wesentlich negativer Charakter ist Ramon Cruz in *The Get Down*, dessen verbissene, extreme und konservative Religiosität zur Unterdrückung seiner Familie und zudem zur Ablehnung seines vermeintlich unmoralischen Bruders Francisco führt. Laut Aussage seines Bruders kam Ramon Cruz erst im Gefängnis zum Glauben, nachdem er zwei Kinder in Puerto Rico zurückließ, Kokain konsumierte und fast einen Mann und sein Kind bei einem Autounfall umbrachte (vgl. *The Get Down* I/6: 3:00). Bevor er sich erschießt, gibt er dem Teufel und nicht sich selbst die Schuld am Verlust seiner Tochter und seiner Ehefrau (vgl. *The Get Down* I/10: 46:00). Seine religiösen Belehrungen wirken dementsprechend heuchlerisch und als verzweifelter Kompensationsversuch früherer Vergehen.

Die zentralen Familien in *Red Oaks, The Marvelous Mrs. Maisel* und *Transparent* sind jüdisch. In *Red Oaks* wird der gesamte Country-Club von jüdischen Mitgliedern dominiert. Somit ist das Jüdischsein Teil des Alltags und bringt nur geringe besonders hervorgehobene Besonderheiten mit sich. Mit dem Satz „A ,C' is a Jewish ,F'"[112] (*Red Oaks* I/1: 00:34) als Kommentar zu Davids Noten unterstreicht Sam Myers den besonders elitären Anspruch der jüdischen Gesellschaft. Im späteren Serienverlauf findet eine Bar Mitzwa statt (vgl. *Red Oaks* I/9, die Episode trägt den Titel „The Bar Mitzwah"). Hierbei handelt es sich um ein gewöhnliches gesellschaftliches Ereignis ohne besondere Wertung. In *Transparent* ist das Judentum unter den Angehörigen der Pfeffermans Anlass zu Scherzen, z. B. über typische jüdische Nachnamen (vgl. *Transparent* I/1: 7:50). Durch das Auftreten der Rabbinerin Raquel Fein wird das verbreitete Muster einer rein männlichen Priesterschaft im Judentum gebrochen und ein progressives Gesellschaftsbild demonstriert. Keiner der Pfeffermans ist besonders religiös oder in jüdischen Bräuchen bewandert. Religion ist kein integraler Bestandteil ihrer Identität.

Durch die zeitliche Nähe zum Dritten Reich wird das Judentum *In The Marvelous Mrs. Maisel* häufiger thematisiert. Wiederholt wird auf die Schrecken des Holocaust angespielt, obgleich keiner der Charaktere ihn erlebt hat (vgl. *The Marvelous Mrs. Maisel* I/1: 00:36, 33:21). Insbesondere brüstet sich Moishe Maisel

---

[112] In der deutschen Synchronisation: „Eine 3 ist eine jüdische 5."

damit, 1943 13 Juden aus Deutschland gerettet zu haben (vgl. *The Marvelous Mrs. Maisel* I/3: 24:30). Darüber hinaus wird das Judentum von den Charakteren zwar gelebt – so ist Miriam schockiert, als sie merkt, dass sie ihr Jom-Kippur-Fasten gebrochen hat (vgl. *The Marvelous Mrs. Maisel* I/1: 50:33) – allerdings vor allem auf der Ebene gesellschaftlicher Ereignisse, die zu Stand und Ansehen der Familie beitragen. Beispielsweise ist Miriam begeistert, weil der Rabbi zu Gast auf der Jom-Kippur-Feier der Familie sein wird (vgl. *The Marvelous Mrs. Maisel* I/1: 05:41), und Moishe Maisel inszenierte die Bar Mitzwa seines Sohnes als gesellschaftliches Großereignis (vgl. *The Marvelous Mrs. Maisel* I/7: 06:30), um Einfluss zu gewinnen. Darüber hinaus ist der Umgang der Charaktere mit dem Judentum pragmatisch: Moishe Maisel lässt an Jom Kippur die Arbeit in seiner Fabrik fortsetzen (vgl. *The Marvelous Mrs. Maisel* I/2: 11:00). Miriam macht Witze über jüdische Traditionen (vgl. *The Marvelous Mrs. Maisel* I/6: 16:25), hebt aber auch den elitären Status der jüdischen Gesellschaft hervor.[113] Die deutlicher zur Schau getragene Religiosität der Maisels und Weissmans hängt sicherlich mit der konservativen Gesellschaft der 1950er Jahre zusammen.

Wie sich also herausstellt, spielt Religion in den Serien des Korpus eine geringe Rolle. Im Rahmen familiärer Festlichkeiten und Zusammenkünfte hat sie bisweilen einen identitätsstiftenden und vereinenden Charakter – die Figuren stehen sich durch Brauchtum und Tradition nahe –, tritt aber aufgrund der weltlichen Orientierung der Charaktere eher in den Hintergrund. In einem jüdischen Umfeld mag sie dabei – aus dem Blickwinkel eines nicht jüdischen Autors – eher auffallen, wird aber in diesen Fällen nicht besonders hervorgehoben. Das ist insofern erwähnenswert, da in Serien wie *The Ranch,* die ein konservatives Weltbild zeigen, Religion eigentlich erwartbarer Bestandteil der Gesellschaft wäre. Dennoch wird allgemein auf eine Thematisierung der Religion, das Auftreten von Priestern oder den Besuch einer Kirche verzichtet. Dies mag möglicherweise der Fall sein, um das Identifikationspotenzial mit nicht religiösen Rezipierenden aufrechtzuerhalten, u. U. auch, um religiöse Institutionen und Gefühle nicht anzugreifen und somit eine dahingehende Kontroverse zu vermeiden.

---

[113] Als ein Mann sie bei einem Auftritt beleidigt und zu ihr meint, sie solle nach Hause gehen und die Küche putzen, antwortet sie: „Oh, Sir, I'm Jewish. I pay people to do that." (*The Marvelous Mrs. Maisel* I/8: 57:50). Sie greift somit ironisch das Klischee des wohlhabenden Juden auf.

3.5.6 Resümee: Zentrierung des familiären Paradigmas

Selbstverständlich sind die genannten Paradigmen nicht die einzigen, die in den Serien verhandelt werden. In *Atypical* steht beispielsweise der Autismus des Protagonisten wiederholt im Vordergrund, wenn auch eher als unterhaltendes Element und Katalysator und Zuspitzung der Handlung denn als tiefergehend verhandelte Problematik. In *The Ranch* spielen gelegentlich der politische Konservatismus Beau Bennetts sowie der Football eine Rolle – ein Sport, über den sich Colt definiert. Ein Aufgehen in Details, welche Relevanz für ein Einzelformat, aber nicht für das Gesamtkorpus besitzen, wäre indes wenig zielführend. Im Folgenden sollen nun die Ergebnisse bezüglich der Paradigmen gebündelt werden.

Die Paradigmen Alkohol- und Drogenkonsum und Religion sind bezüglich der Familiendarstellung zwar wiederholt auftretende, aber sekundäre Teile der vorgeführten Weltmodelle. Der gemeinsame Konsum von Alkohol und Rauschmitteln kann dabei – neben seiner Anwendung als ‚Problemlösung‘ – einen einenden und entspannenden Charakter haben. In Hinblick auf die Familie hat Religion ebenso eine vereinende Funktion, diese erfolgt aber vor allem über ihre identitätsstiftenden Eigenschaften. Sexualität ist Teil von Ehe und Beziehung und nur innerhalb dieser legitim. Soziale Schicht, Arbeit und Geld stärken durch ihren negativen und bedrohlichen Einfluss die Opposition von Privatem und Öffentlichem und damit die Bedeutung des familiären Zusammenhalts sowie die Funktion der Familie als Schutzraum.

Es lässt sich feststellen, dass ein Paradigma erst dann besonders relevant wird, wenn es einen direkten Bezug zum familiären Leben aufweist. Je stärker etwas Einfluss auf die Familie nimmt, je relevanter es im familiären Leben der Charaktere und auch bezüglich ihrer Selbstdefinition ist, desto relevanter ist es im Weltmodell der untersuchten Formate. Viele der analysierten Serien setzen vordergründig andere Handlungsschwerpunkte als das Familienleben, z. B. die Drogenkriminalität in *Ozark,* die Musik in *The Get Down,* Transsexualität in *Transparent* oder Autismus in *Atypical.* Bei diesen und bei allen darüber hinaus verhandelten Paradigmen handelt es sich letztlich allerdings nicht um eigenständige Handlungselemente, sondern allein um Träger der dominanten Familienhandlung. Diese Thematiken stellen die Möglichkeit dar, familiäre Dynamiken aus unterschiedlichen Perspektiven zu thematisieren und die im Kern stets gleiche Handlung zu variieren. Die zuvor genannten Thematiken und scheinbar primären Handlungsstränge sind im Kern nicht mehr als reine „Pseudo-Paradigmen" ohne eigenständige Relevanz, die der ‚nackten‘ Familiendarstellung unterschiedliche Hüllen verleihen und überdecken, dass es im Kern darum geht, bestimmte

Werte, Normen und Idealvorstellungen von menschlichem Zusammenleben zu transportieren.

3.6 Repräsentation von Familie durch Handlungs- und Raumstrukturen

Mit Ausnahme von *F is for Family* und *The Romanoffs* haben die analysierten Formate ausschließlich eine Tendenz zur Fortsetzungsserie.[114] Bei *The Romanoffs* handelt es sich um eine Anthologie-Serie, die in jeder Episode eine alleinstehende Geschichte erzählt. Dabei existieren übergeordnete Elemente wie u. a. wiederkehrende Figuren, die auch in anderen Episoden auftreten (vgl. *The Romanoffs* I/8: 2:20 – hier sieht man Greg Moffat und Sophie aus der ersten Episode am Pariser Bahnhof). Der Charakter einer Anthologie wird vorgeblich über den Aspekt der (behaupteten) Abstammung einiger Figuren von der Zarenfamilie Romanow hergestellt. Dabei handelt es sich um ein Element, das in der Handlung eine untergeordnete Rolle einnimmt. Vielmehr stehen im Mittelpunkt der Serie diverse Familienkonstellationen und Charakterkonflikte mit Familienbezug: eine ungewollte Schwangerschaft, der Konflikt zwischen Mutter und Tochter, die Adoption eines Kindes, ein Sohn, der verstoßen wird etc. Familie ist das übergeordnete und vereinende Paradigma der Serie, weniger die Abstammung vom russischen Zarenhaus. Der Titel *The Romanoffs* wird insofern ad absurdum geführt, da die Figuren – unabhängig von ihrer Herkunft – familiäre Probleme durchleben, die in keinerlei Bezug zur ihrer Ahnenlinie stehen. *F is for Family* ist als Zeichentricksitcom klassischerweise an der Episodenhandlung orientiert und weniger an übergreifenden Handlungslinien. Allerdings treten auch hier dauerhafte Veränderungen ein, z. B. hinsichtlich der beruflichen Situation der Charaktere, und ein Streit zwischen den Figuren wird nicht zwingend mit jeder Episode beendet.

Serien, die man im weitesten Sinne als Sitcom bezeichnen könnte, wie *Atypical, Everything Sucks!, Grace and Frankie, Red Oaks* und *The Ranch* weisen relativ abgeschlossene Episodenhandlungen auf, doch in jedem Fall sind übergeordnete Handlungsstränge vorhanden, die in ihrer Bedeutung die Handlung der Einzelfolgen dominieren. In *Atypical* steht neben der Beziehungsfindung Sams vor allem der Ehebruch seiner Mutter im Vordergrund. Bei *Everything Sucks!* handelt es sich um die Adoleszenz der jungen Charaktere und um das Zusammenfinden von deren Eltern, bei *Grace and Frankie* um die Homosexualität der Ex-Ehemänner

---

[114] Die Handlungsschemata der Serien sind der Untersuchung in Anhang 3. (im elektronischen Zusatzmaterial) angehängt.

und die daraus resultierenden Konflikte, in *Red Oaks* um die Loslösung Davids vom Elternhaus und seine amouröse sowie berufliche Entwicklung und in *The Ranch* um den Konflikt zwischen Beau und Maggie sowie um Colts Selbstfindung auf Berufs- und Beziehungsebene. Dabei wird eine kontinuierliche Entwicklung der Charaktere gezeigt, auch wenn sich diese in ihren Merkmalen nur langsam ändern und weitgehend ihrem (oft überzeichneten) Typus treu bleiben. Die weiteren Serien sind klar als Fortsetzungsserie zu bezeichnen. Hier durchlaufen die Charaktere in einer kontinuierlichen Handlung eine klare Entwicklung.

Wie hier deutlich wird, tendiert die Video-on-Demand-Serie zur Fortsetzungsserie. Traditionell episodal gehaltene Gattungen wie die Sitcom entwickeln einen Trend in Richtung eines narrativen Kontinuums. Selbst die Zeichentricksitcom, die – z. B. in *The Simpsons, Family Guy* oder *South Park* – auf eine absolute Unabhängigkeit der Einzelepisoden setzte, löst sich von diesem Schema. Dies lässt sich auch im Netflix Original *BoJack Horseman* beobachten, das deutliche übergeordnete Handlungsstränge aufweist (vgl. Kelsch 2019: 114 f.). Die Handlungsverläufe lösen sich vom simplen Schema der Ein-Episoden-Handlung mit stabilen Charakteren und wendet sich komplexeren Handlungsverläufen zu. Dies muss nicht in jedem Falle bedeuten, dass die Figuren eine mehr oder weniger drastische Entwicklung durchlaufen, wie dies vor allem in Fortsetzungsserien der Fall ist, gibt einer solchen Entwicklung allerdings deutlich mehr Raum. Selbst ein Zeichentricksitcom-Charakter wie Sue Murphy wandelt sich, indem sie sich gegen ihren Ehemann durchsetzt und einen Beruf ergreift. Frank muss schließlich lernen, damit zurechtzukommen. Der Trend einer gesteigerten Komplexität von Figuren und Handlung, der mit dem sogenannten Quality-TV der 2000er begann, setzt sich in der Video-on-Demand-Serie fort.

Handlungsverlauf	
Serie	**Auswertung**
Atypical	Kinder: Kindheit > Erwachsensein (durch Adoleszenz) • Extremraum: Sexualleben Eltern: Stabiles Familienleben > instabiles Familienleben (durch Ehebruch) • Extremraum: Ehebruch ➜ Störende Faktoren: Adoleszenz, Ehebruch
Everything Sucks!	Kindheit > Erwachsensein (durch Besuch der High-School + erste Beziehung) • Extremraum: Elternschaft ➜ Störende Faktoren: Adoleszenz, defiziente Familiensituation

Handlungsverlauf

Serie	Auswertung
F is for Family	Klassische Sitcom-Episodenstruktur (mit teilweise übergreifender Handlung) ➜ Störende Faktoren: Arbeitswelt, Adoleszenz, Emanzipation der Frau
Grace and Frankie	Geordnete Familien- und Rollenverhältnisse > ungeordnete Familien- und Rollenverhältnisse (durch Outing von Robert und Sol) > angestrebt: neue Familien- und Rollenverhältnisse • Extremraum: Homosexualität ➜ Störende Faktoren: Ehebruch, Scheidung (und dementsprechend defiziente Lebenssituation)
Ozark	Relative Sicherheit > Bedrohung > relative Anpassung an den Raum • Extremraum: Extreme Bedrohung ➜ Störende Faktoren: Arbeitswelt/Geld, Ehebruch
Red Oaks	Stabile Familien- und Beziehungsverhältnisse > instabile Familien- und Beziehungsverhältnisse (durch Auflösung der Ehe, Emanzipation Davids, Verlieben Davids) • Extremraum: Normablehnung ➜ Störende Faktoren: Adoleszenz/Loslösung vom Elternhaus, Ehestreitigkeiten
The Get Down	Persönliche Unfreiheit > persönliche Freiheit (durch Emanzipation von der Familie und sozialen Zwängen + aber auch: Einigen Charakteren gelingt keine Emanzipation) • Extremraum: Persönlicher Erfolg ➜ Störende Faktoren: Soziale/gesellschaftliche Zwänge + Kriminalität, defiziente Familiensituation
The Marvelous Mrs. Maisel	Gesellschaftliche Norm > Normbruch (durch Joels Ehebruch + Miriams Stand-Up-Karriere) • Extremraum: Stand-Up-Comedy ➜ Störende Faktoren: Soziale/gesellschaftliche Zwänge, Ehebruch
The Ranch	Leben außerhalb der Heimat > Leben in der Heimat (durch Colts Heimkehr) • Extremraum: Familie ➜ Störende Faktoren: Defiziente Lebens- und Familiensituation, unangemessenes Verhalten des Protagonisten
The Romanoffs I/1	Instabile Familiensituation (kein Erbe) > Stabilisierung durch Erweiterung der Familie ➜ Störende Faktoren: Defiziente Lebens- und Familiensituation

Handlungsverlauf

Serie	Auswertung
The Romanoffs I/2	Instabile Familiensituation (keine Liebe der Eheleute) > Bruch der Familie ➜ Störende Faktoren: Entfremdung der Eheleute + Ehebruch
The Romanoffs I/3	Kein Familienbezug (instabile Situation aufgrund mangelnden familiären Rückhalts)
The Romanoffs I/4	Erweiterung der Familie + instabile Familiensituation > Versöhnung und dadurch Stabilisierung der Familie ➜ Störende Faktoren: Widerstreitende Meinungen zwischen Mutter und Tochter, Ehebruch
The Romanoffs I/5	Gefährdung der Familie von außen > Tilgung der Gefahr ➜ Störende Faktoren: Bedrohung der Kinder (bzw. ‚Eindringling' in die Familie)
The Romanoffs I/6	Gefährdung der Familie von innen > Aufrechterhalten der Familie ➜ Störende Faktoren: Krankheit des Sohnes, Konflikt des Ehepaares
The Romanoffs I/7	Versuch der Familienbildung > Bildung von Familie ➜ Störende Faktoren: Defiziente Familiensituation (+ Streben nach deren Komplettierung)
The Romanoffs I/8	Eindringen eines Fremdkörpers in die Familie > Tilgung des Fremdkörpers bzw. Sanktionierung des Eindringens ➜ Störende Faktoren: Fremdkörper in Familie, Tod eines Elternteils, Selbstfindung
Transparent	Traditionelle Rollenschemata > Bruch traditioneller Rollenschemata (durch Transsexualität, aber auch Homosexualität) ➜ Störende Faktoren: Drastischer Selbstfindungsprozess, Ehebruch, Defiziente Familiensituationen

In seiner Betonung des familiären Zusammenhaltes ist der Handlungsverlauf von *Ozark* im Vergleich zu den anderen analysierten Serien herausstechend. Dass die Handlung der Serien stets aus dem Bruch einer bestehenden familiären Ordnung resultiert, ergibt sich logisch aus deren inhaltlicher Fokussierung auf die Familie.

Eine vollständige oder zumindest weitgehende Wiederherstellung familiärer Stabilität, d. h. eine vollständige Umsetzung des Konsistenzprinzips, findet lediglich in den abgeschlossenen Folgen von *The Romanoffs* statt. Aufgrund folgender

Staffeln werden Handlungslinien und Konflikte in den weiteren Beispielen nicht abgeschlossen. In *Ozark* bleiben die Byrdes innerfamiliär im Konflikt und außerfamiliär bedroht. In *Atypical* entdeckt Doug Gardner den Ehebruch seiner Frau zum Ende der ersten Staffel (vgl. *Atypical* I/8: 34:00). *Everything Sucks!* endet mit der Ankunft von Lukes Vater beim gemeinsamen Essen der Messners (vgl. *Everything Sucks!* I/10: 24:00) und mündet somit in eine potenzielle Bedrohung der neugefundenen Harmonie. *Red Oaks* endet mit der Ankündigung Skye Gettys, sie werde nach Paris gehen. Stets bleibt ein großes Potenzial zur Fortführung der Handlung. Auch *The Get Down* weist, obwohl keine zweite Staffel folgt, einige offene Enden auf.

Der Bruch familiärer Strukturen kann – wie in der obigen Tabelle zu sehen ist – aus unterschiedlichen Faktoren bzw. aus verschiedenen Grenzüberschreitungen resultieren. Dabei handelt es sich in der Regel um einen inneren Antrieb der Figuren, der zu einer ereignishaften Situation führt, also einer Änderung der Familie von innen heraus. Fokussiert die Handlung jüngere Charaktere, handelt es sich bei dieser Grenzüberschreitung meist um den Wandel von der Kindheit zum Leben als Erwachsener. Im Rahmen einer frühen oder fortgeschrittenen Adoleszenz führt die Ablehnung der elterlichen Autorität und das Erwachen sexuellen Interesses bzw. bei älteren Charakteren die Suche nach einer dauerhaften Beziehung zur Loslösung vom Elternhaus. Der logische Endpunkt einer solchen Handlung wäre die vollkommene Abspaltung von den Eltern und der Beginn eines eigenständigen Lebens. Dies findet allerdings in den untersuchten ersten Staffeln so nie statt. Weitere Serien zeigen andere ‚Störungen‘ der geordneten familiären Koexistenz. Dabei spielen vor allem der Ehebruch, Konflikte zwischen Eheleuten und deren Entfremdung voneinander oder der Konflikt eines Charakters mit seiner Rolle innerhalb der Familie, deren aller Konsequenz meist der Ehebruch ist, eine große Rolle. In *The Ranch* besteht die Handlung vorrangig darin, dass der Protagonist Colt versucht, sich im familiären und erwachsenen Leben zu verorten. Die Handlungen von *Grace and Frankie* und *Transparent* basieren auf dem Verlust des konstitutiven Merkmales einiger Hauptcharaktere. Robert und Sol (*Grace and Frankie*), die zuvor von ihren Familien als heterosexuell wahrgenommen wurden, outen sich als homosexuell. In *Transparent* stellt sich heraus, dass Maura sich als Frau und nicht als Mann fühlt. Somit ist sie – auf Ebene der Rollenwahrnehmung – nicht mehr Vater, sondern Mutter ihrer Kinder. In den meisten Fällen lassen sich die oppositionellen Räume in etwa mit „geordnete Familien- und Rollenverhältnisse" und „instabile Familienverhältnisse" bezeichnen oder auf diese reduzieren. Findet die Handlung, wie in *The Romanoffs,* einen Abschluss, besteht dieser – naheliegenderweise – in der Stabilisierung der Situation: Anushka La Charnay findet, wie ihr Neffe, familiäre Geborgenheit (*The Romanoffs* I/1). Julia

Wells verträgt sich mit ihrer Tochter Ella und erfährt, dass diese schon länger weiß, wer ihr leiblicher Vater ist (*The Romanoffs* I/4). Katherine Ford überwindet ihren Argwohn gegenüber dem Klavierlehrer David Patton (*The Romanoffs* I/5). Abel Erikson ermöglicht scheinbar eine Versöhnung des Ehepaares Hayward (*The Romanoffs* I/6) und die Garners adoptieren eine Tochter und ‚vervollständigen' ihre Familie (*The Romanoffs* I/7). Der Endpunkt der Entwicklung ist die Beilegung eines familiären Konfliktes und die Sicherung der familiären Koexistenz. Eine Ausnahme stellen die zweite, dritte und achte Episode dar: In der zweiten Episode zerbricht die desolate Ehe von Michael und Shelly Romanoff, in der dritten Episode spielt Familie gar keine Rolle und in der achten Episode ermordet Simon/Candice Burrows seinen/ihren ‚Konkurrenten' Jack. Diese Episoden stellen dementsprechend Einzelfälle dar. Die Abwesenheit von Familie bzw. deren negativer Zustand wird auf diese Weise stets als hochproblematische Situation gewertet, wodurch deren intradiegetische Bedeutung bestätigt wird.

Auffällig ist, dass die Bedrohung der Familie und deren Destabilisierung nur selten von äußeren Faktoren bedingt wird. Stets kommt zu den äußeren Einflüssen eine Handlung der Charaktere, welche die Familie destabilisiert. In *Ozark* wird die Familie von einem Drogenkartell bedroht, vor allem aber begeht Wendy Byrde Ehebruch. In *F is for Family* und *The Marvelous Mrs. Maisel* werden die Ehemänner von der Arbeitswelt unter Druck gesetzt und handeln gegenüber ihren Ehefrauen und Kindern negativ. Der äußere Einfluss ist dabei den familieninternen Faktoren an Bedeutung untergeordnet. Die Charaktere stehen zwar unter dem Einfluss äußerer Faktoren, doch diesem wird weniger Bedeutung beigemessen als dem konkreten Handeln. Frank Murphys despotisches und ignorantes Verhalten, Wendy Byrdes und Joel Maisels Ehebruch werden mehr fokussiert als deren Ursachen.

Eine Handlung, in der eine äußere Bedrohung der Familie vorliegt – beispielsweise die Jagd durch eine Verbrecherorganisation, die Bedrohung durch Armut, eine Naturkatastrophe oder Ähnliches –, ohne dass schwerwiegende innere Konflikte vorliegen, tritt im Analysekorpus nicht auf. Die Handlung richtet sich eher auf das Handeln und die Geschehnisse innerhalb der Familie aus als auf deren Interaktion mit dem Außen.

In *Ozark* ist die Hervorhebung des familiären Zusammenhalts herausstechend. Trotz oft dysfunktionaler Verhältnisse lösen sich Familien auch in weiteren Beispielen nicht auf. Der logische Endpunkt ist stets die Sicherung des Zusammenhalts und das Fortbestehen. Die Adoleszenz jugendlicher Charaktere sehe ich hierbei als Ausnahme. Dies ist durchaus bei *Grace and Frankie* ebenso der Fall, eine Serie, die mit dem Zerbrechen zweier Ehen beginnt. Dieses Ereignis bringt die Familien Bergstein und Hanson und deren Kinder sogar näher zusammen als zuvor. Natürlich lässt sich dies als besondere Gewichtung des familiären Zusammenhalts werten, basiert aber – auf einer deutlich profaneren Ebene – vor allem auf dem inhaltlichen Grundkonzept der Serien. Selbst in einer Fortsetzungsserie, in welcher die Charaktere einen Wandel durchlaufen, wäre die vollständige Auflösung eines bestehenden Charakterverhältnisses, das in der ersten Staffel als handlungstragend etabliert wurde, ein narratives Wagnis. Die Konsequenz wäre eine Zersplitterung der Handlung und die notwendige Etablierung weiterer Figuren. Obgleich sich auf der Handlungsebene die Bedeutung der Familie durchaus manifestiert, darf dies angesichts der aus der Gattung Serie resultierenden narrativen Zwänge nicht zu hoch gewertet werden.

Zudem wurde zuvor darauf verwiesen, dass in den Formaten besonders konfliktreiche Familien präsentiert werden, deren unbedingte Aufrechterhaltung fragwürdig erscheint. Familie wirkt dadurch wie ein hohles Dogma, das angesichts aktueller gesellschaftlicher und sozialer Gegebenheiten an Bedeutung verliert. Um den Fatalismus dieser Argumentation zu relativieren, muss betont werden, dass die beständigen und tiefgreifenden Konflikte der Video-on-Demand-Familien ebenso wie der Drang junger Charaktere, die Herkunftsfamilie zu verlassen, narrativ notwendig sind. Ein stabiles Personengefüge zu beobachten, das harmonisch beisammen lebt und in seinen Abläufen absolut funktional ist, ist von geringem Spannungs- und Erzählwert. Selbst in Serien der 1950er Jahre traten in Familien Konflikte auf, wenn auch diese selbstverständlich nicht die Drastik oder Schärfe heutiger Serien aufweisen. Aktuelle erwachsene Rezipierende erwarten – so ist anzunehmen – schwerwiegendere Konflikte zwischen den Charakteren, die über einen alltäglichen Streit hinausgehen. Die Darstellung des Familienparadigmas verläuft daher stets zweigleisig: Einerseits ist ein fiktionales Weltmodell, insbesondere das eines medialen Formates, das auf Publikumswirksamkeit abzielen muss, stets Ergebnis dramaturgischer Überlegungen. Problematiken und Spannungsfelder werden bewusst verschärft. Andererseits tritt im Weltmodell auch das kulturelle Wissen der Medienschaffenden zutage. Welchen Narrationen das größte Identifikationspotenzial und somit die größten Marktchancen beigemessen werden, erlaubt Rückschlüsse auf das Gesellschaftsbild der Produzierenden und ist dementsprechend relevant. Dramatik und damit essenziell auch die Gestaltung der Narration mögen also zur Übertreibung neigen, ähnlich wie die satirische Herangehensweise zahlreicher Sitcoms. Was aber konkret übertrieben wird, verweist umso deutlicher auf existierende Weltbilder sowie Norm- und Wertvorstellungen.

3.7 Familienmodelle im Serienkorpus: Die Kernfamilie der Mittelschicht – ein idealisiertes und elitäres Modell

Zeigen einige Ausnahmen auch alternative Familienmodelle und -strukturen, so präferieren die analysierten Serien doch die traditionelle Kernfamilie und damit einhergehend konservative Geschlechternormen. Weibliche Charaktere sind häufig auf die Versorgung durch männliche Charaktere angewiesen und nur in geringfügigem Maße beruflich emanzipiert. Ihre Bindung an einen männlichen Charakter, in der Regel mit dem Ziel eine Familie zu gründen und Kinder zu bekommen, d. h. das Streben nach Erfüllung einer mütterlichen und fürsorglichen Rolle, erscheint als feststehende biologische Determination. Vollkommen unabhängige Frauen, Frauen, die allein für ihren Beruf leben oder Autoritätspositionen einnehmen, und ebenso alleinstehende Frauen führen entweder ein defizientes Leben oder es handelt sich um Negativcharaktere. Männlichen Charakteren wird eine größere Freiheit bei der Gestaltung ihres Lebens eingeräumt, vor allem wenn sie sich in der Jugendphase befinden, die sich bei weiblichen Charakteren bereits früh auf eine dauerhafte Paarbindung ausrichtet. Männer ergreifen die einflussreicheren sowie finanziell ertragreicheren Berufe und fungieren später als Familienversorger und Väter, d. h. als Autoritätspersonen. Das Autoritätsgefälle ist dementsprechend stets deutlich, selbst wenn es sich bei den dargestellten Beziehungen um vordergründig gleichberechtigte Partnerschaften handelt.

Die auf einer heterosexuellen Ehe basierende Familie ist dabei die absolute Norm und steht im Zentrum aller Formen der Familie und der Partnerschaft. Alles außerhalb der traditionellen Kernfamilie ist in den Serien des Korpus als Abweichung und ungewöhnlich zu betrachten, jedoch nicht unbedingt als illegitim oder negativ. Dies betrifft vor allem homo und transsexuelle Charaktere. Die Kernfamilie ist dabei stets auf den engsten Familienkreis beschränkt, d. h., Großfamilien in der Form des engen Zusammenlebens mehrerer Generationen treten nicht auf. Selbst wenn Hauptcharaktere bereits Großeltern sind, tritt die Enkelgeneration in der Regel in den Hintergrund. Die Charaktere bleiben somit an erster Stelle Mütter und Väter.

Ebenso wie von der erweiterten Familie bleibt die Kernfamilie gegen den öffentlichen Raum hin isoliert. Dies geschieht nicht, weil die Charaktere keinerlei Umgang mit der Öffentlichkeit pflegen würden, sondern dadurch, dass die Kompetenz zur Problemlösung allein im familiären Bereich liegt. Außenstehende Personen können eine beratende oder unterstützende Funktion einnehmen, haben aber keinen direkten Einfluss auf die Entscheidungen, welche die Familie betreffen. Dies gilt insbesondere auch für öffentliche und staatliche Institutionen. Äußere Einwirkung – häufig in Form der Berufs- und Arbeitswelt – ist zumeist belastend und negativ. Wird direkt Einfluss genommen, handelt es sich in der Regel um antagonistisches Eingreifen. Die Kernfamilie fungiert dementsprechend als Schutzraum vor ‚feindlichen' Einflüssen, als Raum des privaten Rückzuges, der Geborgenheit und der Sicherheit.[115]

Die auftretenden Familien sind dabei vornehmlich weißer Hautfarbe und gehören der Mittelschicht an. *The Get Down,* in dem afro- und lateinamerikanische Figuren die Hauptrollen spielen, stellt dabei, auch hinsichtlich der thematischen Schwerpunktsetzung auf soziale Problematiken, eine Ausnahme dar. In *Everything Sucks!* tritt die teilweise afroamerikanische Familie O'Neil auf. Rassismus wird hier nicht besonders thematisiert. Vielmehr sind die O'Neils wie Nwabudike Bergstein in *Grace and Frankie* voll inkludierter Teil der sie umgebenden Gesellschaft. Nwabudike fällt als adoptierter Afroamerikaner innerhalb einer vollständig weißen Familie zwar auf, wird aber nicht als abweichend, sondern vielmehr als Vorzeigesohn im Vergleich zum verantwortungslosen Coyote inszeniert, der in die Fußstapfen seines Vaters getreten ist. Der auffällige Name weicht normalerweise dem unauffälligen Spitznamen Bud, ebenfalls ein Anzeichen der Inklusion. Es muss außerdem darauf hingewiesen werden, dass es sich bei den O'Neils um eine unvollständige bzw. vaterlose Familie handelt, also nicht um eine geschlossene Kernfamilie wie in anderen Beispielen. Dennoch sind drei afroamerikanische Charaktere nicht ausreichend, um eine generelle Regel über die Darstellung afroamerikanischer Charaktere in der gesamten Video-on-Demand-Serie zu formulieren. Die geringe Zahl entsprechender Figuren macht indes deutlich, dass Menschen afroamerikanischer, lateinamerikanischer oder anderer Herkunft, insbesondere Native Americans oder Amerikaner asiatischer Herkunft, deutlich unterrepräsentiert sind.[116] Mit der zusätzlichen Beschränkung auf eine eher wohlhabende Mittelschicht engt sich das Gesellschaftsbild weiter ein.

Bezieht man weiterhin die Tatsache mit ein, dass relativ wenige alleinerziehende Eltern auftreten, lässt sich feststellen, dass das präsentierte Bild von Familie

---

[115] In *The Marvelous Mrs. Maisel* treten, wie in *The Romanoffs*, Charaktere auf, die erfolgreich ein Leben unabhängig von einer Familie führen. Dies allerdings nur im eingeschränkten Sinne: Miriam Maisel bleibt ebenso von ihrer Familie, d. h. ihren Eltern, abhängig und der alleinstehende Charakter Susie Myerson tritt als gesellschaftlicher Sonderling auf. In *The Romanoffs* ist Abel Erikson (*The Romanoffs* I/6) ein gefestigter und beruflich erfolgreicher Charakter. Allerdings ist Erikson offensichtlich einsam und strebt durchaus eine Beziehung an.

[116] 2018 waren 18,3 % der Einwohner der USA afroamerikanischer Herkunft, 13,39 % lateinamerikanischer und 5,91 % asiatischer Herkunft. 60,38 % der US-Bevölkerung waren weiß. Mit knapp 40 % nehmen Angehörige von Minderheiten also einen durchaus bedeutsamen Teil der US-Bevölkerung ein. Dies lässt die Tragweite von deren Unterrepräsentation deutlicher werden.

keinesfalls repräsentativ für die US-amerikanische Gesellschaft ist. Vielmehr stützen sich die Serien auf das seit den 1950er Jahren dominante Modell der weißen Mittelschichtsfamilie. Es wird eine Ausblendung und Reduktion von Komplexität auf ein Modell vorgenommen, das in der Realität nur einer relativ elitären gesellschaftlichen Gruppe entspricht.

Die strikte Einhaltung dieser Norm wird insofern auffälliger, da zeitgleich zunehmend vielschichtige Figuren und Handlungsstränge Einzug in die Serien gehalten haben – bereits vor der Video-on-Demand-Serie, aber durch diese noch vermehrt. Dementsprechend sind die dargestellten Familienverbände ausgesprochen konfliktreich, von der Harmonie der 1950er Jahre kann keine Rede mehr sein. Wie in *Ozark* erweist sich die Familie als zu tief im medialen Bewusstsein verankerter Mythos, als dass eine Auflösung oder rasche Umbildung erfolgen könnte. Die Repräsentation alternativer Lebensformen und vor allem deren Inszenierung als legitim und der traditionellen Familie gleichwertig wird von der Dominanz des Familienmythos nahezu erstickt. Das Ideal der Kernfamilie mag zwar kein Ideal mehr sein, dennoch bleibt es ein mediales Dogma und ein essenzieller Mythos. Selbstverständlich ergibt sich das unbedingte Festhalten an der Familie auch aus narrativen Zwängen der untersuchten Serien, die Narration verbietet allerdings keine Alternativen zur Kernfamilie bzw. zur vorliegenden Darstellungsform. Zudem entspringt die Verortung in einer nahezu exklusiv weißen Mittelschicht keinerlei narrativem Zwang, eher noch einem normativen.

Komplexe und ambivalente Figurenkonstellationen und Handlungssituationen werden in einfache und eindeutige Weltmodelle eingefügt, die ihren Ursprung in einer Zeit haben, deren serielle Modelle allgemein simpler und weniger vielschichtig konzipiert waren. Hier bestätigt sich die bezüglich *Ozark* bereits ausgeführte These des medialen Familienmythos, der im Inneren der Weltmodelle angelegt, aber für die Charaktere nicht mehr funktional ist. Aus narrativer Sicht ist das Aufeinanderprallen der Realität des Weltmodells und dessen innerer Normsetzungen äußerst reizvoll: In sich konfliktreiche Weltmodelle bieten Ansatzpunkte für komplexe und reizvolle Handlungslinien. Die analysierten Serien speisen sich daher gerade aus dem Konflikt widerstreitender Strukturen, zwischen tradierten, eindimensionalen Modellen und moderner Mehrdimensionalität.

Aus gesellschaftlicher Sicht erscheint die Konsequenz dessen allerdings problematisch. Schließlich werden hier auf massenmedialer Ebene idealisierte Weltmodelle bzw. Lösungsstrategien perpetuiert, die nicht mehr zeitgemäß sind. Vor allem aber versperren konservative Geschlechter- und Rollenbilder ebenso wie die Setzung der heteronormativen Kernfamilie als absolute Norm den Blick auf alternative Verhaltens- und Lebensweisen wie offene oder polyamore Beziehungen, unverheiratete Paare mit Kindern, die bewusste Entscheidung für ein

Leben ohne Kinder oder als Single. Solange diese nicht medial aufgegriffen und populärkulturell ‚normalisiert' werden, werden bestimmte Aspekte des menschlichen Zusammenlebens weiterhin als außerhalb der Norm stehend wahrgenommen werden. Das zunehmende Auftreten etwa transsexueller Charaktere und homosexueller Partnerschaften lässt zwar auf eine Entwicklung in Richtung einer breiteren Gesellschaftsrepräsentation schließen, auch wenn diese im besten Falle langsam, wenn nicht sogar schleppend verläuft. Diese Repräsentation bedeutet allerdings keinesfalls eine tatsächliche Vielfalt oder Inklusion entsprechender Modelle, sondern lediglich das Aufgreifen aktueller Entwicklungen. Es ist nicht nur die Zahl, sondern auch die Art und Weise der Darstellung, die relevant ist. Diese betont nach wie vor Abweichung und Andersartigkeit und propagiert die Anpassung an heteronormative, traditionell-konservative Strukturen.

Verortung der Analyse in der Serienhistorie: Binging Conservatism

Vollzieht man die Entwicklung der Familienserie seit den 1950er Jahren nach, lassen sich – wie unter 2 beschrieben – bestimmte Tendenzen aufdecken. Während in den 1950er und 1960er Jahren der Mythos der idealen Kernfamilie etabliert wurde, fanden in den 1970er Jahren kritischere Einflüsse ihren Weg in die Serienwelt, die in den 1980er Jahren einem Wiederaufleben traditioneller Motive wichen. In den 1990er Jahren bewegte sich die Serie wieder in Richtung der Dekonstruktion konservativer Strukturen. Diese Entwicklung brachte gegen Ende der 1990er Jahre zunehmend komplexe Serien mit sich, welche dann die 2000er Jahre dominierten. Es handelt sich folglich um eine Wellenbewegung, in der sich progressive und konservative Phasen abwechseln. Dekonstruktion folgt auf Rekonstruktion, wobei – in Bezug auf das unter 2.7 herangezogene Semiosphärenmodell – das Zentrum in sich konstant bleibt. Bestimmte Veränderungen, besonders hinsichtlich der Repräsentation der Geschlechter, von Minderheiten oder von nicht heterosexuellen Lebensweisen, bleiben dabei erhalten. Die Rekonstruktion ist also keine vollstände Wiederherstellung eines vorherigen Status, sondern eine Rückorientierung zu früheren Darstellungsformen unter Einbeziehung bestimmter Veränderungen bzw. die Integration bestimmter Aspekte in den inneren Bereich der Semiosphäre.

An welchem Punkt steht nun die Video-on-Demand-Serie? Das Medium Video-on-Demand erscheint – betrachtet man es als Dispositiv – aktuell dadurch progressiv, dass es sich zahlreichen vorherigen Konventionen der Serienproduktion entzieht. Hinsichtlich Distributions-, Produktions- und Rezeptionssituation lassen sich Veränderungen konstatieren. Das Angebot an Serien ist durch die Video-on-Demand-Anbieter nicht nur enorm gewachsen, es lässt sich auch eine deutliche Diversifizierung feststellen. Es ist fraglich, ob sehr spezielle Formate im konventionellen TV erfolgreich gewesen wären. Dabei sind Serien einzubeziehen,

J. Kelsch, *Binging Family*,
https://doi.org/10.1007/978-3-658-34766-6_4

die zwar für TV-Sender produziert, aber über Video-on-Demand einem internationalen Publikum zugänglich gemacht wurden.[1] Auch die Strukturen der Narration haben sich verändert. Es lässt sich eine Abkehr von episodalen Strukturen hin zu einer kontinuierlichen Fortsetzungsnarration beobachten – eine Entwicklung, die bereits mit dem Aufkommen des Quality-TV eingeleitet wurde.

Abgesehen von Anthologie-Serien wie *The Romanoffs* verliert die Einzelhandlung der Episoden an Bedeutung, die Gesamtnarration und somit das Entwicklungspotenzial der Figuren rücken in den Vordergrund (vgl. 3.6).[2] Klassische narrative Trennungselemente wie der Cliffhanger verschwinden nicht, treten allerdings aufgrund des Binge-Watching-Trends in den Hintergrund.[3]

Intuitiv ließen diese Entwicklungen auf inhaltliche Progressivität schließen. Denn schließlich lässt ein ‚neues' Medium, das auf inszenatorischer Ebene andere Wege geht, auch neue Erfahrungen und Inhalte erwarten. Zudem profitierte die Video-on-Demand-Serie von der Euphorie, die das Quality-TV Ende der 1990er Jahre und in den frühen 2000er Jahren umgab und die den Weg für den medialen Siegeszug der Serie ebnete. Die Serie ist das dominante narrative Unterhaltungsmedium des letzten Jahrzehnts. Wie diese Untersuchung allerdings – zumindest für das Feld der Familiendarstellung – ergeben hat, wäre es ein Trugschluss, aufgrund eines Wandels des Discours einen Wandel der Histoire zu erwarten. Dass die Serien des Korpus hinsichtlich der Inszenierung der Inhalte und der Darstellung der Charaktere ambivalenter und weniger eindeutig sind als die Mehrzahl

---

[1] Beispiel hierfür ist u. a. die Serie *Happy!*, die für den US-Sender Syfy produziert und in Deutschland auf Netflix veröffentlicht wurde. Hier kämpft ein Ex-Polizist mit brutalen Methoden gegen – teils sexuell-perverse – Verbrecher und wird dabei vom animierten, fliegenden Einhorn Happy begleitet, dem imaginären Freund seiner Tochter. Auch die Serie *Preacher*, eine Comic-Umsetzung des US-Senders AMC, in der ein krimineller Prediger zu nahezu göttlichen Kräften gelangt und u. a. zusammen mit einem Vampir mit drastischer Gewalt gegen eine international agierende Organisation kämpft, die die Weltherrschaft anstrebt, ist über Amazon abrufbar.

[2] Man kann hier nicht von einem klaren Umbruch sprechen, sondern von einer sukzessiven Entwicklung. Dies lässt sich daran erkennen, dass es zwar nach wie vor Serien gibt, bei denen jede Einzelfolge relativ präsente und abgeschlossene Handlungen erzählt, die übergeordnete Handlung aber bedeutsamer ist als noch in Episoden-Serien früherer Jahrzehnte, in denen es u. U. überhaupt keine übergreifende Handlung gab.

[3] Bei den Serien meines Korpus enden einige Folgen mit Cliffhangern (z. B. *Transparent* I/1, *The Get Down* I/4, *Everything Sucks!* I/3, *Ozark* I/6). Es kann jedoch nicht von einer kontinuierlichen Strategie die Rede sein. Seine Bedeutung behält der Cliffhanger am Ende einer Staffel, denn während bei Video-on-Demand-Serien in der Regel alle Episoden einer Staffel am Stück veröffentlicht werden, muss die Spannung bis zur Ausstrahlung der nächsten Staffel weiterhin gehalten werden (z. B. *Atypical*, *Everything Sucks!*, *Grace and Frankie*, *Red Oaks*, *The Ranch*).

der Serien der 1950er bis 1990er Jahre und somit als komplexer wahrgenommen werden können, lässt sich ohne Weiteres feststellen. Auch die Diversität in den familiären Problematiken hat zugenommen und viele ehemals tabuisierte Themenfelder werden mittlerweile verhandelt. Die Darstellungen sind zudem – einhergehend mit veränderten Sehgewohnheiten – drastischer geworden, beispielsweise in der Darstellung von Gewalt und Sexualität. Doch den Kern dessen, was in US-amerikanischen Video-on-Demand-Serien dargestellt wird, bildet nach wie vor der hier oft zitierte Mythos der Kernfamilie, welcher in den 1950er Jahren seinen Ursprung hat.

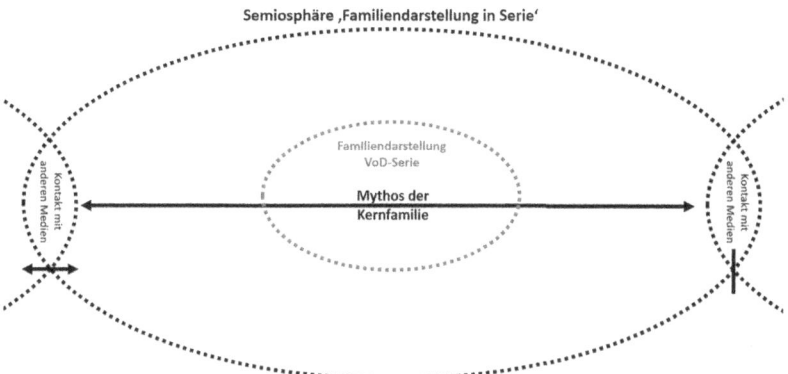

Abb. 4.1 Semiosphäre ,Familiendarstellung in Serie' (mit VoD-Serie)

In Rückbezug auf die oben abgebildete ,Semiosphäre Familiendarstellung in Serie' (Abb. 4.1) ist die Familiendarstellung in der Video-on-Demand-Serie als organischer Teil der größeren Semiosphäre, zu verstehen. Betrachtet man sie für sich genommen, lässt sich hier keine bedeutsame Abweichung oder Entwicklung feststellen.

Trotz sukzessiver Diversifizierung der Weltmodelle kann ich – im Hinblick auf mein Analysekorpus – konstatieren, dass es sich bei aktuellen Video-on-Demand-Serienproduktionen um inhaltlich konservative Formate handelt. Dass bestimmte Topoi wie die bewusste Dekonstruktion von Idealen, z. B. durch die Problematisierung von Zwangsstrukturen und ehelichem Unglück, fester Bestandteil aktueller serieller Weltmodelle ist, stellt keinen Indikator für Progressivität dar. Es handelt sich um Faktoren, die bereits mit Serien der 1990er Jahre ihren Weg ins Fernsehen fanden und in den 2010er Jahren – vor allem über Zeichentricksitcoms – intensiviert wurden.[4] So wie Serien der 1980er Jahre der Progressivität der 1970er Jahre Rechnung trugen, werden diese Entwicklungen auch in aktuellen Serien aufgegriffen, den Kern der Handlung bildet jedoch stets das Streben nach familiärer Stabilität, nach Erhalt oder – häufiger – Wiederherstellung eines heteronormativen familiären Ideals. Das Zentrum der Semiosphäre bleibt weiterhin persistent. Es existieren zwar Serien wie *The Marvelous Mrs. Maisel*, *Red Oaks* und in Teilen *The Romanoffs*, welche eine Auflösung der Familie zulassen und sich von traditionellen Rollenbildern zumindest teilweise lösen. Diese stellen aber im untersuchten Korpus entweder Ausnahmen dar oder fügen sich in ihren zentralen Normsetzungen doch in den allgemeinen Tenor ein, dass ein Leben ohne familiären Zusammenhalt große intradiegetische Nachteile aufweist und eine Auflösung der Familie langanhaltende Problematiken mit sich bringt. Dass Serien wie *Ozark*, *Atypical*, *The Ranch*, *Grace and Frankie*, *Transparent* und viele weitere familiäre Konflikte aufzeigen, dass sie auf den ersten Blick Familie sogar dekonstruieren, bekräftigt – so widersprüchlich dies auch klingen mag – ein konservatives Familienbild. Diese Serien kehren stets zu eben jenem Familienbild zurück und legen es den Charakteren als Antrieb und zentrale Handlungsmotivation zugrunde. Dadurch wird jede Narration, die eine Auflösung der Familie begünstigt oder fördert, zu einem Gegenargument, das durch die zentrale Argumentation der Serie relativiert oder gar negiert wird. Die analysierten Serien arbeiten folglich mit dem einfachen rhetorischen Mittel der Vorwegnahme des Gegenargumentes, was in diesem Fall besagt, dass die Familie die Hauptquelle aller Lebensprobleme sei.

Trotz dieser Argumentation ist der Mythos der idealen Kernfamilie nicht mehr als ein Mythos. Je weiter er sich vom Zeitpunkt seiner Entstehung entfernt und je mehr er im Gegensatz zur außermedialen Realität steht, in der sich durchaus funktionale alternative Lebensmodelle finden, desto ‚leerer‘ wird er:

> Im Sinn hat sich bereits eine Bedeutung herausgebildet, die durchaus sich selbst genügen könnte, wenn sich der Mythos nicht ihrer bemächtigte und aus ihr eine leere, parasitäre Form machte. Der Sinn *ist bereits* vollständig, er postuliert ein Wissen, eine Vergangenheit, ein Gedächtnis, eine geordnete Reihe von Tatsachen, Ideen, Entscheidungen. Indem er Form wird, verliert der Sinn seinen Zusammenhang; er leert sich, verarmt, die Geschichte verflüchtigt sich, er bleibt nur noch Buchstabe. (Barthes 2016: 262)

---

[4] Dabei ist zu betonen, dass die Zeichentricksitcom durch ihre satirische Schärfe eine Sonderrolle einnimmt.

Vor allem durch das Beharren auf einer starren Form, im Sinne dieser Untersuchung eine bestimmte Darstellungsweise von Familie, welche aus dem sinnstiftenden und legitimierenden gesellschaftlichen Zusammenhang ihrer Entstehung gelöst wurde, und durch die Leugnung oder Marginalisierung von Alternativen kann der Mythos der Kernfamilie, so wie er medial vermittelt wird, als zunehmend ‚leer' bezeichnet werden. Der Widerspruch zwischen dem Kern der Semiosphäre, den dieser Mythos bildet und den Elementen, die aus der Peripherie zunehmend nach innen drängen wächst. Wohlgemerkt heißt dies keinesfalls, dass menschlicher Zusammenhalt und menschliche Nähe unbedeutend oder sinnlos sind, sondern allein, dass die Behauptung, eine bestimmte Form des Zusammenlebens sei ideal, an Sinnfülle verliert. Die Form verliert den Sinn nicht vollständig, „sie läßt ihn verarmen" (Barthes 2016: 263). Dennoch passt sich der Mythos an (vgl. Barthes 2016: 265) und richtet sich in diesem Fall an den aktuellen Serien-Rezipierenden aus. Zeitgenössische Darstellungen der Kernfamilie sind nicht identisch mit denjenigen der 1950er Jahre, sondern adaptieren gesellschaftliche Entwicklungen. Dadurch, dass die Form erhalten bleibt, behält der Mythos der Kernfamilie seine innere Bedeutung und seinen Verweischarakter: „Das ist die ideale Form des menschlichen Zusammenlebens." Aufgrund des Sinnverlustes handelt es sich zunehmend um ein Mantra und weniger um eine sinnvolle Proposition. In Anbetracht der Entwicklung der Familie in der US-Serie generell lässt sich also Folgendes feststellen: Allgemein – auch über das Analysekorpus hinaus – treibt die Video-on-Demand-Serie bestimmte Entwicklungen voran, insbesondere auf der Ebene der Strukturierung der Handlung und der Diversifizierung des Angebots. Diese Entwicklungen haben dabei ihren Ursprung bereits vor der Zeit der Streaming-Anbieter und werden von diesen fortgeführt und verstärkt. Inhaltlich, in Bezug auf die Familiendarstellung der analysierten Serien, handelt es sich aber um weitgehend konservative Darstellungsformen oder zumindest um solche, die sich nicht dadurch auszeichnen, progressive Modelle voranzutreiben. Die auf den ersten Blick andersartigen und potenziell Veränderung bringenden Elemente werden in dem Sinne in den Kern der Semiosphäre integriert, dass sie den dort geltenden Strukturen, Normen und Werten angepasst werden und diese – trotz der eigentlichen Widersprüchlichkeit – noch bekräftigen. Im Zuge dieser Integrationsprozesse findet also eine Angleichung eigentlich gegenläufiger Logiken statt.

Schon vor dem Aufkommen der TV-Serie ist die Familie ein bedeutsames mediales Motiv. Durch Serien erlangte sie allerdings eine besondere Relevanz und wurde zu einer der zentralen Thematiken der audiovisuellen Unterhaltung. In

Zeiten der Video-on-Demand-Serie und des Binge-Watching, in denen der massenhafte Konsum audiovisueller Medien Teil des Alltags ist, werden auch Familiendarstellungen massenhaft konsumiert. Sie werden, in Anspielung auf den Titel dieser Arbeit „Binging Family", geradezu verschlungen. Der Gewohnheitseffekt, der sich durch die jahrzehntelange Perpetuierung bestimmter Darstellungsformen eingestellt hat, und die Beliebigkeit sowie die Unaufmerksamkeit, welche sich durch das Binge-Watching ergeben, überdecken dabei, dass diesen Serien in der Regel ein stabiler konservativer und im Kern antifeministischer (vgl. dazu die Bezüge auf Friedan unter 3.2.4) Mythos zugrunde liegt, auch wenn sich dieser oft hinter dem Anschein der Progressivität verbirgt. Mit dem Konsum der Familienserie werden dementsprechend auch konservative Auffassungsweisen – u. U. unkontrolliert – aufgenommen. Diese verkappten konservativen Mythen werden ebenso ‚verschlungen' und festigen sich – wenn auch unbemerkt – weiterhin, obgleich oder gerade weil sie eine deutliche Divergenz von der Realität aufweisen. Auf den Punkt gebracht: We are all binging conservatism.

Resümee und Ausblick: Serien der Zukunft – Familien der Zukunft

5

Im März 2020 titelt der konservative Journalist David Brooks in *The Atlantic* „The Nuclear Family Was a Mistake" (vgl. Brooks 2020). In seinem Artikel beklagt Brooks, dass die Kernfamilie mehr und mehr an gesellschaftlicher Funktionalität verlöre und als Struktur überlastet sei. Die US-amerikanische Gesellschaft habe sich gewandelt, Scheidungsraten seien gestiegen, Frauen seien werktätig, alleinerziehende Eltern immer häufiger. Auch wenn die Familie in den 1950er und 1960er Jahren tatsächlich stabil gewesen sei, sei das Bild der Kernfamilie heute nicht mehr repräsentativ bzw. erreichbar für die deutliche Mehrheit der US-amerikanischen Bevölkerung. Brooks größter Kritikpunkt ist dabei die Vereinsamung des Individuums. Diese Isolation sei im Modell der Kernfamilie fest verankert: „A code of family self-sufficiency prevails: Mom, Dad, and the kids are on their own, with a barrier around their island home." (Brooks 2020). Entsprechende Isolation, auch im Alter, habe es in der Groß- und erweiterten Familie früherer Zeiten nicht gegeben. Diese habe wie ein soziales und emotionales Auffangbecken in allen Lebenslagen funktioniert. Die Kernfamilie sei somit ein Privileg der Mittel- und Oberschicht, die sich entsprechende Absicherungen, d. h. Therapie, Nachhilfe, Freizeitaktivitäten etc., leisten könne. Die Mehrheit der US-Familien lebe bereits in anderen Familienformen. Um dieser Realität gerecht zu werden, fordert Brooks die Abkehr vom Ideal der Kernfamilie hin zu erweiterten Familien („extendend and forged families") – egal, ob basierend auf Bluts- oder Wahlverwandtschaft –, nach denen ein gesellschaftliches Bedürfnis bestehe (vgl. Brooks 2020). In Bezugnahme auf Brooks konstatiert die Journalistin Judith Luig in der *ZEIT*, dass auch in Deutschland das Ideal der Kernfamilie immer unerreichbarer und in der Realität durch andere Lebensformen, z. B. alleinerziehende Eltern, Patchwork-Familien oder Ein bis Zwei-Personen-Haushalte, ersetzt werde. Ebenso wie Brooks fordert sie ein Umdenken in eine neue Richtung (vgl. Luig 2020).

© Der/die Autor(en) 2021
J. Kelsch, *Binging Family*,
https://doi.org/10.1007/978-3-658-34766-6_5

In Anbetracht der Aussagen Brooks und Luigs, sowie der Untersuchungsergebnisse dieser Arbeit, welche der Video-on-Demand-Serie einen konservativen Kern im progressiven Gewand und den permanenten Bezug auf den idealisierten Mythos der Kernfamilie bescheinigen und vor allem von einem übergeordneten soziologischen Standpunkt aus wäre es von großem Interesse, einen Vergleich zwischen der medialen Repräsentation der Familie und den prominenten gesellschaftlichen Diskursen anzustellen und zu erörtern, inwieweit die Darstellungsformen der Video-on-Demand-Serie und die dort dominanten Weltmodelle und Idealvorstellungen mit der Realität übereinstimmen. Allerdings kann dies im gegebenen Rahmen nicht geschehen, ohne ins Fachfremde oder Spekulative abzugleiten. Die vorliegende Untersuchung kann lediglich die Basis für einen solchen Vergleich bilden. Dementsprechend kann nicht beantwortet werden, inwiefern eine gesellschaftliche Neuorientierung, wie sie Brooks und Luig fordern, bereits stattfindet. Sehr wohl feststellen lässt sich, dass sich in der Familienrepräsentation der Video-on-Demand-Serie kein entsprechender Wandel fort von der Kernfamilie hin zur erweiterten Familie vollzieht. Mögen die Entwicklungen, welche im Vergleich zu den Serien der 1950er und 1960er Jahre stattgefunden haben, auch radikal erscheinen, so handelt es sich doch um oberflächliche Veränderungen. Insbesondere die Darstellungsweise der Charaktere und Problematiken ist vielschichtiger und ambivalenter als zuvor, eine Konsistenz der Weltmodelle kann nicht ohne Weiteres vollständig hergestellt werden. Dies lädt dazu ein, diese Serien als komplexer als ihre Vorgänger wahrzunehmen und ihnen somit eine höhere Qualität zuzusprechen. Dieser vermeintliche Anstieg der Komplexität lässt – bei genauerer Betrachtung – umso deutlicher hervortreten, dass die grundlegende Aussage der Texte, die vermittelten Normen und Werte, Weltbilder und Gesellschaftsverständnisse in ihrem Kern konstant bleiben: So erweist sich das Modell der nach außen abgegrenzten und sich selbst genügenden Kernfamilie – eben das Modell, welches Brooks als nicht mehr zeitgemäß angreift – als äußerst persistent. Durch Brooks Kritik, die keinen Bezug auf die konkrete mediale Tradierung dieses Ideals nimmt, sondern dessen realweltliche, soziale Aspekte fokussiert, wird deutlich, dass es sich hier nicht um eine auf TV-Serien begrenzte, sondern auch um eine Idealvorstellung mit konkreter Auswirkung auf die (US-amerikanische) Lebensrealität handelt.

Die Beständigkeit des Mythos begründet sich in seiner tiefen Verankerung im kulturellen Wissen: Erlerntes und durch Prägung Verinnerlichtes wird perpetuiert. Vor allem aber hat sich das attraktive Grundversprechen des Modells der Kernfamilie seit den 1950er Jahren nicht geändert. Stabilität und Überschaubarkeit in einer chaotischen Welt. Ein eindeutiger Rahmen, klare und geordnete

Strukturen und eine – wenn auch konservative, so doch – funktionierende Hierarchie erscheinen als ein einfacher Zugang zu einem möglichst sorgenfreien Leben. Diese enge und medial gefestigte Verbindung des Kernfamilienideals mit stabilem und sicherem Leben lässt andere Modelle menschlichen Zusammenlebens in den Hintergrund treten. Insbesondere angesichts aktueller gesellschaftlicher Entwicklungen in den USA kann die Attraktivität dieses Grundversprechens erklärt werden: Auch befeuert durch die Regierungsperiode Trump schwindet das Vertrauen der US-Amerikaner in staatliche Institutionen. Libertäres Gedankengut erfährt einen Aufschwung, gesellschaftliche Fronten verhärten sich und der ohnehin populäre Gedanke, des Individuums, das auf eigene Faust für sein Recht kämpfen muss gewinnt weiter an Bedeutung. Im Gegensatz zu den bedrohlichen, als übergriffig wahrgenommenen staatlichen Institutionen und einer gespaltenen Gesellschaft, in der das Individuum keine Rolle mehr findet, steht das Überschaubare, Selbstbestimmte und Bekannte der Familie. Aus einem Sicherheitsbedürfnis heraus wird diese als unwandelbar und stabil dargestellt. Durch Biologisierung, deren Darstellung als Stamm oder Rudel wird sie zu einem unveränderbaren Faktum erhoben.

An dieser Stelle lässt sich auf die Überlegungen des Soziologen Michel Maffesolis zum sogenannten „postmodernen Nomadentum" (Maffesoli 2014: 107) und des „Neo-Tribalismus" (Keller 2006 a): 217) verweisen: Maffesoli beobachtet, dass abstrakte staatliche Autoritäten, sowie zentrale, kollektivierende Leitbilder in der postmodernen Gesellschaft an Wirkmacht verlieren und das diesbezügliche Vertrauens- und Sicherheitsgefühl schwindet (vgl. Keller 2006 b): 110 ff.). An die Stelle der Suche nach einer eigenen Identität, eines Lebens nach einem bestimmten Arbeitsethos oder einer zentralen politischen Linie und einem distanzierten Umgang mit Anderen, tritt ein hedonistisches Dasein und die temporäre, distanzlose Identifikation mit „Stämmen", d. h. mit Systemen, die gleiche Erfahrungen teilen (vgl. Keller 2006 a): 214, 217, vgl. Keller 2006 b): 114). In der Postmoderne, deren Produkte auch aktuelle Familiendarstellungen sind, wird moderner Rationalismus durch Leidenschaftliches, Nicht-Rationales abgelöst. Weniger mechanische, als vielmehr organische Strukturen stehen nunmehr im Vordergrund. Die Gesellschaft zersplittert in eine Vielzahl von Stämmen mit unterschiedlichen Werten. Auch zwischen den bestehenden Systemen bzw. Stämmen treibt das Individuum allerdings weiter umher, bleibt ein „Fremder unter Fremden", hundertprozentige Sicherheit gibt es nicht (vgl. Keller 2006 a): 217, vgl. Keller 2006 b): 107). „Strukturell und existenziell gesehen ist in diesem Verständnis jeder und jede ein»rolling stone«, eine dahintreibende vagabundierende Figur und multiple Person im»Abenteuer der Existenz«" (Keller 2006 b): 121). Gerade dadurch, dass Sie mit Familien immer gleiche, unwandelbare Systeme darstellen, die im Gegensatz zum allgegenwärtigen „Umherirren" („l'errance", Maffesoli 1997: 26) und zur „Vergänglichkeit der Dinge" („l'impermanence des choses", Maffesoli 1997: 26) stehen, werden bestimme mediale Formate so attraktiv: Sie stiften Sicherheit, präsentieren das Leben in einem „Stamm", der nicht verlassen werden muss. Aus diesem Sicherheitsbedürfnis heraus wird das bestehende Modell immer weiter gefestigt und durch Wiederholung zementiert. Die teilweise archaisierenden und emotionalen Strategien, mit denen die Serien ihre Weltbilder legitimieren, fügen sich ebenso in Maffesolis Blick auf die Postmoderne ein, die durch „Rückkehr zum Archaismus" und einen Bedeutungsverlust des „Rationalismus" gekennzeichnet ist (Keller 2004: 364). Die Video-on-Demand Serie ist somit ein exemplarischer Vertreter der Postmoderne im Sinne Maffesolis.

Die vordergründige Intention mancher Video-on-Demand-Serien ist es durchaus, das Bild einer möglichst vielfältigen und heterogenen Gesellschaft zu vermitteln und bisher marginalisierte oder als abweichend und negativ konnotierte Gruppen auf positive Weise in die Weltmodelle zu integrieren. Durch die beständige Rückkehr zur Heteronormativität, dem Beharren auf dem Mythos und der Anpassung alles Heterogenen handelt es sich jedoch nicht um eine tatsächliche Vielfalt, sondern vielmehr um eine Schein-Heterogenität. Treffen alternative Formen des Zusammenlebens innerhalb einer Serie auf die Kernfamilie, so ist deren Abwertung – aus analytischer Perspektive – und eine damit einhergehende Aufwertung des Ideals gewiss. Eigentlich vielfältigen Zusammenhängen und Gegebenheiten setzen die Video-on-Demand-Serien meines Analysekorpus ein Weltmodell entgegen, das auf den ersten Blick vielleicht komplex und ambivalent erscheint, dessen normativer Kern – das Festhalten an der traditionellen Kernfamilie – aber sehr eindimensional ist.

Bieten Serien außerhalb des Video-on-Demand-Bereiches alternative Inhalte und Konzeptionen? Durchaus gibt es Produktionen, die andere Formen des Zusammenlebens inszenieren, ohne dabei eine negative Abweichung von der Kernfamilie zu betonen. Teilweise werden diese Serien sogar über die Plattformen der Video-on-Demand-Anbieter distribuiert, jedoch ohne von diesen produziert worden zu sein. Die schwedische Fernsehserie *Bonusfamiljen*, die in Deutschland zuerst auf Netflix unter dem Titel *Die Patchworkfamilie* veröffentlicht wurde, zeigt das Zusammenleben in einem größeren familiären Verband, der durch diverse Scheidungen und Heiraten zustande kam. Obwohl hier ähnliche Problematiken wie in kernfamiliären Verbänden auftreten, entwickeln sich darüber hinaus gehende Dynamiken wie die Beziehung zwischen Stiefgeschwistern oder zwischen Ehemann und Ex-Ehemann. Ebenso wird die Großelterngeneration zentral miteinbezogen. Auch US-amerikanische Serien warten mit Familienkonstellationen auf, die nicht in jedem Fall einem kernfamiliären und heteronormativen Ideal angeglichen werden. Die Serie *Single Parents* beispielsweise setzt sich mit dem Leben mehrerer alleinerziehender Eltern auseinander. Die Serie *Parenthood* inszeniert nicht nur das Leben einer Großfamilie, sondern lässt auch von der traditionellen Norm abweichende Rollenbilder wie das des Hausmannes zu. Protagonistin der Serie *Mom* ist die alleinerziehende und ehemals alkohol- und drogenabhängige Christy. *Mom* fokussiert den Konflikt zwischen drei Generationen von Müttern – Christy, ihrer Mutter und ihrer Tochter. Alle drei Figuren sind jung Mutter geworden, ohne jedoch einen verlässlichen Partner an ihrer Seite zu haben. Christys Tochter wird gleich zu Beginn der Serie schwanger (vgl. *Mom* I/2: 0:00). Somit wird die Thematik der alleinerziehenden Mutterschaft aus drei Perspektiven in den Blick genommen. Problematische Situationen werden hier weniger in einem familiären Verband gelöst als vielmehr durch den Zusammenhalt der drei Mütter (vgl. *Mom* I/2: 18:20). Auch wenn die gezeigte Familienform nicht als ideal inszeniert wird – sowohl Christy als auch ihre Mutter müssen stets mit ihrer Suchtproblematik und zahlreichen weiteren Problemen kämpfen (vgl. *Mom* I/1: 09:00) –, so liegt diese spezielle Art von Familie und eben nicht das rasche Streben nach einer traditionellen Familie der Serie konstitutiv zugrunde.

Ebenso stehen in *Life in Pieces* (in Deutschland auf Prime Video verfügbar) und *Modern Family* (in Deutschland auf Netflix verfügbar) Großfamilien und die unterschiedlichen Lebensumstände der Familienmitglieder, u. a. homosexuelle Partnerschaft oder Charaktere mit Migrationshintergrund, im Mittelpunkt der Handlung. In beiden Serien wird zwar auch das Leben der einzelnen Kernfamilien gezeigt, im Vordergrund stehen aber der großfamiliäre Verband und die dortigen Konflikte. Ähnlich wie in *Mom* werden unterschiedliche Lebensphasen – das erste Date eines Pärchens, das erste Kind, langjährige Ehen – gegenübergestellt, dies wird vor allem in *Life in Pieces* durch die Aufteilung der Episoden in vier Abschnitte deutlich, die jeweils ein anderes Familienmitglied fokussieren. Besonders deutlich hebt *Modern Family* den Zusammenhalt in der Großfamilie und die gemeinsame Problemlösung hervor. Trotz eskalativer Konflikte und widerstreitender Ansichten finden die Mitglieder der Familie immer wieder zueinander (vgl. *Modern Family* I/1: 20:00, I/3: 19:00, I/4: 18:00). In *Shameless* (in Deutschland auf Prime Video verfügbar) übernimmt die älteste Tochter einer großen Familie der Unterschicht aufgrund der Verantwortungslosigkeit des arbeitslosen und alkoholabhängigen Vaters die Mutterrolle für ihre fünf Geschwister (vgl. z. B. *Shameless* I/1: 2:30 – hier weckt Tochter Fiona ihre Geschwister). Wiederkehrende Problematiken wie Geldmangel, ständiger Alkoholkonsum (auch der jüngeren Familienmitglieder vgl. *Shameless* I/1: 0:30, I/2:

1:05) und die (erwachende) Sexualität der älteren Kinder machen das Zusammenleben der Familie, die auch Nachbarn und Bekanntschaften miteinschließt, zu einem beständigen und chaotischen Kampf. Dennoch ist der Zusammenhalt trotz aller Konflikte stark (z. B. bei der Suche nach dem verschwundenen Vater vgl. *Shameless* I/2: 14:00) und gelegentlich stellen sich Szenen einer gewissen familiären Harmonie ein (vgl. *Shameless* I/1: 56:00).

Bereits durch die oberflächliche Beschreibung dieser Formate wird deutlich, dass die Kernfamilie vielleicht ein dominanter medialer Mythos und ein verbreitetes Ideal, aber nicht so alternativlos und so ausnahmslos das Zentrum serieller Familiendarstellung ist, wie es die Video-on-Demand-Serien des Korpus nahelegen. Kann an dieser Stelle auch keine Detailanalyse erfolgen, hebt die scheinbare Heterogenität dieser TV-Serien hervor, dass ein eingehender Vergleich von Video-on-Demand-Produktionen mit Serien des konventionellen TV medienwissenschaftlich lohnenswert wäre und das Gesamtbild der medialen Familienrepräsentation bereichern würde. Das Fernsehen wird im Überschwang der Digitalisierung oft als konservatives Medium, als Teil der Vergangenheit wahrgenommen. Es ist jedoch nicht ausgeschlossen, dass sich im Zuge eines Vergleichs herausstellt, dass das Fernsehen als Produzent und Distributor jener inhaltlichen Innovation fungiert, die eigentlich den Video-on-Demand-Anbietern zugeschrieben wird. Möglicherweise sind es gerade die Video-on-Demand-Serien, die sich – unter dem Vorwand der Innovation – inhaltlich konservativen Narrativen zuwenden, um sich mit ‚Bewährtem‘ im medialen Konkurrenzkampf zu behaupten, während konventionelle TV-Sender inhaltlich innovativ sind.

Ebenfalls lohnenswert wäre eine genaue Analyse internationaler Produktionen und deren Gegenüberstellung mit US-amerikanischen. Besonders deutsche Produktionen weisen – wie der Blick auf die Serien *Dark* und *How to Sell Drugs Online (Fast)* – deutliche Alleinstellungsmerkmale auf, selbst wenn sie unter dem Dach von Netflix produziert wurden. In den Weltmodellen beider Formate nimmt – wie auch in US-amerikanischen Serien – das Streben nach Freundschaft und Liebe einen hohen Stellenwert ein. Dass die gezeigten Familien durchgehend defizient sind, ist ebenso keine große Differenz zu den Formaten meines Korpus. Der Unterschied zu den US-amerikanischen Vergleichsserien besteht hier darin, dass eine ‚Reparatur‘ defizienter Verhältnisse nicht unbedingt angestrebt wird. Scheidung kann eine Lösung sein ebenso wie eine alleinerziehende Familie keiner ‚Vervollständigung‘ bedarf, sondern mit nur einem Elternteil funktionieren kann. In manchen Fällen scheint es erstrebenswert, die Familie zu verlassen, um sich aus einem Kreislauf an Konflikten und Lügen zu befreien. Die Charaktere leben eher mit den bestehenden Problemen als gegen sie. Beiden Formaten ist

zudem gemein, dass die Darstellung von Männern und Frauen bezüglich beruflicher und familiärer Autorität wesentlich egalitärer ist. In beiden Serien tauchen
ebenso Polizistinnen wie Polizisten sowie Frauen und Männer in leitenden Positionen auf. Besonders im Vergleich zu den konservativeren US-amerikanischen
Formaten ist eine gesellschaftliche Gleichberechtigung hier viel eher vorhanden.
In einer Retrospektive in *Dark* wird sogar gezeigt, dass das Atomkraftwerk in
den 1980er Jahren von einer Frau geleitet wurde (vgl. *Dark* I/3: 14:00). Selbst
die deutsche Vergangenheit ist also fortschrittlicher als die Gegenwart der USA.
Abweichungen von der Normalität, wie die Transsexualität eines Charakters in
Dark oder die Taubstummheit eines kleinen Mädchens, werden nicht explizit the-
matisiert. Es findet kein direkter Fingerzeig auf die Problematik statt, sondern die
Serien zeigen das Leben der Figuren mit diesen Umständen.

Diese deutschen Formate sind auffallend weniger in konservativen und traditionellen Strukturen verankert als die primären Serien meines Korpus. Der Traum
von einer familiären Perfektion und einer absolut stabilen Zukunft sowie das
Ideal Kernfamilie sind weniger präsent, ebenso das klare Autoritätsgefälle zwischen den Geschlechtern. Die Inszenierung zielt eher darauf ab, eine vielfältige
gesellschaftliche Realität zu zeigen, als einen Mythos zu perpetuieren und als
Leitbild über das gesamte Geschehen zu stellen. Weniger eine bestimmte Moral
oder ein bestimmtes Pathos als vielmehr das Erzählen einer Geschichte stehen im
Vordergrund.

Auch in anderen internationalen Formaten zeigen sich durchaus nationale
Eigenheiten: Das Netflix Original *Ingobernable*, dreht sich um Skandale in der
Familie des mexikanischen Präsidenten. Obwohl Familie ein bedeutsamer Hand-
lungsimpuls der Charaktere in *Ingobernable* ist und sich Handeln und Gebaren
der Charaktere nicht ausschlaggebend von dem US-amerikanischer Figuren unterscheidet, ergeben sich klare Unterschiede bezüglich der inhaltlichen Gewichtung
und der Modellierung der Familienthematik. Die Dramatik und die Drastik der
Auseinandersetzung zwischen Eheleuten finden sich auf diese Art in keinem der
zuvor analysierten Beispiele. Hier bewegt sich die mexikanische Serie auf einer
kulturell spezifischen Ebene der Melodramatik. Durch die Fokussierung einer tra-
gischen und verworrenen Beziehungssituation und durch eine Frau als zentraler
Charakter stellt sich *Ingobernable* eher in die Tradition der lateinamerikanischen
Telenovela (vgl. Tufte 2015: 86, vgl. Trinta 1998: 275, vgl. Michael 2010: 207) als
in die der US-Kriminal- oder Familienserie. Auch im Vergleich mit anderen internationalen Formaten zeigen sich trotz einer wachsenden Globalisierung und des
zweifellos großen US-amerikanischen Einflusses weiterhin nationale Spezifika.
Ein weiterer Vergleich wäre hier von großem Interesse.

Wie – so lässt sich weiterhin fragen – verhält es sich darüber hinaus mit dem deutschen Fernsehen? Spielfilme mit Familienthematik – seien es TV, Kino oder Produktionen der Video-on-Demand-Anbieter wie *The Week Of* (2018; Netflix), *Father of the Year* (2018; Netflix), *Marriage Story* (2019; Netflix) oder *Beautiful Boy* (2018; Prime Video) – wurden ebenfalls außer Acht gelassen und verdienen eine eigenständige Analyse. Wie sich also zeigt, sind die Anknüpfungsmöglich-keiten an diese Studie, um den gezeigten Ausschnitt zu einem Gesamtbild zu ergänzen, überaus vielfältig.

Ist die Video-on-Demand-Serie bzw. sind die Serien meines Korpus nun in ihrer Gesamtheit repräsentativ für die US-amerikanische Serienlandschaft? Um dies zu beantworten, müsste oben genannter Vergleich mit TV-Serien ange-stellt werden. So wie es möglich ist, in den Produktionen des Free-TV auf innovative Inhalte zu stoßen, ist es nicht ausgeschlossen, dass letztlich auch hier eine ähnliche Angleichungsstrategie stattfindet und eine ähnliche Schein-Heterogenität vorliegt wie in den Serien des Analysekorpus. Fest steht, dass Video-on-Demand ein ausgesprochen einflussreicher Faktor im Bereich der popu-lärkulturellen Unterhaltungsmedien und dementsprechend wirkmächtig über die Grenzen der Distributionsplattformen hinaus ist. Die Frage ist hierbei, ob eine intermediale Angleichung stattfindet oder ob TV-Serien sich bewusst abgrenzen, um ein Alleinstellungsmerkmal herauszubilden. Angesichts der bereits stattfin-denden Verzahnung von TV und Streaming-Diensten – TV-Serien werden häufig international auf Video-on-Demand-Plattformen angeboten – liegt vor allem der Schluss nahe, dass es sich um ein ausgesprochen interdependentes Feld handelt, auf dem erfolgreiche, d. h. von den Rezipierenden positiv aufgenommene, Ent-wicklungen im einen Bereich nachahmende Entwicklungen im anderen nach sich ziehen, von denen sich andere Produktionen wiederum bewusst abgrenzen.

Ausgehend von der Familiendarstellung in der US-amerikanischen Video-on-Demand-Serie zeigt sich, dass nicht nur sie sich mit Hilfe des Semiosphärenmo-dells beschreiben lässt. Gerade durch den hier angedeuteten Kulturvergleich wird deutlich, dass die internationale Video-on-Demand-Serien-Produktion mit Hilfe der Semiosphäre als kohärentes System modellierbar wird. Lotmans Modell mit dessen Hilfe sich die internationale Familienserie als Semiosphäre mit zahlreichen – bezüglich nationaler Herkunft und spezifischer medialer Distribution – unterge-ordneten Semiosphären verstehen lässt, bietet sich dementsprechend als überaus fruchtbarer Ansatz für weitere, zukünftige Vergleiche an.

Zu Beginn der Untersuchung wurde über den potenziell innovativen Charakter der Video-on-Demand-Serie gesprochen – ein Eindruck, der sich in Hinblick auf die Familiendarstellung als zentrales mediales Paradigma und Kern der errichteten

Weltmodelle nicht bewahrheitet hat. Ist der Gedanke der Neuheit und der Veränderung nun lediglich oberflächliche Euphorie oder Vermarktungsinstrument? Die Antwort ist zwiespältig. So verlockend dies scheint, wäre es vorschnell und naiv, hinter jedem neuen Medium zugleich eine inhaltliche Revolution zu erwarten, und selbstverständlich ist es eine gebräuchliche Strategie durch das Versprechen der Neuheit und des noch nie Gesehenen das Interesse der Konsumierenden zu wecken. Indes handelt es sich bei Video-on-Demand-Serien um ein relativ neues Phänomen, das sich erst seit wenigen Jahren der Popularität erfreut. Was die Zukunft bringt und welchen Einfluss Streaming-Dienste auf die Medienproduktion haben, ist zum aktuellen Zeitpunkt nur vage zu erahnen. Mit dieser Studie möchte ich nicht mehr, aber vor allem nicht weniger als einen Grundstein für zukünftige Forschungen legen, die sich mit der digitalen Medienproduktion auseinandersetzen, damit, welche Veränderungen dieser so junge und dennoch bereits derart einflussreiche Kulturbereich mit sich bringen wird und damit wie dieser in Interaktion mit ‚älteren' Bereichen der Medienproduktion steht.

Quellen- und Literaturverzeichnis

Literaturverzeichnis

Alexander, Neta 2016: *Catered to Your Future Self: Netflix's "Predictive Personalization" and the Mathematization of Taste*, in: McDonald, Kevin/Smith-Rowsey, Daniel (Hg.): *The Netflix Effect. Technology and Entertainment in the 21st Century*. New York, S. 81–97.

Anderson, Nate 2007: *Netflix offers streaming movies to subscribers. Netflix finally launches an online streaming movie service with 1,000 films*, in: *arstechnica.com*. 16.01.2007. URL: https://arstechnica.com/uncategorized/2007/01/8627/ (zuletzt abgerufen am: 21.04.2020).

Arnold, Sarah 2016: *Netflix and the Myth of Choice/Participation/Autonomy*, in: McDonald, Kevin/Smith-Rowsey, Daniel (Hg.): *The Netflix Effect. Technology and Entertainment in the 21st Century*. New York, S. 49–62.

Auster, Al 2005: *HBO's Approach to Generic Transformation*, in: Edgerton, Gary R./Rose, Brian G. (Hg.): *Thinking outside the box. A Contemporary Television Genre Reader*. Lexington, S. 226–246.

Baker, James 2003: *Teaching TV Sitcom*. London.

Bakshy, Eytan et al. 2015: *Exposure to ideologically diverse news and opinion on Facebook*, in: *sciencemag.org*. URL: http://science.sciencemag.org/content/348/6239/1130.full (zuletzt abgerufen am: 21.04.2020).

Barthes, Roland 2016: *Mythen des Alltags*. Berlin [zuerst erschienen 1957, Paris].

Baumann, Hans D. 1989: *Horror. Die Lust am Grauen*. Weinheim/Basel.

Blanchet, Robert 2011: *Quality TV. Eine kurze Einführung in die Geschichte und Ästhetik neuer amerikanischer Fernsehserien*, in: Blanchet, Robert et al. (Hg.): *Serielle Formen. Von den frühen Film-Serials zu aktuellen Quality-TV und Online-Serien*. Marburg, S. 37–70.

Bobbio, Norberto 2006: *Democracy and Dictatorship. The Nature and Limits of State Power*. Malden [zuerst 1989].

Bobineau, Julien 2016: *Do You Still Call It Situation Comedy? Die narrative Entwicklung US-amerikanischer Sitcoms am Beispiel von How I Met Your Mother*, in: Nesselhauf, Jonas/Schleich, Markus (Hg.): *Das andere Fernsehen?! Eine Bestandsaufnahme des »Quality Television«*. Bielefeld, S. 243–256.

Bodroghkozy, Aniko 2012: *Equal Time. Television and the Civil Rights Movement*. Urbana.

Bodroghkozy, Aniko 2003: *The 'Youth Revolution' and American Television (The Smothers Brothers Comedy Hour [CBS, 1967–9])*, in: Hilmes, Michele (Hg.). *The television history book*. London, S. 81–86.

Brooks, David 2020: *The Nuclear Family Was a Mistake*, in: *The Atlantic*, 03.2020. URL: https://www.theatlantic.com/magazine/archive/2020/03/the-nuclear-family-was-a-mistake/605536/ (zuletzt abgerufen am: 21.04.2020).

Brooks, Marla 2005: *The American Family on Television. A Chronology of 121 Shows, 1984–2004*. Jefferson (North Carolina).

Brooks, Tim/Marsh, Earle 2007: *The Complete Directory to Prime Time Network and Cable TV Shows. 1946-Present*. New York.

Bryant, Jennings et al. 2001: *How Psychologically Healthy Are America's Prime-Time Television Families?*, in: Bryant, Jennings/Bryant, Alison J. (Hg.): *Television and the Family*. Mahwah, S. 247–270.

Büker, Dominic/Vermeer, Valentijn 2018: *Der narrative Text und die serielle Textur. David Mitchells short story sequence Cloud Atlas*, in: Baßler, Martin/Nies, Martin (Hg.): *Short Cuts. Ein Verfahren zwischen Roman und Serie*. Marburg, S. 143–165.

Butsch, Richard 2005: *Five Decades and Three Hundred Sitcoms about Class and Gender*, in: Edgerton, Gary R./Rose, Brian G. (Hg.): *Thinking outside the box. A Contemporary Television Genre Reader*. Lexington, S. 111–135.

Coontz, Stephanie 2016: *The way we never were. American families in the nostalgia trap*. Philadelphia [zuerst 1992].

Chow, Valerie Weilunn 2004: *Homer Erectus: Homer Simpson as everyman...and every woman*, in: Alberti, John (Hg.): *Leaving Springfield. The Simpsons and the possibility of oppositional culture*. Detroit, S. 107–136.

Creeber, Glenn 2001: *Online Serien. Intime Begegnungen der dritten Art*, in: Blanchet, Robert et al. (Hg.): *Serielle Formen. Von den frühen Film-Serials zu aktuellen Quality-TV und Online-Serien*. Marburg, S. 377–396.

Cutts, Qiana M. 2013: *The Black Family in the New Millennium: The Bernie Mac Show, My Wife and Kids, and Everybody Hates Chris*, in: Leonard, David J./Guerrero, Lisa A. (Hg.): *African Americans on Television. Race-ing for Ratings*. Santa Barbara, S. 191–206.

Dates, Jannette L./Stroman, Carolyn A. 2001: *Portrayals of Families of Color on Television*, in: Bryant, Jennings/Bryant, Alison J. (Hg.): *Television and the American Family*. Mahwah, S. 207–228.

Dechert, Andre 2012: *Family Man: The Popular Reception of* Home Improvement*, 1991–1992, and the Debate about Fatherhood*, in: Heinemann, Isabel (Hg.): *Inventing the modern American Family. Family Values and Social Change in 20th Century United States*. Frankfurt a. M., S. 265–288.

Dechert, Andre 2018: *Dad on TV. Sitcoms, Vaterschaft und das Ideal der Kernfamilie in den USA, 1981–1992*. Berlin/Boston.

Decker, Jan-Oliver/Krah, Hans/Wünsch, Marianne 1996: *Das Wertesystem der Familienserien im Fernsehen*. Kiel.

Decker, Jan-Oliver 2017: *Medienwandel*, in: Krah, Hans/Titzmann, Michael (Hg.): *Medien und Kommunikation. Eine Einführung aus semiotischer Perspektive*. Passau, S.423–446).

Dpa 2014: *Netflix startet im September in Deutschland*, in: *Zeit Online*. 22.07.2014. URL: https://www.zeit.de/wirtschaft/2014-07/netflix-startet-im-september (zuletzt abgerufen am: 21.04.2020).

Dodson, Andrew 2018: *Analysis: Netflix Trails Hulu, Amazon, and Several Cable Networks in Quality of Original Shows*, in: *Streaming Observer*. 06.09.2018. URL: https://www.str eamingobserver.com/best-original-shows/ (zuletzt abgerufen am: 21.04.2020).

Donaldson, Leigh 2015: *When the media misrepresents black men, the effects are felt in the real world*, in: *The Guardian*. 12.08.2015. URL: https://www.theguardian.com/commentis free/2015/aug/12/media-misrepresents-black-men-effects-felt-real-world (zuletzt abgerufen am: 21.04.2020).

Dörr, Julian 2017: *Die besten Comedy-Serien sind nicht mehr lustig*, in: *Sueddeutsche.de*. 15.05.2017. URL: https://www.sueddeutsche.de/medien/neue-staffel-master-of-none-die-besten-comedy-serien-sind-nicht-mehr-lustig-1.3499048 (zuletzt abgerufen am: 21.04.2020).

Douglas, William 2003: *Television Families. Is Something Wrong in Suburbia?*. Mahwah.

Eco, Umberto 1987: *Serialität im Universum der Kunst und der Massenmedien*, in: Eco, Umberto. *Streit der Interpretationen*. Konstanz, S. 49–68.

Fantini, Cara. *The Misrepresentation Of The Black Family. A sociological perspective.*, in: *odyssey.com*. 31.05.2016. URL: https://www.theodysseyonline.com/the-misrepresent ation-of-the-black-family (zuletzt abgerufen am: 21.04.2020).

Ferrence, Matthew J. 2014: *All-American Redneck. Variations on an Icon, from James Fenimore Cooper to the Dixie Chicks*. Knoxville.

Fischer, Barbara 2019: *Illegale Streams & Downloads: Netflix, Amazon & Co. zeigen deutliche Wirkung*, in: *chip.de*. 01.07.2019. URL: https://www.chip.de/news/Illegale-Streams-Dow nloads-Netflix-Amazon-Co.-zeigen-deutliche-Wirkung_170533010.html (zuletzt abgerufen am: 21.04.2020).

Flaxman, Seth et al. 2016: *Filter bubbles, echo chambers, and online news consumption*, in: Public Opinion Quarterly. 80., 2016, S. 298–320.

Friedan, Betty 1963: *The Feminine Mystique*. London (u. a.).

Fröhlich, Vincent 2015: *Der Cliffhanger und die serielle Narration. Analyse einer transmedialen Erzähltechnik*. Bielefeld.

Ganz-Blättler, Ursula 2011: «*Sometimes against all odds, against all logic, we touch.*». *Kumulatives Erzählen und Handlungsbögen als Mittel der Zuschauerbindung in Lost und Grey's Anatomy*, in: Blanchet, Robert et al. (Hg.): *Serielle Formen. Von den frühen Film-Serials zu aktuellen Quality-TV und Online-Serien*. Marburg, S. 73–91.

Genette, Gérard 1998: *Die Erzählung. 3., durchgesehene und korrigierte Auflage*. Paderborn.

Giammarco, Francesco 2017: *Meister des Nichts, Bringer der Freude*, in: *Spiegel.de*. 12.05.2017. URL: https://www.spiegel.de/kultur/tv/master-of-none-wie-gut-ist-die-zwe ite-staffel-a-1147309.html (zuletzt abgerufen am: 21.04.2020).

Gräf, Dennis et al. 2014: *Filmsemiotik. Eine Einführung in die Analyse audiovisueller Formate*. Marburg [zuerst 2011].

Groves Price, Paula 2013: *Epilogue. "New Normal" in American Television? Race, Gender, Blackness, and the New Racism*, in: Leonard, David J./Guerrero, Lisa A. (Hg.): *African Americans on Television. Race-ing for Ratings*. Santa Barbara, S. 435–442.

Greimas, Algirdas Julien 1971: *Strukturale Semantik. Methodologische Untersuchungen*. Braunschweig.

Grunwald, Armin 2018: *Abschied vom Individuum – werden wir zu Endgeräten eines global-digitalen Netzes?*, in: Burk, Steffen et al. (Hg.): *Privatheit in der digitalen Gesellschaft*. Berlin, S. 35–47.

Guerrero, Lisa A. 2013: *Single Black Female: Representing the Modern Black Woman in Living Single*, in: Leonard, David J./Guerrero, Lisa A. (Hg.): *African Americans on Television. Race-ing for Ratings*. Santa Barbara, S. 177–190.

Häntzschel, Günter 2007: *Anthologie*, in: Weimar, Klaus (Hg.): *Reallexikon der deutschen Literaturwissenschaft. Band 1 – A-G*. Berlin, S. 98–100.

Harkins, Anthony 2004: *Hillbilly. A Cultural History of an American Icon*. Oxford (u. a.), 2004.

Heckel, Manuel 2019: *Illegales Streaming. Am Gesetz vorbeigeguckt*, in: *Zeit Online*. 17.02.2019. URL: https://www.zeit.de/digital/internet/2019-02/illegales-streaming-filesh aring-netflix-urheberrecht (zuletzt abgerufen am: 21.04.2020).

Heinemann, Isabel 2012: *Introduction: Inventing the "Modern American Family". Family Values and Social Change in 20th Century United States*, in: Heinemann, Isabel (Hg.): *Inventing the Modern American Family. Family Values and Social Change in 20th Century United States*. Frankfurt a. M., S. 7–28.

Heintz-Knowles, Katharine E. 2001: *Balancing Acts: Work-Family Issues on Prime-Time TV*, in: Bryant, Jennings/Bryant, Alison J. (Hg.): *Television and the American Family*. Mahwah, S. 177–206.

Hennig-Thurau, Thorsten et al. 2019: *Quo Vadis, Deutsche Medien? Zur Zukunft deutscher Fernsehanbieter in digitalen Streaming Zeiten*. Münster/München.

Henry, Matthew A., 2012: *The Simpsons, satire, and american culture*. New York.

Hickethier, Knut 1991: *Die Fernsehserie und das Serielle des Fernsehens*. Lüneburg.

Hickethier, Knut 1994: *Die Fernsehserie und das Serielle des Programms*, in: Giesenfeld, Günter (Hg.): *Endlose Geschichten. Serialität in den Medien*. Hildesheim, S. 55–71.

Hickethier, Knut 2003: *Serie*, in: Hügel, Hans-Otto (Hg.): *Handbuch Populäre Kultur. Begriffe, Theorien und Diskussionen*. Stuttgart/Weimar, S. 397–403.

Holland, Martin 2013: *Amazon produziert Fernsehserien fürs Netz*, in: *heise.de*. 18.03.2013. URL: https://www.heise.de/newsticker/meldung/Amazon-produziert-Fernse hserien-fuers-Netz-1825110.html (zuletzt abgerufen am: 21.04.2020).

Jurga, Martin 1998: *Der Cliffhanger. Formen, Funktionen und Verwendungsweisen eines seriellen Inszenierungsbausteins*, in: Willems, Herbert/Jurga, Martin (Hg.): *Inszenierungs-gesellschaft. Ein einführendes Handbuch*. Opladen, S. 471–488.

Keller, Reiner 2006 a): *Michel Maffesoli: Die Wiederkehr der Stämme in der Postmoderne*, in: Moebius, Stefan (Hg.)/Quadflieg, Dirk (Hg.): *Kultur. Theorien der Gegenwart*. Wiesbaden, S.209–220.

Keller, Reiner 2006 b): *Michel Maffesoli. Eine Einführung*. Konstanz.

Keller, Thomas 2004: *Ein französischer Lebenssoziologe: Michel Maffesoli*, in: Moebius, Stephan (Hg.)/Peter, Lothar (Hg.): *Französische Soziologie der Gegenwart*. Konstanz, S.355–378.

Kelsch, Jakob 2019: *Father Knows Worst! Familiendarstellung in der populärkulturellen US-amerikanischen Zeichentricksitcom*. Stuttgart.

Klein, Thomas/Hißnauer, Christian 2014: *Rücke vor bis auf <Los>. Die Serialität der Simp-sons*, in: Gruteser, Michael et al. (Hg): *Subversion zur Prime Time. Die Simpsons und die Mythen der Gesellschaft*. Marburg, S. 21–25.

Knight, Lewis. *Secret Netflix codes that unlock hidden categories of films and TV shows*, in: *mirror.co.uk*. 27.09.2019. URL: https://www.mirror.co.uk/tv/tv-news/secret-netflix-codes-unlock-hidden-20312620 (zuletzt abgerufen am: 21.04.2020).

Kirchmann, Kay 2010: *Einmal über das Fernsehen hinaus und wieder zurück. Neuere Tendenzen in US-amerikanischen TV-Serien*, in: Meteling, Arno et al. (Hg.): *„Previously On...".* *Zur Ästhetik und Zeitlichkeit neuerer TV-Serien.* München, S. 61–72.

Köhler, Kristina 2011: *«You people are not watching enough televsion!» Nach-Denken über Serien und serielle Formen*, in: Blanchet, Robert et al. (Hg.): *Serielle Formen. Von den frühen Film-Serials zu aktuellen Quality-TV und Online-Serien.* Marburg, S. 11–36.

Krah, Hans 2010: *Erzählen in Folge. Eine Systematisierung narrativer Fortsetzungszusammenhänge*, in: Schaudig, Michael (Hg.): *Strategien der Filmanalyse – reloaded. Festschrift für Klaus Kanzog.* München, S. 85–114.

Krah, Hans 2015: *Einführung in die Literaturwissenschaft. Textanalyse.* Kiel [zuerst 2006].

Kupper, Fabian 2016: *Serielle Narration. Die Evolution narrativer Komplexität in der US-Crime-Show von 1950–2000.* Würzburg.

Kurier.at 2018: *Bill Cosby tritt seine Haftstrafe an*, in: *Kurier.at.* 26.09.2018. URL: https://kurier.at/chronik/welt/bill-cosby-tritt-seine-haftstrafe-an/400128611 (zuletzt abgerufen am: 21.04.2020).

Kutulas, Judy 1998: *"Do I Look like a Chick?": Men, Women, and Babies on Sitcom Maternity Stories*, in: *American Studies.* 39, H. 2, 1998, S. 13–32.

Kutulas, Judy 2016: *Who rules the roost?: Sitcom family dynamics from the Cleavers to Modern Family*, in: Dalton, Mary M. (Hg.)/Linder, Laura R. (Hg.): *The Sitcom Reader. America Re-viewd, Still Skewed.* Albany: State University of New York Press, S. 17–30.

LaRossa, Ralph 2004: *The Culture of Fatherhood in the Fifties: A Closer Look*, in: *Journal of Family History.* Vol 29, No.1, Januar 2004, S. 47–70.

Leibman, Nina C. 1995: *Living Room Lectures. The Fifties Family in Film and Television.* Austin.

Lemish, Dafna 2012: *„Without a family": Representation of families in children's TV around the world*, in: Götz, Maria: *Sexy girls, heroes and funny loosers.* Frankfurt a. M., S. 151–168.

Leppert, Alice 2019: *TV Family Values. Gender, Domestic Labor and 1980s Sitcoms.* New Brunswick.

Leonard, David J. 2013: *Post-racial, Post-Civil Rights: The Cosby Show and the National Imagination*, in: Leonard, David J./Guerrero, Lisa A. (Hg.): *African Americans on Television. Race-ing for Ratings.* Santa Barbara, S. 114–140.

Leonard, David J./Guerrero, Lisa A. (Hg.) 2013: *Introduction. Our Regularly Scheduled Program...*, in: Leonard, David J./Guerrero, Lisa A. (Hg.): *African Americans on Television. Race-ing for Ratings.* Santa Barbara, S. 1–15.

LeVay, Lulu 2019: *Surrogacy and the Reproduction of Normative Family on TV.* Cham.

Levine, Elana 2003: *US Networks in the 1970s and 80s (Charlie's Angels)*, in: Hilmes, Michele (Hg.): *The television history book.* London, S. 89–94.

Lichter et al. 1994: *Prime Time. How TV Portrays American Culture.* Washington, D.C.

Lotman, Jurij Michailowitsch 1972: *Die Struktur literarischer Texte.* München.

Lotman, Jurij Michailowitsch 1990: Über die Semiosphäre, in Posner, Roland (Hg.): Zeitschrift für Semiotik. Band 12 (Heft 4), S.287–305.

Luig, Judith 2020: *Das Ende der Kernfamilie*, in: *Zeit Online.* 05.03.2020. URL: https://www.zeit.de/gesellschaft/familie/2020-03/familienmodelle-standardmodell-patchwork-homoehe-adoptionsrecht (zuletzt abgerufen am: 21.04.2020).

Maase, Kaspar 2019: *Populärkulturforschung. Eine Einführung.* Bielefeld.

Maffesoli, Michel 2014: *Die Zeit kehrt wieder: Lob der Postmoderne.* Berlin.

Malone, Noreen 2015: *'I'm No Longer Afraid': 35 Women Tell Their Stories About Being Assaulted by Bill Cosby, and the Culture That Wouldn't Listen*, in: The Cut, 21.07.2015. URL: https://www.thecut.com/2015/07/bill-cosbys-accusers-speak-out.html (zuletzt abgerufen am 21.04.2020).

Makalintal, Bettina 2019: *Netflix Originals Are More Mediocre Than Ever*, in: VICE, 18.07.2019. URL: https://www.vice.com/en_us/article/neaxmw/netflix-originals-are-more-mediocre-than-ever (zuletzt abgerufen am: 21.04.2020).

Madrigal, Alexis. C 2014: *How Netflix Reverse-Engineered Hollywood*, in: The Atlantic. 02.01.2014. URL: https://www.theatlantic.com/technology/archive/2014/01/how-netflix-reverse-engineered-hollywood/282679/ (zuletzt abgerufen am: 21.04.2020).

Martínez, Matías/Scheffel, Michael 2012: *Einführung in die Erzähltheorie.* München.

McCabe, Janet/Akass, Kim 2007: *It's not TV, it's HBO's original programming. Producing quality TV*, in: Leverette, Marc et al.: *It's not TV. Watching HBO in the Post-television Era.* New York, S. 83–93.

McCormick, Casey J. 2016: *"Forward is the Battle Cry": Binge-Viewing Netflix's House of Cards*, in: McDonald, Kevin/Smith-Rowsey, Daniel (Hg.): *The Netflix Effect. Technology and Entertainment in the 21st Century.* New York, S. 101–116.

McDonald, Kevin/Smith-Rowsey, Daniel 2016: *Introduction*, in: McDonald, Kevin/Smith-Rowsey, Daniel (Hg.): *The Netflix Effect. Technology and Entertainment in the 21st Century.* New York, S. 1–11.

Mecke, Jochen/Winter, Ulrich 2009: *Makrostrukturen*, in: Mecke, Jochen/Wetzel, Hermann (Hg.): *Französische Literaturwissenschaft. Eine Einführung.* Tübingen, S. 47–71.

Mielke, Christine 2006: *Zyklisch-serielle Narration.* Berlin.

Michael, Joachim 2010: *Die lateinamerikanische Telenovela als intermediale Gattungspassage*, in: Blättler, Andy et al.: *Intermediale Inszenierungen im Zeitalter der Digitalisierung. Medientheoretische Analysen und ästhetische Konzepte.* Bielefeld, S. 197–219.

Milevski, Urania et al. 2018: *Populäre Serialität zwischen kritischer Rezeption und geschlechtertheoretischer Realität*, in: Milevski, Urania et al. (Hg.): *Gender und Genre. Populäre Serialität zwischen kritischer Rezeption und geschlechtertheoretischer Realität.* Würzburg, S. 11–48.

Mittel, Jason 2003: *The 'Classical Network System' in the US (Genre Cycles: Innovation, Imitation, Saturation)*, in: Hilmes, Michele (Hg.). *The television history book.* London, S. 44–49.

Mohdin, Aamna. *Misrepresentation. The media ends up racializing poverty by presenting a distorted image of black families*, in: Quartz. 15.12.2017. URL: https://qz.com/1158041/study-media-portrayal-of-black-families-versus-white-families-in-the-us/ (zuletzt abgerufen am: 21.04.2020).

Morreale, Joanne (Hg.) 2003: *Critiquing the Sitcom. A Reader.* Syracuse.

Mulvey, Laura 2010: *Visual pleasure and narrative cinema*, in: Furstenau, Marc (Hg.): *The film theory reader. Debates and arguments.* New York (u. a.), S. 200–208.

Müller, Eggo 2003: *Genre*, in: Hügel, Hans-Otto (Hg.): *Handbuch Populäre Kultur. Begriffe, Theorien und Diskussionen.* Stuttgart/Weimar, S. 212–214

Neuwirth, Allan 2006: *They'll Never Put That On The Air. An Oral History of Taboo-Breaking TV Comedy.* New York.

Netflix.com 2019: *Where is Netflix available?*. URL: https://help.netflix.com/de/node/14164 (zuletzt abgerufen am: 21.04.2020).

New World Encyclopedia zu *The Ozarks*. URL: http://www.newworldencyclopedia.org/entry/ The_Ozarks (zuletzt abgerufen am: 21.04.2020).

Niemeier, Timo 2019: *Wachstum spürbar schwächer. Deloitte-Studie: Video on Demand schon auf dem Zenit?*, in: *DWDL.de*. 25.07.2019. URL: https://www.dwdl.de/nachrichten/ 73303/deloittestudie_video_on_demand_schon_auf_dem_zenit/ (zuletzt abgerufen am: 21.04.2020)

Nilsen, Alleen/Nilsen, Don 2000: *Encyclopedia of 20th-Century American Humor*. Phoenix, 2000,

Nöth, Winfried 2000: *Handbuch der Semiotik. 2., vollständig neu bearbeitete und erweiterte Auflage*. Stuttgart/Weimar.

Neumeyer, Harald 2013: *Dispositiv*, in: Nünning, Ansgar (Hg.): *Metzler Lexikon Literatur- und Kulturtheorie. Ansätze – Personen – Grundbegriffe*. Stuttgart/Weimar, S. 144–145.

Ohne Hg. 2006: *Brockhaus Enzyklopädie in 30 Bänden. 21., völlig neu bearbeitete Auflage*. Leipzig/Mannheim, Bd. 21.

Oswald, Laura 2003: *Branding the American Family: A Strategic Study of the Culture, Composition, and Consumer Behavior of Families in the New Millennium*, in: *The Journal of Popular Culture*, 37 (2003), S. 309–334.

Pariser, Eli 2012: *Filter Bubble. Wie wir im Internet entmündigt werden*. München.

Patterson, Shiron V. 2013: *Just Another Family Comedy: Family Matters and The Fresh Prince of Bel Air*, in: Leonard, David J./Guerrero, Lisa A. (Hg.): *African Americans on Television. Race-ing for Ratings*. Santa Barbara, S. 159–176.

Perkins, J. Blake 2017: *Hillbilly Hellraisers. Federal power and populist defiance in the Ozarks*. Urbana/Chicago/Springfield.

Perren, Alisa 2003: *New US Networks in the 1990s (Married...with Children)*, in: Hilmes, Michele (Hg.): *The television history book*. London, S. 107–112

Pitzke, Marc 2014: *Vorwürfe gegen Sitcom-Legende. "Du vergewaltigst Frauen, Bill Cosby!"*, in: *Spiegel Online*. 17.11.2014. URL: https://www.spiegel.de/panorama/justiz/bill-cosby- us-komiker-soll-mehrere-frauen-vergewaltigt-haben-a-1003317.html (zuletzt abgerufen am: 21.04.2020).

Prugger, Prisca 1994: *Wiederholung, Variation, Alltagsnähe. Zur Attraktivität der Sozialserie*, in: Giesenfeld, Günter (Hg.): *Endlose Geschichten. Serialität in den Medien*. Hildesheim, S. 90–113.

Punyanunt-Carter, Narissa M. 2008: *The Perceived Realism of African American Portrayals on Television*, in: *The Howard Journal of Communications*. 19, S. 241–257.

Renner, Karl N. 1987: *Zu den Brennpunkten des Geschehens. Erweiterung der Grenz- überschreitungstheorie: Die Extrempunktregel*, in: Bauer, Ludwig et al.: *Strategien der Filmanalyse. Zehn Jahre Münchner Filmphilologie. Prof Dr. Klaus Kanzog zum 60. Geburtstag*. München, S. 115–130.

Rehfeld, Nina 2018: *Disneys Streaming-Service. Der Kampf hat begonnen*, in: *Spiegel Online*. 12.04.2018. URL: https://www.spiegel.de/kultur/kino/disneys-streaming-service- der-kampf-hat-begonnen-a-1202116.html (zuletzt abgerufen am: 21.04.2020).

Robinson, James D./Skill, Thomas 2001: *Five Decades of Families on Television: From the 1950s Through the 1990s*, in: Bryant, Jennings/Bryant, Alison J. (Hg.): *Television and the American Family*. Mahwah, S. 139–162.

Rothemund, Kathrin 2013: *Komplexe Welten. Narrative Strategien in US-amerikanischen Fernsehserien.* Berlin.

Rössler, Beate 2001: *Der Wert des Privaten.* Frankfurt a. M. 2001.

Ruchatz, Jens 2012: *Die Serie. Einleitung in den Schwerpunkt,* in: *zfm. Zeitschrift für Medienwissenschaft.* Nr.7 (2/2012), S. 80–89.

Santo, Avi 2008: *Para-television and discourses of distinction. The culture of production at HBO,* in: Leverette, Marc et al. (Hg.): *It's not TV. Watching HBO in the Post-television Era.* New York, S. 20–45.

Sarkosh, Keyvan 2018: *Kurz und kernig statt lang und erbärmlich? Einige Beobachtungen zum Verhältnis von Erfolg, Staffellaufzeiten und narrativer Dichter in aktuellen <Quality TV>-Serien,* in: Baßler, Martin/Nies, Martin (Hg.): *Short Cuts. Ein Verfahren zwischen Roman und Serie.* Marburg, S. 217–247.

Sarsky, Carlo 2019: *Neuer Netflix-Konkurrent: Warner Bros.-VoD-Dienst wird wohl teurer,* in: *chip.de.* 07.06.2019. URL: https://www.chip.de/news/Netflix-Konkurrent-von-War ner-Bros.-Dreht-man-ordentlich-an-der-Preisschraube_169892649.html (zuletzt abgerufen am: 21.04.2020).

Scharrer, Erica 2001: *From Wise to Foolish: The Portrayal of the Sitcom Father, 1950s-1990s,* in: *Journal of Broadcasting & Electronic Media.* 45:1, 2001, S. 23–40.

Scheer, Ursula. *Amazon-Serie „The Romanoffs". Adel schlägt sich, Adel verträgt sich,* in: *Faz.net.* 12.10.2018. URL: https://www.faz.net/aktuell/feuilleton/medien/serien/amazon-serie-the-romanoffs-adel-schlaegt-und-vertraegt-sich-15833236.html (zuletzt abgerufen am: 21.04.2020).

Schleich, Markus/Nesselhauf, Jonas 2016: *Fernsehserien. Geschichte, Theorie, Narration.* Tübingen.

Schmieder, Jürgen. *"Transparent" bei Amazon Prime: Berührend statt spannend,* in: *SZ.de.* 07.10.2014. URL: https://www.sueddeutsche.de/medien/transparent-bei-amazon-prime-beruehrend-statt-spannend-1.2160681 (zuletzt abgerufen am: 21.04.2020).

Schulz, Armin 2007: *Sujet,* in: Weimar, Klaus (Hg.): *Reallexikon der deutschen Literaturwissenschaft. Band 3 – P–Z.* Berlin, S. 544–546.

Schweizerhof, Barbara. *"Transparent". Eine Trauerfeier für Moppa,* in: *Zeit Online.* 26.09.2019. URL: https://www.zeit.de/kultur/film/2019-09/transparent-amazon-serie-musical-abschlussfolge (zuletzt abgerufen am: 21.04.2020).

Sim, Gerald 2016: *Individual Disruptors and Economic Gamechangers: Netflix, New Media, and Neoliberalism,* in: McDonald, Kevin/Smith-Rowsey, Daniel (Hg.): *The Netflix Effect. Technology and Entertainment in the 21st Century.* New York, S. 185–201.

Skill, Thomas 1983: *Television's Families: Real By Day, Ideal By Night?,* in: Cassata, Mary/Skill, Thomas: *Life on Daytime Television: Tuning-In American Serial Drama.* Norwood.

Smith-Rowsey, Daniel 2016: *Imaginative Indices and Deceptive Domains: How Netflix's Categories and Genres Redefine the Long Tail,* in: McDonald, Kevin/Smith-Rowsey, Daniel (Hg.): *The Netflix Effect. Technology and Entertainment in the 21st Century.* New York, S. 63–79.

Sofsky, Wolfgang 2007: *Verteidigung des Privaten. Eine Streitschrift.* München.

Sorrentino, Mike/Solsman, Joan E. 2019: *Disney Plus streaming service: Release date, price, shows and movies to expect,* in: *cnet.* 22.07.2019. URL: https://www.cnet.com/news/dis

ney-plus-shows-movies-price-release-date-marvel-loki-wandavision-scarlet-witch-star-wars-pixar/ (zuletzt abgerufen am: 21.04.2020).

Statista 2019 I: *Anzahl der Streaming-Abonnenten von Netflix weltweit vom 3. Quartal 2011 bis zum 2. Quartal 2019 (in Millionen)*, in: *statista.de*. 18.07.2019. URL: https://de.statista.com/statistik/daten/studie/196642/umfrage/abonnenten-von-net flix-quartalszahlen/ (zuletzt abgerufen am: 21.04.2020).

Statista 2019 II: *Employment rate of women in the United States from 1990 to 2018*, in: *statista.de*, 29.04.2018. URL: https://www.statista.com/statistics/192396/employment-rate-of-women-in-the-us-since-1990/ (zuletzt abgerufen am: 21.04.2020).

Statista 2018: *USA: Zugehörigkeit zu den Ethnien im Jahr 2018*, in: *statista.de*. 10.08.2018. URL: https://de.statista.com/statistik/daten/studie/166858/umfrage/ethnien-in-den-usa/ (zuletzt abgerufen am: 21.04.2020).

Ströbele, Carolin/Erdmann, Elena 2019: *Wird Netflix immer schlechter?*, in: *Zeit Online*. 16.09.2019. URL: https://www.zeit.de/kultur/film/2019-09/tv-streaming-netflix-deutsc hlandstart-serien-bewertung (zuletzt abgerufen am: 21.04.2020).

Ströbele, Carolin 2018: *Das ist kultureller Imperialismus*, in: *Zeit Online*. 07.09.2018. URL: https://www.zeit.de/kultur/film/2018-09/streamingdienste-netflix-amazon-bbc-peter-kos minsky-konkurrenz-einfluss (zuletzt abgerufen am: 21.04.2020).

Tetzlaff, Stefan 2018: *Serialität und Kybernetischer Realismus. Doctor Who als Meta-Series*, in: Baßler, Martin/Nies, Martin (Hg.): *Short Cuts. Ein Verfahren zwischen Roman und Serie*. Marburg, S. 249–266.

Titzmann, Michael 1989: *Kulturelles Wissen – Diskurs – Denksystem. Zu einigen Grundbegriffen in der Literaturgeschichtsschreibung*, in: *Zeitschrift für französische Sprache und Literatur*. 89. 1989, S. 47–61.

Trinta, Aluizio R. 1998: *News from Home: A Study of Realism and Melodrama in Brazilian Telenovelas*, in: Geragthy, Christine/Lusted, David (Hg.): *The Television Studies Book*. New York, S. 275–285.

Tueth, Michael V. 2003: *Back to the drawing board. The family in animated television comedy*, in: Stabile, Carol A. (Hg.)/Harrison, Mark (Hg.): *Prime time animation. Television animation and American culture*. London/New York, S. 133–146.

Tufte, Thomas 2015: *The Telenovela*, in: Creeber, Glenn: *The Television Genre Book. 3RD Edition*. London, S. 86–88.

Vossen, Ursula 2004: *Einleitung*, in: Vossen, Ursula (Hg.). *Filmgenres Horrorfilm*. Stuttgart, S. 9–27.

Young, Iris 1997: *Intersecting voices. Dilemmas of gender, political philosophy, and policy*. Princeton.

Young, Stephanie L./McCrady, Nikki Jo 2018: *"We are definitely not the Brady Bunch" An Analysis of Queer Parenting in the Teen Family Drama The Fosters*, in: Newman, Emily L./Witsell, Emily (Hg.): *ABC Family to Freeform TV*. Jefferson (North Carolina), S. 117–138.

Verzeichnis der referenzierten Serien

Aufgrund wechselnder Regisseure ist die Nennung eines Regisseurs bei Serien selten möglich. Dementsprechend werden hier lediglich Produktionsland sowie Zeitpunkt bzw. Zeitraum und Plattform der Veröffentlichung angegeben.

13 reasons why – USA (seit 2017; Netflix)
All in the Family – USA (1971–1979; CBS)
American Dad! – USA (seit 2005; FOX/TBS)
American Horror Story – USA (seit 2011; FX)
Amos 'n' Andy-Show – USA (1951–1953; CBS)
Another Life – USA (seit 2019; Netflix)
Atypical – USA (seit 2017; Netflix)
Bewitched – USA (1964–1972; ABC)
BoJack Horseman – USA (2014–2020; Netflix)
Bonanza – USA (1959–1973; NBC)
Bonusfamiljen – Schweden (seit 2017; SVT)
Breaking Bad – USA (2008–2013; AMC)
Brothers and Sisters – USA (2006–2011; ABC)
Dallas – USA (1978–1991; CBS)
Dark – Deutschland (seit 2017; Netflix)
Diff'rent Strokes – USA (1978–1986; NBC)
Doctor Who – Großbritannien (seit 1963; BBC)
Dynasty – USA (1981–1989; ABC)
Everything Sucks! – USA (2018; Netflix)
F is for Family – USA (seit 2015; Netflix)
Family Guy – USA (seit 1999; FOX)
Family Matters – USA (1989–1997; ABC)
Family Ties – USA (1982–1989; NBC)
Father Knows Best – USA (1954–1958; CBS/NBC)
Fleabag – GB (2016–2019; BBC3)
Frasier – USA (1993–2004; NBC)
Friends – USA (1994–2004; NBC)
Full House – USA (1987–1995; ABC)
Game of Thrones – USA (2011–2019; HBO)
Glee – USA (2009–2015; FOX)
Grace and Frankie – USA (seit 2015; Netflix)
Happy Days – USA (1974–1984; ABC)
Happy! – USA (seit 2017; Syfy/Deutschsprachige Erstveröffentlichung 2018; Netflix).
Home Improvement – USA (1991–1999; ABC)
House of Cards – USA (2013–2018; Netflix)
How I met your mother – USA (2005–2014; CBS)
How to Sell Drugs online (Fast) – Deutschland (seit 2019; Netflix)
I love Lucy – USA (1951–1957; CBS)
In Living Color – USA (1990–1994; FOX)
Ingobernable – Mexiko (2017–2018; Netflix)

Julia – USA (1968–1971; NBC)
Leave It To Beaver – USA (1957–1963; CBS)
Lindenstraße – Deutschland (1985–2020; ARD)
Life in Pieces – USA (2015–2019; CBS)
Lilyhammer – USA; Norwegen (2012–2014; Netflix)
Love – USA (2016–2018; Netflix)
Love Sydney – USA (1981–1983; NBC)
M*A*S*H – USA (1972–1983)
Malcolm in the Middle – USA (2000–2006; FOX)
Mama – USA (1949–1957; CBS)
Married…with Children – USA (1987–1997; FOX)
Martin – USA (1992–1997; FOX)
Master of None – USA (2015–2017; Netflix)
Modern Family – USA (seit 2009; ABC)
Mom – USA (seit 2013; CBS)
My favorite Martian – USA (1963–1966; CBS)
Newhart – USA (1982–1990; CBS)
One Day at a Time – USA (1975–1984; CBS)
Orange Is the new Black – USA (2013–2019; Netflix)
Ozark – USA (seit 2017; Netflix)
Parenthood – USA (seit 2012; NBC)
Phyllis – USA (1975–1977; CBS)
Preacher – USA (2016–2019; AMC)
Red Oaks – USA (2014–2017; Prime Video)
Rhoda – USA (1974–1978; CBS)
Roseanne – USA (1988–1997; ABC)
Rowan and Martin's Laugh-in – USA (1968–1973; NBC)
Sanford and Son – USA (1972–1977; NBC)
Scrubs – USA (2001–2009; NBC/ABC)
Seinfeld – USA (1990–1998; NBC)
Sex and the City – USA (1998–2004; HBO)
Shameless – USA (seit 2011; Showtime)
Single Parents –USA (seit 2018; ABC)
Six Feet Under – USA (2001–2005; HBO)
South Park – USA (seit 1997; Comedy Central)
Stranger Things – USA (seit 2016; Netflix)
The Addams Family – USA (1964–1966; ABC)
The Adventures of Ozzie and Harriet – USA (1952–1966; ABC)
The Andy Griffith Show – USA (1960–1968; CBS)
The Barkleys (1972 bis 1973; NBC)
The Big Bang Theory – USA (2007–2019; CBS)
The Cosby Show – USA (1984–1992; NBC)
The Divorce (2016 bis 2019; HBO)
The Flintstones – USA (1960–1966; ABC)
The Fosters – USA (2013–2018; Freeform)
The Fresh Prince of Bel-Air – USA (1990–1996; NBC)

The Get Down – USA (2016–2017; Netflix)
The Goldbergs – USA (1949–1956; CBS/NBC)
The Jeffersons – USA (1975–1985; CBS)
The Marvelous Mrs. Maisel – USA (seit 2017; Prime Video)
The Mary Tyler Moore Show – USA (1970–1977; CBS)
The Mod Squad – USA (1968–1973; ABC)
The Munsters – USA (1964–1966; CBS)
The New Normal – USA (2012–2013; FOX)
The Ranch – USA (2016–2020; Netflix)
The Romanoffs – USA (2018; Prime Video)
The Simpsons – USA (seit 1989; FOX)
The Sinbad Show – USA (1993–1994; FOX)
The Smothers Brothers Comedy Hour – USA (196–1969; CBS)
The Sopranos – USA (1999–2007; HBO)
The Twilight Zone – USA (seit 1959; CBS)
The Waltons – USA (1972–1981; CBS)
The Wire – USA (2002–2008; HBO)
Three's Company – USA (1977–1984; ABC)
Transparent – USA (2014–2019; Prime Video)
Two and a Half Men – USA (2003–2015; CBS)
Wait Till Your Father Gets Home – USA (NBC; 1972 bis 1974)
Webster – USA (1983–1989; ABC)
Where's Huddles? – *USA* (1970; CBS)
WKRP in Cincinnati – USA (1972–1983; CBS)

The manufacturer's authorised representative in the EU is Springer
Nature Customer Service Centre GmbH, Europaplatz 3, 69115 Heidelberg,
Germany. If you have any concerns regarding our products, please
contact ProductSafety@springernature.com

Printed and bound by CPI Group (UK) Ltd, Croydon, CR0 4YY
28/04/2026
02098499-0003